강화 양명학 연구 총서 3

강화학파의 양명학

강화양명학 연구팀

(학술진흥재단 기초학문육성 인문사회분야 지원사업)

강화 양명학 연구총서 3

강화학파의 양명학

강화 양명학 연구팀 지음

KSI 한국학술정보㈜

"이 저서는 2004년 정부(교육인적자원부)의 재원으로
한국학술진흥재단의 지원을 받아 수행된 연구임"
(KRF−2004−074−AS0032)

〈강화양명학 연구 총서〉를 펴내며

양명학은 참으로 다정다감한 학문이다. 이웃의 아픔을 외면하지 않고, 그들의 아픔을 내 아픔으로 함께 하려는 학문이 양명학이며, 또한 인간뿐만 아니라 산천초목까지도 내 몸처럼 아끼고 사랑하려는 것이 양명학이다. 양명은 일찍이 자신의 학문과 관련하여 이렇게 말한 적이 있다. "나는 하늘의 보살핌에 의해 뜻하지 않게 '良知의學'을 깨닫게 되었고, 이로써 천하를 다스릴 수 있다고까지 확신했다. 그 때문에 백성이 고통과 죄악에 빠짐을 생각할 때마다 마음이 심히 아팠다. 그래서 나 자신의 어리석음도 잊어버리고 양지의 학으로 백성을 구제하고자 했다. ……아아, 사람들이 나를 미친 사람이니, 혹은 얼빠진 사람이니 하는 것도 당연하다. 세상 사람들의 마음은 모두 나의 마음일 뿐이다. 세상 사람들이 미쳐 있는데, 내가 어떻게 미치지 않을 수 있겠는가? 또 세상에 넋을 잃은 사람이 있는데, 어떻게 내가 넋을 잃지 않을 수 있겠는가?" 이처럼 사랑의 실천을 학문의 목표로 내세운 양명학은 중국에 있어서 성리학과 함께 철학사의 중요한 위치를 차지하고 있다.

이에 비해 한국에서의 양명학은 중국과는 달리 전래 초기부터 이단으로 배척받아 가시밭길의 역사를 걸을 수밖에 없었다. 그럼에도 불구하고 많은 학자들은 사문난적의 위험을 무릅쓰면서까지 양명학을 공부하였고, 그들의 노력으로 말미암아 한국의 양명학은 그 명맥을 유지할 수 있었다. 그렇다면 그들이 자신과 가문의 위험을 감수하면서까지 양명학을 공부하였던 이유는 무엇일까? 그것은 바로 그들 자신이 양명과 같은 진솔하고 가식 없는 삶을 살고 싶었기 때문이며, 이웃의 아픔을 내 아픔으로 여기려는 사랑의 정신을 양명학에서 발견하였기 때문이다. 이러한 한국 양명학의 특징을 하곡은 이렇게 말하고 있다. "우리의 학문은 안에서 구하고 밖에서 구하지 않는다. 안에서 구한다함은 안으로 살펴서 바깥 세상에 연연하지 않고 오직 스스로의 흔쾌함을 구하여 다시 바깥 대상의 득실을 일삼지 않는다는 것이다. 오직 자기 마음의 시비를 곡진하게 하고 다시 남의 시비에 따르지 않으며, 허위와 가식을 버리고 실질을 구하는 것이 오직 자신의 마음을 따를 뿐이니, 어찌 다른 사람들의 시비에 관여하겠는가?" 하곡의 학문은 이처럼 진솔하고 가식이 없는 인간본심에 바탕을 두었고, 많은 학자들은 이러한 하곡의 인격과 학문을 추종하였다. 이 후 하곡의 학문은 한국 양명학의 뿌리가 되어 주자학자들의 비판과 반대를 무릅쓰고 가문이 몰락해 가는 비운을 겪으면서도 끝내 양명학을 가학으로 계승한 하곡학파를 탄생하게 만들었고, 새로운 종교로서의 천주교가 전래하자 이질적인 종교에 대한 편견을 버리고 천주교를 새로운 종교로 수용할 수 있는 가교의 역할을 하기도 하였으며, 서세동점의 위기 속에서 동도서기의 자세로 무너져가는 국가의 위기를 극복하고자한 구국사상의 원천이 되기도 하였다.

근세이후 이러한 한국 양명학에 대한 관심이 고조되면서 이에 대한 연구도 점차 활기를 띠게 되었다. 1930년대부터 시작된 한국 양명학에 대한 연구는 시대적 흐름을 따라 연구의 대상과 관심이 달라지는데, 1950~60년대에는 전래와 수용의 문제 및 하곡 정제두에 대한 학문적 관심을 표명하는 등 조선조 양명학을 중심으로 학문적 연구가 이루어지기 시작하여 1970년대까지 한국 양명학이 주된 연구 대상이었다. 반면 중국 양명학에 대한 연구는 한국 양명학에 대한 연구 시기보다 조금 늦은 1960~70년대에 연구되기 시작하여 1980년대 이후 한국 양명학에 대한 연구보다 중국 양명학에 대한 연구가 더 활성화되기에 이르렀다. 1990년대 이후로 들어서면서 한국 양명학은 양명학 자체에 대한 연구를 심화시키는 한편 일본 양명학에 대한 연구를 함께 시작하였고, 학자간, 학제간, 지역간 비교 연구뿐만 아니라 2000년대에 들어와서는 양명학을 현대적으로 응용하려는 작업까지 진행되어 심리학과 자연생태학에 이르기까지 그 학문의 폭을 넓혀가고 있는 실정이다.

본 연구는 지금까지 진행되어 온 양명학 연구 성과물을 토대로 강화 양명학을 종합·정리하고 앞으로 한국 양명학이 나아가야 할 방향을 제시하기 위한 목적으로 연구되었다. 본 연구의 주안점은 크게 두 가지 측면으로 정리되는데, 그 하나는 강화 양명학의 기초 자료들을 발굴·정리함으로써 전공자뿐만 아니라 일반 대중에게까지 양명학을 연구하는데 도움을 줄 수 있는 한국학 자료와 정보를 제공하는 것이고, 다른 하나는 강화 양명학자들의 사상을 시대적 흐름을 따라 분석·연구함으로써 강화 양명학의 학문적 특성을 밝히는 것이다.

금번 간행된 강화양명학총서는 모두 3권으로 이루어졌다. 1권과 2권은 강화양명학 내지 한국 양명학에 대한 기초적인 자료이며, 3권은 강화양명학의 학문적 특성을 정리한 것이다. 강화양명학 연구총서 1권 <강화양명학 연구사 Ⅰ>은 지금까지 연구된 연구 자료들을 총망라하여 저서와 논문으로 구분해 그 연구 내용들을 요약·정리함으로써 한국 양명학 연구의 시대별 관심도 변화 추이와 함께 연구 내용들을 쉽게 살펴 볼 수 있도록 하였다. 강화양명학 연구총서 2권 <강화양명학 연구사 Ⅱ>는 유적지 조사·문헌조사·문화사 자료·양명학 비판 자료들을 싣고 있는데, 유적지 조사에서는 강화도를 중심으로 한 양명학자들의 유적지를 조사하여 유적지 지도와 함께 유적지의 모습들을 도록으로 실었고, 문헌조사에서는 양명학자들의 문집들을 조사·수집하여 그 내용들에 대한 해제를 달았으며, 문화사 자료에서는 중국·한국·일본의 양명학사를 종합·정리하여 동양 삼국의 양명학 연구사를 일목요연하게 파악할 수 있도록 하였으며, 양명학 비판 자료에서는 조선시대의 양명학 비판 자료들의 내용과 원문을 수록하여 당시 학자들의 양명학 비판 자료들을 쉽게 찾아볼 수 있도록 하였다. 강화양명학 연구총서 3권 <강화학파의 양명학>은 강화 양명학자들의 사상을 정리한 것으로, 강화 양명학의 태두 하곡 정제두의 양명학을 출발점으로 하여 초기, 중기, 후기의 강화 양명학이 역사적 흐름을 따라 시대적 요구에 부응하여 전개되어가는 과정을 살펴보았다. 또한 부록으로 조선조 성리학자들의 양명학에 대한 비판적 입장도 함께 정리·분석하여 두 학문 간의 입장의 차이를 살펴볼 수 있도록 하였다.

이 연구는 지난 2004년 여름, 한국양명학회의 학술행사의 일환으로 한국학술진흥재단의 지원을 받아 이루어졌다. 그 동안 우리 연구팀은 본 연구를 보다 심도 있게 수행하기 위해 수차례에 걸쳐 강화도를 방문하여 유적지를 직접 조사하기도 하였고, 희귀 도서를 발굴하기 위해 각 대학의 도서관이나 강화학 관련 인물들을 방문하기도 하였다. 본 연구 성과물은 이러한 강화양명학 연구팀들의 땀과 노력으로 이루어졌다. 아직도 부족하고 보완할 부분들이 많이 있지만 지금까지의 강화 양명학 연구를 종합·정리함으로써 앞으로 강화 양명학이 나아가야할 학문적 방향을 제시하고 있다는 점에서, 또한 강화 양명학을 공부할 연구자들에게 강화 양명학에 대한 자료를 종합적으로 일목요연하게 제공하고 있다는 점에서 부족하지만 다소간의 위안을 느낀다.

그 동안 본 연구총서를 기획하고 집필하여 주신 연구팀 교수님들께 진심으로 감사의 말씀을 드린다. 또한 본 연구총서의 출간을 위해 노력해 주신 한국학술정보 출판사 관계자 여러분, 특히 편집의 책임을 맡아 마지막까지 애써 주신 박미현 선생님께 다시 한번 고마운 말씀을 전한다.

2008년 7월
연구자들을 대표하여
又新齋에서 송 석 준 삼가 씀

차 례

Ⅲ

중기 강화학파의 양명학 ☞ 165

부록

―――― 朝鮮性理學者의 陽明學 비판 논거에 대한
　　　　　　　　　비판적 고찰 ☞ 333

Ⅰ. 강화학파의 태두
霞谷 鄭齊斗

1. 하곡의 생애와 문제의식

1) 하곡의 생애

鄭齊斗의 자는 士仰, 호는 霞谷, 시호는 文康이다. 그는 고려 때 樞密知奏事를 지낸 襄明을 시조로 하는 迎日 정씨의 가문에 속하며, 圃隱 鄭夢周(1337~1392)는 그의 11대조이다. 그는 조선조 인조 27년(1649년) 6월 27일 한성부 盤谷坊에서 鄭尙徵의 장남으로 태어나 장수하다가 88세 되던 영조 12년(1736년) 8월 11일 강화 霞峴에서 운명하였다.

하곡은 서인의 명문집안 출신이다. 그는 현종조에 우의정을 지낸 陶村 鄭維城(1596~1664)의 손자이며, 백종형 齊賢이 영조의 부마 寅平尉였고, 17세에 맞이한 파평 윤씨 부인은 서인의 거두 尹宣擧의 종질이자 尹鴻擧의 딸이요, 崔鳴吉(1586~1647)의 형 來吉의 외손이다. 윤선거는 明齋 尹拯(1629~1714)의 부친이다.

하곡은 10세 무렵부터 宋時烈(1607~1689)과 宋浚吉(1606~1672)의 문인인 李燦漢, 李商翼 등에게 배웠으며, 소론에 속하는 윤증과 朴

世采(1631~1695)를 스승으로 삼고, 崔錫鼎(1646~1715), 閔以升, 朴大叔 등을 벗으로 삼았다. 따라서 하곡의 가계는 서인과 소론으로 이어지는 계통에 속한다. 학통으로는 송시열, 이상익 등으로부터 牛溪 成渾(1535~1598)과 栗谷 李珥(1536~1584)의 성리학을 배우고, 윤증으로부터는 磻溪 柳馨遠(1649~1736)의 務實之學의 영향을 받았으며, 張維(1587~1638)의 글을 통을 양명학에 접하게 된 것으로 보인다.[1]

하곡이 젊어서 익힌 학문은 주자학이었다. 그러나 어느 때인지는 정확하지 않으나 아주 젊은 시절 양명학에 접하고, 그 스스로 연구한 것으로 보인다. 그는 여느 젊은이들처럼 과거 시험을 위한 공부를 하였으며, 24세 무렵 여러 차례 초시에 합격하였으나 대과에 들지 못하였다. 결국 그는 어머니께 허락을 얻어 학문에만 전념하게 된다. 이러한 결심의 배경에는 가문과 가정의 연속적인 불행과 자신의 질병, 그리고 정치적 상황이 작용했을 것으로 보인다.

하곡이 32세 때인 숙종 6년(1680년), 서인이 기득권을 굳히기 위해 남인을 몰아낸 庚申大黜陟 사건이 있었으며, 뒤이어 서인은 남인의 숙청을 둘러싸고 강경파인 노론과 온건파인 소론으로 분열되었고, 이 과정에서 소론은 정권에서 물러나게 되었다. 이 해에 하곡은

---

1) 하곡은 우계, 율곡, 南溪의 禮說을 취하고(『霞谷集』, 卷7, 雜著(拾遺), 「壬戌遺敎」), 立志와 務實을 강조하던 율곡의 사상을 잇고(『明齋遺稿』, 卷30, 「題爲學之方圖」), 반계의 실학사상을 이은(『明齋遺稿』, 卷32, 隨錄跋) 윤증의 實心·實功의 학(『明齋遺稿』, 卷19, 「與閔以升」. 卷18, 「與柳和仲」. 別集, 卷3, 「擬與懷川書」)의 영향을 받았고, 張維의 글을 통해 양명학 연구의 계기로 삼았다.(『霞谷集』, 卷2, 書, 「答崔汝和書」(癸酉). 『明谷集』, 卷13, 「與鄭士仰書」(壬申) 참조)

영의정 金壽恒의 천거로 司圃署別提에 임명되었으나 질병으로 인해 나가지 못했다. 이후 서울에 사는 동안 세 차례 벼슬에 임명되었으나 나가지 않았다.

34세 때에 심한 질병으로 인해 죽음을 앞둔 상태에서, 하곡은 평소 스승처럼 따르던 南溪 朴世采에게 마지막 인사의 편지를 보냈다.

제가 여러 해 동안 분발하면서 생각해 두었던 것들을 선생님께 모두 보여드리고 바른 길을 구하려 하였는데 그러지 못한 것이 한입니다. 생각해 보건대 天理가 곧 性이라고 하지만, 심성의 뜻에 대해서는 아마도 왕양명의 학설을 바꿀 수 없는 것이 아닌가 합니다.[2]

또한 그는 자손들에게 남긴 유훈 가운데서 양명학을 취할 것을 바라는 마음을 담은 글을 남겼다.

가만히 생각하건대 성인의 가르침의 취지가 밝혀지지 못한 바가 있는데, 오직 왕씨의 학이 주자와 정자의 뒤로는 거의 성인의 진수[眞]를 얻었기에 일찍부터 몸을 바치고 잠심하여 부분으로는 보았으나 아직 講하지 못함을 한하였다. ……무릇 아동을 가르칠 때는 그 기운을 꺾고 눌러서 뜻을 꺾어서는 아니 된다. 오직 순순히 함으로써 이를 인도해야 할 것이니 王文成의 訓蒙大意가 가장 잘 이끌고 기르는 것이니 반드시 법으로 삼을 수 있다. ……心性 求仁의 학을 성현의 종지로 삼고, ……또한 세상일을 즐기고 事功을 중심으로 삼아 힘쓰는 자는 마음이 밖으로 달리는 자이니 경계할지어다. 경계할지어다.[3]

---

2) 『霞谷集』, 卷1, 書, 「擬上朴南溪書(壬戌)」.
3) 『霞谷集』, 卷7, 雜著(拾遺), 「壬戌遺敎」.

하곡은 24세 때부터 10여 년간 다양한 학문을 연구하는 가운데 양명학을 깊이 연구한 것이며, 그 결과 양명학이 옛 성현의 가르침의 진수를 얻었다고 보았던 것이다. 그리하여 죽음의 위험에 직면하여 양명학에 대한 이러한 자신의 견해를 스승과 벗들에게 밝혔으며, 자손들에게 양명학에 대한 학습을 권장하였던 것이다.

死境에서 벗어난 하곡은 본격적으로 양명학을 공부하게 되었으며, 남계 박세채에게 王學 신봉을 표명한 지 3~4년 후부터 박세채, 민이승 등과 양명학에 대한 논쟁을 시작하여 이들이 죽을 때, 즉 48세 무렵까지 지속하였다. 윤증과는 49세부터 61세 사이에 양명학에 관하여 논변하였다.

41세 되던 해, 숙종 15년(1689년)에 서인이 축출되고 남인이 정권을 장악한 己巳換局4) 사건이 일어나고, 성우계와 이율곡이 문묘의 배향에서 쫓겨나자 하곡은 현감벼슬을 버리고 安山으로 이사하였다. 하곡은 이곳에서 양명학에 전념하면서 「學辯」과 「存言」 등 양명학 관련 저서를 집필하였다. 이 기간 중 윤증을 비롯하여 박세채, 최석정, 민이승, 朴鐔 등은 모두 하곡의 양명학 신봉에 대해 심각하게 충고하였다. 하곡은 이들과 학문적 토론을 하면서 양명학에 대한 옹호를 굽히지 않았다. 하곡은 안산에 거주하는 기간 중에도 여러 차례 벼슬에 임명되었으나 사양하고 나가지 않거나 곧 사직하였다. 1694년 甲戌換局으로 남인이 정계에서 물러난 이후, 그는 여러 차례 조정에 천거되었으나, 사양하고 나가지 않았다.

---

4) 1689년 숙종이 총애하던 희빈장씨(禧嬪張氏)의 소생을 원자(元子)로 정하는 데 반대한 노론계가 축출되고, 희빈장씨(禧嬪張氏)가 왕비에 책봉되고 남인들이 정권을 장악한 사건이다.

하곡이 61세 되던 숙종 35년(1709년), 장손이 요사하는 슬픔을 당하였으며, 소론에 속하던 친구 崔明谷의 「禮記類篇」이 논척되고 드디어 解版되던 때였다. 하곡은 집안사람으로 남겨진 아들과 조카를 데리고 강화도로 이거하였으며, 그곳에서 사는 동안 간혹 벼슬을 받아 잠깐 나아가기도 했으나 생애를 마칠 때까지 주로 저술 활동과 제자 교육에 전념하였다. 이 기간 중에 辛壬士禍가 있었다. 이 사건은 1721년[辛丑]과 1722년[壬寅] 두 해에 걸쳐 왕위계승문제를 둘러싼 노론과 소론 사이의 당파싸움으로, 각각 景宗 보호와 英祖 추대의 대의명분을 내세워 대결한 옥사이다. 경종 보호를 내세운 소론이 영조를 추대하고자 한 노론을 역모로 몰아 실권을 잡았다. 강화로 이주한 하곡은 「心經集義」, 「經學集錄」, 「四書說」 등을 저술하면서 주요 경전들에 대한 많은 부분을 양명학적 관점에서 정리하고 해설하였다.

하곡은 조선의 양명학자 가운데 大宗으로 수십 권의 방대한 저서를 남겼으며, 양명학을 집대성한 자로 평가받는다.[5] 하곡이 남긴 글들이 제자들이나 후손들에 의하여 여러 차례 편집되었으나 현존하는 사본은 네 가지가 있으며, 그 가운데 국립도서관에 소장된 22권 22책본의 내용이 가장 풍부하다. 윤남한 교수는 현존하는 사본들의 내용을 비교 정리하여 도표로 제시하였다.[6]

---

5) 심재(心齋)의 직지(直指)함이 있되 서산(緖山)의 규구(規矩)를 겸하고, 용계(龍溪)의 초오(超悟)함이 있되 염암(念菴)의 검핵(檢覈)을 합하기는 하곡(霞谷)이니…….(정인보, 『양명학연론』, <조선의 양명학파>)
6) 하곡집의 문헌에 대한 연구는 尹南漢의 『조선시대의 양명학 연구』(집문당, 1982년 9월) 231～243쪽을 참고할 것.

2) 시대적 상황과 문제의식

하곡 정제두(1649~1736)가 살던 시대는 대외적으로 명과 청이 교체되던 전환기적 시대요, 왜란(1592~1598)과 호란(1627, 1637)을 겪고 난 후로 조선조 후기사회의 해체과정이었으며, 이와 함께 이에 대응하는 사상이 요구되고 있었다. 당시 조선사회는 사회질서를 바로 정립하기 위해 禮說과 服制說 등으로 표현되는 程朱的 禮敎主義의 통제가 강화되고, 예학의 발전이 두드러졌다. 17세기 전후에 활동했던 예학을 대표하는 학자들로서 鄭逑(1543~1620), 金長生(1548~1631), 金集(1574~1656), 鄭經世(1563~1633), 宋浚吉(1606~1672), 李惟泰(1607~1684), 兪棨(1607~1664), 朴世采(1631~1695), 李縡(1680~1746) 등을 꼽을 수 있다. 또한 이 시기에 喪禮에 대한 견해차이로 시작된 논쟁들, 즉 인조의 계비인 慈懿大妃 조씨가 효종을 위해 몇 년 상을 입어야 하는지에 관한 논쟁인 己亥禮訟이 있었으며, 효종의 비이고 현종의 모후인 仁宣王后가 세상을 떠나자 이에 자의대비의 복을 어떻게 해야 할지에 대한 논쟁이 다시 일어나기도 하였다.

또한 당시 朴世堂, 尹白湖 등이 주자의 주석을 고친 것을 사문난적으로 지탄하여, 주자학 중심의 사상적 획일화에 의한 통제를 더욱 강화하였다.

한편 16세기 중엽부터 전개된 당쟁이 동인·서인, 서인·남인, 노론·소론 등의 갈등으로 심화되더니, 18세기에 들어서 이념의 대립이 아닌 극단적 정치보복이나 일당전제를 위한 정치권력의 투쟁으로 전개되었다.

또한 18세기에 들어서면서 상공업적 분위기는 地主 중심의 사회를 동요시켰고, 명분과 의리를 중시하던 성리학의 사회적 권위도 점차 상실되어 갔다. 또한 명청 교체기에 직면하여, 명분과 의리를 중히 여기는 尊明排淸의 운동과 함께 청의 체제를 긍정하는 현실론도 나타났다.

이제 하곡의 관찰과 문제의식을 통해 당시 사회가 어떠한 문제를 안고 있었는지 고찰하고자 한다.

私利를 위한 논쟁 하곡은 당시의 학계와 정치계의 현실에서 건전한 토론문화를 볼 수 없다고 날카롭게 지적하였다. 그는 당시 군자들의 쟁론이 의리에 있지 않고 사욕에 있으며, 또 시비를 따져 공론을 결정하는 것이 아니라 聲勢를 겨루고 이로써 공론을 정하고 있다고 비판하였다.

> 군자의 싸움은 오직 그 의리를 위한 것이요, 자기의 사욕 때문은 아닙니다. 公義의 결정은 옳고 그름에 달린 것이요, 세력의 강하고 약함으로써 정할 것은 아닙니다. 그러면 군자로서 두려워할 것은 그 의리에 어긋나는 일이 백 세 뒤까지 전할까 두려워할 따름이요, 어찌 聲勢로써 서로 겨루려 해서야 되겠습니까? 지금의 논자들은 그렇지 아니하여 우리의 시비는 돌보지 않고 힘써 분노와 분개의 모양을 지어 오직 힘으로써 이김을 기쁘게 생각합니다. 대저 이긴다 해도 천하의 의리를 공정하게 함에 무슨 도움이 되며 백 세 뒤의 시비를 바로잡는 데 무슨 관계가 있겠습니까? 대개 偏黨이 있은 뒤로 이런 풍습이 이루어져 이름난 대신이나 큰선비들 간에도 혹 이것을 면치 못하는 이가 있고, 오늘날에 이르러서는 으레 그래야 하는 것으로 알고

있습니다. 이런 물결이 처가면 갈수록 도의가 무너지고 말 터이니 심히 개탄스러운 일입니다.[7]

당시 사회의 군자의 논쟁이란 의리와 시비를 밝히기 위한 것이 아니라, 자신들의 이익과 성세를 위한 것이고, 그러한 악습은 편당에서 연유한 것이라고 한다. 하곡은 당시의 이러한 풍습이 결국 도의를 타락하게 만들 것이라고 개탄하였다.

실천이 없는 학문 하곡은 참된 도덕성과 몸소 행하는 실천력이 없이 다만 화려한 글재주와 부질없는 변론, 출세를 위해 과거만을 준비하는 것을 배척하였다.

비록 글재주가 뭇사람보다 뛰어나다고 하더라도 진실로 참된 덕이라 일컬을 만한 것이 없다면 또한 무엇이 귀할 것이 있겠는가?[8]

학문을 좋아한다 하더라도 부질없이 변론만을 일삼고 만약 몸소 행하는 실이 없다면 무슨 이익이 있겠는가? 文詞를 오로지 숭상하고 다음으로는 과거에 등과하여 빨리 승진하려는 자에 이르러서는 비록 요행으로 입신한다 하더라도 이것은 뿌리도 없고 근원도 없는 인간인 것이니 어찌 말할 것이 있겠는가?[9]

하곡은 조카[從子] 俊一에게 보낸 편지에서 글 짓는 재주나 그럴

---

7) 『霞谷集』, 卷1, 書, 「上朴南溪書(甲子)」.
8) 『霞谷集』, 卷11, 「遺事」.
9) 『霞谷集』, 卷11, 「遺事」.

듯한 변론술, 과거 시험을 위한 글공부 등은 겉의 화려함만을 숭상하는 것으로 학문의 근본이 아니며, 진정으로 학문하는 것이 아니라고 하여, 성인의 實學을 얻도록 노력할 것을 당부하였다.[10)]

세속적 가치의 추구 하곡은 그 자신이 어려서부터 재물에 대한 욕심이 없었지만,[11)] 자녀와 제자들에게도 부귀공명과 같은 세속적 가치를 얻고자 마음 밖으로 달리는 것을 경계하였다.

> 세상일을 즐기고 事功을 중심으로 삼아 힘쓰는 자는 마음이 밖으로 달리는 자이니 경계할지어다. 경계할지어다.[12)]

> (과거공부를 그만두어도 좋다는 어머님의 허락을 얻고) 이에 선생[하곡]은 다시는 외물로써 마음을 다스리지 않고[不復以外物經心], 문을 닫고서 뜻[志]을 구하여 항상 그 뜻을 그만둘 수 없다는 의지[意]를 지니고 있었다.[13)]

> 이에 외적인 것을 바라는 것을 막고 끊고서[屛絶外慕], 마음을 전념하여 爲己之學을 하였다.[14)]

> 평생 뜻을 세우고[立志] 爲己와 爲人의 구별에 대해 깊이 살폈다. 일찍이 외적인 것에 힘쓰고 이름을 좇는 것을 절실한 경계로 삼았다.[15)]

---

10) 『霞谷集』, 卷3, 書, 「答從子俊一書」 참조.
11) 『霞谷集』, 卷10, 「行狀」.
12) 『霞谷集』, 卷7, 雜著(拾遺), 「壬戌遺敎」.
13) 『霞谷集』, 卷10, 「行狀」.
14) 『霞谷集』, 卷11, 「遺事」.

하곡은 바깥세상으로부터 얻을 수 있는 부귀, 권세, 명예 등과 같은 것들을 인생과 학문의 목적적 가치로 삼고, 그것들을 소유하기 위해 마음을 다하는 것을 경계하였다.

虛學과 假學 하곡은 진리와 진실성을 멀리하고, 공허하고 거짓된 학문이나, 가식적인 인생을 비판하였다.

> 오늘날 학문을 말하는 이는 주자를 배우는 것이 아니라 이는 곧 주자를 假借함이요, 이는 주자를 빌리는 것이 아니라 이는 곧 주자를 附會하여 그 뜻을 이루고, 주자를 끼고 위엄을 지어서 자기의 私를 이루는 것이다.16)

그는 스스로 진리를 구하기보다는 타인의 학문적 권위를 빌리거나, 타인의 학문에 부화뇌동하여 자신의 뜻과 이익을 이루고, 자신의 위엄을 세우는 자들을 비판하였다.

하곡은 남이 과장하거나 꾸밈을 부탁하면 거절하였고, 그 스스로 과장하거나 꾸미는 것 또한 싫어하였다고 한다.

> 남들이 비문 묘지를 가지고 찾아와서 지어주기를 부탁하면 반드시 사양하였다. 선조의 묘에 대한 사실을 기록한 글에 관해서는 다만 그 사적이나 행적 가운데 민몰시킬 수 없는 것만을 기록하였고, 역시 과장하거나 보기 좋게 꾸며서 남들의 이목에 빛나게 하고자 아니 하였다.17)

---

15) "平生立志深察於爲己爲人之別, 嘗以務外循名爲切戒."(『霞谷集』, 卷11, 「遺事」)
16) 『霞谷集』, 卷8, 「存言」 下.

그는 진실에 반하여 사실을 부풀리거나 꾸밈으로써 남들에게 잘 보이려고 하는 거짓과 가식적인 내용을 담은 글짓기를 하지 않았다.

　또한 하곡은 파당의 분열과 대립에 의한 이기적 편협성,[18] 예의 및 의리의 고정화와 형식주의,[19] 實心을 결여한 지식과 행동[20] 등에 대해 우려하고 이를 바로잡고자 하였다.

　또한 하곡은 주자학 자체도 문제가 있다고 보았다. 그에 의하면 주자학은 의리와 심성을 두 가지로 나눈다고 보았으며,[21] 이는 곧 심성을 도외시하고 외적인 物理를 구하다가 그 본원을 잃었다는 것이다.[22]

　하곡에 의하면 당시 사회는 개인과 가문, 파당의 이익과 聲勢를 위한 이기주의가 만연하고, 비현실적인 공허한 명분과 본질을 결여한 형식적인 예의, 가식으로 포장된 의리가 행세하고 있었다. 당시 사회를 지배하던 주자학은 우리의 삶과 행위의 푯대요 지침인 의리가 인식 및 행위의 주체인 심성과 별개라고 주장함으로써, 의리를 밖에서 구하다가 의리의 실천적 주체를 잃었다는 것이다. 심성과 분리된 의리, 즉 심성의 자각에 의거하지 않은 의리를 주장하는 것은 虛論이며, 참다운 학문의 자세가 아니라는 것이다.

---

17) 『霞谷集』, 卷11, 「遺事」.
18) 『霞谷集』, 卷5, 「筵奏」, 戊申 4월 24일.
19) 『霞谷集』, 卷1, 書, 「上朴南溪書(庚申)」.
20) 오늘의 儒者는 忠信의 공부는 하지 않고 먼저 修辭만을 힘쓰니 이것이 옛사람에 미치지 못하는 까닭입니다.(『霞谷集』, 卷5, 「筵奏」, 戊申 5월 2일)
21) 『霞谷集』, 卷1, 書, 「擬上朴南溪書」.
22) 『霞谷集』, 卷7, 詩(拾遺), 「草亭新居」.

2. 하곡 정제두의 철학 사상

1) 학문의 목표 및 방법

학문의 목표 하곡은 학문이란 타인과의 논변에서 이기거나 남이 자신을 알아주기를 구하는 것이 아니라, 보편적인 道를 밝혀 스스로 체득하고 실천하고자 하는 것23) 또는 聖人의 뜻을 찾아서 그 實을 얻고자 하는 것이다.24)

그는 성인의 학문은 『대학』에 있다고 하여,25) 성학이 곧 대학이라고 하고, 대학은 明德을 밝히는 것이라고 한다.26) 그런데 명덕이란 하늘로부터 부여받은 것으로 천리의 밝음 또는 천리가 밝게 드러나는 곳을 가리키며,27) 이것은 바로 인간의 본질적 특성이요, 마음의 본체라고 한다.28) 그래서 하곡은 明明德을 달리 표현하여 致良知,

23) 『霞谷集』, 卷9, 「存言」下.
24) 『霞谷集』, 卷1, 書, 「答朴南溪書(丁卯)」.
25) 『霞谷集』, 卷9, 「存言」下.
26) 『霞谷集』, 卷8, 「學辯」.
27) 『霞谷集』, 卷8, 「學辯」. 卷9, 「存言」中, <全體一性>.

明乎善 등으로 말하기도 한다.[29] 또한 그는 "성현의 교훈이 비록 천 마디 만 마디의 말이 있다 하더라도 학문하는 것은 이 마음의 천리를 보존하는 데 불과한 것이다."[30]라고 한다.

하곡은 『대학』의 도, 성인의 도를 誠이라고 하고,[31] 道心을 中, 마음의 천리를 大公至正,[32] 王者의 도를 大中至正이라고 한다.[33] 또한 성학의 목적을 仁으로 규정하기도 한다.[34]

학문의 태도와 방법 학문탐구에 대한 하곡의 태도는 참다운 진리가 무엇인지를 찾고자 하는 투철한 학자적 양심에서 비롯된 것이다. 그는 죽음의 위협에도 두려워하지 않고 외롭게 구도의 길을 걸은 사람이었다.

> 책 끝에 誅戮을 당하게 될 것이라는 말까지 달아놓았는데, 지금보다 더 나은 明辯이 있으시다면 지당한 일이지만 만약 戮辱으로 위협을 주거나 禍端을 입히는 것이라면 그것은 나의 알 바가 아닙니다. 죽이고 욕주고 하는 일은 학문을 권장하는 일이 아닙니다. 내가 아직까지 자신을 못 가지는 것은 그 도가 어떠한지를 모르는 것뿐입니다. 만약 그것이 참말로 옳다는 것을 확실히 알기만 한다면 학문을 논하다가 죄를 입어도 한 될 것이 없습니다. 형은 어찌 나를 이렇게 얕보십니까?[35]

---

28) 『霞谷集』, 卷15, 「孟子說」.
29) 『霞谷集』, 卷9, 「存言」下, <聖人之學心學>. 卷1, 書, 「答閔彦暉書」.
30) 『霞谷集』, 卷8, 「學辯」.
31) 『霞谷集』, 卷13, 「大學(4)」.
32) 『霞谷集』, 卷9, 「存言」下, <聖人之學心學>.
33) 『霞谷集』, 卷8, 「學辯」.
34) 『霞谷集』, 卷1, 書, 「擬上朴南溪書(壬戌)」.

도에 관한 참다운 지식을 최고의 가치로 삼고 그것을 위해 헌신하고자 했던 하곡의 학문적 열정을 엿볼 수 있다.

하곡은 도란 자신 안에서 구할 수 있으며, 밖의 사물이나 타인으로부터 구할 수 있는 것이 아니라고 한다.

> 우리 학문은 이[道]를 안에서 구할 뿐이고, 밖에서 구하지 않는 것이다. 이른바 안에서 이를 구한다는 것은 돌이켜 보아 안으로만 살피고 밖의 사물을 끊는다는 것은 아니다. 오직 안에서 스스로 만족할 것을 찾는 것이고 다시 밖의 득실을 일삼지 않는 것이다. 오직 그 마음의 시비를 다하고, 남의 시비에 따르지 않는 것이다. 사물의 근본에서 그 참됨[實]을 이루고 다시는 일과 행위의 자취에 拘碍하지 않는다. 나의 안에 있을 뿐이니 어찌 남에게 관여하겠는가?[36]

하곡은 도가 객관적으로 실재하거나 사람들의 여론으로 결정되는 것으로 보지 않았다. 그것은 각자의 마음에 보편적으로 내재해 있다는 것이다. 따라서 보편타당한 도리를 얻는 길은 사물을 떠나지 않으면서 자신의 마음이 만족해하고, 옳다고 여기는 것을 택하는 것이다. 지극한 인간의 도리는 초월적이며 절대적인 것이 아니라 각 주

---

35) "末復以誅戮之說繼之, 如有明辨有進於是者, 則固至當, 而如以戮辱威禍, 則非所敢知者, 戮辱之於誘學末也, 弟之所未嘗能信者, 政未知其道之爲如何耳, 如使其道果能知其眞是也. 則諭學而被罪, 亦所不恨也, 兄何相見之薄也."(『霞谷集』, 卷1, 書, 「答閔誠齋書」)

36) "吾學求諸內而不求諸外, 所謂求諸內者, 非反觀內省, 而絶外物也, 惟求其自慊於內, 不復事於外之得失, 惟盡其心之是非, 不復徇於人之是非, 致其實於事物之本, 不復拘於事爲之迹也, 在於吾之內而已, 豈與於人哉."(『霞谷集』, 卷9, 「存言」下)

체의 덕성을 지극하게 함으로써 성취될 수 있는 것이다. 그래서 그는 그의 저서 여러 곳에서 "진실로 지극한 덕이 아니면 지극한 도는 이룰 수 없다."[37]라는 중용의 구절을 인용하고 있다.

하곡은 참다운 지식, 즉 진리를 얻기 위해서는 선입견과 편견, 그리고 집착 등을 버려야 한다고 한다. 그는 공자가 말한 絶四[38]에 대해 다음과 같이 말한다.

> 만약 사사로운 것을 말하는 것이라면 毋意 두 글자만으로 이미 다 되었는데 왜 반드시 毋固, 毋必이라고 했겠는가? 아마도 이것은 비록 그것이 정당한 것이라 할지라도 고집하고 기필하는 뜻이 있다면 그것은 이미 사사로운 것이 되기 때문일 것이다. 그리고 '선을 택하여 꼭 붙들어라.'라고 하는 固執은 그 지키는 바가 독실함을 말하는 것이요, 의식적으로 고집하는 것은 아니다.[39]

공자가 말한 四毋란 마음과 뜻에 있어서 사사로움이 없어야 함은 물론 期必함이나, 외물에 대한 執滯가 없어야 한다는 의미이다. 하곡은 사물을 처리함에 있어서 항상 선과 의를 지향하고자 하는 순수의식을 독실하게 간직하되 미리 그 사물을 처리하는 원칙을 세우거나 어떤 의도된 원칙의 적용을 기필해서도 안 된다는 것이다. 즉 미리 마음에 정해놓은 기준에 집착해서는 안 된다는 것이다.

하곡은 행위의 선택과 결단에 있어서 經과 權을 아울러 헤아리고 참작하여야 한다고 주장한다.

---

37) 『中庸』, 27장.
38) 『論語』, 「子罕」.
39) 『霞谷集』, 卷1, 書, 「上宋尤齋問目(丙辰)」.

陳代가 孟子에게 제후를 먼저 찾아보라고 권한 것은 성현의 시대 구제를 위한 사업 때문이요, 牛溪 成渾이 講和에 찬성한 것은 국가의 존망에 관계되기 때문입니다. 이 두 가지 의리는 지극히 중하고 큰 것으로서 먹을 것을 얻는 것이나 아내를 얻는 것보다 더 중대한 것이니 아마도 利를 따르고 의를 폐한다고 비난할 수는 없을 것입니다. ……만약 經이 있는 줄만 알고 權이 있는 줄을 모른다면 비파 기둥에 풀 바르기[膠柱調瑟]라 하지 않을 수 없을 것입니다. 그런데 세상에서는 事勢 형편에 잘 맞춰서 경과 권을 가늠하려는 자가 있으면 자를 굽히는[枉尺] 사람으로 의심하니 무슨 까닭인지 모르겠습니다.[40]

하곡은 이익을 위해 의리를 포기하는 枉尺直尋에 대해 반대하면서, 하나의 의리만을 고집하여 권도를 쓰지 않는 교주조슬에 대해서도 반대한다. 經이란 불변적인 보편적 행위규범 또는 행동준칙을 가리킨다. 반면 權이란 긴급사태의 경우나 보편적 행위규범들이 상호모순을 일으켜 정상적인 행위규범을 유보하거나 규범들의 경중과 선후를 분별, 결정하는 것을 의미한다. 따라서 權이란 利를 위해 義를 포기하는 枉尺과 달리, 보다 크고 중요한 의를 실현하기 위해 작은 의를 버리거나 굽히는 것, 즉 의리의 變通을 의미한다.[41] 하곡은 經을 맹목적으로 묵수하는 것을 지양하고 상황과 시의에 적합한 實理를 분별하는 權을 강조하고 있는 것으로 보인다.

---

40) 『霞谷集』, 卷1, 書, 「上朴南溪書(庚申)」.
41) 『霞谷集』, 卷15, 「孟子說」 下, 諸章雜解.

2) 세계 및 인간관

궁극적 실재 하곡은 인간을 포함하는 무수한 사물들로 구성된 이 세계의 궁극적 근원을 천이나 태극이라는 용어로 설명한다. 이것들은 천지만물의 근원적 실재 또는 천지만물의 이치를 총괄하는 궁극적 원리를 지칭하는 것이다. 따라서 이것들은 무수하고 다양한 천지만물의 생성과 변화의 궁극적 원인이며 원리로 설명된다.

> 천도는 一元이다. 전체는 無極하나 극히 진실하고 심원하니 이것이 만물을 낳는다. 음양이 유행하여 각기 품부함이 있으므로 命이라 이르고 품부하여 낳은 것이 각기 그 부여함을 얻어서 바르니 性이라 한다.[42]

> 하늘의 도는 모든 것을 포괄하는 一이며 모든 것의 으뜸이요 시원으로 만물을 낳는다고 한다. 또한 그것은 "생생하여 쉬지 않는다."고 한다.[43]

또한 하곡은 궁극적 실재인 太極은 理法的 존재로서, 물질적 실재인 陰陽 또는 氣와 분리될 수 없는 것으로 설명한다.

> 태극은 음양의 根柢이며 樞紐로 음양, 動靜에 태극이 있지 아니함이 없는 것이다.[44]

---

42) 『霞谷集』, 卷12, 「中庸雜解」.
43) 『霞谷集』, 卷9, 「存言」中, 良知性體說.
44) 『霞谷集』, 卷8, 「存言」上.

하곡은 태극과 음양이 별개의 것으로 선후가 있는 것이 아니라고 한다. 태극은 물질적 운동으로서 氣 작용의 내재적 원리로 분리될 수 없다고 한다.[45]

유기체적 세계 유기체적 세계관이란 이 세계를 하나의 거대한 유기체로 보았다는 것을 의미한다. 有機體란 천지와 인간을 포함하는 만물의 세계가 각각 분리 또는 단절되어 있는 것이 아니라 열려 있어서 상호 감응과 교류가 가능하며, 하나의 생명체처럼 부단히 생성, 변화, 운동한다는 것이다. 하곡은 개체로서 사람과 사물의 性·氣·理가 하늘에 근원을 두고 있다고 한다.

······우리의 심성에서 벗어나지 않으면 하늘과 사람은 원래 하나의 근원인데 어찌하여 사물의 이치만을 구하다가 도리어 근원을 잃을 것인가![46]

人·物이 생성함에 동일한 性이요, 동일한 氣이니 그 본원은 하나이다.[47]

생생하는 一理가 깊고 멀면서 유행하는 것은 性의 한 근원이요, 나에게 부여된 것으로 온전하게 갖추어져 다 같이 흐르며 간단이 없는 것은 性의 命[天命]인 것이다.[48]

---

45) 『霞谷集』, 卷9, 「存言」中, 五行運行.
46) 『霞谷集』, 卷12, 「中庸雜解」.
47) 『霞谷集』, 卷15, 「孟子說」下, 生之謂性章解.
48) 『霞谷集』, 卷9, 「存言」下, 性之體用.

나와 만물이 본래 한 근원에서 나와서 동일한 性과 理, 氣를 지니고 있다고 주장한 점에서 하곡은 만물을 동일한 뿌리의 산물이라고 보았다 하겠다.

하곡은 천지만물의 부단한 생성과 변화 운동을 가능하게 하는 理와 氣 또는 太極과 陰陽이란 분리될 수 있는 별개의 것이 아니라고 한다.

> 본체와 작용[體用]이 움직이기도 고요해지기도 하는 가운데 본체 속에도 理와 氣가 함께 있다. 그것이 陰이 되어 고요해지는 것도 하나의 理氣이며 陽이 되어 움직이는 것도 또한 하나의 理氣이다. 理와 氣를 함께 갖추고 있기 때문에 둘로 나눌 수 없으며 또한 시작도 끝도 없기 때문에 하나이다. ……본래 陰陽은 氣이고 본체와 작용은 理이며, 굽거나 펴는 것은 氣를 가지고 말한 것이고 움직이거나 고요해지는 것은 理를 가지고 말한 것이다.49)

> 太極의 활발한 생명력이 곧 陰陽의 활발한 생명력이다. 그처럼 활발하게 살아 움직이는 가운데 펼쳐져서 흘러가는 것을 가리켜 陽이 나온다고 하고, 구부러져서 엉키고 뭉친 것을 가리켜 陰이 나온다고 하지만, 그것이 사실은 같은 氣이다. 묘하게 작용하면서 쉬지 않는 것을 가리켜 움직임[動]이라 하고, 변함없는 본체가 항상 있는 것을 가리켜 고요함[靜]이라고 하지만, 그것이 사실은 같은 理이다.50)

하곡은 개체를 떠난 理를 虛理라 하고, 氣를 떠난 理 역시 虛理라고 비판한다.51) 하곡이 구체적인 사물과 氣를 떠난 理를 공허한 이

---

49) 『霞谷集』, 卷8, 「存言」上.
50) 『霞谷集』, 卷20, 「先後天說」, 太極四象.
51) 『霞谷集』, 卷9, 「存言」中, 說理.

치라고 배척한 이유는 무엇인가? 그것은 현실성과 활동성을 결여한 추상적, 관념적 이치를 배척한 것이다. 虛理에 대한 비판은 현실을 도외시하고 형식적이며 고정화된 의리와 명분을 주장하는 자들을 비판하는 이론적 근거가 되었다고 하겠다.

하곡이 주장하는 理란 生理를 지칭하는 것으로 그것은 만물의 생성근원인 천의 부단한 生生의 理이다. 그것이 우리 마음에 주어진 것이 性이요, 인심의 본체요, 인심의 天理라고 한다.

> 다만 그 生理를 가지고 말한다면 타고난 그대로를 본성이라고 하는 것이니, 이른바 하늘과 땅의 큰 덕을 生이라고 하는 것이다. 하지만 오직 그 속에 본래부터 가지고 있는 알맹이[本有之衷]가 있기 때문에 본성이 선하다고 하는 것이니, 하늘이 명한 것을 性이라 하고 道라고 하는 것이 실은 같은 것이다.[52]

하곡은 여기서 한 걸음 나아가 진리를 말하였다. 진리란 온갖 생명체의 생리 가운데 특히 인간에게 주어진 마음의 본체로서 理를 지칭하는 것이다.

> 한 덩어리의 生氣의 으뜸[元]과 한 점의 靈昭한 精은 하나의 生理이니(정신과 生氣가 한 몸의 생리가 된다) 마음에 집을 짓고 中極에 뭉쳤다. ……그 영통함은 헤아릴 수 없고 妙用은 다함이 없으니 萬理를 주재할 수 있다. 진실로 우주에 두루 퍼지고 변동하여 한 곳에 머물지 않는다.[53]

---

52) 『霞谷集』, 卷8, 「存言」上.
53) 『霞谷集』, 卷8, 「存言」上, 一點生理說.

모든 理 가운데서 생리를 주도하고 생리 가운데서 진리를 택하면 이것이 바로 理이다.54)

비록 그러하지만 또 그 속에 들어 있는 하나같이 활발한 생리가 전체적으로 살아 움직이는 까닭은 곧 반드시 진실한 이[眞實之理]와 無極의 極이 있기 때문이니, 아득히 멀어 잘 드러나지 않지만 지극히 순수하고 가장 한결같은 모습이 바로 理의 참다운 본체[理之眞體]이다.55)

하곡은 생리 가운데서 그것의 주장이 되고, 진실하며, 무극의 극이 되며, 至純至一한 것을 진리라고 하는 것이다. 그것은 온갖 생명을 가능하게 하는 생리 중 나의 마음에 있으며, 생리의 靈通妙用과 생명력의 근원56)을 지칭하는 것이다.

만물을 통솔하는 본체로서 조리 있는 궤적들의 주인노릇을 하는 것이 진리이다. 내 마음속에 들어 있는 밝은 덕[明德]이 바로 이것일 뿐이다. 그러므로 밝은 덕이 비추어 주는 밝음을 가지고 가려진 하나의 막을 연다는 것은 다만 내 본성에 들어 있는 신성한 앎[聖知]을 닦아서 열어 통할 수 있게 하는 것일 뿐, 내 밖에 있는 사물들의 조리 있는 궤적[條路]에서 진리를 구하여 열어 통하게 하는 것이 아니다.57)

초목, 짐승도 다 生氣가 충만하여 측은히 여기는 마음이 없는 것이

---

54) "於凡理之中, 主生理, 生理之中, 擇其眞理, 是乃可以爲理矣."(『霞谷集』, 卷8, 「存言」上)
55) 『霞谷集』, 卷9, 「存言」中.
56) 『霞谷集』, 卷8, 「存言」上.
57) 『霞谷集』, 卷8, 「存言」上.

아니며 生生의 도리가 없는 것이 아니다. 그러나 靈明의 체가 없고 밝은 德이 없기 때문에 怵惕惻隱의 마음을 어린이에게 발하지 못한다.[58]

하곡은 초목이나 짐승에게도 생리가 있다고 한다. 그러나 만물에 영통하고 萬理를 통솔, 주재하는 진리는 인간의 마음의 靈明한 體요, 明德이라고 하는 것이다.

진리의 주체로서 인간 하곡에 의하면 인간의 마음에는 본래 무수한 만물을 낳는 생명의 이치가 부여되어 있으며, 또한 그것을 자각하고 주재할 수 있는 능력도 있다는 것이다.

> 사람의 마음은 천지만물 가운데 가장 영적인 존재이며, 천지만물을 모두 모아 놓은 것이다. ……사람의 마음은 감응하는 주체이며 모든 理의 본체이다.[59]

그는 마음의 본체를 이루는 生理를 實理라고 하며, 그것은 완전무결하고 순수하고 지극히 진실[誠]하며 무한한 창조성을 지닌 것이라고 한다.[60]

> 사람의 生理란 능히 밝게 깨닫는 바 있어 스스로 능히 周流通達하

---

58) 『霞谷集』, 卷1, 書, 「答閔彦暉書」.
59) 『霞谷集』, 卷9, 「存言」 中.
60) "太極主靜中庸未發說, 此心之體, 其無私意而純天理之體……(是實理也 常於穆至純至誠無爲沖漠微妙, 而其流行變化神妙不測.)"(『霞谷集』, 卷8, 「存言」 上)

여 不昧하며 능히 惻隱·羞惡·辭讓·是非 어느 것이나 능히 못하는 것이 없으니 이것이 그 고유한 덕으로서 이른바 良知인 것이며 또한 仁이라고 하는 것이다.[61]

그런데 "그 전체의 덕으로 말하면 인이라 하고, 그 본체의 밝음으로 말할 때는 양지라고 하나니 ……명칭은 다르나 실상은 일물이다."[62]라고 한다. 따라서 진리란 인간이 자각하는 지선한 생리를 지칭하는 것이다.

한편 하곡은 이러한 진리의 내용을 仁, 知, 中, 誠 등으로 말한다.

그 理는 완전하게 유행하고 감응하며 관통하고, 中節하며 溥博하고, 時中하지 아니함이 없다.[63]

誠은 實理로서 말하는 것이 있고, 實心으로 말하는 것이 있다. 實理로 볼 때 誠은 物의 自成하는 소이요, 道라는 것은 理의 用되는 소이이다. 實心으로 볼 때 誠이란 스스로 근본으로 삼는 것이요, 道라는 것은 사람이 마땅히 스스로 행할 바이다.[64]

천지의 道는 誠이다. 不二한 것이 그 體이다. 불이한 고로 쉬지 아니하며, 物을 生함이 많아 그 所以然을 알 수 없다.[65]

---

61) 『霞谷集』, 卷1, 書2, 「與閔彦暉論辨言正術書」.
62) 『霞谷集』, 卷1, 書2, 「與閔彦暉論辨言正術書」.
63) 『霞谷集』, 卷9, 「存言」 中.
64) 『霞谷集』, 卷12, 「中庸說」, 中庸雜解.
65) 『霞谷集』, 卷12, 「中庸說」, 中庸2 殘註.

내 몸을 이루는 것은 仁이요, 사물을 이루는 것은 知이니, 이것은 性의 德으로서 내외를 합하는 道이다. 그런 까닭에 수시로 조치하여 마땅함을 얻는 것이다. 그러므로 지극한 誠은 쉬지 아니한다.[66]

生理이되 그것을 진리라고 지칭하는 것은 그것이 사물을 지각하되 時中하며, 사물과 막힘없이 통하여 하나를 이루며[仁], 순수하고 [不二] 중단함[不已]이 없는 성실하고 진실한[誠] 이치이기 때문이다.

천지만물 가운데 누가 주인인가? 오직 인심이 모든 신령스러운 것들 가운데 으뜸이다. 상제가 그 衷을 내리시고[帝降其衷] 하늘이 그밝은 것을 놓으셨으니[天縱其明], 오직 皇의 極이요 帝의 법칙이다. 生의 원천[源]이요, 物의 임금이다. 이것이 능히 物을 체인하고 물을 명한다. 만 가지 理가 이로써 갖추어지고 만사가 이로써 흥한다. 만가지 그 품목이 있음은 모두가 그 물이다. 만 가지 차례는 모두 이것의 用이다. 천하가 여기에 근본하여[本] 나오니 천지를 들어 여기에 비유할 것이 없다. 그 큰 것을 세우면 물이 뺏을 수 없으며, 본성[性]이 진실로 안정되면[性苟得定] 物이 다스려지지 않을 수 없다[物無不職]. 물이 그 知가 이르면[致] 본성 이것은 하늘이 낸 것이다. 마음을 확립하고 자기[己]를 극복하고, 경계하고 두려워하며 본심을 보존하고 살펴야 한다. 진실로 지극한 덕[至德]이 아니면 지극한 도[至道]를 성취할 수 없다.[67]

하곡은 무수하고 다양한 천지만물의 부단한 생성과 변화의 궁극적인 실재란 물질적인 것과 분리될 수 없는 이치로 그것은 그 자체

---

66) 『霞谷集』, 卷17, 「經學集錄」 中, 大中時中.
67) 『霞谷集』, 卷8, 「存言」 上, 定性文.

생명력을 지닌 것이라고 한다. 그러한 生理 가운데 우리 인간의 마음의 본체가 되며 무수한 사물의 이치를 주재하는 인간주체에 의해 자각되고 구현되는 천리 또는 生理를 진리라고 한다. 진리의 구현자로서 본연의 인간은 외물에 이끌려 주체성을 잃거나 사욕과 편견으로 자신에 집착하지 않는다. 그는 외물에 이끌리지 않으면서도 현실을 배제하지 않고, 현실을 떠나지 않으면서도 至高의 가치를 지향하는 인간이다. 그러한 인간은 만물의 主宰이며 權衡으로서 내외를 합하는 인간이다. 그는 誠과 中, 仁과 生理를 인간의 덕성이요, 人道로써 강조함으로써 진실하고 성실한 인간, 공평무사한 인간, 창조적 지성을 지닌 인간, 타인과 감통하여 하나가 되는 인간을 진정한 주체로서 파악하였다.

3) 윤리도덕 철학

하곡 정제두(1649~1736)는 악한 무리들이 선량한 자들을 양적으로 압도하고, 부귀공명에 힘쓰는 무리들이 뜻을 이루어 권세를 누리는 반면 예의도덕의 선비들은 불우하게 살아가며,[68] 출세를 위해서는 예의염치를 버려야 하는 것이 습속이 되어 진정한 선비를 기대할 수 없게 된 현실을 개탄하였다.[69]

하곡은 세상 사람들이 부귀와 권세, 공명 등을 탐하고 그것을 얻

---

68) 『霞谷集』, 卷7, 雜著(拾遺), 「雜著2」.
69) 『霞谷集』, 卷5, 書, 「答李伯祥書」.

고자 밖으로 내달리는 것을 外馳라고 하여, 타인으로부터 주어지는 聲名과 자신의 利祿을 얻기 위한 수단으로 학문을 하는 것을 경계하였다.[70] 그는 인생에 있어서 소명으로 삼고 실천해야 할 목표를 천도라고 하며,[71] 『대학』이란 하늘로부터 부여받은 본연의 명덕을 밝히는 것이요,[72] 옛 성현들의 학문과 가르침이란 마음의 천리를 다하는 것이라고 하였다.[73] 그는 학문과 교육, 그리고 삶의 목적을 도덕 또는 천리의 실현으로 삼았다.

도덕의 의미 일반적으로 윤리나 도덕이란 인생에서 마땅히 목적으로 삼고 추구해야 할 가치나 사회에서 당연히 준수하고 실천해야 할 행위법칙을 지칭하는 것이다. 이러한 도덕적 가치나 법칙은 사람들의 이념, 동기, 행위, 업적, 인격 등을 평가하는 기준이 된다. 대체로 어떤 사물에 대하여 도덕적 가치 여부를 평가할 때에는 선악(good or bad)이라는 개념을 사용하며, 어떤 행위의 도덕성 여부를 평가할 때에는 시비(right or wrong)라는 용어를 사용한다. 善惡是非에 대한 평가기준으로서 도덕적 가치나 도덕법칙은 인간의 행위를 통제하고 지도하는 기능을 한다.

---

70) 『霞谷集』, 卷7, 雜著(拾遺), 「壬戌遺教」. 卷7, 說, 「名兒說」. 卷10, 「年譜」, 肅宗 35년조. 卷7, 序(拾遺), 「送李聖益歸連山序」.
71) 『霞谷集』, 卷7, 說, 「名兒說」.
72) 『霞谷集』, 卷13, 大學說, 「大學說」.
73) 하곡은 <學辯>에서 유학의 경전들을 인용하여 학문의 근본취지와 방법을 그 나름대로 정리하고 있다. 그는 옛 성현들이 추구하였던 것을 마음의 천리[心之天理]라고 한다. 마음 중의 천리를 지칭하는 心之天理, 天理, 心之理라는 용어가 대략 30여 회 정도 나오고 있다.(『霞谷集』, 卷8, 「學辯」)

오늘날 사용되는 도덕(morality)이라는 개념은 道와 德의 합성어이다. 하곡이 말하는 道란 궁극적 실재의 창조적 원리로 만물의 생육과 운행의 근원적 원리로서의 천도이며,[74] 또한 이것은 내가 소명으로 삼아야 할 대상이며,[75] 인간다움의 본질을 이루는 마음의 이치이며 자율적인 當爲의 법칙으로 실행해야 할 것이다.[76] 따라서 하곡이 말하는 도란 현대적 의미에서 보편적 도덕규범(moral norm) 또는 도덕원리(moral principle)를 지칭하는 것이라 하겠다.

한편 하곡은 德이란 궁극적이며 근원적인 실재인 하늘이 만물을 생성하고 육성하는 과정에서 그 도리가 인심에 구현된 것이라는 의미에서 生之德이니 天德이라 하고,[77] 인간의 본성으로 주어진 것이며, 본성의 핵심이요 주인이 된다는 점에서 성의 덕[性之德], 성의 내용[性之實], 성의 주체[性之主]라고 하며,[78] 또한 인간이 스스로 도를 밝혀 실현할 수 있는 본연의 능력이라고 하는 점에서 명덕, 固有之德이라고 한다.[79] 따라서 하곡이 말하는 덕이란 인간 심성의 본질 및 주체이며, 보편적 도리를 스스로 깨닫고 실현할 수 있는 인심의 고유한 능력으로, 현대적 용어로 말하자면 도덕성(morality)을 지칭하는 것이라 하겠다.

하곡은 도와 덕을 결합하여 표현하기도 하지만,[80] 대개는 분리해서

---

74) 『霞谷集』, 卷12, 「中庸說」, 中庸雜解.
75) 『霞谷集』, 卷7, 說(拾遺), 「名兒說」.
76) 『霞谷集』, 卷14, 「論語說」과 卷12, 「中庸雜解」 참조.
77) 『霞谷集』, 卷9, 「存言」 下와 卷5, 「筵奏」, 戊申 4월 3일조 참조.
78) 『霞谷集』, 卷9, 「存言」 中과 「存言」 下. 卷4, 書, 「李君輔問目」.
79) 『霞谷集』, 卷13, 「大學說」과 卷1, 書2, 「與閔彦暉論辯言正術書」 참조.
80) "禮義道德之士常患不遇."(『霞谷集』, 卷7, 「雜著」)

사용한다. 그러나 道와 德은 그 본체가 근본적으로 하나라고 한다.

> 그 알 바와 행할 바는 곧 달도이며, 그 알게 하고 행하게 하는 소이
> 는 달덕이라고 하는 것이니, 그 본체는 근본적으로 하나일 뿐이다.[81]

하곡에 의하면 道란 우리 모두가 알고 실행해야 할 것, 즉 우리의 知와 行이 목표로 삼고 추구해야 할 보편적인 가치나 원리를 지칭하는 것이며, 도에 대한 지행의 가능근거이며 당위성을 덕이라고 한다. 따라서 개별적인 주체의 덕을 구현하는 것과 보편적인 도를 실천하는 것이 별개의 것이 아니라고 하는 것이다. 더 나아가 하곡이 "그 도를 행한다고 하는 것은 바로 易에서 이른바 천지와 그 덕을 합한다고 하는 것이다."[82]라고 한 것은 개인의 주관적이며 내적인 도덕성을 천지의 덕과 일치시키는 것이 곧 보편타당한 도덕법칙을 실행하는 것이 된다고 하는 의미이다. 하곡은 이러한 취지를 다음과 같은 『中庸』의 구절을 인용하여 뒷받침하고 있다.

> 진실로 지극한 덕[至德]이 아니면 지극한 도[至道]는 성취되지 못한다.[83]

보편타당한 최고의 도덕법칙 또는 원리란 최고의 내적 도덕성을 통해서만 성취될 수 있다고 하는 것이다. 하곡에 따르면 현대적 의

---

81) "其所知所行者, 卽達道是也, 其所以知之行之者, 是其達德者也, 其體則本一而已."(『霞谷集』, 卷12, 「中庸說」, 中庸2 殘註)
82) "其爲道正是易所謂與天地合其德者也."(『霞谷集』, 卷2, 書4, 「答朴大叔大學陽明說疑義問目」)
83) "苟不至德, 至道不凝."(『霞谷集』, 卷8, 「存言」上, 定性文)

미에서의 도덕이란 초월적이며 의지적인 인격신의 절대적 명령이 아니며, 인간 지성의 관념적 사변의 산물도 아니고, 삶의 편의를 위해 인간이 만들어낸 도구도 아니다. 그는 도덕을 초월적이면서 동시에 내재적인 것으로 보았다고 하겠다. 초월적이라고 하는 것은 도덕이 인위적, 세속적 가치에 매이지 않은 것이라는 의미이며, 내재적이라고 하는 것은 도덕이 인심에 내재하며 인심을 통해 실현된다는 의미이다.

도덕의 가치 하곡에게 있어서 도덕이란 인간의 선천적 존재원리요 인간다움의 본질적 특성이며, 인심의 당위적 條理로서 그 자체가 삶의 목적이다. 도덕은 궁극적 실재로부터 연유한 것으로 선천성과 보편성을 지니며, 그것은 존재 및 당위의 원리로서 목적적 가치 또는 본질적 가치(intrinsic value)를 지닌다. 따라서 도덕이란 본연의 선이며, 至善한 것이라고 한다.

> 대개 지선이란 것은 본연의 선으로 하늘에서 나온 것이며 사람에게 매인 것이 아니다. 그것을 발현하는 것은 良知요, 발현에 감응하는 것은 사물이다.[84]

하곡은 하늘이 명한 性, 인심의 본체인 천리, 그리고 인심의 生理 또는 진리 등을 至善이라고 한다.[85] 이것들을 지선이라고 하는 것은 개별적인 사물에 대한 善惡이나 구체적인 행위에 대한 시비를 판단

---

84) 『霞谷集』, 卷13, 「大學說」.
85) 『霞谷集』, 卷8, 「存言」 上, 聖學說.

또는 평가할 때, 그 표준이 된다는 것을 의미한다. 또한 그는 명덕이나, 五常의 知이며 性體의 知로서의 良知를 본연의 선이라고 한다.[86] 본연의 선이라고 하는 것은 본래 그대로의 선, 즉 그 자체로서 이미 선하여, 다른 것에 의존하거나 다른 것의 수단으로서 선한 것이 아니라는 의미이다.

하곡은 각각의 개별적 사물 그 자체를 일정하게 선 또는 악이라고 지칭할 수 없다고 한다.

> 선과 악에는 정해진 형체가 없으며, 그것이 본연의 理에 따르는 것을 선이라 하고, 氣에 動하여 일을 하는 것을 악이라 한다. 그 행위가 비록 선하다 하더라도 진실로 기에 동한 것이 있다면 선의 근본은 아니다. 그런 까닭에 선이란 것은 일정하게 선이라고 할 수가 없는 것이다. 그러므로 理에 따르는 것에 지나지 않는 것을 至善이라고 한다.[87]

하곡에 의하면 개별적인 사물 그 자체를 좋은 것 또는 나쁜 것이라고 확정할 수 없다고 한다. 다만 그 사물을 처리하는 행위의 동기를 선과 악으로 구분하고, 본연의 이치[理]에 따르는 것을 至善이라고 한다. 따라서 그는 행위의 是非란 그 행위가 추구하는 사물에 의존하는 것이 아니라 그 사물을 처리하는 행위의 동기와 그 행위의 주체적 합리성에 따라 결정된다는 것이다. 이러한 하곡의 윤리설은 動機와 原則을 중시하는 일종의 법칙주의 윤리설에 속한다고 하겠다.

---

86) 『霞谷集』, 卷1, 書2, 「答閔彦暉書」.
87) 『霞谷集』, 卷9, 「存言」中.

도덕의 근본원리 하곡은 스스로 도덕적 행위를 선택해야 하거나 또는 타인의 행위에 대한 是非를 판단해야 할 경우, 스스로 의존해야 할 것을 인심에 내재하는 德性이라고 한다. 이러한 덕성이 구체적인 행위를 규제하고 지도하는 지침으로서 우리가 준거해야 할 보편적인 도덕법칙이 된다고 하겠다. 하곡은 내적 도덕성이며 동시에 달성해야 할 도덕법칙 가운데 가장 근본적이고도 핵심이 되는 것을 誠, 中, 仁이라고 한다.

하곡은 대학과 중용에서 공부의 목적으로 제시한 誠을 實理와 實心이라고 하며,[88] 五常의 근본[本]이요, 백행의 근원[源]이라고 하여,[89] 도덕법칙과 개별적 행위가 진실성을 바탕으로 성립한다는 것이다. 하곡은 誠을 不貳와 不息으로 설명한다.

> 천지의 도는 誠일 뿐이다. 不貳한 것이 그 본체[體]이다. 不貳한 고로 쉬지 않으며 物을 生함이 많아 그 所以然을 헤아릴 수 없다.[90]

그는 誠의 본질적 특성을 不貳라고 한다. 誠이란 잡것이 섞이지 않은 순수성과 분열이나 단절이 없는 통일성[純一]을 의미한다. 또한 誠을 不息이라고 한 것은 그 본체의 작용이 일관성과 지속성[不已]을 지니고 있다는 것이다.

하곡은 인간의 당위성으로의 誠을 전일한 마음의 이치로 설명하였다.

---

88) 『霞谷集』, 卷12, 「中庸說」, 中庸雜解.
89) 『霞谷集』, 卷17, 「經學集錄」上, 道之用.
90) 『霞谷集』, 卷12, 「中庸說」, 中庸2 殘註.

誠이란 것은 不貳요, 不已이며, 그것은 가리어질 수도 없는 것이요, 感하여 통하는 도라는 것이다. 그것은 李廣이 바위를 향해 화살을 쏘았던 것과 같은 것이니, 그 마음이 지극히 전일하여 그 誠이 흔들려 둘이 되지 않았던 까닭에 바위를 꿰뚫었던 것이다. 만약 조금이라도 짐짓 시험 삼아 한가롭게 산만하게 하여 뜻[意]이 능히 전일하지 못함이 있고, 의심과 믿음이 반반이어서 반드시 하고자 하는 생각[念]이 없으면 종래 理를 꿰뚫어 볼 수 없을 것이다.[91]

誠이란 自他의 간격과 대립을 극복하고, 내외를 합하며[92] 마치 암컷과 수컷이 사랑을 느끼고 자석이 바늘을 당기듯 상호 감응 감동하고 소통하게 하며,[93] 사물을 생육하고 변화시키며 완성하는 능동적 힘이다.[94] 행위의 법칙으로서 誠이란 뜻[意]이 산만하거나 의심으로 인해 흔들림이 없이 하나의 일에 전념하고 집중하는[專一] 것이며, 가식과 거짓이 없이 순수하고 진실한 것, 중단함이 없이 한결같은 성실함을 의미한다.

하곡은 인간의 당위적 원리의 하나를 中, 中正, 時中 등의 개념으로 말한다.[95] 중용의 중이란 지나침도 부족함도 없는 평상의 도이며,[96] 순수하여 치우치고 얽매인 바가 없는 것이며,[97] 皇極의 도로서 중이란 치우침과 비뚤어짐이 없으며[無偏無陂] 사사로이 호오를

---

91) 『霞谷集』, 卷9, 「存言」中, 誠者不貳.
92) 『霞谷集』, 卷12, 「中庸說」.
93) 『霞谷集』, 卷9, 「存言」中, 誠者不貳.
94) 『霞谷集』, 卷12, 「中庸雜解」.
95) 『霞谷集』, 卷8, 「存言」上.
96) 『霞谷集』, 卷12, 「中庸說」.
97) 『霞谷集』, 卷8, 「存言」上, 四端七情說.

짓지 않으며[無有作好惡] 파당을 짓지 않는 것[無偏無黨] 등이다.98)

또한 하곡은 『중용』의 未發之中, 『대학』의 明德, 『서경』의 道心을 中으로 설명한다.

　　鑑空하고 衡平하여서 치우친 바가 없는 것이 이른바 未發의 中의 大本이요, 明德이요, 道心이라고 하는 것이다.99)

鑑空 衡平을 中이라고 하는 것은 선입견이나 편견으로 인한 고집과 집착, 그리고 개인적인 好惡에 의해 치우치거나 비뚤어짐이 없는 본연의 마음을 지칭하는 것이다. 이것은 일체의 주관적 편견과 선입견 그리고 집착으로부터 자유롭고 공정성과 솔직함을 잃지 않는 것이 도덕적 행위의 기본조건이 된다는 것을 의미한다.

또한 하곡은 구체적 상황에서 선입견이나 편견 없이 時宜適切하게 행위를 선택하는 것을 時中, 大中이라고 한다. 다시 말해서 시중이란 인심에 내재하는 궁극적 도덕으로서 천리를 개별적 사건에서 그에 합당한 이치로 구현할 수 있게 하는 것이라고 한다.

　　오직 이것은 이 전체의 한 가지 性[하나의 仁理神明]이 천지만물을 通하여 원래 하나라는 것이니, 이 理이다. 그 완전하게 流行하고, 감응하고 관통하며, 中節하고 溥博하여 時中하지 아니 함이 없는 것이 이것이다. 그러므로 다만 하나의 明德이라고 한다. 物이 있으면 법칙이 있으니, 한 개의 밝은 구슬이 지극히 공허하여 만 가지 형상을 두

---

98) 『霞谷集』, 卷16, 「三經箚錄」, 中庸雜解, 洪範十章.
99) 『霞谷集』, 卷8, 「存言」上, 四端七情說.

루 비추어서 고운 것과 더러운 것과 검은 것과 흰 것들이 각기 그 물건에 따르는 것이며 한 개의 커다란 종은 지극히 虛하여 만 가지의 소리를 모두 발하는 것이니 크게 두들기면 크게 응하고 작게 두들기면 작게 응하여, 각기 그 두들기는 것에 따라 소리가 나는 것이다.[100]

하곡은 時中을 사물의 다양한 모습을 그대로 드러내는 밝은 구슬이나, 두드리는 강도에 따라 여러 가지 소리를 내는 속이 빈 커다란 종에 비유한다. 그는 다양한 사건이나 대상에 직면하여 그때그때 적절히 판단하고 결심하여 최선의 행위를 선택하게 하는 도덕원리의 하나가 中, 특히 時中이라고 하는 것이다.

인간으로서 마땅히 구현해야 할 덕성이며, 구체적 행위에서 올바른 선택을 위한 도덕원리로서 中이란 첫째, 이기적 욕구나 선입견, 편견, 기대와 예측, 그리고 속단 등에 의한 집착과 장애가 없는 마음의 空寂 상태를 지칭한다. 둘째, 선악시비의 척도로서 자나 저울처럼 흔들리거나 치우침이 없는 부동과 형평의 마음이며, 자나 저울이 사물에 따라 길이를 재고 무게를 다는 본연의 기능을 다하듯 그 마음이 본연의 기능을 공정하게 발휘하는 時中을 지칭한다.

하곡은 또 다른 도덕원리로서 仁을 주장하며, 그것을 사람의 生理라고 한다.

사람의 生理는 능히 밝게 깨닫는 바 있어 스스로 능히 周流通達하며 不昧한 것이니, 곧 능히 惻隱, 羞惡, 辭讓, 是非 어느 것이나 다 능하지 못하는 것이 없으니, 이것이 그 고유한 德으로서 이른바 양지

---

100) 『霞谷集』, 卷9, 「存言」 中.

良知라 하고 仁이라고 하는 것이다.[101]

　仁을 生理라고 칭한 것은 그것이 관념적, 형식적인 이치가 아니라
그 스스로 유행하고 감통하는 생명의 이치라고 하는 것이다. 하곡은
仁과 良知는 하나의 生理이며, 德으로 별개의 것이 아니지만, 구현
해야 할 도덕성 전체를 仁으로 포괄하여 지칭하며, 도덕성 자체가
지니는 明覺의 작용에 의해 그것을 四端의 情으로 구현하는 기능을
良知라고 지칭한 것이다. 그는 인이란 양지가 밝히고 구현하는 덕의
내용을 지칭하는 것이며, 양지는 인을 밝히고 구현하는 기능을 지칭
하는 것이라 하겠다.
　하곡에 의하면 도덕적 원리란 만물을 낳고 육성하며, 변화하고 완
성시키는 생명의 이치이며, 상호 감응하고 통하게 하는 일체의 원리
이며, 천지만물을 그 위상에 맞게 자리매김하는 질서의 법칙이며, 온
갖 행위의 시비를 분별하고 時宜適切하게 이치를 구현하는 역동적
이치이다.

　도덕의 주체　도덕원리 및 그에 대한 앎이 인심에 本有한다고 하
는 하곡의 주장에 따르면 도덕적 인식과 실천의 주체는 나 자신이라
는 것을 알 수 있다.
　하곡은 定性文에서 인심이란 천지만물의 주재이며 權衡이라고 한
다.[102] 인심이 천지만물의 주인이라고 하는 것은 上帝의 衷心과 하늘
의 明性을 부여받아 생명의 근원이요 모든 존재 가운데 으뜸이 되

---

101) 『霞谷集』, 卷1, 書2, 「與閔彦暉論辨言正術書」.
102) 『霞谷集』, 卷8, 「存言」上, 定性文 殘註.

며, 靈明感通하여 온갖 사물을 체인[體物]하고 명령한다[命物]는 것이다.103) 인심이 천지만물의 權衡이라고 하는 것은 인심에 하늘의 법칙[天則] 가운데 참된 것이 넉넉히 갖추어져 있어 이로부터 만 가지 이치와 만사가 나온다는 것이다. 하곡이 천지만물의 주재가 되고 권형이 된다고 말하는 그 인심이란 맹자가 말한 大體이고, 程明道가 말한 定性의 性이며, 대학의 致知의 知요, 양명이 말한 致良知의 良知를 지칭하는 것이다.

　良知란 그 영명한 본체로서 말하면 上帝요, 그 알고 깨닫는 작용으로 말하면 化工이니 곧 하나의 마음을 이르는 것이다. ……그 본체를 가리켜 말하는 때가 있는데, 양지는 곧 마음의 본체이며 未發의 中이라고 말하는 것이 이것이다. 그 작용을 가리켜 말하는 때도 있는데, 양지가 곧 선을 알고 악을 안다고 하는 그 知이다. 맹자의 본문은 아래 知字를 말한 것 같고, 양명은 위아래의 知字에 통하여 겸해서 말한 것이다. ……그러나 실상은 하나의 知이니 분별할 것이 아니며 단지 하나의 양지라고만 하면 족하다. 마치 불에 있어서 본래 밝음은 그 본체요, 그 빛이 物에 비춤은 그 작용이나 밝음은 하나뿐으로서 불의 밝음과 비춤에 있어서의 밝음을 분별할 필요가 없는 것과 같다.104)

　하곡은 도덕의 주체로서 인심을 良知라고 한다. 하곡은 良知의 본체[體]와 작용[用]을 빛의 밝음과 비추는 작용에 비유하여 설명한다. 하곡은 양지의 본체[體]를 치우침이 없는 靈明한 빛 그 자체라고 하며, 양지의 작용[用]이란 대상에 빛을 비추어 그것들을 지각하고 분

---

103) 『霞谷集』, 권8, 「存言」上, 定性文.
104) 『霞谷集』, 卷1, 書2, 「答閔誠齋書」.

별하는 작용이라고 한다.

> 이 體[天命의 性이요, 明德의 本體인 良知]는 본래 전일하여 밖에
> 서 구할 겨를이 없고 본래 저절로 온전하게 갖추어져 첨부하고 보충
> 할 것이 없다. ……그 사리의 지극한 선은 미리 정할 수 없고 이루 다
> 궁구할 수 없다. 그것이 때에 따라서 바뀌니 모두가 이 마음의 근본에
> 서 나오는 것인즉 실로 저울이 物에 따라서 바뀌는 것이나 깨끗한 거
> 울이 물건에 따라서 비추어 주는 것과 같다.[105]

하곡은 良知의 본체란 天命의 性, 즉 선천적인 도덕성이며 그 자
체 완전성을 갖춘 것으로 至善이라고 한다. 양지의 작용은 본연의
지선한 이치에 따라 무수한 개별적 사물의 이치를 구현하는 기능이
라는 것이다. 이러한 양지의 작용을 밝은 거울이 사물에 따라 그것
을 밝게 비추어주는 것에 비유한 것이다.

또한 그는 양지를 입이 스스로 달고 쓴 것을 구별하고, 눈이 흑백
을 구별하는 것이나, 밝은 거울이 흑백과 미추를 밝히고, 저울이 무
게를 다는 것으로 비유함으로써,[106] 양지를 그 자체가 본래 지니고
있는 원리에 의거하여 그 대상과 상황에 감응하며 그것들의 선후 경
중을 측정하는 선천적 直觀知로 보았다고 하겠다. 따라서 양지란 그
본체인 궁극적 가치와 보편적 도덕원리를 구체적 상황과 대상에 따
라 수시로 變易하여 그 상황에서 가장 옳은 것을 선택할 수 있는 능
력으로서의 時中의 知라고 할 수 있을 것이다.

---

105) 『霞谷集』, 卷9, 「存言」下.
106) 『霞谷集』, 卷8, 「存言」上.

도덕성의 실현 하곡에 의하면 도덕적 가치를 추구하고 도덕의 원리를 실천하는 도덕적 행위와 삶이란 내면의 도덕성을 구현하는 것이며, 그것은 이른바 明德을 밝히고, 道心에 따르며, 良知를 구현하는 것이다.

그는 고유의 德, 明德 또는 達德이라고 하는 인심에 本有하는 도덕성을 밝히는 가장 근본적인 공부를 毋自欺라고 한다.

> 大人之學이란 천하에 明德을 밝히는 道이니 곧 正心, 誠意, 致知, 格物에 있으며, 이것이 곧 이른바 그 덕을 밝힌다는 것이다. 그 공부는 毋自欺이니 이것이다.[107]

하곡은 정심, 성의, 치지, 격물 등을 명덕을 밝히는 조목으로 이해하면서 그 근본공부를 毋自欺, 즉 자신을 속이지 않는 것이라고 한다. 그런데 毋自欺란 자신만이 아는 知를 속이지 않고 스스로 그 知에 만족하기를 구하는 것이요, 그것을 致知라고 한다.[108]

하곡에게 있어서 致知, 즉 良知를 致한다고 하는 것은 마음의 양지를 실현, 구현, 현실화한다는 의미이다.

> 王氏는 心을 理로 삼았으니 良知이다. 마음의 양지는 體가 되며, 사물의 작용은 用이 되니 사물의 理라고 한다. 이치는 모두 마음에 갖추어져 있고 마음에는 저절로 양지가 있으니 알지 못하는 이치가 있지 않은 것이다. ……양지를 이루고[致良知], 그 본성[性]을 회복하

---

107) 『霞谷集』, 卷8, 「學辯」.
108) 『霞谷集』, 卷8, 「學辯」.

여, 마음의 理를 궁구하고 마음의 性을 다한다면 五倫에 있어서나 心性에 있어서나 사물에 있어서까지 天理가 아닌 것이 없는 것이다. 이런 까닭에 體用은 있어도 내외, 精粗가 없으니 그러므로 明德과 親民은 하나로 나눌 수 없는 것이다. 知와 行은 합일이다. 지란 행의 시작[行之始]이요, 행은 지가 이른 것[知之至]이다. 그러므로 도는 하나일 뿐이고 誠일 뿐이다. 둘이 아니며 갈라질 수 없다. 내 몸으로부터 사물에 이르고 천하 만물에 이르기까지 다만 이것 하나로 관통할 뿐이다. 그래서 천지만물을 한 몸[一體]으로 삼고, 천하를 일가로 삼는다. ……다만 성심으로 實에 힘쓸 뿐이다.[109]

하곡은 도덕의 실천방법으로서 致良知란 知와 行이 하나이고 明德과 親民이 나눌 수 없는 하나인 본래적 良知를 온전히 실현한다는 의미로 이해하였다. 이러한 본연의 合一을 가능하게 하는 것은 誠心으로 實에 힘쓰는 것[務實]이라고 한다. 또한 그는 사물에 인심의 知를 이르게 하는 것, 즉 사물상에서 知를 구현하는 방법으로 立心克己 戒懼存省을 주장한다. 따라서 도덕적 앎을 온전히 구현할 수 있는 것은 마음을 확립하고 이기심을 극복하며, 언제 어디서나 부단히 본연의 마음을 보존하고 성찰하여, 진실한 마음[誠心]으로 본연의 양지 또는 實理를 속이지 않고 힘쓰는 일이다.

한편 하곡은 中和의 道心, 즉 도덕적 性情을 회복하는 방법을 誠意와 正心으로 설명한다.

『중용』의 未發의 中과 中節의 和는 性情의 본체를 가지고 말한 것이니 이것은 도심과 天理의 조목이요, 『대학』의 성의와 정심은 심성

---

109) 『霞谷集』, 卷9, 「存言」 下.

의 공부를 가지고 말한 것이니 곧 중화 공부를 하는 순서이다. ……대
저 성의란 그 私邪와 죄악의 일을 중화에서 극복하고 다스려서 初節
의 공부로 삼은 것이고, 정심이란 것은 그 얽매고 얽히거나 치우치고
편벽된 일을 중화에서 昭融한 것이니, 이것은 정밀하고 극진한 공부
인 것이다. ……사사와 악욕이 없어졌다 하더라도 그 착한 가운데 나
아가 動하는 氣에 매여 好惡를 짓고 意必固我, 偏倚不正, 昏惰放逸,
將迎起伏 등에 있어서 일체의 은미한 병통이 모두 부서지고 없어져서
얽힌 것이 없다면 이것은 心體의 올바른 것이 되어 鑑空하고 衡平하
여서 치우친 바가 없는 것이다. 이른바 미발의 중의 대본이요, 이른바
명덕이요, 도심인 것이다.110)

하곡은 도덕적 본성과 감정을 실현하는 방법 가운데 우선하는 것
으로 사심과 악념을 제거하는 誠意를 말한다. 다음으로 얽매거나 편
협하고 치우친 병통을 없애는 正心을 말한다. 다시 말해서 도덕성의
구현을 위해서는 일차적으로 그 마음이 지향하는바, 즉 행위의 동기
가 순수하고 진실하여야 하며, 다음으로 거리낌과 치우침이 없는 바
르고 공정한 마음을 지녀야 한다는 것이다.
하곡은 中和에 이르는 방법으로 愼獨을 주장하며, 誠意, 正心, 戒
愼, 恐懼의 근본을 신독으로 설명한다.

대체로 천하의 만 가지의 일이 기강이 없으면 성립하지 못하는 것
입니다. 그러나 그 근본은 마음을 바르게 하는 데 있고, 마음을 바르
게 하는 근본은 愼獨에 있다. 天理와 私意를 八字로 打開하는 것은
愼獨에 있으며, 天德과 王道의 효력이 넓어지는 것은 愼獨에서 말미

110)『霞谷集』, 卷8,「存言」上, 四端七情說.

암는다. 대학의 誠意 正心과 중용의 戒愼 恐懼가 愼獨의 뜻이 아님이 없다. 맨 처음에 손을 댈 곳이 여기에 있으며, 철두철미하게 해야 할 곳도 여기에 있다.[111]

朱子가 정치의 道란 위로는 백성을 구휼하고[恤民] 군대를 위무하며[撫軍], 아래로는 기강을 세우는 것이라고 말한 것에 대해 하곡은 正心과 愼獨을 근본적인 것이라고 주장하였다. 그는 愼獨함으로써 天理와 私意가 분명히 갈라지고, 선천적 도덕성[天德]과 도덕정치[王道]를 구현하는 실효를 거둘 수 있다는 것이다. 또한 그는 『대학』의 誠意 正心과 『중용』의 戒愼 恐懼가 모두 愼獨 공부라고 한다.[112]

하곡의 도덕철학의 핵심적인 취지는 도덕적 삶 또는 도덕적 행위란 도덕적 앎과 실천의 능동적 주체로서 본연의 자아를 확립하고 실현하는 것이다. 그것은 자신의 性情과 心意를 언제 어디서나 부단히 성찰하고 삼가며, 사악한 생각과 편협한 마음을 극복하고 다스려[克治], 순수하고 진실하며 公正無私한 마음을 온전히 간직하고 구현할 때 달성될 수 있다고 하는 것이다.

---

111) 『霞谷集』, 卷10, 「年譜」, 英祖4년, 4월 辛巳朔.
112) 『霞谷集』, 卷13, 「大學說」, 大學2 殘註와 大學說 등 참조.

4) 정치 철학

　明明德과 親民은 一事　하곡 정제두에게 있어서 정치란 孟子나 王陽明처럼 도덕적 심성의 구현·확장을 의미한다. 따라서 하곡에게 있어서 정치란 타인 또는 백성을 친애하는 것[親民]이며, 그것은 자신의 도덕성을 실현하는 일, 즉 明德을 밝히는 일과 별개의 것이 아니다.

　　親이란 친함[親之]이다. 民이란 자기[己]의 대칭이다. 家·國·天下가 모두 民이다. 明明德은 親民에 달려 있고, 친민은 그 덕을 밝힘에 의거하니 體用이 하나이다. 그 본체의 실현[其體之致]이 가까운 데로부터 먼 데에 이르러 타자와 나 자신[物我]이 다함으로써[以盡] 천지만물은 일체가 된다.113)

　　親民의 구체적 일은 孝·弟·慈이다. 事君·事長·使衆이란 것도 그 일이니 이른바 德이다. 親民이 이루어진 경우는 남에게 仁을 흥기시키고 禮讓을 흥기시킨 경우인데, 이것이 推及이며 敎라고 하며, 이것이 親民이 추급하여 타인에게 도달한다는 것이다. 대개 백성과 더불어 한 몸[一體]이 되고, 백성은 나와 더불어 한 몸이 되는 것이다. 그러므로 그 집안 사람들과 화목하고 형제와 화목하고, 부자형제를 위하는 것은 親民의 일이다.114)

　하곡은 대학의 明德과 親民을 本末·體用으로 구분하면서도 一物·一 또는 一源이라고 한다.115) 하곡은 특히 명덕에 관해서 말하기

---

113) 『霞谷集』, 卷13, 「大學說」.
114) 『霞谷集』, 卷13, 「大學說」.

를, "마음은 몸의 主宰이니 사람의 神明으로서 萬變의 주인이 되는 것으로 그 본체는 오묘하다. 이것을 명덕이라고 부르니, 性의 主處이다. 그런즉 명덕은 마음으로 말할 수 있으나, 무형의 이치라고 단적으로 말할 수 없는 것이다."[116]라고 한다.

하곡은 明德과 親民을 性의 내외·본말로 구분하지만 별개의 것이 아니라고 한다.

> 명덕을 내적인 것이고 친민을 외적인 것으로 삼음이 있으며 또한 밝힌다, 친애한다고 하는 것은 무엇 때문인가? 내외·본말은 모두 나의 性이다. ……나의 덕이 집안에 있어서는 孝·慈에 머무르고, 나라에 있어서는 仁·信에 머무르는 것을 모두 親民이라고 한다. 그 효자·인신에 머무르는바 모두가 그 명덕을 밝히는 것이 아니고 어찌 따로 특별한 일이 있겠는가? ……이런 까닭에 (덕을) 밝히는 것이 (백성을) 친애함이다.[117]

하곡은 백성을 사랑하고, 그들로부터 신뢰를 얻는 정치란 실상 선천적인 도덕성을 밝히는 일과 별개의 것이 아니라고 한다. 결국 하곡은 정치의 본질 또는 핵심이란 정치의 주체가 인간 보편의 선천적인 도덕성을 깨닫고 구현하는 것이며, 이러한 도덕성을 확충하고 타인을 교화하는 것이라고 보았다 하겠다.

---

115) 『霞谷集』, 卷13, 「大學說」에서 明德과 親民을 마음의 體用으로 말하며, <大學5>에서 本末 一物로 말한다.
116) 『霞谷集』, 卷2, 書4, 「答李君輔問目」.
117) 『霞谷集』, 卷9, 「存言」 下.

통치의 최고원리로서 中 하곡은 유학의 기원을 고대 聖王인 堯·舜·禹로 보았으며, 이들이 주고받은 가르침의 핵심이란 '中을 잡는 것'이라고 한다.[118) 또한 하곡은 공자가 舜을 大知者라고 할 때의 커다란 지혜란 時中, 大中을 의미한다는 것이다.[119)

한편 箕子가 武王에게 정치의 방안으로 제시했던 『書經』 周書 洪範 편에 나오는 洪範九疇 가운데 하나가 '皇極의 道'이다. 하곡은 皇은 백성에 대하여 말한 것이며, 왕은 道義를 주로 하여 말한 것이라고 하여 建極의 실현은 군주 혼자 하는 것이 아니라 臣民과 더불어 하며, 신민을 위한 것이라고 보았다.[120)

皇極 장 앞의 한 구절에서 '皇建其有極' 이하는 君民相與한 것이다. 이는 그 建極의 用을 가지고 말한 것이니, 이것을 백성에게 세운다는 것을 말하는 것이다. 뒤의 한 구절에 '無偏無陂' 이하는 바로 극을 敷言한 것이다. 그 부언이라고 한 것을 가지고 말한다면 바로 이것이 황극의 도이며, 상제의 교훈인 것이다.[121)

王者의 道란 다른 것이 아니라 오직 大中至正의 도를 가지고 그 마음의 極으로 삼아서 백성들과 더불어 德化에 함께 참여할 뿐이다.[122)

하곡은 최고의 통치자는 大中至正의 도를 그 마음의 準則으로 삼

---

118) 『論語』, 「堯曰」과 『書經』, 虞書, 「大禹謨」 참고.
119) 『霞谷集』, 卷12, 「中庸說」, 中庸編章第次2.
120) "蓋皇卽對民而言, 王主道義而言."(『霞谷集』, 卷16, 「三經箚錄」, 書箚錄(拾遺), 皇極正解)
121) 『霞谷集』, 卷16, 「三經箚錄」, 書箚錄(拾遺), 皇極正解.
122) 『霞谷集』, 卷16, 「三經箚錄」, 書箚錄(拾遺), 皇極正解.

아야 한다고 말한 것이다. 그는 極과 中을 달리 본 주자와 달리 邵
伯溫(宋代 邵雍의 아들)처럼 동일시하였다.[123]

왕도정치의 근본은 愼獨 하곡은 經筵에서 朱子의 庚子封事를 강
론하는 가운데, 타고난 덕성을 함양하는 공부와 仁義의 정치를 펴는
것은 별개의 것이 아니라고 보았다.

> ……대체로 천하의 만 가지의 일이 기강이 없으면 성립하지 못하는
> 것이다. 그러나 그 근본은 마음을 바르게 하는 데 있고, 마음을 바르
> 게 하는 근본은 愼獨에 있다. 天理와 私意를 팔자로 타개하는 것은
> 신독에 있으며, 天德과 王道의 공부와 효과[功效]가 넓어지는 것은
> 신독 공부에서 말미암는 것이다. 『대학』의 誠意·正心과 『중용』의 戒
> 愼·恐懼의 공부가 신독의 뜻이 아님이 없다. 맨 처음에 손을 댈 곳
> 이 여기에 있으며, 철두철미해야 할 곳도 여기에 있다.[124]

이것은 주자가 정치의 도로서 위로는 恤民과 撫軍의 도를 말하고,

---

123) 『尙書』(또는 『書經』) 「洪範篇」에 <皇極>이라는 개념이 나오는데, 이에
근거하여 宋代의 邵雍(康節)은 「皇極經世書」를 짓고, 그의 아들 伯溫
은 書名에 대한 해설을 가했다. 이에 따르면 "지극히 위대한 것[至大]
을 皇이라 하고, 지극한 中[至中]을 極이라 하며, 지극한 바름[至正]을
經이라 하고, 지극한 변화[至變]를 世라 한다. 大中至正하며 應變無方
을 道라 한다.(『性理大全』, 卷8)

124) "蓋天下萬事, 無紀綱則不立. 然其本在於正心, 而正心之本又在於愼獨.
天理私意八字打開者在於愼獨, 天德王道功效溥博者, 由於愼獨. 大學之
誠正, 中庸之戒懼, 無非愼獨之意也. 其最初下手處在於此, 徹頭徹尾處
亦在於此."(『霞谷集』, 卷10, 「年譜」, 英祖4년, 4월 辛巳朔. 卷5, 「筵奏」,
戊申 4월 3일)

아래로는 기강을 말한 것에 대해 하곡은 보다 근본적으로 正心과 愼獨을 주장한 것이다. 그는 신독이란 가까이로는 天理와 私意를 분별하는 공부로서 誠意, 正心, 戒愼, 恐懼 등이 모두 이것에 대한 공부이며, 나아가 나의 德을 넓히고 궁극적으로는 王道를 구현하는 근본임을 밝히고 있다. 말하자면 하곡에 있어서 愼獨은 萬事의 시작이요, 끝이다.

하곡은 천지 질서와 만물 육성의 道를 완성하는 것은 바로 致中和이며, 이것은 개개인이 愼獨함으로써 달성할 수 있다고 하는 것이다.

성인은 하늘의 명이 심원하여 그치지 않는 것과 같으니, 어느 곳에 공리를 추구하는 개인적인 뜻이 끼어들 수 있겠습니까? 程子가 공부를 미루고 넓힐 때에는 반드시 愼獨을 주로 하였으니, 이것이 곧 심원하여 그치지 않는 것이며, 이것이 곧 천명의 性입니다. 비록 천지를 자리 잡게 하고, 만물을 기르는 것이라도 中和 위에서부터 길러오지 않음이 없으며, 그 사이에 별로 다른 일이 없으니 오직 신독하면 중화를 이루는 것이고, 중화를 이루면 천지가 자리를 잡고 만물이 길러지는 것입니다.[125]

신독은 聖學의 근본처로서 말단과 닿는 곳이다. 그는 말하기를 "이것과 聖學이 어찌 두 가지 일이겠습니까? 다만 성학이 더욱 나아가면 근본과 말단이 일관되어 닿는 곳에는 沛然히 물 흐르듯 할 것입

---

125) "聖人如天之命於穆不已, 何處挾雜功私意. 程子推演工夫必以愼獨爲主, 此乃於穆不已處, 此乃天命之性. 雖位天地育萬物, 無不自致中和上養得, 其間無別事, 只愼獨則致中和, 致中和則天地位萬物育矣."(『霞谷集』, 卷 5, 「筵奏」, 戊申 5월 2일)

니다. 이것이 天德과 王道이며, 소신이 바라는 것도 오직 여기에 있습니다."[126]라고 하여, 근본, 즉 나의 덕성을 닦는 학문과 말단, 즉 백성의 생활을 안정시키고 蕩平하는 정치가 별개가 아니며, 本末一體의 관계임을 주장한 것이다. 왕양명이 『대학』의 핵심을 誠意에서 찾았으나, 하곡은 『대학』과 『중용』 공부의 근본을 愼獨이라고 주장한 것인데,[127] 이는 천하를 태평하게 하고[平天下], 천지의 질서와 만물의 육성을 가능케 하는[位天地育萬物] 근본원리가 곧 愼獨에 있다는 의미이다.

하곡은 주체의 明德 또는 天德과 天道나 王道를 부단히 일관하는 것으로 誠, 中, 中和, 良知, 仁 등을 말하면서 특히 誠과 中을 강조하고 있다. 그것은 주체로 하여금 다른 존재와 感通하게 하고 일체이게 하는 부단한 생명의 원리이며 또한 時中하여 천지를 질서 지우고 기르는 원리라는 것이다. 그리고 이러한 誠과 中은 부단하고도 전일한 의지[誠意]와 치우침이나 집착함이 없는 마음[正心]을 통해 얻을 수 있고, 이것들을 시종일관하는 공부는 愼獨에 있다고 한다.

공직자로서의 하곡의 모습 하곡의 손자사위인 宛丘 申大羽는 하곡이 淮陽都護府使로 천거된 연유와 재직 기간에 이룬 정치적 업적을 다음과 같이 기록하고 있다.

---

126) "此與聖學豈爲二件事乎, 但聖學益進, 則本末一貫觸處沛然, 此乃天德王道, 小臣之望惟在於此."(『霞谷集』, 卷5, 「筵奏」, 戊申 5월 2일)

127) "知止定靜是中庸之戒愼恐懼, 格物致知是中庸之致和致中, 總爲愼獨."(『霞谷集』, 卷13, 「大學」)

肅宗 32년 봄에 原任 의정부 우의정 尹趾完이 조정에 아뢰기를, "(정제두에 관하여 말함) ……稟質을 말하면 金玉과 같은 군자요, 才質로 말하면 고금을 넓게 통하였으므로 신은 마음에 기뻐하고 존경하며 탄복하였습니다. ……" 하였다.

(숙종 36년 淮陽都護府使에 임명됨) 이때를 당하여 회양은 흉년에다 가뭄이 겹쳐서 백성들이 뿔뿔이 흩어지게 되었으므로 선생에게 위촉하여 편의대로 이들을 賑恤하게 하였던 것이다. 선생은 정사에서 명령을 거듭하지 아니하였고, 벌칙이 백성에게 미치지 않았으며, 명령이 내려가지 않아도 저절로 교화가 경내에 흡족하였다. 다스린 지 석 달 만에 백성들은 어린 것을 이끌고 각기 생업으로 돌아온 자가 천여 명이었는데 모두 이르기를, "부자가 서로 보존하고 妻孥가 서로 이산하지 않은 것은 누구의 덕분이겠는가?"라고 하였다. 사임하고 돌아올 때, 음식을 가지고 따라오는 자가 수십 리를 오도록 끊이지 않았다. 또한 銅鐵을 부어서 碑를 만들고 德을 칭송하였는데, 安廉使는 그 공적을 치하하여 이르기를, "청백하기는 玉壺와 같았고 푸짐한 혜택은 봄바람과 같았도다." 하였다.128)

완구에 눈에 비친 하곡은 金玉과 같은 아름다운 품성과 폭넓은 재능을 지니고 있을 뿐만 아니라, 관리로서는 청렴하면서 백성을 은혜로 잘 다스렸던 인물이었다. 이는 정치지도자가 갖추어야 할 자질을 간접적으로 제시하고 있는 것이라 하겠다.

구체적인 개혁사상 하곡은 생애의 대부분을 野人으로 은둔생활을 하였다. 그렇다고 해서 세상이나 정치에 전혀 무관심했던 것은 아니

---

128) 『霞谷集』, 卷11, 「紀鄭先生淮陽治事」.

다. 하곡의 경세, 즉 정치사상은 생애의 말기에 작성한 <箚錄>에 주로 제시되어 있으며, 이 밖에도 <獻議>, <筵奏>, 그리고 <書>에 부분적으로 언급되고 있다.

하곡은 전통과 현재의 질서를 고수하고자 하는 보수주의자가 아니라, 개혁주의자이며 實用主義者였다고 하겠다.

하곡은 말끝마다 虛實의 辨을 들어 이로써 良知學의 實工을 喚起할 뿐 아니라, 그의 明眼이 이미 허실을 가름에 昭徹하매 무엇에든지 實을 세우기에 노력하여 정치로는 守古보다 因變함을 主하여, "어떻게 하든 利國, 便民할 것이면 하자." 하였으며……129)

그의 실용주의적 정치개혁의 궁극적 목표는 실제로 나라를 이롭게 하고 백성을 편하게 하는 것이었다. 하곡은 불변하는 원칙[經]을 고집하고 대의명분에 사로잡혀 있는 자들을 비판하였다.

만약 불변의 진리[經]만 있다고 생각하고 때에 따라 바꿀 수 있는 상황에 대응하는 원칙[權]이 있음을 알지 못한다면 비파의 줄을 움직이지 못하도록 그 받침기둥에 풀칠하는 것과 같은 일이 아니라고 할 수 있겠는가? 그런데도 세상의 형편에 잘 맞추어 경과 권을 가늠하려는 사람이 있으면 또 반드시 자를 굽힌다고 의심하는 까닭은 무엇 때문입니까?130)

하곡은 하나의 원칙 또는 대의명분만을 고집하는 것은 현실을 무

---

129) 정인보(홍이섭 해제), 『陽明學演論』(삼성문화재단, 1972년 7월 31일), 169쪽.
130) 『霞谷全集』, 卷1, 書1, 「上朴南溪書 庚申」.

시하거나 또 다른 원칙이나 의무를 보지 못하는 것이라고 한다. 그는 변화하는 현실에서 갈등하는 원칙들을 정치의 궁극적 목적에 비추어 경중을 헤아려 보다 중요한 원칙을 선택해야 한다는 것이다. 이것은 이익[利]을 위해 의리[義]를 버리는 것이 아니라, 보다 큰 의리를 위해 작은 의리를 버리는 것이라는 의미이다.

하곡의 개혁사상은 四民平等, 萬民皆勞의 정신이 그 기초를 이루고 있다.

> ……貴賤을 막론하고 모두 허용하고, 의견의 크고 작음이 없이 모든 말을 中外에 申求토록 한다. ……[131]

> 관직의 길을 좁히고, 현자를 택하여 오랫동안 재직하게 하고, 벼슬을 대대로 전하지 못하도록 한다. ○ 取才에는 소속[屬]이 있고 음사[蔭]가 있고, 屬吏의 나머지는 모두 백성으로 돌아가게 하여 헛되이 노는 자[空遊之士]가 없도록 한다. ○ 그렇게 한다면 限田制의 법은 길쌈의 이익을 줄 것이고, 官田을 공급하여 병작하는 것을 시행하지 않을 수 없을 것이다. 改嫁의 법 또한 고쳐야 할 것이다.[132]

하곡은 나라에 중대한 문제가 있어서 衆智를 모을 때, 貴賤을 막론하고, 의견의 크고 작음을 구별하지 않고 널리 구해야 한다고 하였다. 이는 지배층 내부로 제한하여 의견을 모으던 관습과 거리가 있는 것이다. 또한 그는 관직을 축소하고 재능이 있는 자, 賢者를 등용하여 책임행정을 실현하도록 보장하되, 양반들이 벼슬을 세습화

---

131) 『霞谷集』, 卷22, 箚錄, 「下詔集一國之羣策」.
132) 『霞谷集』, 卷22, 箚錄, 「消兩班」.

하는 것을 막고자 하였다. 그리하여 공직을 얻지 못한 양반이나 선비들은 농사짓도록 해야 한다는 것이다. 이는 무능하고 無爲徒食하는 선비 또는 양반들을 점차 없애고자 하는 제도라고 하겠다. 또한 庶孼이나 賤民 가운데서 인재를 두루 관리로 등용하고, 반면 양반이 관직을 세습화할 수 없도록 함으로써 점차 양반과 庶人의 구별을 없애고자 한 것이다.133) 그는 인재등용의 방법으로서 과거시험제도를 점차 폐지하고 재능과 덕성이 뛰어난 자를 추천에 의해 등용하여야 한다는 것이다.134)

이 밖에도 하곡은 국가의 재정을 늘리고 백성의 부를 성취하기 위한 토지제도와 稅制를 제시하였으며, 공정한 군역을 위한 제도를 주장하였다.

하곡은 朋黨 정치의 폐해를 없애고자 왕권을 강화하고 책임정치를 구현하고자 하는 다음과 같은 정책을 제시하였다.

> 임금이 직접 정치하며, 政目을 제거하며, 仕路를 좁히고, 잦은 이동을 없앤다. ○ 관리는 오랫동안 재임토록 하여 효과를 이루도록 책임을 지운다[責成效]. ○ 公道를 넓히고[恢] 정치를 행함에 엄하고 밝게 한다. ○ 軋言을 버리고 헛된 의논[浮議]을 지양한다. ○ 士夫를 우대[優]하고 원쟁을 바로잡는다[平].135)

---

133) "庶賤漸通用, 兩班多不世任, 使無兩班庶人, 而置吏士各藝業之任, 處兩班之道也."(『霞谷集』, 卷22, 箚錄)
134) 『霞谷集』, 卷22, 箚錄 「下詔集四方之群才」, 「破科擧消躁競之風」, 「破科擧務育才」, 「敎士制」 참조.
135) 『霞谷集』, 卷22, 箚錄, 「消朋黨」.

하곡은 朋黨 정치의 폐해를 줄이기 위하여, 임금이 친히 정치를 행하며, 공직을 줄이고 공직의 이동을 줄인다는 것이다. 관리에게는 책임행정을 하도록 충분한 기간과 권한을 준다는 것이다. 또한 임금은 公道, 즉 보편적인 원칙을 시행하고, 위엄을 지키면서 공명정대하게 정치를 행하며, 다투는 말과 쓸모없는 논의를 지양해야 한다고 한다.

하곡은 지방행정을 펴나감에 있어서 우선 煩瑣함을 막고, 행정구역을 통폐합하고 관리들의 수와 이들의 임기를 정하는 등 비용절감을 위한 방법을 꾀하였으며, 胥吏와 衙前의 봉록을 후하게 줌으로써 행정적 부조리를 없애고자 하였다.[136]

---

136) "……胥吏衙前, 不可不厚料祿, 厚料祿然後奸僞可禁, 又不可不定限以 爲有常任, 而無浪料也."(『霞谷集』, 卷22, 箚錄, 「合州郡」)

3. 하곡 철학의 특징과 위상

1) 하곡 철학의 특징

『대학』의 이른바 三綱領, 즉 明明德, 新民, 止於至善이란 治者가 닦아야 할 것이며, 각각의 강령들은 별개의 것으로 선후가 있고, 궁극적 목표인 지선이란 '事理當然之極'이라고 朱子는 풀이하였다. 그러나 하곡은 『대학』의 궁극적 목적인 至善이란 천지만물을 一體로 삼는 마음의 본체이며, 명명덕과 親民이란 마음의 體用, 本末로서 하나라고 한다.

하곡은 "學을 虛論에서 구할 것이 아니라 一點 天良의 속일 수 없는 이 한 자리로부터 선악의 辨破를 關頭로 하여 나가지 아니하고는 眞學問을 바랄 수 없다."[137]고 한다. 그래서 학문의 근본을 誠意와 愼獨, 良知에 두었으며, 虛·假를 버리고 진실성[誠]을 회복하여 진실한 자아가 되는 것을 학문의 목표로 삼았다.

---

137) 정인보(홍이섭 해제), 『陽明學演論』(삼성문화재단, 1972년 7월 31일), 165쪽.

하곡은 "理가 心外에 존재한다면 이는 虛條요, 實理 아니다."[138]라고 하는 것이며, 우리가 따르고 합해야 할 진리란 마음의 본체요, 명덕으로서 生理라고 하는 것으로 고정된 것이 아니라 중단 없이 생명을 낳는 이치요 조화의 원리이며, 그것을 誠, 中, 仁이라고 한다.

하곡은 "선악이 원래 定形이 있는 것이 아니다."[139]라고 하여, 사물마다 일정한 이치[理]가 있다거나 사물마다 일정하게 선 또는 악으로 말할 수 있다는 주장에 반대한다. 따라서 하곡은 각 사물마다 일정한 이치가 정해져 있거나, 선하거나 악한 사물 그리고 옳거나 그른 행위가 정해져 있다는 주장에 반대한다. 그는 사물의 이치나 선악시비의 고정 불변하는 기준이 객관적으로 실재하는 것이 아니라고 한다. 따라서 하곡은 도덕적 삶과 행위에 있어서 인간의 자율성과 상황에 따른 창의적이고 능동적인 대응을 중요시하였다.

한편 정치에 있어서 하곡은 급진적이고 적극적인 사회개혁 사상가는 아니었으나, 사회적 현실의 변화에 상응하여 현행의 제도나 법을 점차로 개혁하되, 나라의 이익과 백성의 편안함을 위한다는 궁극적 목적을 실현하고자 한 온건하면서도 개량적인 개혁가였다고 하겠다.

---

138) 정인보(홍이섭 해제), 『陽明學演論』(삼성문화재단, 1972년 7월 31일), 169쪽.
139) 정인보(홍이섭 해제), 『陽明學演論』(삼성문화재단, 1972년 7월 31일), 168쪽.

2) 하곡 철학의 위치

하곡 정제두의 철학에 대한 현대의 최초의 연구자는 아마도 爲堂 鄭寅普일 것이다. 그는 주자학 이외는 異端邪說이나 斯文亂賊이라고 배척받던 조선시대에 드러내놓고 학파를 수립하지는 못했으나, 양명학을 홀로 마음으로 받아들이거나 혹은 평생을 혼자서 연구하였던 학자들이 있었다고 한다. 그는 조선의 양명학파를 세 부류로 구분하였다. 첫째 뚜렷한 저서가 있거나 언론 사이에 분명히 徵據할 만한 것이 있는 자, 둘째 양명을 비난한 말이 있으나 전후를 종합하여 살펴보면 양명학을 주장한 자, 셋째 양명학을 한마디로 언급한 것이 없고 주자를 존숭하고 있지만, 그 평생 주장의 핵심이 양명학임을 알 수 있는 자 등이라고 한다.[140)]

정인보는 崔鳴吉, 張維 등과 함께 정제두를 첫째 부류의 양명학자로 분류하고 그 가운데서도 大宗이라고 한다. 그가 평생 저술한 것은 양명학을 體究한 학설로 冊數로 수십에 달하며, 綜博한 학설을 세워 王門 제자 중 어느 누구도 미치지 못할 대저를 남겼다고 한다. 하곡은 어렸을 때 주자학을 공부하였으나, 格物致知에 대한 주자의 해석이 이치에 맞지 않는 것 같아 周程의 학설을 소급하여 여러 경전의 大旨를 깊이 연구하더니, 중년에 양명의 글을 얻어 보고 깨달아, 이후로는 일생 학문을 이에 오로지 기울였다고 한다.

정인보는 말하기를 "양명 이후 양명학파의 저술로 가장 綜密하고

---

140) 정인보(홍이섭 해제), 『陽明學演論』(삼성문화재단, 1972년 7월 31일), 148~186쪽 참조.

가장 切近하고 또 가장 詳述 細傳하여 心齋 王艮의 直指함이 있으되 緒山 錢德洪의 規矩를 겸하고, 龍溪 王畿의 超悟함이 있으되 念菴 羅洪先의 檢覈을 합하기는 하곡이니……"라고 하였다. 또한 그는 하곡이 남긴 저술로서 「存言」은 양명의 「傳習錄」과 같고, 書 7권, 聖學說 1권, 論語解 1권, 大學說 1권, 中庸解 1권, 孟子說 1권이 모두 양명의 宗旨를 祖述한 것이라 한다.

반면 윤남한은 하곡이 江華로 이거한 61세 이후에는 경전을 연구하는 經學과 정치에 관한 학문으로서 經世學에 역점을 두면서 王學의 폐단을 비판, 程朱學으로 회귀하거나 또는 양명사상의 내면화를 통한 朱·王學을 통합하였다고 한다.[141]

그러나 금장태에 의하면 하곡은 心學의 이론을 四書 해석을 중심으로 心學的 經學을 정립하였는데, 이는 양명학에 대한 극심한 배척의 도학 정통적 환경 속에서 자신의 심학을 더욱 확고하게 정립하기 위한 방법으로 경학이 제시되었다고 한다.[142] 김용재는 강화에서의 하곡의 저술활동은 양명의 경전에 대한 해설과 관점을 적지 않게 받아들이고 주자의 경전 주석 방법에 회의적 시각과 견해차를 나타냄으로써 양명학적 입장을 견지하고 있다고 한다.[143]

하곡이 양명학설의 핵심, 心卽理, 知行合一, 致良知 등의 학설을 정확히 이해하고 전적으로 수용하였을 뿐만 아니라, 여러 경전에 대한 연구를 통해 이를 뒷받침하였다고 하겠다. 특히 그는 周濂溪와

---

141) 윤남한, 「조선시대의 양명학 연구」(중앙대 박사학위논문, 1972년).
142) 금장태, 「하곡 정제두의 심학과 경학」(『종교학 연구』 제17집, 서울대 종교학연구소, 1998년), 37~38쪽 참조.
143) 김용재, 「하곡 정제두의 사서 경설 연구」(성균관대 박사학위논문, 2002년 2월), 44~45쪽 참조.

程明道의 학설을 흠모하고 그 사상을 취하였다.

진실성[誠]과 창조적 지성[良知] 그리고 사랑[仁]을 중시하는 양명학을 계승하여, 하곡은 거짓과 꾸밈이 없는 진실성과 성실성, 그리고 치우침이 없는 공정성, 백성에 대한 사랑을 實心과 實理로 삼고 實行할 것을 강조하였다.

하곡의 철학은 도덕과 삶의 주체로서 인간의 자율성과 창의성을 드높이고, 철저한 자기성찰과 자기극복을 통해 진정한 자아, 조화로운 세계인을 목표로 하였다고 하겠다. 그의 철학은 후대의 학자들에게 진실성, 공정성, 개방성, 현실성, 실용성 등과 비판정신을 고양하였다고 말할 수 있을 것이다.

(박연수)

Ⅱ. 초기 강화학파의
양명학

조선 초기의 비교적 자유스러웠던 학문 풍토는[1] 16세기 말 사림
이 조정의 실권을 주도하게 된 이후에는 사림 상호 간의 학문과 이
념의 차이에서 오는 대립과 반목으로 자신들의 정권의 존립기반과
학문을 연계시키게 된다. 그로부터 학문은 탄력성을 잃게 되고, 또한
爲己之學으로서의 학문이 아닌 자신들의 정권유지의 수단으로써의
학문으로 전락되게 되며, 학문과 지연과 사승관계를 연계시켜서 하

---

1) 회재 이언적(1491~1553)은 『대학』을 해석하면서 주자의 「대학장구」에 이
   의를 제기하여 자신이 江界로 귀양 가 있을 때에 「대학장구보유」와 「속
   대학장구」를 지었다. 후에 이 설은 퇴계, 율곡 등에 의하여 바로 비판되었
   다. 이와 반대로 蘇齋 盧守愼 등에 의해서는 적극 지지를 받았으니 특히
   노수신은 사고의 다양성을 존중하여 비판적으로 수용하는 자세를 보였으
   며 양명학에 대하여도 관심을 보였으니 학문에 대하여 개방적인 열려 있
   는 자세로 임했던 것이다. 회재는 至善을 中으로 보고, 治國平天下章을
   仁으로 귀속시키고, 聽訟章을 經門으로 돌린 것 등등이 주자장구와 다른
   점이다. 한편 후에 대학의 해석 문제에 있어서 대학의 본래의 뜻으로의
   복귀를 주장하여 『고본대학』에 의하여 대학을 볼 것을 주장한 것은 윤휴
   (1617~1680)와 박세당(1629~1703), 정제두(1649~1736) 등이다. 회재 이
   언적이 대학의 장구를 주자식으로 해석하지도 않고 또한 차례도 주자와
   같이 나누지도 않으나 퇴율 이후와 같은 변척을 받지는 않았으며 이로 인
   하여 사문난적이란 비난의 소리도 듣지 않았으니 초기의 비교적 자유스러
   웠던 학문 풍토를 미루어 짐작할 수 있겠다. 참조. 최석기, 「회재의 대학
   장구개정과 후대의 논변」, 정신문화연구21권 2호, 1998, 79~101쪽; 구춘
   수, 「권근의 대학론」, 동양철학회 하계발표회, 1992.(이병도, 같은 책)

나의 法으로 고수하는 데 전력을 다한다. 그러므로 자연히 朱子學으로 안정, 고착이 되어, 강력한 힘을 발휘하게 되고, 다른 학문을 받아들일 필요가 없었고, 받아들이려 하지도 않았다. 그만큼 획일화, 경직화되어 정치적으로, 학문적으로, 문화적으로 변화하는 당대의 다양한 현실 세계에 탄력적인 대처 능력이 없어진 것이다.

양명학은 조선의 학문 풍토가 조선 성리학이 이미 뿌리내려 체제가 정비되고 또한 막강한 힘을 발휘할 때 유입되었다. 유입 초기부터 철저히 배척되었으며 이후 조선 말까지 이런 학문 풍토는 별로 변함이 없었으니 양명학의 정상적인 성장과 발전을 기대하기는 어려운 것이다. 이러한 어려운 환경에도 불구하고 하곡 정제두가 양명학을 뿌리내리니, 이는 강화도라는 지역을 거점으로 정제두와 당대의 정치적인 상황을 피해온 전주 이씨 덕천군파 가문과의 만남이 있었기에 가능했다.

강화학파의 시작점은 하곡에서부터이고 하곡은 41세부터 60세까지의 경기도 안산의 삶을 접고, 61세(숙종36, 1709년)에 강화도 하일리로 이주한다. 하곡이 강화도로 이주한 1709년 뒤에 이광명, 이광사, 이광신 등이 1710년에서 1731년 사이에 하곡과 인연이 되어 직전 제자가 된다. 초기 강화학파는 하곡에서부터 하곡의 직전제자인 덕천군파 이씨 문중의 이광명(1701~1778), 원교 이광사(1705~1777), 항재 이광신(1700~1744)과 하곡의 아들인 부평군 정후일이 해당된다. 그러나 이들은 하곡으로부터 받은 양명학을 꽃 피우기 전에 1755년 나주벽서사건으로 모두 유배2)를 떠나게 된다. 이들의 학문은 각

---

2) 원교 이광사, 이광명의 큰아버지인 北谷公 李眞儒(1671~1727)와 숙부인 李眞儉이 신임사화(1721~1722)의 주동자가 됨으로써 신임사화로부터

기 그들의 직계 손과 주변의 인물, 주로 가문의 종형제들과 몇몇의 문인들을 중심으로 전해졌다.

1755년 나주벽서사건(을해옥사, 윤지의 난)에 이르기까지 일련의 당화 속에 전주 이씨 덕천군파 가문은 쇠락일로를 걷게 되어 결국은 가문의 명맥조차 이어가기가 힘들게 된다. 이러한 당화의 일로 가문의 살아남은 사람들은 거의 연좌되어 유배지로 향하게 되고 대부분은 유배지에서 죽음을 맞이하게 된다. 원교 이광사의 형 李匡鼎은 吉州로, 원교는 富寧으로 그 뒤 전라도 섬인 薪知島로, 원교의 사촌들인 李匡彦은 端川으로, 李匡贊은 明川으로, 李匡顯은 機張으로, 李匡明은 甲山으로 유배를 간다. 원교 이광사의 양명학은 꽃 피우기도 전에 모두 유배지로 향하게 되는 결과를 낳는다. (참조, 정양완, 『강화학파의 문학과 사상』(2), 정문연, 1995, 126쪽.)

1. 圓嶠 李匡師의 이기 일원론적 양명학

원교3)의 가학적인 환경을 본다면, 고조부 李景稷, 李景奭 형제가

3) 원교 이광사의 가문의 환경을 보면 원교는 조선의 정종의 별자 德泉君 厚
生을 시조로 하는 가문에서 태어났다. 원교의 부친은 眞儉(1671~1727,
자는 仲約, 호는 角里)이며, 조부는 大成(1651~1718, 자, 時叔, 호, 三翠
軒)이며, 증조부는 正英이며(1616~1686), 고조부는 石門 景稷(1577~
1640)이며, 석문의 동생은 白軒 景奭(1595~1671)이다. 조상들의 관직만
을 보아도 영의정, 호판, 이판 등으로, 인조, 효종, 현종, 숙종 대의 명신들
이다. 광사의 부친 李眞儉과 큰아버지인 李眞儒 대에 와서 辛壬士禍
(1721~1722)의 주동자가 되어 숙종이 노론의 李頤命에게 延礽君을 부탁
한 독대를 탄핵하게 되었으며 노론을 제거하려 하였다. 부친과 백부는 신
축년에 소를 올려서 노론의 4대신을 사사 유배시키게 되고 그 결과 이진
유는 이조판서에, 이진검은 예조판서에 오르게 되나, 1724년 경종이 죽고
연잉군(영조)이 노론의 힘으로 즉위하게 되니, 정권은 노론에게로 돌아간
다. 그 결과 이진유는 나주로, 이진검은 강진으로 유배되기에 이른다. 그
이후 1755년 나주벽서 사건(일명 乙亥獄事, 尹志의 난)으로 백부의 죄가
다시 재론되고, 그 결과 집안의 남아 있는 형제, 종형제 모두 유배되기에
이른다. 辛壬사화의 결과로 1728년의 이인좌의 난, 1755년의 을해옥사 등
의 치명적 사건들의 연속으로 대대로 名臣의 가문이 쇠락일로를 걷게 된
다(참조, 숙종의 獨對란 숙종이 정유년에 좌의정 이이명을 독대하고 연잉
군을 부탁하였다. 이를 계기로 노론에서는 연잉군을 추대하려고 하였으며
소론은 이에 반대하는 상소를 올리게 된다. 『英祖實錄』, 卷52, 영조16년

사계 김장생의 문인이었으니, 원교도 초년 시절에는 다른 양반 가문의 자제와 같이 성리학을 가학으로 배웠을 것이다. 그러나 1724년의 백부와 부친의 유배 이후 원교는 죄인의 후예로서 벼슬길도 단념하고 재야 학인의 길을 걷는다.

　백부의 사건이 있던 다음해 봄에(1731년, 신해, 영조7년, 27세) 강화에서 처음으로 하곡의 '실학의 요체'에 대하여 듣고, 그 뒤 몇 달간을 머무르면서 하곡에게서 배운다. 5년 뒤 1736년(병진, 영조12년, 32세) 8월 가족 모두 하곡의 실학을 배우려고 이사하던 중 강화나루에서 하곡의 사망소식을 듣게 된다.[4] 그 후 하곡학에 전념하고자 하였으나, 50세(1755년)에 함경도 부령으로 유배되고, 1762년 다시 전라도 薪智島로 옮겨지게 되어[5] 유배지에서 인생을 마감하니 23년간을 귀양살이하게 된다.

　1755년 을해옥사 이후, 1777년 유배지 신지도에서 죽기까지 원교

11월, 壬申條. "初 李頤命, 丁酉獨對時, 肅宗以後事爲慮, 有所府託, 宣祖付託七臣之事, 及景廟卽位, 患候彌留, 四大臣等, 議建儲, 遂立上位")

4) "辛亥春, 始入江都, 拜先生牀下, 聞實學之要, 其明歲, 復入, 留屢月, 益有聞, 後或往來, 丙辰八月, 盡室入江都, 專爲卒業計." (李匡師,『圓嶠集』,「書贈稚婦繭紙」)

5) 함경도 부령에서 전라도 신지도로 옮기게 된 연유는 원교의 筆名이 알려져 문인들이 몰려오게 된다. 이 때문에 "근래 들으니 광사가 북방에서 죄인의 몸으로 士人들을 모아서 문필을 가르친다고 어진 백성을 선동하고 있습니다. 회령부에 안치한 죄인 이광사를 절도로 移配시키소서."라고 하여 신지도로 옮겨졌으며 원교는 신지도에서 말년의 자신을 壽北이라 불렀고 이때 쓴 글씨가 현재『壽北帖』으로 남아 있으나(정신문화연구원 소장),『수북집』은 아직 발견되지 않았다. 참조.『수북첩』; 이완우,『간송서화』38,「원교 이광사의 서론」, 57쪽;『英祖實錄』, 권100, 38년, 8월, 을유조.

는 경학, 사서, 문학, 음운 등의 다양한 방면에 뜻을 두어 많은 글을[6] 남긴다. 이것을 토대로 하여 두남집[7]이 찬집이 되었으며 후에 전라도 신지도로 이배된 후에 조선의 동국진체를 집대성시킨 「書訣」을 쓰게 되니[8] 하곡의 문인이자 원교의 스승인 백하 윤순[9]과 함께

---

6) "少時不喜文辭, 今所存草藁若干卷, 皆五十以後在謫時漫筆." (李匡呂, 『李參奉集』, 卷3, 「圓嶠先生墓地」)
7) 『斗南集』은 1755년 을해옥사로 부령으로 유배된 뒤의 작품들을 모아놓은 초고집이며, 집필연대가 비교적 많이 적혀 있으나 편차가 없다. 편차가 정해지지 않은 『두남집』(규장각소장)을 편차를 정하여 편집, 필사 정리한 것이 『원교집선』(규장각과 정신문화연구원소장)이다. 10권 4책으로 되어 있으며 서문과 발문이 없다.
8) 참조. 최완수, 『澗松文華』19(1980), 「秋史書派考」, 41~60쪽.
9) 최완수에 의하면 조선의 서예사는 "임란 전후로 조선성리학의 확립에 바탕을 둔 石峰體의 출현, 그 이후 王羲之의 晉體를 표방한 玉洞 李漵(1662~1723)의 東國眞體의 출현, 이 동국진체는 恭齋 尹斗緖(1668~1715)와 白下 尹淳(1680~1741)을 거쳐서 원교 이광사(1705~1777)에 이르러 동국진체가 집대성되었다."고 한다. 참조. 최완수, 「추사서파고」, 『간송문화』19, 1980, 41~60쪽; 이완우, 「원교 이광사의 서론」, 송문화38, 1990, 53~75쪽. 위의 두 글에서는 공통적으로 동국진체와 원교의 원교체의 성립은 주자성리학이 조선 성리학으로 뿌리를 내리어 조선의 고유사상으로 되고, 이를 바탕으로 하여 이른바 東國眞風이라는 조선 고유 예술형식이 배태되었다고 설명한다. 즉 임란, 병자호란의 양란 이후의 조선의 역사를 성리학의 폐단의 노정의 역사로써 해체 일로를 걷던 역사로 보지 않고, 오히려 명나라가 청에게 망하여 성리학의 적장자가 될 수 없고, 조선이 성리학의 적장자라는 조선 제일주의를 표방하였고 이를 바탕으로 한 것이 동국진체의 출현에 이은 원교체의 출현이라고 본다. 그러나 오로지 조선 성리학의 토착화의 성공에 의하여 중국식의 서체에서 벗어나 조선 고유색의 서체가 발생되었다고 보는 것은 생각해 보아야 할 것 같다. 원교의 경우에는 성리학의 기본 골격에 대하여 철저한 의문점을 갖고 있었고, 그의 원교집의 「東國樂府」에서는 단군의 「太伯檀」으로부터 시작하여 麗末에 관한 「杜門洞」에 이르기까지 철저한 역사의식에 민족혼을 振起시키고자 하였다. 이 글은 중국 중심의 역사관에서 벗

동국진체[10] 완성의 핵심 인물이 된다. 재야의 학인의 길을 걷던 원

어나 조선의 역사를 자주적, 독립적으로 다시 재정립코자 한 것이었고, 그의 아들 대에서 완성케 한 것을 보아도 그가 얼마나 역사의식과 주체의식에 중점을 두었는지를 알 수 있다. 무엇보다 심성, 이기 등의 문제에 있어서 조선 성리학의 틀이든, 중국 성리학의 틀이든 성리학의 관점에서 벗어나려 했다는 것이다. 특히 서예의 스승인 백하가 하곡의 문하에서 40여 년간이나 교류하였으며 스스로 문인이라 자처하고 하곡의 심학에 대한 이해가 높은 경지에 있었다. 또한 원교도 하곡을 존경 사모하여 '실학의 요체를 들었다'라고 스스로 밝히고 있다. 이들의 손에 의하여 조선고유의 동국진체가 집대성된 것이 오로지 조선 성리학의 토착화라는 문화적인 성숙 때문에 가능하다고는 볼 수 없다. 오히려 백하와 원교의 양지심학의 양지의 자기발현에 의한 철저한 주체의식, 역사의식의 강조에 의한 서체이니 오히려 '동국진체'라기보다는 '양지서체', '양지체'라 함이 더 정확한 표현일 듯하다. 타인의 시비이해득실에 구애받지 않으며, 외면의 아름다움을 추구하지 않는, 내 마음의 양심에서 우러나오는 '진심', '실심', '양지심' 그대로의 표현이면 족하였기 때문에 원교의 기기묘묘한 모양의 글씨체(참조, 『수북첩』)가 가능했던 것이다. 그러므로 玉洞 李漵(성호 이익의 이복 형)와 같이 노론계열의 정통 주자학 고수계열이 아닌, 실학과 관련이 깊은 남인 계열의 이서의 서체가 백하를 거쳐 원교에게서 집대성된 것도 우연의 일치는 아니다.

10) '東國眞體'는 왕희지의 晉體를 표방한 玉洞 李漵의 東國眞體의 출현과 그 이후 恭齋 尹斗緖의 계승과 백하 윤순을 거쳐서 원교 이광사가 동국진체를 집대성하기에 이른다. 원교는 절친한 친구인 尙古堂 金光秀를 통하여 금석문을 받아보게 된다. 원교는 외부와 단절된 신지도의 유배지에서, 여러 가지 참고 자료도 거의 없고, 서법의 체계도 정비되지 않은 상태에서 「서결」을 찬술하였으니, 이것만으로도 획기적, 창조적인 일인 것이다. 뒤에 추사가 청으로 들어가 阮元, 翁方綱 등으로부터 서법과 금석학을 전수받고 추사체를 창출하고 난 후 「書員橋筆後」 등의 글을 통하여 신랄하게 비판하고 논박한다. 그러나 이는 원교의 「서결」이 전대 서가들의 서법의 성과를 종합하고, 후대 서가들에게는 帖學에서 전서, 예서, 금석의 중요성을 인식케 하고, 무엇보다도 우리민족의 고유정신이 표현된 동국진체로 역량을 발휘케 하여 주체의식을 고양시킨 것은 서예사의 큰 의의가 됨을 추사가 간과한 것이다. 참조, 이광사,

교와 친분이 있어 원교의 학문을 연구하는 데 참조할 만한 주변인들
은 형제, 종형제들인 恒齋 李匡臣, 中翁 李匡贊, 無妄軒 李匡鼎, 艾
叟 李匡鼎 등이 있으며 친구들은 白下 尹淳,[11] 士相 閔鈺, 飛卿 趙
震彬, 尙古堂 金光遂,[12] 五友(金章卿, 權在之, 李子明, 權善之, 李
子翼)[13] 등이 있다. 특히 원교는 사촌형제인 중옹과 항재 등과 함께
끊임없는 진리 추구에 대한 열정으로 서로가 서로에게 강학의 열기
를 더해갔고, 서로가 스승도 되고 친구도 되어주면서 勸勉을 계속함
이 그들의 문집에 여실히 나타난다. 실학의 요체를 하곡에게서 직접
들었다고 말하는 원교에 대하여 심론, 이기일원론, 성기일원론을 중
심으로 알아보고자 한다.

1) 심학론 – 實事 · 實言 · 實情의 추구

원교가 하곡에게서 실학의 요체를 듣고서, 그 후 다시 實學을 전

『원교집』, 「서결」, 「來道齋記」; 최완수, 위의 글; 조희창, 「원교 이광사
의 학문과 예술」, 동국대 석사, 1995.
11) 참조. 『원교집』, 「祭白下尹尙書淳文」.
12) 『원교집』의 「送金光遂之任禮安」, 「來道齋記」, 「尙州牧使金公光遂墓碣
銘」 등이 尙古堂 金光遂(1696~?)와 관련된 글이다. 상고당은 청의 학
자 林本裕, 林价 부자와 친분관계가 있어 孔林漢碑를 비롯한 중국금석
문을 기증 받았고, 원교는 부친을 통하여 알게 된 상고당으로부터 그가
소장한 많은 문헌과 중국의 고비탁본을 열람하였을 것으로 추측된다.
두 사람의 우정은 상고당이 그의 齋의 호를 '도보가 오는 집이다'라고
하여 來道齋라고 한 것만을 보아도 알 수 있다. 참조. 『원교집』, 「來道
齋記」; 이완우, 같은 책; 오세창, 『槿域書畵徵』, 「김광수조」, 177쪽.
13) 참조. 『원교집』, 「五君詠」.

념하여 배울 계획으로 강화도로 이사하지만 하곡은 그해에 죽게 된다. 이러한 원교의 행동으로 본다면 원교는 충분히 하곡에게서 心學에 대하여 전수받았음이 틀림이 없다. 그러나 그의 문집인 『원교집』・『두남집』을 통하여 그의 心學觀을 알아보기는 쉽지 않다. 양명학의 요지인 心即理, 致良知, 知行合一 등에 대한 언급이 없기 때문이다. 이러한 원교의 태도에 위당 정인보 선생은 "양명학을 비난한 말이 있는데 전후를 종합하여 보면 이는 詭辭라. 속으로는 양명학을 주장하던 것을 가릴 수 없는 것이 있다."[14]라고 하였다. 원교의 심학을 알아보는 방법으로, 원교가 쓴 「행장」, 「제문」, 「묘표」, 「논변」 등과 그의 「문집」을 통하여 그가 하곡의 양명학을 어떻게 수용하고 있는지를 알아보고자 한다.

"선생의 학문은 안에서 전일하고 자기 자신에 성실하여 높은 산이 쌓이고 큰 바다가 감추고 있는 것과 같고, 영화로운 일은 밖으로 드러남이 없었다. 남을 대할 때 언사에 다함이 있었고 어질고 온화함이 드러나 사람들과 저절로 다르게 되었다. 나는 앎이 얕아서 감히 선생님이 도에 나아가는 것이 어느 경지에 이른 것인지를 알 수 없었으나, 대개 外誘를 버리고 實理를 간직하는 것 외에는 다른 경지는 없었다. 옛날에 이른바 독실하고 공경한다는 사람에 선생님이 거의 가까웠다. 내가 평생토록 다행히도 선생님 같은 당세의 군자에게 빈척되지 않아 종사할 수 있고, 들은 것 또한 많게 되었다. 여러 차례 절하고 친히 모시고 익힘에 이르러서는 더욱더 경외함이 더해져, 감히 조금도 게으를 수 없었던 것은 홀로 선생님에게서 이를 보았기 때문이다. 德音의 깊이는 오래가면 갈수록 더욱더 열복되어 잊을 수가 없다."[15]

---

14) 정인보, 『담원정인보전집』, 권2 211쪽.

원교가 하곡의 학문과 덕행과 인품에 대하여 진심으로 說服하고 있음을 알 수 있다. 원교는 스승인 하곡의 학문의 경지를 '專於內實 於己'와 '去外誘存實理'로 파악하였다. 이러한 지적은 하곡이 스스로 "나의 학문은 안에서 구하고자 함이며, 밖에서 구하고자 함이 아니다. ……오직 안에서 스스로 만족할 것을 찾는 것이고 다시는 밖에서의 득실을 일삼지 않는다."[16]라고 하여, 자신의 학문을 천연의 양지심을 바탕으로 조금의 속임도 용납지 않는 無自欺의 誠을 추구하여 '求諸己而不求諸外', '自慊於內'라고 요약함과 같은 맥락이다. 즉 외적인 객관사물에서 리를 求한 것이 아닌 萬事萬理가 갖추어진 心에서 實理를 찾았다는 것이다.

하곡의 양명학이 단 '去外誘存實理이다'라는 것의 實理의 '實'의 의미는 곧 虛와 假의 반대 개념이며 터럭 끝만큼의 사욕도, 얽매임도 없는 상태를 의미한다. 즉 天然의 양지를 말하는 것이다. 이러한 양지심이 實心이며, 마음이 實心이면 곧 理도 實理가 되며, 實事가 될 수 있다. 하곡의 학문의 요점을 제대로 원교가 이해하고 있으니 원교의 양명학에 대한 깊이도 알 수 있겠다. 이 외에 하곡에 대하여 직접 언급한 것으로는 다음의 하곡 제문이 있으니 이 제문을 통하여 원교가 이해한 하곡학에 대하여 알아보고자 한다.

---

15) "李匡師曰先生之學, 專於內實於己, 如喬嶽之蓄, 大海之藏, 榮華不顯於外, 待接人言辭詳盡, 仁和旁暢而人自異之也. 余識淺不敢知造道至何地, 而槩其去外誘存實理, 則無餘境矣. 古所謂篤恭者, 先生其幾矣. 余平生幸不見擯於當世之君子, 得從事聞緖言亦衆矣. 屢拜至親習而愈益敬畏, 不敢少懈者, 獨於先生見之, 德音之閟, 愈久而愈悅服, 不能忘." (『霞谷集』, 卷2, 「門人語錄」147~148쪽)

16) "吾學求諸內而不求諸外……惟其自慊於內, 不復事於外之得失." (『霞谷集』, 卷2, 「存言」하, 41쪽)

"오직 선생은 포은, 목은의 뒤를 이었고……그 행동은 귀신도 믿을 것이다. 周以後의 文의 폐단에 염증을 느껴 先進을 좇으려 생각했다. ……세상 사람들 드러내기 좋아하지만 실로 묘하게 밝혀진 것은 드물고 나머지 실마리만을 늘어놓아 장황하게 책을 만든다. 뒤에 혹 저술에 대해 일컬음이 있다 해도 나의 일과는 상관없는 일이다. 공께서 이것을 보시고 마침내 그런 것에 빠지지 않으셨다. 先知後行을 末流들은 많이 힘쓰나, 공은 두려워하여 知行合一에 힘쓰셨다. ……세상 사람들은 거짓으로 爲己之學을 한다 하나 마침내 누가 여기에 합당하겠는가? 노여움도 없고 기 꺾임도 없으며 생을 마칠 때까지 역행하여 도가 몸에 쌓여 자연히 빼어나게 높고 중후하다. ……바라보면 엄숙하고 온기 있어 덕을 바라보는 사람들은 취하게 된다. ……미련한 나는 일찍이 제자 되었고 노둔하다 하시지 않고 도움말을 주셨다. 방랑하느라 쓸데없이 번잡하여 마침내 선생님의 덕의를 외롭게 하였습니다."[17]

하곡은 우리나라 유학의 시종인 포은, 목은의 후계자로서, 文弊에 염증을 느껴서 선진으로 돌아가고자 하였다. 先進은 누구를 지목한 것인지는 정확지는 않으나, 하곡이 요·순·우·탕·문·무 등으로부터 孔孟에 이르기까지의 학문을 心法之學으로 여기고 이러한 心法之學은 바로 양명이 이어받은 것으로 파악하여 늘 정명도와 맹자 등에게서 자신의 학문의 연원을 대고 있으니, 아마도 이런 의미의

---

17) "惟靈, 圖牧遺昆……行孚神鬼, 厭周文弊, 思從先進……世好著說, 實鮮妙發, 敷演殘緒, 張皇成袟, 後或稱述, 不干我事, 公見于是, 畢不佔瀆……先知後行, 末流多鶩, 公寔有懼, 合一是務……世佯爲己, 終孰妙契, 不溫不沮, 力行終世, 道積于躬自然粹盎……望儼卽溫, 覿德者醉……小子不肖, 蚤入高門, 弗以魯葉, 輒有勗言, 遊浪冗襍, 竟孤德意." (李匡師, 『圓嶠集』, 「祭文」, <爲從兄祭霞谷鄭先生> 참조, 정양완, 「강화학파의 문학과 사상(2)」에 제문 전문이 번역되어 있음)

선진일 것이다. 원교가 이를 파악한 것이며 세상의 학인들이 先知後
行으로 할 때 하곡은 오로지 知行合一에 전념하여 爲己之學에 전념
했다는 것이다. 또한 외적인 이해득실시비에 초연해하면서 오로지
자신의 마음공부에 일념을 다하였음을 지적하고 있다. 원교는 이 글
에서도 하곡학이 양명학, 심학이었다는 지적은 없으나, '知行合一'과
'외적인 이해득실은 모두 베어버리고 심법지학을 전념하였다'라고
하니, 이것으로 볼 때 원교의 양명학에 대한 이해도 알 수 있다. 또
한 하곡학이 진정한 '爲己之學'이었다고 함으로 보아 원교가 추구하
는 바가 확실한 양명학이었음을 알 수 있고, 자기 자신도 긍정하고
수용하였음을 드러낸 것이다. 다음은 원교의 학문에 대하여 간접적
으로 추측해 볼 수 있는 월암 이광려의 글이다.

> "공은 모든 經과 四書에서 많은 부분 先儒를 그대로 따르지 않고,
> 하곡 정 선생을 받들었다. 선생(하곡)은 王氏를 主했고, 공(원교)은 王
> 氏에 있어서는 역시 致良知설에 마음에 일치됨이 없었다. 평일 精義
> 와 異聞에 대하여는 자주 하곡 정 선생을 일컬었다."[18]

원교가 '선유들의 논지를 쉽게 받아들이지 않고, 하곡 선생을 높
이 받들었다' 함은 그 당시 절대적인 지위를 누리던 주자학을 그대
로 따르지 않았음이다. 그러면서도 양명학의 종지인 양지설에 이르
러서는 마음에 일치됨이 없었다 하니, 이것은 實學의 요체를 듣고 온
가족이 실학공부를 위하여 강화도로 들어갈 정도로 하곡을 흠모하고

---

18) "公於諸經四書, 多不能曲從先儒, 尊事鄭霞谷先生, 而先生主王氏, 公於
王氏亦未契致良之說, 平日 精義異聞, 屢稱鄭先生." (李匡呂, 『月巖集』,
「圓嶠先生墓地」)

복을 입었던 그의 태도와는 맞지 않는 부분이다. 또한 양명학의 종지인 심즉리, 격물치지, 지행합일 등의 양명학의 명제들은 모두 양지설에 그 근본을 삼고 있으니, 원교가 오로지 양지설에 있어서 마음에 일치됨이 없었다는 것은 전혀 하곡의 심학을 받아들이지 않았다는 것과 같다. 아마도 그에게 부딪친 많은 시련과 당대의 학계의 상황 때문에 그렇게 쓰인 것이 아닌가 생각된다.

다음의 외사촌형 士相 閔鈺[19]의 제문을 통하여 원교의 학문 발전 과정과 지향점을 알아볼 수 있다.

"나는 처음부터 학문에 뜻을 두기를 자못 독실하게 하였으니, 무슨 연고로 학문에 뜻을 두었는가? 형(閔鈺)을 보고 감격했기 때문이었다. ……(형은) 사욕은 날로 없어지고 날마다 公理를 보고 의리에 관계된 것을 투철하게 보고, 성명의 근원을 궁구하여, 참으로 誠과 僞를 보아서, 實에 나아가 번거로움을 베어내 마침내 大儒가 되었다. ……사욕 제거하기를 극진히 하여 사람은 모두 요순이 될 수 있음을 나는 처음에는 믿지 않았다. 형을 보고 난 뒤에야 이 말이 믿을 만한 것임을 알고, 나도 생각하였다. ……형을 본 뒤로부터 實事, 實言을 마음에 두고 하루아침에 仙과 불교를 다 버렸다. ……생각 생각하여 학문에 뜻을 두고 날로 증험이 되고 때로 경험을 하여 나아가 더 해짐이 있는 듯하였으나, 다만 이는 外面만 그럴 뿐……나는 참으로 병통이 있어서 예쁜 사람을 보면……마음은 참으로 기뻐하고……마음은 참으로 憧憧 거려 끝내 벗어나지 못하였다. 이와는 정반대로 어진 사람 좋아하고 善

---

19) 항재 이광신과 원교 이광사와 동시에 친분관계를 유지했던 학우들은 외사촌형 士相 閔鈺, 飛卿 趙震彬 등이 있으며 이들은 서로의 학문에 대하여 심도 있게 논변의 글을 주고받았음이 주로 항재의 문집 『선고』와 원교의 문집 『원교집』에 다수 실려 있다.

을 즐겨야 함에도 實은 성실치 못하여 모두 外面뿐이 그러하다. ……이
것을 치료하는 방법은 다만 사욕을 제거함에 그 心情을 오직 겉과 꼭
같이하는 데에 있을 따름이다. ……나는 진실로 不誠하여 마침내 自暴
自棄에 이르렀다. ……마침내 형의 꾸짖고 야단치고 경계함과 가르침
에 힘입어 初心을 회복하고, 마침내 형에 감동되어 實事, 實言으로
힘써 사욕을 버리고자 한다. ……이제는 이미 끝이 났다. 이 뒤로부터
의 길은 다만 마땅히 오직 형에게 감동되어 實事, 實言, 實情을 본받
는다면, 사람다운 사람이 될 수 있고 형을 저버리지 말아야 한다. 마
음속의 心情의 일체 사욕을 제거하여 단지 外面과 똑같아서 위반됨이
없도록 해야 되겠다."20)

　　이 제문은 辛酉 八月十又五日 丁未라 되어 있으니 원교 나이 36
세, 1741년의 글이다. 하곡에게서 실학의 요체를 들은 지 꼭 10년
뒤의 글이다. 원교는 士相 閔鈺이 大儒가 된 이유를 '眞見誠僞, 就
實劃繁'이라고 요약하였다. 士相이 참으로 誠, 僞를 구분하였다 함
은 양지에 의한 虛實, 內外, 假僞를 참으로 구분하였다는 것이다.
또한 '實'에 나아갔다 함은 良知實에 나아갔다 함이니, 심내외 일치

---

20) "噫, 余當初, 志學頗篤, 緣何志學. 見兄感激……私欲日去, 日見公理, 透
義理關, 窮性命源, 眞見誠僞, 就實劃繁, 遂成大儒.……去私欲極, 人可
堯舜, 余不始信, 亦旣見兄, 知是言信, 余時思度……自夫見兄, 實事實
言, 於心屏營, 一日盡棄, 仙及佛道……念念志學, 日證時驗, 如有進益,
只在外面……余實有疾, 見艶色人……心實悅豫……心實憧憧, 終莫脫然.
如是反之, 好賢樂善, 其實不誠, 皆以外面……此醫治方, 只有去私, 以其
心情, 只如外面已而已矣……余實不誠, 終至暴棄……終欲賴兄叱罵警誨,
復復初心, 終欲感兄, 實事實言, 力去私欲……今已已矣, 今後之道, 只當
感兄實事實言實情效, 則得爲可人, 毋得負兄……去爾心情一切邪私, 只
如外面無得違畔." (李匡師, 『圓嶠集』, 「祭閔兄士相(鈺)文」)

이며 誠을 말한 것이다. 이것이 바로 외적인 '번거로운 일은 제거했다'는 뜻이며, 형이 大儒가 됨은 심학을 통하여 그런 경지에 도달되었음을 설명한 것이다. 이 글에서 원교가 閔士相의 학문을 '就實刻繁'이라 하였으니 士相 역시 하곡의 훈도를 받은 문인이었던 듯하다. 하곡이 철저히 實學을 강조하였고, 원교 역시 하곡의 학문을 實學이라 여겨 자신도 實學의 요체를 들었다 하였으니, 여기서의 實學은 心上학문 心學을 말함이다.

원교는 자신도 형처럼 實事, 實言을 통하여 就實刻繁코자 하였으나, 겉으로만 그럴 뿐, 속마음은 예쁜 여자를 보면 여전히 悅豫하고 憧憧하여 실상은 不誠하게 되니 거의 포기지경에 이르렀다. 그러나 '오직 이 병을 고치는 유일한 방법은 사욕을 제거하고, 그 속마음을 오직 겉과 같게 하는 데에 있을 따름'임을 알게 된다. '속마음을 오직 겉과 같이 한다'함은 겉과 속이 같은 마음, 진실된 마음, 誠心, 實心이니, 즉 양지에 바탕을 둔 양지심이며, 無自欺한 마음이다.

이 짧은 제문에 원교는 眞見誠僞, 就實刻繁, 實事實言實情實心 등 實ㆍ誠ㆍ心ㆍ僞 등의 단어를 강조하여 사용하고 있다. 원교의 주안점은 오로지 '內外ㆍ虛實의 구분이며 이에 근거한 심내외의 일치에 있다. 즉 생득적인 도덕률인 양지의 심상에서의 완전한 발현인 치양지를 추구한 것이다. 이는 하곡학의 요체이기도 하다.

원교가 內外虛實에 대하여 血戰을 계속하는 이유는, 양명학에서는 끊임없는 存心과 修心이 있어야만이 심즉리로서의 심의 기능은 확보될 수 있으며, 바로 실심이 될 수 있다는 것이다. 즉 내 마음의 끊임없는 수행과 계발에 의하여 내 마음속의 리가 자연스럽게 유로될 수 있기 때문이다. 우리의 마음이 私欲과 私利에 얽매게 되면 자연히 虛와 仮로 떨어지게 된다. 따라서 온갖 사욕과 사리는 제거하여야 태초에 하늘로부터 받은 心體, 즉 양지를 순수하고 맑게 드러나게 할 수 있기 때문이다.

하곡은 "그 마음과 뜻 가운데서는 모름지기 私心과 惡念을 버려야만 비로소 誠이라고 말할 수 있다."[21]고 하여 人偽를 다스리는 문제에서 誠을 중요시하니, 이러한 상태의 마음이 곧 實心이며 良知心인 것이며 初心이다. 實心이 안 되면 "是非가 本心으로서의 是非가 아니요, 取捨도 本心으로서의 取捨가 아니니, 本心으로써가 아닌지라 시비는 他隨함에 그치고 取捨는 外鶩에 그치니 그 하고 싶음이 사실 나의 하고 싶음이 아니다."[22] 이는 자기가 자기 자신을 속이는 것이요, 겉과 속이 다른 것이요, 知와 行이 다르게 되는 것이다. 그러므로 반드시 自心·良知心·實心을 좇아서 참되게 是非의 분별을 가질 수 있어야 虛仮에서 벗어날 수 있다는 것이다. 이렇게 되면 士相과 같이 就實劃繁이 됨이요, 致良知가 됨이니, 원교가 이러한 實心論과 良知論을 알고 있었던 것이다.

원교는 1731년에 '강화에 들어가서 선생을 뵙고 實學의 요체를 들었다'[23]라고 본인이 말하였다. 원교가 하곡에게서 배운 實學이란 무엇인가? '이광사의 경우 실학은 정하곡의 양명학을 가리킨다.'[24] 참다운 학문, 참학문의 요지, 즉 지리멸렬하고 虛理를 더듬는 虛學이 아닌, 實體에서의 理를 찾는 實學의 요체를 배웠다는 것이다. 이

---

21) "就其心意之中, 須絶去其私心惡念, 始可言誠也." (『霞谷集』, 卷2, 「存言」上)
22) 정인보, 같은 책, 238~239쪽.
23) "辛亥年始入江都, 拜先生狀下, 聞實學之要." (李匡師, 『圓嶠集』, 「書贈稚婦繭紙」丁丑)
24) 민영규, 『강화학 최후의 광경』, 우반출판, 1994, 78쪽.

러한 心上學問의 요체를 알고 있는 원교가 외사촌형 士相을 통하여
하곡으로부터 받은 實學을 그대로 行하고자 하면서도 內實 없는 자
기 공부에 실망하면서 여전히 욕심에 매달린 자기 자신을 형을 통하
여 다시 다짐하고 추슬러서 깨달은 것이 內外의 合一, 知行의 合一,
無自欺한 마음을 바탕을 둔 實言·實行·實情의 필요성을 깨닫게
되는 과정을 고백한 것이다.

원교는 양명학, 심학이라는 단어는 하나도 사용하지 않았으나 하
곡에게서 받은 實學으로서의 양명학을 그대로 실행하려고 처절히
노력하였으니 진정한 양명학자임에 틀림이 없다. 원교는 하곡의 직
전제자로서 강화학파의 종지인 하곡의 실학을 수용하였음을 알 수
있으니, 원교의 심학은 바로 實의 學이었다. 그의 實의 學은 주변의
종형제들에게 영향을 주니, 특히 신재와 초원, 월암에게 자신의 양명
학을 그대로 전수하게 된다.

2) 理氣一元

양명학이 이기론과 같은 存在의 문제보다는 인간의 心性의 문제
에 더 중점을 두고 있으나, 하곡은 자신의 심론을 전개함에 이기체
용본말 등의 논리로 설명하고 있다. 하곡의 직전제자인 원교와 항재
역시 이기본말에 대한 담론이 있으나, 이들은 하곡의 체용본말의 구
조를 서로 다르게 수용하고 있다. 內外虛實을 분별하여 내외일치를
추구하던 원교가 理氣의 문제에 있어서는 어떤 이론을 제기하여 자

신의 철학을 구축하고자 하였는지 알아보고자 한다.

원교의 경우『두남집』,『원교집』,『수북집』 등이 있으나, 이기 · 심성 · 양명학 등에 대한 글은 거의 없다. 다만 그의 사촌형 항재 이광신의 문집인『先藁』에 기록된 항재와 원교와의 왕복 문답 글에, 원교의 편지글을 항재가 간간히 기록해 둔 것 밖에 없으니, 항재가 기록한 원교의 이기와 선악의 글을 보고 원교의 본지를 정확하게 파악하기란 쉽지 않으며 오류도 범할 수 있는 것이다. 왜냐하면 항재의 입장에서 인용한 편지글에 의하여만 원교의 사상을 알아볼 수 있기 때문이며, 또한 이 두 사람의 의견의 차이가 아주 컸음을 다른 글[25]에서 원교 자신이 말하고 있기 때문이다.

『항재집』에 나타나 있는 원교와 관계된 글을 보면, 「與道甫書」 · 「答道甫書」 · 「辨道甫理氣說」 · 「書先世言行錄後 壬子」 등이 있다. 「答道甫書」는 甲寅年에 쓰인 것으로 되어 있으니 1734년 영조 10년, 원교 나이 29세, 항재 34세 때에 해당된다. 「辨道甫理氣說」은 영조 18년 1742년, 원교 37세, 항재 42세 때의 글이니, 이는 항재가 「의주왕문답」을 지은 지 꼭 10년 뒤의 글에 해당되므로 그들의 학문의 진전과정도 알 수 있다. 「與道甫書」 · 「答道甫書」 · 「辨道甫理氣說」이라는 항재의 글을 통하여 원교의 이기론에 대하여 간략하게나마 알아보고자 한다. 먼저 원교의 理에 대한 생각을 미루어 짐작해 볼 수 있는 항재의 글을 살펴보자.

---

25) 이광사,『원교집』,「祭恒齋從兄文」. "(내가)감히 異論을 내세우고 또 氣質性은 驩兜와 虁 등은 물론이고 처음에는 다 똑같이 善이고 또 大路와 같이 똑같다 하니, 형(항재)은 말하기를 亂道라 하면서 분연히 눈썹을 치뜨면서 책망과 경계를 하였다."

"주자와 율곡이 논한 '中, 寂이 性이 된다'는 등의 설명은 혹 陰靜의 한 측면으로만 빠진 것이다. 그러나 이즈음 다시 생각해 보니 모두가 우리들의 식견이 편중되고 사유가 국한되어 두루 널리 理를 보지 못하였기 때문이었다. ……周子가 '太極本無極'이라 하였다. 그러하니 어찌 혼연의 체는 다만 스스로 혼연할 뿐이고, 流行의 작용에는 간여함이 없다 하겠는가? 이제 仁義와 孝弟는 하나이다. 그런데 만약 체용으로 나누어 말하여, '인은 스스로 인이 되니, 어찌 일찍이 효제 있는 데서 왔겠는가? 그러므로 인은 효제에 간여함이 없다' 하고, '특별히 텅 비고 쓸데없이 치우친 고목 같은 物'이라고 한다면 어찌 理가 되겠는가? ……'잎은 저와 같고, 뿌리는 이와 같다'고 말한다고 하여 어찌 뿌리와 잎이 서로 管攝이 없겠는가?"[26]

이 글은 항재가 원교의 글을 그대로 기록하고 있지는 않지만, 원교의 리에 대한 논점을 추측해 볼 수 있는 중요한 단서이다. 항재, 원교 모두 처음에는 주자, 율곡의 理가 '陰靜一邊'임을 인정한 것이다. 뒤에 항재가 자신들의 판단이 잘못되었다고 보고 원교의 理 개념에 대하여 지적하고 있는 것이다. 항재의 이 글에 의하면, 원교의 理 개념은 주자와 다르고, 그의 주 논점은 '음정일변의 리'를 理라고 정의한다면 '流行의 作用'에 대하여는 그런 함의의 理로는 설명할 수 없으니 그런 理는 '空空偏枯底物'이라고 평한 것이다. 그러므

---

26) "朱栗所論, 中寂爲性等說, 或涉於陰靜一邊者, 然近復思之, 都是吾輩識偏思局, 不能周遍觀理故耳……周子所謂, 太極本無極也, 然而亦豈謂渾然之體, 只自混然而已, 無與於流行之用也哉, 今仁與孝弟一也, 而若分別體用而言, 則仁自是仁, 曷嘗有孝弟來, 然而便謂仁無與於孝弟, 而特謂空空偏枯低物, 則豈理也哉……枝葉如彼, 根本如此云, 則豈根本枝葉, 不相管攝也哉." (李匡臣,『先藁』,「與道甫書」)

로 항재가 원교에게 體는 體로서만 존재할 뿐만 아니라, 用에도 간여함이 있으니 體와 用은 서로 관계없는 것이 아니라고 설명하고 있는 것이다. 결국 원교의 주장은 理가 주자의 理처럼 未發, 中, 靜, 形而上의 범주로서만 해석된다면 '枯低物'과 같이 無作用性, 無生命性의 理가 된다는 것이다. 이러한 원교의 주장은 하곡의 다음의 주장과 일맥상통하고 있음을 알 수 있다.

　　"주자는 그것이 조리 있게 통하는 것을 理라고 하였는데 비록 이것이 사물에 두루 통하였다고 이를 수 있다고 하더라도 이것은 곧 物의 헛된 조목이요, 空道에 불과한 것이니 茫茫蕩蕩하여 근본과 으뜸이 될 수 없는 것이다. ……주자는 氣道의 條路를 理라고 하였으니 氣道의 條路란 것은 生理도 없고, 實體도 없어서 죽은 물건과 그 체를 같이 하는 것이다. ……진실로 리가 人心神明에 있지 않고, 다만 헛된 조목이라고 한다면 枯木과 타버린 죽은 재와 같은 물건이다."[27]

　하곡이 주자학에서 양명학으로 전환한 가장 근본적인 이유는 격물치지를 통한 리의 추구방법에 대한 것이었으니, 바로 理에 대한 문제의식이었다. 하곡은 주자의 物理는 인간의 심체와는 상관없는 理이므로 枯木 같은 생명이 없는 空道에 불과하므로, 결국은 그런 리를 통한 인간의 도덕성의 고양은 불가능하다고 보는 것이다.
　하곡은 근본적으로 실체를 떠난 공허한 것을 리로 삼는 것과 사

---

27) "朱子, 以其所有條通者, 謂之理, 雖可以謂之該通於事物, 然而是卽不過在物之虛條空道耳, 茫蕩然, 無可以爲本領宗主者也.夫聖人以氣主之明體者, 爲之理……氣道之條路者, 無生理, 無實體, 與死物同其體焉.……苟其理者, 不在於人心神明, 只是虛條, 則彼枯木, 死灰之物." (『霞谷集』, 卷2, 「存言」上, <睿照明睿說>, 12쪽)

람 마음의 신묘한 작용성과 관계없는 것을 理로 삼는 것을 부정하여, 實을 理로 삼고(以實爲理), 體를 理로 삼아야 함(以體爲理)을 주장하니 이미 앞에서 논의한 바 있다. 하곡의 리의 특징은 理의 活體性, 生生性, 生命性의 강조에 있다. 주자의 리를 生과 반대개념인 枯木, 虛條, 死灰之物, 空道 등의 용어로 설명함에서도 알 수 있다. 즉 주자의 理를 '死物化된 理'로 보고 있는 것이다.

하곡이 주자의 理를 物理라고 하여 전면적으로 부정하는 이유는 體를 理로 삼고, 氣는 理에 의한 氣(理體氣用)로 나누어 근본이 둘이 됨을 부정한 것이다. 즉 리가 살아 있는 인간의 마음과 서로 상관이 없게 되어 실천과 실행이 불가능한 리가 된다는 주장이다. 주자도 체용일관을 주장하지만 결국은 一元이 아닌 二元의 차원이 다른 두 세계를 설정하고 있음은 면치 못한다고 본다.

항재의 주장만으로는 원교가 말하고자 하는 理의 관점을 정확하게 파악하기는 힘들지만, 알 수 있는 것은 하곡과 유사한 논점으로 리에 대한 정의를 새롭게 하고자 한다는 것과 이체기용으로 나누어 보는 이원론의 理로서는 현상계를 설명하기가 부족하다고 하는 점이다. 즉 본체계와 현상계에서도 작용이 활발한 생생한 心上의 활체의 리를 주장한 하곡의 논점과 유사한 것만은 확실하다고 본다. 枯木과 같은 理를 부정하고 있는 원교가 性에 대하여는 어떠한 논점을 보이고 있는지를 다음의 항재 문집의 「答道甫書」에 기록된 원교 29세 때의 글을 통하여 알아보고자 한다.

"다만 그대가 의심하는 바는 '성이 곧 리이고 태극이고 所以然인데, 주자는 寂然不動을 性이라 하고 未發을 性이라 하였고, 율곡은 또 中과 寂을 性이라, 理라고 하였으니, 이른바 寂然과 未發之中은 곧 靜이며, 靜은 곧 陰이며, 陰은 곧 氣이고, 기는, 즉 旣以然이니 곧 中·寂字는 다만 기의 음일변에만 쓰여야 합당하지 性分上에서 中·寂字는 옳지 않다. 中·寂자를 붙이게 되면 性은 곧 陰靜일변으로 떨어져 陽動일변과 對待가 되니, 이는 旣然의 氣이지 所以然의 理는 안 된다.'는 구절에서 진실로 그대가 의심한 것과 같다면 주자와 율곡 두 선생은 氣를 性으로 여긴 것이니 횡거의 淸虛一大의 설이 됨을 면치 못하게 된다."[28]

주자, 양명, 하곡 모두 성즉리를 말하였으나, 이들의 성과 리에 대한 개념부터 서로 다르므로, 성즉리의 함의도 서로 다르다. 이 글에서 정확한 원교의 성즉리의 함의는 알 수 없으나, 아마도 성과 리에 대한 개념부터 주자와 다르게 받아들이고 있기 때문에, 이런 이의를 제기한 것이 아닌가 생각된다. 이 글은 원교가 하곡을 처음 만나서 공부하기 시작한 때로부터 3년 뒤의 글이다. 원교의 논지는 性은 理이고, 太極이고, 所以然이어서 일관하여야 함에도 불구하고 오로지 靜만을 가지고(적연, 미발지중) 성으로, 리로 삼는다면 이는 性이 동정일관의 리가 있는 性이 아닌 陰陽對待의 靜만을 갖춘 旣然의 氣일 뿐이라는 지적이다. 원교가 주자학에 있어서 적연과 미발지중은 형이상의 개념이고, 동정은 형이하에 해당되는 개념임을 무시하고

---

28) "第君之所疑, '以爲性卽理, 卽太極, 卽所以然者, 而朱子以寂然不動者謂性, 未發爲性, 栗谷又以中與寂爲性爲理, 而所謂寂然, 而所謂未發之中, 是靜, 靜卽陰, 陰卽氣, 氣卽旣然者, 則中寂字只合用於氣之陰一邊, 而於性分上着中寂字不得. 才着中寂字時, 性便墮了陰靜一邊, 而對待陽動一邊, 是已然之氣, 非所以然之理'云云, 苟如來疑則朱栗兩先生認氣爲性, 而不免爲橫渠淸虛一大之說矣." (李匡臣,『先藁』,「答道甫書」甲寅)

있으니, 동정의 정과 적연의 적과 미발지중을 동일한 차원의 개념으로 보고 있음을 알 수 있다. 즉 미발지중과 적연을 리로 보는 것에 동의할 수 없다는 입장이다. 하곡이 주자의 리에 대한 개념부터 부정하고 있으니 이 역시 하곡의 영향으로 보인다. 원교의 논점은 理를 未發로, 적연부동으로 설명한다면 已發의 세계에서의 理의 존재는 없다는 것이다. 즉 주자처럼 體(理, 形而上, 未發, 中, 靜), 用(氣, 形而下, 已發, 和, 動)의 세계로 나누어서 미발의 세계와 이발의 세계를 나눈다면 理氣一貫의 理, 動靜一貫의 理는 없게 됨을 우려한 것이니, 이러한 원교의 논점은 다음의 원교의 글에서도 알 수 있다.

　　"편지에서 말하기를 '만약 寂然을 가지고 性으로 여긴다면 어떤 사람이 혹 종일토록 寂然하여 고요한 사람은 하루 내내 性은 있고 情은 없고, 理는 있고 氣는 없는 것인가? 혹은 종일토록 생각하고 움직이는 사람은 하루 내내 情은 있고 性은 없고 기는 있고 리는 없다는 것인가?'라고 하였으니 이는 그렇지 않다. 만약 靜을 性으로 여긴즉 진실로 편지에서 의심한 바와 같으나 靜은 性이 아니다. 性은 곧 寂然하니 적연은 靜이 아니고, 즉 動靜의 理이다."29)

원교는 단지 動靜의 靜만을 가지고 곧 성으로 한다면 性과 情, 理와 氣로 나누어질 수밖에 없다고 우려한 것이고, 여기에 대하여 항재의 대답은 靜이 곧 性이 아니라 寂然은 靜만이 아닌 動靜의 理

---

29) "來喩曰若以寂然爲性, 則人或有終日寂然而靜者, 是一日之內有性而無情, 有理而無氣乎. 或有終日思慮而動者, 是一日之內有靜而無性, 有氣而無理乎云, 是不然矣. 果若以靜認性, 則誠如來喩之疑, 而靜非性也. 性卽寂然者, 寂然非所謂靜, 卽動靜之理也." (李匡臣, 『先藁』, 「答道甫書」甲寅)

를 가리키는 말이라고 반박한다. 원교의 이런 주장은, 動과 靜, 寂然과 感通, 性과 靜, 未發과 已發을 일관할 수 있는 常體가 理가 되어야 한다고 하여 리의 일관성을 주장하는 하곡의 주장과 같은 맥락에 있다.

원교의 이러한 문제의식은 체와 용, 미발과 이발, 적연부동과 感而遂通을 나누어서 보는 성리학을 부정하고, 미발과 이발, 적연과 감통에 일관된 리, 즉 理體를 주장한 하곡의 영향인 것이다. 이러한 항재와 원교의 未發, 寂然, 中에 대한 논변은 하곡과 친구인 최석정과 鄭景由[30]와의 논변과 아주 흡사하며, 하곡집의 「존언」의 상당 부분을 차지하고 있다. 또한 양명의 제자 陸原靜도 같은 내용으로 양명에게 질문한 것이 있다.[31] 그러면 하곡의 미발지중과 적연의 의미가 무엇인가를 알아보고 원교와의 상관성을 짚어보고자 한다.

"미발의 설에 대하여 실증으로 가르쳐 주셔서 감사합니다. '미발의 중은 나에게 있는 천명이요, 천하의 대본으로서 요순과 일반 사람이 같은 것이다.'라고 하신 말씀은 이의가 없습니다. 그러나 그 결과가 혹 體와 用을 두 가지 일로 볼 염려가 없지 않으니, 그렇게 되면 어찌 호리의 차이가 천리의 길이 벌어짐이 되는 것이 아니겠습니까?"[32]

"어찌 未發은 性이 되고 已發은 心이 되어, 靜할 때는 理가 되고, 動할 때는 氣라하여 나누어 두 갈래로 만들고 大本의 완전함과 一貫

---

30) 참조, 『하곡집』, 권1, 「書」, <答鄭景由文>己卯
31) 참조, 『전습록』중, 「答陸原靜書」
32) "未發之說得夢證敎, 幸甚幸甚. '其曰未發之中天命在我爲天下之大本, 堯舜與人同者'云云, 無以間焉, 然其歸或不無體用之二致, 則豈非所謂 毫釐之分者邪." (『霞谷集』, 卷1, 「書」, <答崔汝和書>癸未, 30쪽)

의 뜻은 다시는 없는 것으로 생각하시는 것이 아닙니까? 진실로 그러
하다면 이것은 한갓 음이 정하고, 陽이 動함을 가지고 道와 器로 삼
고 태극이 그것을 主하고 있는 것은 살피지 않는 것이며, 한갓 靜虛
와 動直으로 체와 용을 삼으면서도 하나로서 일관하고 있음을 살피지
않는 것이며, 한갓 靜寂과 感通으로서 본과 말을 삼고 易이 체가 됨
을 살피지 않는 것이며, 한갓 未發, 已發로서 理와 氣를 삼고 性이
근본이 됨을 살피지 않은 것입니다."33)

　　喜怒哀樂 未發을 中으로 性으로, 發而皆中節을 和로 情으로, 양
분하여 의념의 발동 이전과 발동 이후를 완전히 나누어서 보게 되
면, 일관된 체가 없게 되므로 결국 천하의 대본은 없다는 것이다.
즉 동하고 정하게 되는 것은 단지 한 마음일 뿐인데 단지 靜이라
하여 성이 되고, 리가 되고, 대본이 된다고 한다면 이는 靜과 動에
일관하는 理(태극)가 없게 되는 것이다. 하곡은 체용일관의 실체를
체라 하고, 이 體의 리(理體)를 체용일관의 大本, 宗主라 한다. 그러
므로 리와 리체를 구분하고 있고, 체용일관의 상체를 태극이 아닌
무극으로 설명한다. 理體氣用, 靜體動用의 理와 氣가 아닌, 체용일
관의 理(體)로서 이원론을 극복하고 있다. 또한 이러한 체를 양지로
보고, 심즉리의 지평에서 양지론으로도 이원론은 극복되고 있다. 하
곡은 '미발을 사람 마음의 본체'34)로 보기 때문이며 이것이 다름 아

---

33) "豈非以未發爲性, 而已發爲心, 靜時爲理而動時爲氣, 分作二端, 無復有
　　大本之全, 而一貫之義者乎, 眞如是者是徒以陰靜陽動爲道器, 而不察乎
　　太極之爲主也, 徒以靜虛動直爲體用, 而不察乎一之爲貫也, 徒以寂然感
　　通爲大本, 而不察乎易之爲體也, 徒以未發已發爲理氣, 而不察乎性之爲
　　本也." (『霞谷集』, 卷1, 「書」, <與崔汝和書>乙酉, 32쪽)
34) "未發者, 人心之本體, 惟其如是故, 人皆有之, 能時時呈露." (『霞谷集』,

닌 良知인 것이다. 양명도 또한 '양지가 곧 미발의 중이 되고 곧 확연대공하고 적연부동의 본체'35)라고 주장한다. 즉 이러한 미발의 양지는 곧 체도 되고 용도 되어 미발은 이발 가운데 있고 이발은 또 미발 가운데 있을 수 있으니 미발 외에 이발이, 이발 외에 미발이 따로 있을 수 없으며 동과 정으로 나눌 수 없게 됨이 가능한 것이다. 즉 양지가 已未發과 체용을 일관할 수 있는 혼연일체자이기 때문이며, 그러므로 체가 용의 근원이라고 말하는 것이 아니라 '體用이 하나의 근원'36)이라고 말하는 것이며, 하나의 근원인 大本으로 未發已發, 道器, 靜虛動直, 靜寂感通 등을 일관할 수 있게 된다.

미발과 이발, 중과 화, 동과 정의 문제는 송대 성리학자뿐만 아니라, 율곡과 우계와의 문답 등에서 치밀하게 오고간 주제이다. 이러한 문제에 대하여 양명은 제자 육원정의 질문에 답하면서 명쾌하게 양명학의 입장에서 다음과 같이 정의한다.

"미발의 중은 곧 양지이다. 전후내외가 없는 혼연일체이다. 有事와 無事는 動과 靜으로 말할 수 있으나, 양지는 有事와 無事로 나눌 수 없다. 적연과 감통은 동과 정으로 말할 수 있으나, 양지는 적연과 감통으로 나눌 수 없다. 동정이라는 것은 만나는 때이며, 심의 본체는 진실로 동정으로 나눌 수 없다. 리는 動이 없다. 동하면 욕심이 되니 리를 따르면 많은 변화에 대응한다 하더라도 동이 되지 않고, 욕심을

卷1, 「書」, <答鄭景由問目>己卯, 40쪽)

35) "良知卽是未發之中, 卽是廓然大公, 寂然不動之本體, 人人之所同具者也 …… 體卽良知之體, 用卽良知之用, 寧復有超然於體用之外者乎." (『傳習錄』中, 「答陸原靜書」)

36) "其體, 無靜寂感動而一焉, 不可得而分者, 是體用之一原者也." (『霞谷集』, 卷2, 「存言」中, 28쪽)

따른다면 비록 일념으로 고심한다 하더라도 정이 아니다. 동 가운데 정이 있고 靜 가운데 動이 있으니 또 무엇을 의심하겠는가? ……未發이 已發한 속에 있으나, 已發한 속에 따로 未發이 존재하는 것이 아니며, 已發이 未發 속에 있으나, 未發 속에 따로 已發이 있는 것이 아니니, 동정이 없는 것이 아니라 동정으로 나눌 수 없다는 것이다."[37]

양명은 미발지중이 양지이며 時空의 구분이 없이 일관할 수 있는 혼연일체자로 본다. 그러므로 有事, 無事, 寂然, 感通은 모두 動靜으로 말할 수 있으나 심의 본체인 양지는 有事, 無事, 寂然, 感通, 動靜으로 나눌 수가 없는 체용을 일관하는 心體, 理體인 것이다. 그러므로 "양지는 喜怒憂懼에 구애되지 않으나 그러나 喜怒憂懼라는 것이 양지의 밖에 있는 것은 아니다."[38]라고 할 수 있는 것이다.

동과 정의 문제에 있어서는 靜體動用으로 나누어 보는 것이 아니라 마음의 작용 시에 심체천리인 양지를 따르면 酬酢萬變이 있다 하더라도 그대로 천리의 발현이므로 靜(天理)이 된다. 그러므로 이를 '動中有靜'이면서 '動而無動'이라고 할 수 있는 것이다. 이와 반대로 마음이 작용하지 않는다 하더라도 욕심으로 심체천리가 가려져 있다

---

37) "未發之中卽良知也. 無前後內外, 而渾然一體者也. 有事無事可以言動靜, 而良知無分於有事無事也. 寂然感通可以言動靜, 而良知無分於寂然感通也. 動靜者, 所遇之時, 心之本體, 固無分於動靜也. 理無動者也. 動卽爲欲, 循理則雖酬酢萬變而未嘗動也. 從欲則雖槁心一念而未嘗靜也. 動中有靜, 靜中有動, 又何疑乎……未發在已發之中, 而已發之中未嘗有未發者在, 已發在未發之中, 而未發之中未嘗別有已發者存, 是未嘗無動靜, 而不可以動靜分者也." (『霞谷集』, 卷2, 「存言」中, 28쪽)
38) "蓋良知雖不滯於喜怒憂懼, 而喜怒憂懼亦不外於良知也." (『傳習錄』中, 「答陸原靜書」)

면 이미 천리의 발현은 불가능하다는 것이다. 이를 양명은 '靜中有動'이면서 '靜而無靜'이라고 하는 것이다. 이는 도심과 인심, 정과 동, 천리와 인욕이 定分되어 있음이 아니라 발현되는 그 순간의 마음 작용에 의하여 결정됨을 말하는 것이다. 즉 본래 천리와 인욕이 양분되어 나누어진 것이 아니라 심의 구체적인 작용 시에 결정된다는 것이다. 이는 양명이 태극의 생생이 곧 음양의 生生으로 파악하여 道와 器를 一元으로 보고 있기 때문이다. 마음이 구체적으로 발현되는 바로 그 상태에서, 본체계와 현상계를 동일한 차원의 한 가지 일로 보기 때문이다. 그러므로 유사, 무사, 적연부동, 감이수통, 미발, 미발 등이 모두 일원의 체계로 설명될 수 있는 것이다. 이러한 양명의 일원의 체계는 하곡에게도 그대로 수용되어, 하곡도 동과 정을 '靜體動用'으로 보는 것이 아니라, 動과 靜을 理의 隱現으로 설명한다.

하곡이 理體, 心體인 양지로서 理氣, 性情, 寂然感通, 已發未發의 大本으로 삼고, 일원적으로 심체상에서 보려는 경향은, 원교의 이기 성선론에서도 그대로 계승된다. 空道의 理에 근거한 靜體動用, 理體氣用 등의 二元의 세계관에 대하여 문제의식을 갖고 있던 원교가, 善惡의 문제와 性과 氣의 관계에 대하여 어떻게 연역을 하고 있는지를 알아보고자 한다.

3) 性氣一元

원교의 동정, 이미발, 이기의 문제에 대한 일관적인 논점을 정확히 알 수는 없지만, 死物化된 無生命性의 理에 대한 문제의식과 陰

陽動靜 등의 문제에 있어서 서로 차원이 다른 두 개의 세계를 부정하고, 一元의 논리로 性理論을 파악하고자 한 주장에 대하여 알아보았다. 이러한 양명학적인 세계관은 선악론, 심성론에서도 性氣一元, 善惡一元으로 나타나고 있다. 다음의 「辨道甫理氣說」을 통하여 원교의 理氣性善의 문제에 대하여 알아보고자 한다. 항재가 도보(원교)의 말을 그대로 인용하면서 원교의 논지에 문제점이 있음을 밝히는 글이다.

"사람의 성품은 모두 善하고, 氣에는 善惡이 있다는 사실은 경전을 갓 배우는 어린 학생들도 능히 아는 것인데, 도보는 '人性은 모두 선하다. 氣도 또한 모두 선하다'라 하니 도보는 참으로 몰라서 그러한가? ……다만 그 본뜻을 찾아보니 '성이란 글자를 지나치게 국한시켜서 보았다. 대개 性이란 사람이 태어나 형태가 있은 뒤의 이름이다. (孔子는 완전히 이루는 것을 성이라 하였고 정자는 生을 性이라 하였고, 邵子는 性이란 道의 형체라고 하였다.) 氣는 理에 근본하고, 理는 形에 붙어 있고, 理가 곧 性이며, 性과 氣와 生은 함께 생겨나 붙어 묘하게 합해져 있으므로 사실은 어느 것이 성이고 어느 것이 기인지를 볼 수가 없다. 선이라고 하면 모두 선하고 악이라 하면 모두가 악이다.'"[39]

---

39) "人性皆善, 氣有善惡, 是經童小生所能知者, 而道甫以爲人性皆善, 氣亦皆善云, 道甫眞不知而然耶……第原其本意, 則看得一性字太局. 蓋性是人生形以後之名(孔子曰成之者性, 程子曰生之謂性, 邵子曰性者, 道之形體)氣本乎理, 而理附乎形, 理卽性, 性與氣與生, 俱生衾同妙合, 實未見其那個爲性, 那個爲氣, 善則皆可善, 惡則皆可惡." (李匡臣, 『先藁』, 「與道甫理氣說」)

항재 이광신은 朱子的인 입장에서 '人性皆善, 氣有善惡'을 주장하고 원교는 人性皆善, 氣亦皆善의 입장을 주장한다. 원교는 공자의 '成之者性也'와 정명도의 '生之謂性'과 邵子의 '性者, 道之形體'를 자기 논리의 이론근거로 삼아 그들의 맥을 한편 수용하고 있음을 나타낸다. 우선 원교가 인용하고 있는 명도의 '生之謂性'에 대하여 살펴보면 다음과 같다.

"生之謂性이라 했는데 '性은 氣이고, 氣는 性이다'라는 것이 '타고남(生)'의 함의이다. 사람이 타고난 기품은 이치상 선악이 있지만 성 가운데 원래 선악 두 사물이 서로 대립되어 생긴 것은 아니다. 善은 물론 性이지만, 惡도 性이라고 하지 않을 수 없다. 生之謂性이라 함은 사람의 탄생 이전은 말로 표현할 수 없다는 것이니, 성이라 말하자마자 이는 성이 아닌 것이다. 대개 사람들이 말하는 성은 다만 '(도를)이어받은 것으로서의 선(繼之者善也)'에 대한 말일 뿐이다. 인성이 선하다고 말한 맹자의 경우가 그러하다."[40]

명도는 맹자가 주장하는 性善을 주역 「계사」의 '도를 이어받은 것이 선이다(繼之者善也).'라는 의미로써의 性善으로 보고 있으니, 순수한 성체를 그대로 드러내 순수함을 잃지 않는 것을 말함이다. 명도는 '생지위성'이라 하니 주역의 '天地大德曰生' '生生之謂德'과 같이 天地로부터 나고 또 나는 과정에서 모든 만물은 生生의 理를

---

40) "生之謂性, 性卽氣, 氣卽性, 生之謂也. 人生氣稟, 理有善惡, 然不是性中元有此兩物, 相對而生也. 善固性也, 然惡亦不可不謂之性也. 蓋生之謂性, 人生而靜以上不容說, 才說性時, 便已不是性也. 凡人說性, 只是說繼之者善也, 孟子言人性善, 是也." (「二程遺書」, 卷1)

갖고 태어나고 이것이 비로소 性이 되니 곧 天地의 生生의 이치를 갖고 태어난 것의 함의이다. 그러므로 生을 性이라고 한 것이다. 性이라고 말하면 개체 형성 이후를 말함이다. 즉 구체적 사물로써의 生은 반드시 氣에 의거해야 하기 때문에 性이라 하면 이미 氣品에 혼입되었다는 것이다. 결국은 구체적 사물에 대해서만 비로소 性을 말할 수 있기 때문에 '性은 氣이며 氣는 性'이라 한다.

결론적으로 명도는 천지대덕과 생생지덕이 바로 성이며, 이러한 성은 개체형성 이후의 성이며 그러므로 性, 氣, 生을 일체로 보고자 하였으며 단지 일체의 양면이라는 것이다. 명도의 性論, 즉 '性卽氣, 氣卽性, 生之謂性' 등의 혼일적, 일원적으로 보고자 한 논지와 원교의 性論과는 같은 맥락에 있다. 원교는 性은 형태 있게 된 뒤의 이름이며, 性과 氣와 生은 구분할 수 없는 것이므로, 性이 善이면 氣도 善이라는 논리를 전개한다. '氣는 理에 근본하고, 理는 形에 붙어 있으니, 理가 곧 性이다'라 하여 주자적인 性卽理를 주장하나, 주자와 같이 性과 氣, 氣質之性과 天命之性 등으로 二分法的으로 대립된 것으로 파악하지 않고 명도·하곡과 같이 一元的, 混一的 존재로 파악하고 있다는 점이 다르다. 그러므로 원교는 孟子의 '性善說'에 대하여 다음과 같이 설명한다.

"그러므로 맹자도 역시 다만 性善을 말하였을 뿐이다. 性과 氣를 對待로 보아서 性은 이와 같고, 氣도 이와 같아서 性은 사람 모두 善이고, 氣는 사람마다 각각 善과 惡이 있다고 말하지 않았다. 이것은 반드시 性과 氣를 나누지 않고 모두 善으로 여겼기 때문이다. 다만 性善한 구절만 말하면 곧 기질도 선하다는 것을 말함이 되기 때문이다."41)

원교는 孟子가 性善만을 말한 것은 性과 氣를 二分하여서 對待로 보지 않았기 때문에, 性善이면 곧 氣善도 된다는 것이다. 원교와 항재와의 논변의 요지는 단지 善惡의 문제에 있다기보다는 본체와 현상, 성과 정, 사단과 칠정, 이와 기의 문제에 있어서 항재는 二元的으로, 원교는 一元的으로 보려 하기 때문에 心性의 문제인 善惡의 문제에도 같은 맥락에서 의견이 일치되지 않은 것이다. 또한 원교는 한 걸음 더 나아가 후대의 유자들이 맹자의 성선설이 '갖추어지지도 않았으며 치밀하지도 않다'고 비난하는 것에 대하여 이는 맹자의 설을 잘못 이해한 것이라고 다음과 같이 반박한다.

"정자, 장횡거, 주자 이래로 비로소 氣質之性의 설이 있어 天命之性과 대대로 말하게 되었고, '이것은 性이고 저것은 氣라고 여겨서 性은 사람마다 선하지만 氣質은 청탁과 선악이 있어서 모두 다르게 된다'고 한다. '孟子가 性은 논하고 氣는 논하지 않았기 때문에 갖추어지지 않았고 정밀하지도 않다'고 여기게 된 것은 (程子의 '미비되어 있다'고 한 말……朱子의 '정밀하지 않다'고 한 말……) 性과 氣가 하나됨을 몰랐고, 맹자를 몰랐기 때문이다. 程子와 장횡거의 설이 갖추어지고 치밀한 듯하나, 性 밖에 별도로 氣 한 글자를 더 두어 분리시켜 둘로 만들었다. 孟子의 설은 구비되어 있지 못하고 정밀하지 못한 것 같으나, 하나의 性자에 기질을 포함하여 합해서 하나가 되었다."[42]

---

41) "故孟子亦只嘗傳言性善而已, 而未嘗以性與氣, 對待爲說, 曰性如是, 氣如是, 性則人皆善, 氣則人各有善惡. 是必不分性氣, 而皆以爲善. 只道性善一句, 便是氣質善之謂爾." (李匡臣,『先藁』,「辨道甫理氣說」)

42) "至程張朱以來, 始乃有氣質之性之說, 以天命之性對待而言, 而以爲此爲性, 彼爲氣. 性則人皆善, 氣質則淸濁善惡, 有萬不同, 而以孟子論性不論氣, 爲不備不密者, (程子所謂不備者, ……朱子所謂不密者)可謂不

원교는 性氣一元의 입장에서 횡거·이정·주자가 天命之性과 氣質之性으로 대립시켜서 나누어 본 것에 반대하며, 동시에 孟子는 성의 본원처만 설명하여 성선이라 한 것이 아니라 性·氣를 一元으로 보았기 때문에 性에 대한 주장은 곧 氣에 대한 주장에도 해당되어 성선설은 未備된 것도, 不密한 것도 아니라고 주장한다. 이는 性氣一元이므로 본원적으로 구분할 수도 없고, 구분할 필요도 없다고 보는 것이다. 즉 性을 氣의 차원에서 벗어난 형이상의 개념으로만 보는 것을 거부한 것이니, 이를 미루어본다면 이기일원, 이기일본을 주장함을 미루어 알 수 있겠다. 그러면 주자는 맹자의 성선설을 어떻게 설명하고 있는가? 주자는 性論에 대하여 天命之性과 氣質之性로 나누어 정연한 철학체계를 세우며 다음과 같이 선배학자들의 性論에 대해 評하였다.

"孟子의 성선설은 다만 本原處만 말했고, 그 아래의 기질지성은 언급하지 않았다. 그러므로 온갖 해설만 분분했고, 많은 학자들이 性惡과 善惡의 혼재로 설명하였다. 횡거와 정자의 설이 좀 더 일찍 나왔더라면 이러한 온갖 설들은 자연히 분쟁이 소용없었을 것이다. 그러므로 횡거와 정자의 설이 수립되자 많은 학자들의 설은 소멸되었다. 그리하여 횡거는 '형체가 생긴 이후 기질지성이 생겼으니, 기질지성은 군자가 성으로 인정하지 않는 바가 있다', 명도는 '性을 논하고 氣는 논하지 않으면 부족하고, 氣만 논하고 性을 논하지 않으면 밝지 못하니, 이 두 가지를 둘로 여기면 옳지 않다.'고 했다."[43]

知性與氣之爲一, 亦不識孟子也. 程張之說, 是似備而密矣, 而性外多却一氣字, 離而二之, 孟子之說, 似不備不密矣, 而一性字包却氣質, 合而一之." (「二程遺書」, 卷1)

주자는 맹자의 성론은 기품은 논하지도 않고 오로지 본원처만 논
했기 때문에 명백하지도 못하고 갖추어지지도 못하며, 치밀하지도
못한 주장이라고 한다. 이 때문에 그 후 성선·성악·성선악혼재 등
의 설이 분분하다가 장횡거·이정에 의한 氣質之性과 天理之性의
설이 있으므로 모든 性에 대한 논의가 잠재워졌다는 것이다. 주자
본인도 그 둘의 선배의 설을 수용 발전시켜서 性에는 천명지성과
기질지성이 있는 것으로 법칙을 정연히 세웠다. 이것은 결국은 기질
지성을 부정하는 결과가 되어 理와 氣, 性과 情, 性과 氣 등을 대립
시켰으며 선과 악, 인욕과 천리라는 두 테마로 나누게 되는 결과가
되었다.

　　원교는 이에 대하여 이들이 性 밖에 별도로 氣자를 더 두어 분리
시켜 놓은 결과를 낳았다고 보고, 맹자의 性은 性자 안에 기질을 포
함한 合一된 性이라고 주장한다. 그렇다면 맹자의 성선설을 不備,
不明, 不密다고 평한 것을 수용한 주자의 성론에 대하여 하곡은 어
떠한 입장을 표명하는가? 또한 맹자의 성선설에 대한 하곡의 주장은
어떠한지를 알아보고 원교의 주장과 연계시켜서 알아보고자 한다.
하곡 본인은 심성에 대하여 다음과 같이 주장한다.

　　"死生夭壽의 마음과 寒熱勞逸의 마음과 飢渴飮食의 마음과 利害
　好惡의 마음과 榮枯欣戚의 마음은 살아 있는 육신의 命根에서 가져

---

43)　"孟子說性善,　但說得本原處,下面却不曾說得氣質之性,　所以亦費分疏.
　　諸子說性惡與善惡混, 使張程之說早出, 則這許多說話, 自不用紛爭. 故
　　張程之設立, 則諸子之說泯矣. 固擧橫渠, '形而後有氣質之性, 善反之
　　則天地之性存焉. 故故氣質之性, 君子有弗性者焉', 又擧明道云, '論性
　　不論氣不備, 論氣不論性不明, 二之則不是.'"(『朱子語類』, 70～71쪽)

오는 것이니 이것은 또한 사람의 성이요, 성의 질인 것이다."44)

　"慈愛惻怛의 마음과 羞惡廉恥의 마음과 畏敬嚴莊의 마음과 文理
辨別의 마음은 본원으로서의 살아 있는 육신의 命根 위에서 주장하여
오는 것이니, 이것은 성의 덕이요. 이것이 이른바 理인 것이다."45)

　"성의 質은 末이요, 성의 德은 根本인 것이니, 이 두 가지가 있는 것
은 무슨 까닭인가? 사람이 태어나는 것은 반드시 모두가 이 形氣가 있어
야 되고, 사람이 태어나는 것은 天의 生理에 근본하고 있기 때문이다."46)

　하곡은 慈愛惻怛, 羞惡廉恥, 畏敬嚴莊의 마음은 본원으로서 육신
의 명근에서 오는 것이니 성의 덕이요 理이며, 死生夭壽, 寒熱勞逸,
飢渴飮食, 利害好惡 등의 마음은 살아 있는 육신의 명근에서 가져
오는 것이나, 이것 역시 성이며 성의 질, 바탕으로 보았다. 성을 성
의 덕과 성의 질로 나누어서 성의덕은 본으로 성의 질은 말로 규정
한다. 성이 이 둘로 설명될 수밖에 없는 이유는 사람은 形氣가 있어
야 태어나고, 또 生理에 의거하여 탄생하니 형기에 의한 질과 생리
에 의한 덕이 있으나, 本末의 本의 德은 그 원두처로 말했을 뿐이라
는 것이다.

---

44) "死生夭壽之心, 寒熱勞逸之心, 飢渴飮食之心, 利害好惡之心, 榮枯欣戚
　　之心, 便自生身命根上帶來, 是亦人性, 是性之質也." (『霞谷集』, 卷2,「存
　　言」中, 24쪽)
45) "慈愛惻怛之心, 羞惡廉恥之心, 畏敬嚴莊之心, 文理解別之心, 是本原自
　　生身命根上主來, 是性之德也, 是乃所謂之理也."
46) "性之質是末, 性之德是本, 其以有是二者, 何也. 以其人之生, 必皆有是形
　　氣也, 以其人之生, 本以是天之生理也." (『霞谷集』, 卷2,「存言」中, 24쪽)

하곡은 성을 비록 본과 말, 덕과 질로 나누어서 설명하나 그 어느한쪽에 비중을 두어서 주자와 같이 선과 악으로 양립시켜놓지 않았으며 기본적으로는 理氣一元에 바탕을 둔 性氣一元의 입장에 있다. 本이든 末이든 구체적인 형체적 心上에서 어떻게 발현되는가에 더욱더 비중이 있다고 말한다. 즉 성의 德, 本에서 나오는 마음은 항상 선이고 바람직하고, 성의 質, 末에서 나오는 마음은 항상 어떤 경우라도 모두 악에 더 가깝게 설명하지 않는다는 점이다. 왜냐하면 형기에 속한 것은 모두 인심이라 할 수 없고, 예의에 속한 것을 모두 천리라 할 수 없기 때문이다. 하곡의 주안점은 무엇이 本이고 무엇이 末이냐에 있는 것이 아니라 구체적으로 맞닥뜨리는 상황에서 사람이 자신의 마음을 어떠한 방향으로 사용하느냐의 구체적이고도, 현실적인 문제에 더 관심이 있는 것이다.

> "(성지덕이) 그 성체에서 말미암고 도심에서 발한다면, 도가 아닌 것이 없다. 만약에 人僞를 섞고 性體에 말미암지 아니한다면, 이 역시 지나치거나 미치지 못하는 것이 되고, 사악하고 아첨하게 되어 위선일 따름이니, 이 역시 인심이라 하는 것이다."47)

성의 두 측면인 성지덕과 성지질은 각각 경중이 있어서 각각 천리와 인욕 양면으로 발전될 가능성은 인심에 달려 있는 것이니, 인심 속에 도심이 있을 수 있고, 도심 속에 인심이 있을 수 있으니 어느 한쪽을 인심이라고 부정하지도 거부하지도 않는다. 道心이라 하

---

47) "其由於性體, 發於道心, 固無非道也. 如雜以人僞, 不由於性體, 則是亦 爲過不及, 爲邪爲佞, 卽僞而已, 是亦爲人心也." (『霞谷集』, 卷2, 「存言」 中, 24쪽)

더라도 발동하는 그 순간의 단서가 성체에서 싹이 트고 천리에서 발하는 것인지, 아니면 人僞와 私邪에서 발하느냐에 따라서 도심으로도, 인심으로도 될 수 있다는 것이다. 즉 발동하는 최초의 단서가 천리와 인위에 따른 구분일 뿐이다. 이는 주자적 인심도심론, 즉 인심, 도심을 대립적으로 선과 악의 개념으로 보는 것과는 다르다. 인심이냐 도심이냐의 판가름이 구체적 현실적인 인간의 심상에서 결정된다는 것이다. 즉 '선과 악은 정해진 형체가 없는 것이다. 理를 따르는 것을 가지고 至善이라고 하고 성선이라고 함에 불과할 뿐이니, 실로 선이란 것은 일정하게 이름할 수 없는 것이다.[48]' 이러한 주장은 그가 철저하게 實理를 주장하고 허체에서의 理를 부정하는 그의 이기론으로 본다면 당연한 귀결인 것이다. 구체적이고도 현실적인 사람들의 주체적, 능동적인 심체, 심의 작용에 더 관심이 있었던 것이다. 이러한 하곡은 고자, 맹자 등의 성론에 대하여는 다음과 같이 설명한다.

"맹자는 참으로 그 덕이 이와 같은 것이 그 본원이 되고, 質이 곧 그 末이 됨을 보았다. 그러므로 그 인의예지의 덕을 성이라 하였고 食色과 形氣의 성을 末로 삼았던 것이니, 이 두 가지에 대하여 그 본말과 경중을 구별한 것이다."[49]

---

48) "善惡無定形, 不過以循理者爲之至善, 性善而已, 實無善之可定名." (『霞谷集』, 卷2, 「善惡無定形」, 32쪽)
49) "孟子眞見其德之如是者, 卽爲其本源, 而質卽爲其末也. 故以其仁義禮智之德爲性, 以食色形氣之性爲末, 就二者而爲其本末輕重之別焉." (『霞谷集』, 卷2, 「善惡無定形」, 32쪽)

"고자는 이 두 가지에서 한갓 그 질만을 보았고, 인의의 본체는 보지 못하였으므로 드디어 食色과 情愛의 形氣를 천성으로 삼은 것이며, 인의는 강제로 밖에서 구하여 理로 삼고자 하였으니, 이는 仁義之心이 원래 살아 있는 육신의 命根上으로부터 먼저 스스로 생을 주장함을 몰랐기 때문이다. ……가리고 어두워져서 仁義를 보지 못하고 오로지 그 質만을 보았기 때문이다."[50]

맹자는 성의 본말과 경중을 구별하여 성에는 인의예지가 성의 本이 되고 重이 되며, 食色과 形氣의 性은 性의 末이 되고 輕이 된다고 두 측면으로 나누었다. 하곡은 맹자가 본말과 경중으로서 性에 대하여 설명을 다한 것이고 형기가 결코 이 性의 末이 아니라는 것이 아니라, 다만 그렇다 하더라도 이 두 가지는 모두 성이 되니 각각 輕重과 本末이 있을 뿐이며 一體로서 서로 떼려야 뗄 수 없다는 것이다. 장횡거같이 '군자는 기질지성은 성으로 여기지 않는다'고 하는 주장과는 달리 인간의 생리적, 생물적, 자연현상도 그대로 성 그자체의 한 면의 특징일 뿐이라는 것이다. 이와 반대로 고자의 성론에 대하여는 고자는 성의 체와 성의 질 두 측면이 있음을 보지 못하고 성의 質만이 존재하는 줄 알고 食色과 情愛, 形氣를 천성으로 성의 본체로 삼았으니, 결국은 仁義 등이 性에 존재하는 것이 아닌성 밖의 물건이 되게 하는 오류를 범하였다. 그러므로 인의의 마음이 命根에서 스스로 生함을 알지 못하고 본말이 전도되게 되었으니

---

50) "告子以此二者, 徒見其質, 未見其仁義之本體, 遂以食色情愛之形氣者, 爲天性, 而其仁義, 則欲以强求制於外而爲理, 是不知仁義之心, 元從生身命根上, 先自主生者 …以其蔽昧而不見仁義, 專見於其質故也." (『霞谷集』, 卷2, 「善惡無定形」, 32쪽)

성을 제대로 알지 못한 것으로 평하고 있다. 하곡은 맹자를 전적으로 긍정하고 맹자의 성설은 긍정하고 있으나, 주자의 성론에 대하여는 다음과 같이 문제점을 제기한다.

> "주자는 맹자의 뜻이 본말과 경중을 나눈 데서 나오게 된 것임을 살피지 않고 도리어 이것을 性學을 크게 나누는 경계로 삼고서, 곧 우서에 있는 인심, 도심의 구별로 삼은 것은 잘못이다. ……나누어 둘로 함은 그것이 근본을 잃는 것이 되니 자못 고자와 더불어 그 잃은 점에서는 다를 것이 없는 것이다."[51]

고자가 성의 질만을 보고 성의 덕을 빠뜨렸듯이, 주자는 성의 질과 성의 덕을 완전히 분리되는 개념으로 서로 대립된 물건으로 여기는 오류를 범했다는 것이다. 주자가 기질지성을 극복하여 본연지성으로 회복됨을 강조하여 기질지성과 본연지성을 일원적으로 파악한 듯하나 결국은 선과 악, 천리와 인욕, 기질지성과 본연지성이 한쪽은 반드시 극복의 대상이 되니 그 자체가 성으로 인정되지 않는다는 것이다.

性의 質은 성의 밖에 있는 개념으로 '기질지성은 군자는 성의로 여기지 않는다.'고 완전히 분리된 개념으로 여기니, 이것은 性의 德과 性의 質을 둘로 보아 결국은 이원적으로 생각한 것이다. 이와 같이 완전히 대립된 분리된 개념으로 성을 파악하는 것은 요순우 심법지학에서 인심, 도심을 全一的, 混一的으로 보는 방법과는 판이하게

---

51) "朱子則不察其孟子之意, 出於本末輕重之分義也. 反以此爲聖學之大分界, 便以爲虞書人心道心之別則誤也……其分爲二, 失其原本, 則胎與告子其失無異矣." (『霞谷集』, 卷2, 「善惡無定形」, 32쪽)

다르게 되므로, 결국 고자가 性의 덕의 측면을 빠뜨리는 오류를 범한 것과 다를 것이 전혀 없다는 것이다. 이러한 하곡의 성의 본과 성의 말을 같은 지평에서 보고, 또한 본말의 규정보다는 구체적 현실적인 발현의 문제에 더 관심이 있는 것은 양명의 논지를 그대로 계승한 것이다. 양명은 맹자의 성론과 인심도심설에 대하여 다음과 같이 설명한다.

"맹자의 성선은 본원상에서 말한 것이다. 그러나 성선의 실마리는 氣 위에서 비로소 볼 수 있다. 만일 기가 없다면 또한 볼 수가 없다. 측은, 수오, 사양, 시비는 모두 기이다. 정자가 말한 '性을 논함에 氣를 논하지 않으면 갖추어지지 못하고 氣를 논함에 性을 논하지 않으면 명백해지지 않는다'는 것은 역시 학자들이 각각의 한쪽만을 인식하므로 다만 이와 같이 말한 것이다. 만일 性을 명백하게 알았을 때에는 氣가 곧 性이요, 性이 곧 氣로서 원래는 性과 氣는 나눌 수 없는 것이다."[52]

"마음은 한가지이다. 섞이거나 첨가됨이 없이 순수한 사람 마음을 도심이라 하고, 人僞에 섞여진 것을 인심이라고 한다. 인심이 그 올바름을 얻은 것이 도심이요. 도심이 그 바름을 잃은 것이 인심이다. 애초부터 두 마음은 없다. 정자가 '인심은 인욕이요, 도심은 천리이다'라고 한 말을 분석해 보면, 그 의미는 실로 온당하다. 이제 '도심이 주가 되고 인심이 그 명령을 듣는다'는 것은 마음을 두 가지로 보는 것

---

52) "孟子性善, 是從本原上說. 然性善之端, 須在氣上始見得. 若無氣, 亦無可見矣. 惻隱羞惡辭讓是非卽是氣. 程子爲 '論性不論氣不備, 論氣不論性不明' 亦是爲學者各認一邊, 只得如此說, 若見得自性明白時, 氣卽是性, 性卽是氣, 原無性氣之可分也." (『傳習錄』中, 「啓問道通書」, 14쪽)

이다. 천리와 인욕은 양립하지 않은 것이니 어찌 천리가 주가 되고 인욕이 또 따라서 그 명령을 듣는다고 할 수 있겠는가?"[53]

양명은 맹자의 성선이 비록 본원상에서 말한 것이지만 맹자가 형이상적인 성의 근원만을 말한 것은 충분치 않다는 것이다. 즉 性氣는 불가분의 관계로 性氣一體이기 때문이다. 그러므로 기가 있어야 그 기를 통하여 비로소 성의 본 모습을 볼 수 있으므로 기가 곧 성이며, 性이 곧 氣로서 그릇과 내용물을 같게 보아야 한다는 것이다. 정자도 성과 기를 같이 논해야 한다고 주장하였으니 나눌 수 없는 양면을 한쪽 면만을 보고 주장하게 될 것을 우려한 것이지, 性과 氣를 서로 다른 두 개의 것으로 나누고자 한 것은 아니라는 것이다.

심을 곧 天理, 天命, 大本으로 보아 심의 포괄성, 전체성을 주장하는 양명의 입장에서는 천리와 인욕, 도심과 인심, 성과 기 등 상대적 지평하에서 善과 惡, 主와 從, 尊과 卑를 논함을 철저히 배제하고자 한다. 그러므로 성과 기, 천리와 인욕, 도심과 인욕은 심안에서 하나이면서 둘일 수 있게 되고 둘이면서 하나일 수 있으며, 어느 한쪽에 비중이 주어진 것이 아니라 살아 숨 쉬고 있는 인간의 구체적인 심의 발현이 어디에 뿌리를 두고 있는지, 어느 쪽을 향하고 있는지에 더욱더 비중이 있다는 것이다. 즉 심체상에서 일원적으로 파악한 것이다. 양명의 이러한 논리는 그대로 하곡에게도 이어졌다. 이러한 주장은 이미 정해진 理에 의하여 心, 性, 情을 보려는 주자의

---

53) "心一也, 未雜於人謂之道心, 雜以人僞謂之人心, 人心之得其正者, 卽道心, 道心之失其正者, 卽人心, 初非有二心也. 程子謂人心卽人欲, 道心卽天理語, 若分析而意實得之, 今日道心爲主, 而人心廳命, 是二心也. 天理人欲不竝立, 安有天理爲主, 人欲又從而廳命者." (『傳習錄』上, 6쪽)

입장과 반대이며, 하곡은 심, 성, 정의 문제에 있어서도 理보다는 심의 능동적, 주체적인 작용에 더 관심과 중요성을 부여하여 심상에서 파악하고자 한다. 즉 심체에 담겨 있는 생리를 구체적인 形氣가 있는 性의 質에서 양지심을 바탕으로 하여 어떠한 방향으로 발현되느냐의 문제를 더 중요한 문제로 받아들인 것이다. 이러한 하곡의 입장을 원교가 그대로 이어받아 하곡과 같이 性論에 있어서 치밀하게 논하지는 않았으나, 性과 氣를 서로 다른 차원에서 파악하려 하지 않고 일원적인 실체상에서 파악하려 한 점은 확실히 하곡 性論의 계승이라고 보인다.

원교는 자신의 '人性皆善, 氣亦皆善'을 논증하기 위하여 맹자의 '乃若其情則可以爲善'이라는 구절을 가지고 '情이 곧 氣이므로 맹자가 선일 수 있다고 하였으니, 이것은 사람의 기가 모두 선하여 아무 차별이 없다고 여긴 것이다.'[54]라고 한다. 情은 곧 氣에 해당되니 맹자의 이 구절에 의한다면 '어진이나 어리석은 이를 막론하고 사람들의 기는 역시 선이다'[55]라는 주장이다. '人性皆善 氣亦皆善'의 논지를 펴는 원교는 그렇다면 악의 발생근원은 어디에 두고 있는 것인가?

"도보는 말하기를 '사람의 氣는 모두 선하고 사람의 才도 모두 선하며 사람의 情도 모두 선하다. 그런데도 선하지 못한 사람이 있는 이유는 물욕에 빠져 있기 때문이다. 라고 하였다.'"[56]

---

54) "道甫又以爲, 孟子曰乃若其情則可以爲善, 情是氣也. 而孟子以爲可以爲善, 則是亦以人之氣皆善, 而更無差別云爾." (李匡臣, 『先藁』, 「辨道甫理氣說」)

55) "而今以爲無論賢愚, 情無不善." (李匡臣, 『先藁』, 「辨道甫理氣說」)

56) "道甫言人之氣皆善, 人之才皆善, 人之情皆善, 而其爲有不善之人, 只陷

원교는 '性도, 氣도, 才도 모두 선하다'라는 논리하에 현실적인 악이 발생되는 원인을 '物慾에 함익됨'에서 찾았다. 그러나 여기서 문제는 性도 氣도 才도 모두 선한데 무엇을 실마리로 하여 악이 발생되는지는 항재의 문집에는 나타나고 있지 않다. 원교의 물욕에 함익됨에 의한 악의 발생이라는 입장에 대하여 항재는 "'도보는 사람들은 모두 하나의 善한 情이 있는데 그것이 함익되는 것은 별도로 다른 사물이 있어서 그것이 그렇게 되도록 시키는 것이다.'라고 하니 어찌 오류가 아닌가?"[57]라고 하여 욕에 함익됨은 情의 不善때문이요, 情의 불선은 才의 不善 때문이며, 才의 불선은 氣에 不善이 있기 때문이니, 오직 '성인만이 性·才·氣 등이 모두 선하다'라는 논리로 원교를 반박한다. 항재의 논리는 맹자의 성선은 선의 측면만을 강조하였기 때문이니, 원교처럼 그것을 가지고 '사람의 기질은 모두 선하며 참으로 선과 악의 同異는 없다고 하는 것은 理氣를 모르고 孟子를 잘못 이해한 것이다.'[58] 라고 원교의 '理氣同善, 人性皆善, 氣亦皆善'의 부당함을 지적하면서 최종적으로 원교의 말을 인용하여 다음과 같이 지적한다.

"맹자는 다만 本善을 끌어내어 말하고 기질을 교정함에 대하여는 말하지 않았으므로, 힘써서 수양해야 하는 방법에 대하여는 치밀하지 못함이 있다. 맹자는 理를 주로 하였을 따름이며, 氣에 대하여는 부족

溺物慾之故云云." (李匡臣, 『先藁』, 「辨道甫理氣說」)

57) "今以爲人皆有一個善底情, 而陷溺之者, 別有他物使之然焉, 尤豈不謬也哉." (李匡臣, 『先藁』, 「辨道甫理氣說」)

58) "然而今以孟子之言善不言惡, 而遂以爲人之氣質皆善, 眞無善惡之同異, 是誠不知理氣, 不識孟子之意也." (李匡臣, 『先藁』, 「辨道甫理氣說」)

하게 말하였다. 이것이 맹자의 뛰어난 면이나 그 논한 것은 진실로 갖추어지지도 않았고 치밀하지도 않다. 선유가 갖추어지지도 치밀하지도 않다고 말한 것은 본래 없는 흠을 찾아내어 날조한 말은 아니다. 그런데도 지금 도보(원교)가 분연히 일어나 맹자를 위하여 변론하기를 '성과 기는 하나이다. 성이 선하면 기도 역시 선하다. 맹자가 성을 논한 내용은 바로 기를 논한 것이다. 만약 성과 기를 나눌 수 있다면 맹자는 명확하게 변별하여 진실로 갖추어 논하였을 것이니, 어찌 선유를 기다렸겠는가? 선유가 맹자를 갖추지도 않았고 치밀하지도 않다고 여기는 것은 理氣를 알지 못하고, 맹자를 몰랐던 것이다'라고 말하였는데 그러하다면 맹자는 정말로 性과 氣를 분별하지 않은 것이니 어찌 그럴 수 있는가? 갖추어지지도 않았고 정밀하지도 않다는 것은 진실로 맹자를 해치는 것이 아니다. 性과 氣를 변별하지 않았다면 어찌 맹자라고 할 수 있겠는가? 이는 선유가 맹자를 모함하는 것이 아니라 사실은 도보가 맹자를 모함하는 것이다."[59]

　항재의 입장은 맹자는 선일변, 선에 대한 그 근원처만을 추본하여 말하고, 기의 측면, 즉 수양, 노력함에 대하여는 말하지 않은 것으로 보았다. 그러므로 맹자가 탁월하기는 하나 不備, 不密하다는 평은 당연하다는 것이다. 항재는 맹자가 性과 氣가 나뉘어야 됨을 알고

---

59) "(孟子)只言提掇本善而不言嬌揉氣質, 則於困勉修爲之方, 爲有不密矣. 孟子主於理而已, 氣不足道也. 此孟子卓然, 而其所論則固不備不密矣. 先儒之所謂不備不密者, 本亦非吹覓誣捏之言也, 而今乃奮然爲孟孟, 分疏曰'性與氣一也, 性善則氣亦善. 孟子論性, 便是論氣矣, 如使性氣可分, 則以孟子明辨, 固嘗備論, 何待先儒. 先儒之以孟子爲不備不密者, 不知理氣, 不識孟子也云' 然則是孟子眞不辨性與氣, 其可乎. 不備不密, 固不害爲孟子, 不辨性氣而其可謂孟子乎, 是則非先儒誣孟子也, 實道甫誣之也." (李匡臣, 『先藁』, 「辨道甫理氣說」)

있으면서도 성선만을 논한 것이라고 하고, 도보는 맹자의 논점은 性과 氣가 본래 하나이기 때문에 性과 氣를 분별하지 않았으며 분별할 필요도 없었다는 것이다. 원교가 '사람의 氣는 모두 善하며 진실로 善과 惡의 차이가 없다[60]'고 하는 것에 대하여 항재는 진정으로 도보가 맹자를 모독한 것이라고 한다. 항재는 이기선악을 나누어서 보려는 주자적 입장이라면, 도보는 이기선악의 문제를 일원적으로 보려는 하곡의 입장에 있는 것이다.

원교의 주장을 정리해 보면 원교는 '人性皆善 氣亦皆善'이라는 명제하에 性과 氣를 대립된 물건으로 보아서 氣를 악에 더 가깝게 설명하는 인성론을 거부하고 心性理氣를 모두 심체상에서 통일된 전체로 파악하고자 하였다. 그런 대전제하에 맹자는 性과 氣를 구분하지 않은 것이 아니라 性과 氣를 합일된 것으로, 즉 性 안에 氣가 포함된 개념으로 보았기 때문에 性과 氣를 나누지 않았을 뿐이므로 선유들과 같이 맹자의 성선을 不備, 不明, 不密하다고 보는 방법은 맹자를 잘못 이해한 것이라고 주장한다. 맹자는 성정이기를 구분할 줄 몰라서 구분하지 않은 것이 아니라, 구분할 필요가 없었기 때문에, 그것들을 일체로 보았기 때문이라는 것이다. 이러한 주장들은 하곡이 性을 性之體로 性之質로 나누어서 보았으나 그가 주장하고자 한 주안점은 성의 덕, 성의 질의 구분이 아니라 구체적으로 현실적인 심상에서 발현되는 동기의 순수성 여부(천리인가 또는 인위인가)에 따라 선과 악이 나누어지게 된다는 점의 강조와 같은 맥락에 있다. 즉 '하곡이 사람을 떠나서 理를 말하거나 마음을 떠나서 근본

---

60) "人之氣質皆善, 眞無善惡之同異." (李匡臣, 『先藁』, 「辨道甫理氣說」)

(性)을 말할 수 없다'는 주장의 또 다른 표현이다.

　원교의 氣에 대한 절대적 신뢰와 긍정은 性과 氣가 하나라는 논리하에 性도, 才도, 氣도 모두 善이라고 인정하게 되니 현실적으로 존재하는 악을 단순히 물욕의 함익에 따른 것으로 처리하게 된다. 그의 논리의 미비한 점을 알 수 있으나 이는 그의 문집에 이러한 존재와 심성에 관한 논의가 거의 없고 단지 사촌형의 문집에 인용글로 처리되어 있는 아주 짧은 몇 줄 안 되는 논변의 글만을 가지고 그의 心性理氣에 대하여 이렇다, 저렇다고 평하는 것은 무리이다. 다만 이러한 원교의 논지는 선험적으로 정해진 定理에 의한 인간을 철저히 부정하고 현실적으로 수없이 부딪히는 문제를 해결해야 하는 주체적인 인간의 입장에서 사람의 본질(성)을 파악하고자 했다는 점이다. 하곡과 같이 치밀한 논리를 제시하지는 못하고 있으나 하곡이 心性理氣 등을 철저하게 일원적 지평에서 파악하고자 한 점과 같다. 이것은 그가 '實學의 要諦', 즉 하곡의 양명학을 전수받았음과 동시에 확실한 양명학자였다는 사실을 말하고 있는 것이며, 하곡의 실학이 活體인 理의 生命性과 實踐性을 강조함에 있으니 원교 역시 하곡의 이러한 특징을 계승하고 있음도 알 수 있다.

4) 원교 철학의 특징

　원교는 명문대가의 양반가문이 몰락해 가는 과정을 몸소 겪으면서 재야의 학인의 길을 걸으며 갖은 고초를 다 겪게 된다. 최북단에 가까운 부령에서의 유배생활을 시작으로 전라도 외딴섬 신지도에서 임종하기까지 그의 일생은 말할 수 없는 비참함 그 자체였으며 거의 거지와 유사한 삶[61]이었으나, 그러나 하곡에서 배운 참다운 학문인 '실학'은 그의 생을 비춰준 하나의 등불이었다. 안으로, 안으로 학문에 대하여 쌓고, 쌓아서 단 한순간이라도 게으름 없이 살았음이 그의 문집에 여실히 드러나며, 그 어려운 과정에서 단 한 번의 흐트러짐이 없는 구도자적인 삶에 고개가 숙여진다. 주변의 종형제들과의 왕복 서한 글과 제 조카들에게 보낸 학문에 게으름을 보이지 않을 것을 당부하는 다양한 내용의 편지글[62] 등에서 가문에서의 원교의 위치와 그의 신념, 그의 지향점 등을 알 수 있으며 그의 그런 올곧음의 힘은 다름 아닌 그의 양지실학의 힘이라고 생각된다. 철저한 민족의식과 주체의식에 바탕을 둔 역사의식과 양지학으로서의 실학은 그의 두 아들에게로 전해졌으니, 아들 긍익에게는 주로 양지에 바탕을 둔 역사의식[63]이, 영익에게는 심학이 전수되어, 사촌동생 李

---

61) 『圓嶠集』, 「上家兄吉州譴中」. 「上舍兄吉州譴中」 참조.
62) 『圓嶠集』, 「答兒論文書」, 「答再從子文翊書」, 「答慶兒書」, 「答再從子忠翊書」, 「上家兄吉州譴中」有序, 「上舍兄吉州譴中」 참조.
63) 강화학파의 특징 중의 하나가 역사의식의 강조이며, 이들의 역사학은 우리나라를 주체적으로, 능동적, 자주적으로 보고자 한 것이다. 많은 강화학파인들이 주체적인 역사관을 갖게 된 것은 원교로부터 시작된다고 보인다. 원교집의 「東國樂府」에서는 단군의 「太伯檀」으로부터 시작하여 麗末에 관한 「杜門洞」에 이르기까지 철저한 역사의식에 민족혼을 振起시키고자 하였다. 이 글은 중국 중심의 역사관에서 벗어나 조선의 역사를 자주적, 독립적으로 다시 재정립코자 한 것이었고 그의 아들 대에서 완성케 한 것을 보아도 그가 얼마나 역사의식과 주체의식에 중점을 두었는지를 알 수 있다. 원교는 하곡에게서 양지실학을 배웠고, 양명학에서의 양지는 그 성격상 주체성과 능동성을 강조하고 발현, 실현하고자 하니, 여기서의 주체성 확보는 자연히 현재와 연계된 역사문제에 관심을 갖게 되고, 그 때문에 자연히 역사의식, 주체적 역사의식,

匡顯의 친아들 이충익(뒤에 이광명에게로 양자감) 등과 더불어 양명학을 구한말 위당에게까지 이어지게 하는 중심인물이 된다.

원교는 하곡철학을 '去外誘存實理', '實學之要諦'라고 하여 '實理'와 '實學'으로 요약하였다. 원교 역시 하곡의 실리와 실학을 자신의 철학의 핵심으로 삼고 있다. 하곡은 자신의 理는 實體上에서의 理(以實爲理)이면서 체용일관의 上體不易의 體가 있는 理라 하고, 이

주체적인 사관을 확립하고자 한다. 원교의 심학적 경향은 아들인 이영익에게, 역사의식은 이긍익에게 전수되며, 원교가 역사에 대한 주체적 양지사관을 정립코자 한 노력의 결과로, 양지사관은 구한말까지 강화학파를 일관하는 특징 중의 하나가 된다. 이광사의 아들인 이긍익이 객관적 사관으로 쓴 『연려실기술』과, 이긍익, 이영익의 영향을 많이 받은 이충익이 쓴 「군자지과」역시 이러한 역사의식을 드러냈다. 그 후 이충익의 직계손들인 이면백(『감서』, 『해동돈사』), 이시원(『국조문헌』), 이건창(『당의통략』) 등도 일관되게 양지에 바탕을 둔 주체적인 양지사관을 실현하고자 하였다. 이러한 양지에 바탕을 둔 주체성과 능동성의 강조는 우리의 역사, 우리의 문화, 우리의 글, 우리의 국토 등에 대하여 중국의 눈으로 파악하지 않고 주체적으로 파악하게 되었고 이러한 면은 그들의 문집의 곳곳에서 볼 수 있다(예, 원교는 「百死歌」에서 시의 일부를 순수한 우리의 글로 쓰고 있고, 「五音正序」·「論東國諺解吐」등에서는 우리글에 대한 관심을 나타내고 있다). 왕도주의를 중심한 역사에서 벗어나 진정한 인간을 위한 역사를 쓰고자 하였으니, 이는 史觀의 핵심이 바로 良知였기에 가능한 것이라고 생각된다. 자기 자신도 속일 수 없는 마음으로 인간중심의 객관적인 역사를 쓸 수 있는 힘이 바로 양지심에서 우러나온 것이라고 생각된다. 이것의 시작은 원교에서부터 시작되었다고 할 수 있으며, 이들의 사관을 한마디로 정의한다면 '良知史觀'이라고 해야 할 것이다. 이러한 양지에 바탕 한 자기 자신에 대한 주체성과 능동성의 확보는 곧바로 자기 자신에 대한 자아성찰로 이어지고, 이러한 자기성찰은 모든 분야에서 새로운 비판, 개혁을 불러오게 되었으니, 이러한 측면에서 바로 양명학과 실학과의 상호연계성도 짚어볼 수 있다. 참조. 『원교집』, 『두남집』; 유명종, 같은 책, 332~333쪽; 정양완, 같은 책, 267~273쪽.

를 實理로 설명한다. 리의 신묘한 작용도 氣의 영역으로 설명하지 않고 理로 설명하여 理의 生命性, 活體性, 力動性을 강조하여 理의 實現性과 實踐性이 확보된 리를 주장한다. 하곡이 주자의 리를 枯木, 死灰, 空道 등으로 설명하여 주자의 리는 死物化된 理라고 부정하고 리에 대한 개념부터 새롭게 정립하였듯이, 원교 역시 理體氣用의 理, 性體情用의 理는 陰靜一邊의 理라고 하고, 이러한 理는 단지 '空空偏枯低物'일 뿐이라고 하여 부정하고 있다. 이 역시 생명성이 있는 심체상에서의 리를 주장하고 있음이다. 이러한 역동적인 活體의 심상에서의 리의 강조는 구체적인 마음의 작용에서 心內外의 일치를 추구하는 實의 추구로 나타난다. 원교는 이러한 心內外 일치, 無自欺 함의 추구를 통하여 大儒가 되기를 추구하였으니 바로 하곡이 주장한 실학의 要諦와 상통하고 있음을 알 수 있다. 원교는 이를 實事, 實言, 實情 등으로 표현하고 있으니 원교의 實의 의미는 심내외 일치를 의미함이니 바로 양지를 實이라고 한 하곡의 실의 의미와 같음을 알 수 있다. 바로 치양지학으로서의 實學을 간절히 추구한 것이다.

원교도 하곡의 실리에 바탕을 둔 일원론을 그대로 수용하여 이기와 선악, 성과 정 등의 문제에 있어서 모두 양지심체상에서 통일된 전체로 파악하고자 하였음을 미루어 짐작할 수 있다. 그는 하곡과 같은 논리의 치밀함은 없으나 하곡의 理氣善惡 등의 문제에 있어서의 주안점은 그대로 계승하고 있다는 점이다. 즉 性과 氣를 대립된 물건으로 보아서 氣를 더 惡에 가깝게 설명하는 인성론을 거부하고 心性理氣를 모두 심체상에서 통일된 전체로서 파악하고자 한다. 이것은 선험적으로 정해진 定理에 의한 인간을 철저히 부정하고 현실적으로 부닥치는 많은 문제를 해결해야 하는 주체적인 인간의 입장에서 사람의 본질을 보고 싶어 한 것이다. 이는 하곡이 인간의 심의 문제에 있어서 정해진 도심, 인심을 부정하고 발휘되는 그 순간의 마음이 천리인지, 인위인지에 따라서 결정된다는 논점과 같은 맥락에 있다 하겠으니, 원교 역시 善 實現의 능동성과 주체성을 良知實을 통하여 강조하고 있는 實理(良知)를 주장한 실학자였음을 알 수 있다.

(서경숙)

2. 恒齋 李匡臣의 절충론적 심성론

항재 이광신[64]은 하곡의 아들 정후일과 이광명, 이광사 등과 같이 하곡의 직전제자로써 초기 강화학파에 해당된다. 하곡이 1709년에 강화도로 이주한 뒤 이광명, 이광사, 이광신 등이 1710~1731년 사이에 직전제자가 된다. 본고에서는 항재의 심성론을 중점적으로 논의하고자 한다. 항재는 8세에 부모가 사망하게 되어 조부모의 손에 의하여 양육된다. 중년기는 큰아버지 이진유가 당쟁에 휘말린 이유로 가문이 몰락하고, 항재 역시 부친과 같이 44세 젊은 나이로 죽게된다. 항재가 학문을 서로 논하던 인물들은 사촌동생 원교 이광사와 홍재 민각, 비경 조진빈 등이다.

항재는 하곡을 만난 이후에 주자학과 양명학의 동이점에 대하여

---

64) 항재 이광신(자, 用直; 호, 恒齋; 1700, 숙종 26, 경진-1744, 영조 20, 갑자)에 대한 기존의 연구는 정인보의 『담원 정인보 전집』, 권2의 227~229쪽과 유명종의 『왕양명과 양명학』, 300~305쪽이 있다. 항재 이광신의 일생은 이광사의 『원교집』, 「吾兄恒齋先生行狀」과 「祭恒齋從兄文」에 자세히 실려 있다. 항재의 문집 『先藁』(문중본 필사본)는 정신문화연구원이 소장하고 있다.

깊이 파고들었고, 그 결과 33세(1732년)에 「의왕주문답」이라는 논문을 쓰게 된다. 특히 사촌인 이광사와는 理氣의 문제로 왕복문답을 하게 되고 그것을 정리하여 쓴 논문이 「與道甫書」, 「答道甫書」, 「辨道甫朱王理氣說」 등이다. 또한 襄仲[65])과는 심성의 문제를 이기와 연계시켜 「與襄仲辨亂朱王理氣說」에서 '心卽理', '性卽理', '心與理一' 등에 대하여 논하고 있다. 본고에서는 항재가 양중과 토론 주제로 삼았던 성즉리와 심즉리, 심즉리와 심여리일의 문제에 대하여 항재의 주장을 알아보고, 항재의 주장이 주자, 양명, 하곡의 논점과 어떻게 다른지를 알아보고자 한다.

---

65) 항재와 문답을 한 襄仲은 항재의 2살 아래 사촌동생이다. 을해옥사에 사촌형 이광사, 사촌형 이광명과 함께 연좌되어 명천으로 귀양 간다. 이 광명은 갑산으로, 이광사는 부령으로, 이 광찬은 명천으로 모두 북쪽외진 곳으로 귀양 간다. 귀양 후에도 서로 간의 왕복편지를 주고받아 서로가 서로에게 스승이 되고 친구가 되었다. 중옹 이광찬은 결국 귀양지 명천에서 죽는다. 중옹 역시 하곡으로부터 양명학을 전수받았지 않았나 생각된다. 항재와 왕복 토론한 「여양중변난주왕이기설」 한 편의 논문을 보아서도 알 수 있다. 이 한 편의 글 이외에는 항재와의 논변 글도, 그와 관련된 글도 항재집에 나타나지 않는다. 이 글에서 양중의 입장은 항재와 달리 이기, 심성 등의 문제에 대하여 철저히 양명학적인 입장에 서 있으며, 또한 양명학을 정확히 이해하고 있음도 알 수 있다. 양중이 양명학적인 입장에 가깝고, 항재는 주자적인 입장에 더 가깝다고 할 수 있겠다. 심도 있게 양명학에 대하여 알고 있음을 보면 당대에 양명학에 대한 연구를 하는 학자군이 알려진 것보다 훨씬 더 많았음을 짐작할 수 있겠다. (정양완, 『강화학파의 문학과 사상』(2), 정문연, 1995, 125~145쪽. 참조)

1) 心卽理와 性卽理

양명과 하곡의 학문은 심즉리라는 대명제를 바탕으로 하여야 지행합일, 치양지 등의 설이 존립 가능하므로 항재가 심론을 어떻게 받아들였는가는 매우 중요한 문제이다. 동시에 항재가 과연 양명학자인가 아닌가도 결국은 내 마음이 심체천리임을 인정하는가의 여부에 달려 있다. 즉 이 세계의 근본을 주자의 性의 理에 두는가? 아니면 양명의 心의 理에 두는가에 달려 있다고 하겠다. 항재는 이기의 문제에 있어서 근원적으로 理氣一體임을 부정하지만, 본체계와 현상계 모두 理氣는 決是二物이 아닌 '本自混合된 一物'로 본다. 그러나 이러한 항재의 이기론은 理의 의미가 주자의 物理로서의 理인지 아니면 양명의 心理로서의 理인지를 구분하여야 항재의 이기론과 심론의 의미가 확실해진다고 본다. 그러므로 항재가 주자의 심과 양명의 심을 어떻게 이해하고 있는지의 문제와 주자의 性卽理와 心與理一, 양명의 心卽理를 어떻게 이해하고 있고, 어떻게 절충하고 있는지 등을 중심으로 항재 심성론의 특징을 알아보고자 한다. 먼저 항재의 심론에 대하여 알아보기로 하자.

"마음이라는 것은 만사의 근원이니 만약 극에 도달할 때까지 궁구하지 않으면 털끝만큼의 차이가 爲我와 兼愛의 오류에 빠지지 않음이 없게 된다. 어찌 깨닫지 않을 수 있겠는가? 그러나 맹자 이래 정주 및 우리 동방의 대유들에 이르기까지 천언만어가 남김없이 다 개발해 놓았으니, 배우는 사람은 마음이 어떤 물건인지를 모르는 것을 근심하지 말고 오직 공부가 돈독하지 않음을 근심해야 한다. 분석하고 토론하는 일은 잠시 놓아두고 다만 마땅히 나의 본연의 양심에 징험하여 존양성찰의 실에 着力할 따름이다. 만약 행하고자 한다면 '操則存' 세 글자면 족하고 다함이니, 다시 더 무슨 일이 있겠는가? 또한 다만 窮格하나의 일로 말할 뿐이다. 대개 천하의 이치는 현미체용에 있어서 마땅히 둘이 됨이 없고, 성현이 사람을 가르침에 반드시 명백하고 평이한 곳에서 반복하여 추구함이 먼저이니, 형체도 없고 그림자도 없는 곳에 마음을 허비할 뜻은 없다."[66)]

하곡은 '마음은 만리의 체이다'[67)]라고 하였고, 항재는 '마음이 만사의 근원이다'라고 하였다. 항재는 理를 만사의 근원으로 보지 않고, 心을 만사의 근원으로 보고 있다. 맹자는 '우주에 가득 채워진 도가 곧 내 마음이며, 내 마음을 다하면 性도 理도 알 수 있다'고 한다. 왜냐하면 우리의 마음은 본래 우주 전체이기 때문이다. 그러므로 먼저 그 根本인 大體를 알고 그대로 지니고 있으면 그것으로 족하다는 것이다. 항재는 이와 같은 맹자의 심론으로 실천방법을 설명하면서도 동시에 주자의 실천방법인 궁리격물로서 천하의 리가 체와 용으로 두 곳으로 나뉘지 않고 하나가 될 수 있다고 주장하고 있다.
주자의 궁리격물은 구체적 사물에서 리를 추구해야 내 마음의 리

---

66) "夫心者 萬事之根源, 若不窮到極處, 則毫釐千里, 鮮不陷於爲我兼愛之謬矣. 豈可不理會哉. 然自孟子以來, 至于程朱以及我東方大儒, 千言萬語開發無餘, 則學者不患不知心之爲何物, 而惟患用工之不篤耳, 姑捨其辨析相討之事, 而只當驗吾本然之良心, 着力於存養省察之實而已. 若欲行之, 則操卽存三字足矣盡矣. 更有甚事乎. 且只以窮格一事言之. 夫天下之理, 顯微體用宜無二致, 而聖賢敎人, 必先於明白平易處反復推究, 而不須以無形無影處費了心意也." (李匡臣, 『先藁』, 「答閔士相書」)
67) "心者, 萬理之體." (『霞谷集』, 卷2, 「存言」中, 147쪽)

를 터득할 수 있다. 항재가 심이 만사의 근원이라고 했으므로, 외재
물에서의 리를 추구함이 필요 없음에도 불구하고 궁리격물을 수용함
은 만사의 근원인 심내의 리는 조즉존으로 보존하고, 동시에 외재물
에 있는 물에서의 궁리격물이 필요하다는 것이다. 그러므로 그는
'마음이 만사의 근원이다'라고 함과 동시에 '극에 도달할 때까지 궁
구하지 않으면 오류에 빠지지 않음이 없다'고 한다. 양명과 하곡은
마음이 만사의 근원이기 때문에 마음을 그대로 발현하려고 노력하는
치양지를 강조하나, 외재물에서의 리의 추구는 전혀 필요가 없다. 조
즉존과 궁리격물을 동시에 주장함은 항재가 양명과 하곡의 심론과
주자의 수양론으로서의 심론을 동시에 다 수용한 단면이다. 그렇다
면 주자와 양명의 대명제인 성즉리와 심즉리에 대하여는 어떻게 이
해하고 있는가?

"이른바 '성즉리'는 사람들이 氣를 性으로 여기는 것을 우려하여 理
자를 가리켜 '성즉리'라 하였으니, 이것의 중요한 의미는 理字에 있으
니 사람들에게 理를 성으로 알게 하는 데에 있다. '심즉리'는 사람들이
심 밖에서 리를 구함을 걱정하여 心字를 가리켜 심즉리라 하였다. 이
것의 중요한 의미는 心字에 있으니, 사람들에게 리를 心에서 구하게
함에 있다. 한쪽은 이것 때문에 말하였고 다른 하나는 저것 때문에
말하였으니 본래 서로 상관이 없다. ……대개 양명의 심즉리의 설은
본래 이기근원처를 밝히기 위하여 말한 것이 아니다. 다만 주자가 사
물의 리를 궁구한다는 것을 반대하기 위하여 말한 것이다. 대개 주자
는 존심궁리를 두 가지 공부로 여겨, 존심은 안에서 궁리는 사물에서
구하는 것으로 알고, 대학혹문에서 논한 것처럼 '사람이 배우는 바는
심과 리일 따름이다'라고 하였다. 그러므로 양명은 '만약 주자의 설명

과 같이 한다면 심리는 둘이고 지행은 합해지지 않는다. 심이 곧 리
이므로 마땅히 심에서 구해야 하고, 심에서 리를 구해야 지행이 합일
이 될 수 있다고 하였다. 양명의 본뜻은 처음부터 이기의 근원처를
밝히기 위하여 말한 것은 아니다."[68]

위의 인용글은 양중이 '주자는 심여리라 했으니 이는 심과 리를 나
눈 것이며, 심리를 나눈 것은 곧 이기를 나눈 것이므로, 이것이 주자
학의 병통'이라고 한 주장에 대한 항재의 답변이다. 항재는 주자의
성즉리는 理字를 사람에게 알리기 위한 주장이고, 양명의 심즉리는
심안에 리가 있음을 알리기 위한 것이므로 서로 방해되거나 모순되
는 논리가 아니라고 본다. 양명의 심즉리는 양중의 주장처럼 주자의
이기론를 반대하기 위한 것이 아니라 주자의 존심궁리를 반대하기
위한 설명이라는 것이다. 주자가 존심의 공부와 궁리의 공부를 나누
어 보는 것을 반대하기 위하여 양명이 심즉리를 주장했다는 것이다.
즉 심즉리와 이기론과는 무관하다는 것이다. 심즉리와 성즉리는 서로
다른 부분을 주안점으로 설명한 것일 뿐 서로 모순됨이 없다는 입장
은 다음의 심에 대한 정의에서도 드러나게 된다. 항재의 심즉리에 대

---

68) "所謂性卽理者, 患人之認氣爲性, 故指理者曰性卽理也. 此則意之所重
   着在理字上, 要使人認理爲性. 所謂心卽理者, 患人之外心求理, 故指
   心字曰心卽理也. 此則意之所重着在心字上, 要使人求理於心也. 一則爲
   此而發, 一則爲彼而發, 本不相關矣……大底王氏心卽理之說, 本非爲明
   理氣源頭而發也. 只爲對朱子窮事物之理而發也. 盖朱子以存心窮理爲
   兩下工夫, 存心於內窮理於事物, 大學或問所論, 人之所以爲學心與理已
   云, 故所以王氏以爲如朱說則心理爲二, 知行不合. 心卽理宜求之於心,
   求理於心, 方可以知行合一云你. 王氏本意, 初非爲明理氣源頭而發也."
   (李匡臣, 『先藁』, 「與襄仲辨難朱王理氣說」)

한 개념을 조금 더 살펴보자.

"다만 리의 함축된 것만을 가리켜 심즉리라 하였고 자연의 지를 가리켜 양지라 하고, 그 지의 상태를 가리켜 영소명각이라 하니 그 理됨은 하나이다. 이른바 허령명각은 기라고 할 수도 있으나 다만 성체를 설명함에 반드시 좋은 글자를 사용하여 형용하기 때문에 善字로 性字를 형용하므로, 이른바 허령명각자 모두 좋은 글자이므로 이로서 性字를 설명한다 해도 방해되지 않는다. ……오직 주장하는 뜻이 어떠한가에 있는 것이다. 이는 불과 정자의 이른바 '生之謂性'이니 性卽氣, 氣卽性, 道亦氣, 氣亦道의 뜻이다. 양명도 또한 성이 명백해질 때부터 원래 性氣를 나눌 수 없다고 여긴 것이 이것이다. 정자의 이른바 '성즉기'의 氣자는 이는 粗氣로부터 오히려 모두 다를 말하여 '氣卽性'이라 하였으니 하물며 심은 기의 精爽處이라는 것이 허령명각의 체를 가지고 성이라고 말하는 것이 불가능하겠는가? 나정암이 '지각을 가지고 性으로 잘못 알았다'고 한 것은 아마 이런 부분을 보지 못한 것이 아닌가? 또한 성이란 글자의 구성은 心과 生이니, 마음이 생겼다는 것은 氣에 젖어 있는 것이다. 性을 理로 한다면, 心과 性이 틈이 없으니 心을 理로 삼는 것이 어찌 불가하겠는가?"[69]

---

69) "弟指理之所蘊藏曰, 心卽理之心, 指自然之知曰良知, 指其知情狀曰靈昭明覺, 其爲理一也. 所謂虛靈明覺, 似可謂之氣, 而第凡形容性體必用好個字形容, 故以善字形容性字, 則所謂虛靈明覺字, 皆是好個字, 不妨以此形容性字……惟在主意之爲何如耳. 此不過程子所謂生之謂性, 性卽氣 氣卽性, 道亦氣, 氣卽道之意. 王氏亦自以爲見得自性明白時, 元無性氣之可分者此也. 程子所謂性卽氣之氣字, 此從粗氣底而猶總而言之, 曰氣卽性, 則況心是氣之精爽處, 不可以其靈覺之體謂之性乎. 羅整菴之以爲誤認知覺爲性云者, 似未見乎此耶. 且性之爲字, 心生也, 心生是涉氣也. 而以性爲理, 則心與性無間, 以心爲理, 又何不可乎." (李匡臣, 『先藁』, 「與襄仲辨難朱王理氣說」)

항재는 양명의 심즉리의 심의 의미는 주자의 理與氣合의 심에서 리 부분, 즉 리가 함축된 부분만을 보고 理라 한 것[70]으로 이해한다. 주자는 심의 허령명각은 분명 性이 아닌 심[71]이라고 하여, 심은 氣이므로 허령명각은 기라고 보고 양지도 氣로 본다. 이에 반하여 항재는 그 심이 갖고 있는 영소명각의 자연의 지를 양지라 하고 그 양지와 性인 理와는 똑같이 하나의 理라는 것이다. 즉 良知＝性＝靈昭明覺이라고 한 것이다. 영소명각이 곧 기이기도 하면서 자연의 知, 良知로서 理이기도 하다는 것의 증명을, 명도의 性卽氣, 氣卽性, 道卽器, 器卽道로써 증명하고자 한 것이다. 이렇게 천과 인, 형이상과 형이하, 도와 기를 혼일적으로 보는 명도의 사상을 근거로, 주자의 '기의 정령으로서의 심'도 곧 성으로 볼 수 있다는 것이며, '心與性無間'이라는 것이다. 그러므로 심도 理與氣合이며 성도 理與氣合이 된다. 이러한 논점으로 보기 때문에 나정암이 '양명학은 형이하의 知覺을 性으로 여긴 것이며 이는 불교와 같다'는 주장은 오류라는 것이다. 氣卽性의 논리로 본다면 지각이 곧 良知이니 理로 볼 수 있음에도 불구하고 나정암이 氣라고 하였으니 잘못된 주장이라는

---

70) 寒州 李震相(1818~1886)도 '심즉리'를 주장했으니 이진상의 심즉리의 의미는 양명과 항재의 심즉리와는 전혀 다른 의미이다. 한주는 퇴계의 心卽合理氣論을 수용하여 심이 이와 기로 합해져 있으나 심의 본연은 기가 아닌 리이므로 그 본질인 리만을 지적하여 심즉리라는 것이다. 이러한 이진상의 심즉리론과 항재의 심즉리론은 같은 심즉리이나 그것의 함의는 전혀 다르다. 한주의 심론은 주자와 퇴계의 心與理氣合을 바탕을 둔 심즉리이고, 항재의 심즉리론은 명도의 性卽氣를 바탕으로 하면서도 주자의 허령명각의 심을 良知理로 인정하는 바탕 위에서의 심즉리인 것이다. 참조. 유명종, 『성리학과 양명학』, 연세대출판부, 1994, 113쪽.
71) "問靈處是心抑是性, 曰靈處只是心, 不是性, 性是理"(『朱子語類』, 85쪽)

것이다. 성즉리에 대한 항재의 주장을 조금 더 살펴보자.

　　"대개 정자의 성즉리의 설은 다만 사람들이 성을 기로 여기기 때문
에 이기혼합된 가운데서 본성 중에서 형기에 젖지 않은 부분만을 척
출하여 이름하기를 성즉리라 하였다. 善함만을 드러내어 형기에 젖지
않는 부분을 명령하여 성즉리라고 하였다. ……왕양명이 성을 논함은 진
실로 정주와 더불어 충분히 서로 같고, 無善無惡 등의 설명에 있어서
理氣가 섞여 있는 것으로 말하지 않으니 일찍이 같지 않음이 없다."[72]

　양명은 왕학좌우파의 논쟁을 불러일으킨 "선도 악도 없음이 심의
체이며, 선도 있고 악도 있음이 뜻의 움직임이요, 선을 알고 악을 앎
이 양지이며 선을 행하고 악을 제거하는 것이 격물이다."[73]라고 했다.
항재는 양명이 심의 본체를 무선무악으로 설명함은 이기가 섞여 있
지 않음을 말한 것이며, 이것이야말로 정자 주자의 성즉리의 설명과
같은 뜻이라는 것이다. 心卽理는 心是理氣混合 중에서 理 부분만을
지칭한 개념으로 보고 있고, 性卽理는 性是理氣混合 중에서 理부분
만을 지칭한 개념으로 본다. 즉 이는 항재가 리와 기는 서로 차원이
다른 두 실재로 보는 것이 아니라 서로 다른 둘의 합일된 일체로
'本自混合'으로 보기 때문에 심이 성이고, 성이 곧 심이며, 性도 理
氣合이고, 心도 '理氣合'이라는 논리가 도출된다.

---

72) "蓋程子性卽理之說, 只爲人認性爲氣, 故遂就理氣合之中, 剔出本性之
　　中不涉形氣者而命名之, 曰性卽理……王氏論性, 固未嘗與程朱十分相似,
　　至有無善無惡等說, 而其不以雜理氣言, 則未嘗不同也." (李匡臣, 『先藁』,
　　「與襄仲辨難朱王理氣說」)
73) "無善無惡心之體, 有善有惡是意之動, 知善知惡是良知, 爲善去惡是格
　　物." (『傳習錄』, 下, 115쪽)

결국 항재는 주자의 치심학과 양명의 심학을 동일한 심학으로 파악한다. 주자의 심도 리가 있고 양명의 심 역시 리가 있으니, 주자의 심으로 물리를 궁구함도, 양명의 應事接物함도 모두 의식작용인 이 마음으로 하니 이것 역시 궁리격물로 본다. 즉 주자의 심학과 양명의 심학이 궁극적으로 동일한 심학이라는 것이다. 그러나 주자의 심은 '具衆理而應萬事'이며 양명의 심은 '具衆理而萬事出'이며, 하곡의 심은 '虛靈不昧, 周流洞徹, 感應不窮者'[74]이다. 주자의 심이 지극히 허령하여 정해진 리에 따라 피동적으로 만사에 응할 수는 있으나 스스로 완전해질 수는 없고, 외재물에 있는 理一의 分殊之理를 끊임없이 궁구하고 그것을 축적하는 수양의 결과로 소이연지리와 소당연지리가 관통할 수 있게 되며 '내 마음의 전체 대용이 밝아지게 된다'[75] 그러므로 주자의 심은 일체의 知的 作用과 認識作用을 할 수 있는 역동적이고 경험적인 의미의 認知心이다. 그러나 이러한 기능을 가진 심은 항상 靜態的이고 無技能的인 性의 理를 따라야 하므로 인간의 심은 기능성은 갖고 있으나, 주체성과 능동성, 창조성은 없는 것이다. 중추가 되는 大本과 宗主가 없는 것이니, 이러한 본령이 없는 심에 대하여 양명도 하곡도 철저히 배격하였다.

"주자의 심은 태극의 전체가 구비되어 있기 때문에 심도 뭇 리를 구비하고 있다고 여겼다. 그러나 심은 그저 뭇 리만 구비하고 있을 뿐 구체적인 사물이 우리의 심안에 구비되어 있는 것은 아니다. 반면에 양명의 심은 천지만물이 우리의 심안에 존재한다고 여겼다."[76]

---

74) 『霞谷集』, 卷1, 書, <答閔彦暉書>, 21쪽.
75) "衆理之表裏精粗, 無不到, 而吾心之全體大用, 無不明矣." (『大學』,「格物補傳」)

그러므로 양명 하곡의 심은 만사와 만리의 주체이며 동시에 주재자이므로 천지의 화육에도 참여할 수 있고 인륜도덕 등도 계발해나갈 수 있는 씨앗이 된다. 즉 인식주체인 심이 작용하므로서 만사만리는 창출될 수 있는 것이다. 곧 심의 위치가 곧 성의 위치와 동등해질 수 있고 심이 곧 성이 되며 곧 리가 됨이니 이러한 바를 항재가 간과한 것이다. 항재가 양명의 심학을 주자의 치심학의 범주 내에서 이해하게 되고, 주자의 치심학을 양명의 심학으로 절충한 것이다.

결론적으로 주자와 하곡과 항재의 심을 비교해 보고 항재의 심즉리와 성즉리의 함의를 요약해 보면 다음과 같다. 먼저 심에 대한 각자의 함의를 보면, 주자의 心은 理氣의 合이고, 性은 理이다. 양명과 하곡의 心과 性은 심체천리인 리이다. 항재의 心은 주자와 같이 理氣가 合一된 심이며, 性 역시 理氣合一된 性이다. 심즉리와 성즉리에 대한 항재의 주장을 보면, 항재는 心과 性 모두 理氣合一로 보고, 주자의 性卽理는 형기이전의 性의 理를 말하는 것이지만 性은 본래 理氣合이므로 性 중에서 理, 善한 부분만을 지칭하여 性卽理라고 한 것으로 이해한다. 또한 양명의 心卽理는 理氣合一된 心 중에서 理 부분만을 지칭한 개념이라고 주장한다.

항재와 주자의 심성론의 차이는, 항재는 주자가 심의 허령명각을 氣로 본 것을 부정하여 靈昭明覺은 良知라고 하여 理로 보아 良知＝理＝性의 등식으로 설명한다. 또한 항재의 理의 함의가 주자의 物理와 양명, 하곡의 心理 모두를 理로 인정하고 있으니 주자, 양명·하곡, 항재의 심론이 모두 차이가 있음을 알 수 있다. 항재의 주안점

---

76) 풍우란, 박영규 옮김, 『중국철학사』, 까치, 1999, 607쪽.

은 주자가 심과 리를 나누어 心은 단지 形而下의 것으로 보게 되므로 심 자체에 능동성과 창조성이 결여되었다는 데에 있다. 이로 인하여 주자의 理學이 결국은 虛學이 됨을 보고 양명의 심학으로 절충하고자 한 것이다. 그러므로 "지금의 학자들은 피아를 막론하고 입을 열었다 하면 性을 논하고 心을 논하여 하나의 광명한 物事로 여겨 입안에서만 번거롭게 번득이고 자신의 마음에서는 아무런 교섭이 없으니 이것이 배움에 있어서 큰 병통이다."[77]라고 역설한다.

2) 心卽理와 心與理一

항재는 주자의 심론과 양명의 심학을 동일한 심학으로 이해하고, 주자가 대학혹문에서 주장한 '학문하는 까닭은 心與理뿐이다'에 대하여, 주자의 주장은 심과 리를 동일하게 보아서 '심여리'라고 주장한 것으로 이해하는 결과를 낳게 된다. 즉 양명의 '심즉리'와 주자의 '心與理'를 동일한 내용의 주장으로 보는 것이다. 심과 리가 수양에 의하여 하나가 되어야 한다는 주장은 정자부터이다. '심여리'에 대한 정자, 주자, 양명의 주장을 알아보고 항재의 주장을 살펴보고자 한다.

  "리와 심은 하나가 되어야 한다. 사람들이 이것을 하나로 하지 못한다."[78]

---

77) "今世之學者, 無論彼我開口便說性說心, 將一個光明底物事翻騰口裏, 過其於自家身心上了無交涉, 此爲學之大病痛也." (李匡臣, 『先藁』, 「答閔士相書」)

"정자 말하기를 리와 심은 하나인데 사람이 하나로 하지 못하는 것은 자기 자신이 있어서 사사로움을 즐기기 때문이다."[79]

이천의 주장은 인간에게 육체가 있는 이상 사욕이 없을 수 없다고 전제하고, 그 사사로움 때문에 리와 심이 합일되기가 어렵다는 것이다. 그러므로 이러한 서로 다른 二物을 합일시키는 방법으로 敬을 주장하게 된다.

심의 리가 아니니 섞일 수 있는 심이 아니며, 궁리는 당연히 마음을 떠나서 다른 곳에서 궁리하는 것이라고 생각한다. 그러나 이는 어찌 주자의 뜻이겠는가? ……대개 궁리라고 말하는 것은 처음부터 心과 理를 나누어서 궁리할 수 있는 일이 아니다. 요순의 惟精과 중용의 明善과 주자의 미미한 것을 살피고 염려해야 한다는 데에 이르기까지 모두 이것이 궁리의 소속이어서 마음에 나아가서 궁리하지 않음이 없고, 마음을 떠나서 궁리함도 일찍이 없었다. 다만 주자가 심과 리를 나누어서 말한 것은 주자의 뜻은 항상 理는 형체가 없고, 사물은 형체가 있고, 형체 없는 리를 "정자 말하기를 敬에 순일하면 자기와 리가 일치하므로 극복할 것도 없고 회복할 것도 없다."[80]

主一無適으로 한 가지만을 오로지 하여 정신을 집중시켜 常惺惺하다면 心과 리가 일치한다는 것이다. 이러한 이천의 주장은 주자에

---

78) "理與心一, 而人不能會之爲一." (『河南程氏遺書』제5)
79) "子曰, 理與心一, 而人不能會爲一者, 有己則自私." (『程氏粹言』, 卷2, 「心性篇」)
80) "子曰, 純於敬則己與理一, 無可克者, 無可復者." (『二程粹言』, 卷1, 「論道篇」)

게서도 그대로 나타난다.

"사람이 학문하는 까닭은 심과 리일 뿐이다. 심은 비록 한 몸을 주재하지만 본체의 허령함은 천하의 이치에 관여한다. 이치가 비록 만물에 산재해 있지만 그 작용의 미묘함은 진실로 한 사람의 마음을 벗어나지 않는다."[81]

주자 역시 학문이란 주관적 심과 리의 일치를 구하는 것으로 본다. 즉 심과 리는 본래 다른 二物이나 학문에 의하여 合一되어 一物이 될 수도 있다는 것이다. 이러한 이물이면서 일물로 할 수 있는 방법으로 주자 역시 이천의 거경논리를 그대로 수용한다. 즉 심여리일은 조건부적 合一이다. 이와 같이 심과 리가 一分, 一合하여 二物이면서 一物이 될 수 있다는 정주자의 논지에 대하여 양명은 다음과 같이 반박한다.

"혹이 묻기를 '회암 선생이 말하기를 사람이 학문하는 까닭은 심과 리일 뿐이다.'라고 하니 이 말이 어떠합니까? (양명) 말하기를 심즉성이고, 성즉리이니 하나의 與자를 사용함은 아마도 둘이 됨을 면치 못할 것이다."[82]

양명은 주자의 심여리의 與字는 심과 리는 일물이 아닌 이물이 됨

---

81) "人之所以爲學, 心與理已矣. 心雖主乎一身而其體之虛靈, 足以管乎天下之理, 理雖散在萬物而其用之微妙, 實不外一人之心, 初不可以內外精粗而論也." (朱子, 『大學或問』, 「知本章」)

82) "或問, 晦庵先生曰, 人之所以爲學者, 心與理已, 此語如何, 曰心卽理性卽理, 下一與字, 恐亦未免爲二, 此在學者, 善觀之." (『傳習錄』 上)

을 면치 못하고, 또한 심이 리가 아니므로 결국 심외에서 리를 찾아야 하고 그렇게 되면 심내외가 된다고 주장한다. 정주자는 심과 리가 서로 다르지만 거경을 통하여 합하여 하나가 됨을 주장한 것이고, 양명은 서로 다른 둘을 내외로 나누고 경을 통하여 합함은 이분됨을 면치 못한다는 주장이다. 양명은 본래부터 심과 리는 하나이므로 합하려고 하는 노력자체가 필요 없고, 거짓 없이 있는 그대로의 심을 발현하도록 노력함을 강조한다. 그러므로 양명은 敬 대신 진실무망의 誠을 주장한다. 항재 역시 양명의 주장인 心卽理와 주자의 주장인 心與理에 대하여 理氣의 문제와 연관시켜서 논한 바가 있다. 항재가 심즉리와 심여리일에 대하여 어떻게 이해하고 있는지를 알아보자.

　　"(항재가 말하기를) 궁리는 반드시 이 마음의 리를 구해야 하므로 인이라 하고 義라 하고 禮라 하고 智라 하니, 갖가지의 사물에서 똑같이 할 수 없다고 말한 연후에야, 의리를 실처에서 구했다고 할 수 있다. ……그러므로 말하기를 심즉리 이것은 내 마음의 리를 궁구하여 인을 구하고 의를 구한다는 말이니 氣를 理로 한다는 것은 아니다. ……양중의 뜻은 주자의 심여리설은 심은 리가 아니고, 리는 구할 수 없으므로 반드시 먼저 有形의 物에서 구해야 한다는 것이다. 그러므로 궁리는 모두 격물이라고 설명하니, 이른바 心與理는 또한 心與物은 아니나, 物로 설명함도 무방하다."[83]

---

83) "以爲窮理必求諸此心之理, 曰仁, 曰義, 曰禮, 曰智, 不可等之於事事物物上云然後, 此可謂求義理實處也……故曰心卽理, 此是窮吾心之理, 求仁求義之言, 而非以氣爲理之說也……襄之意, 以爲朱子心與理說, 以心非理, 理非心理, 不可混之心, 而窮理當離諸心置別處而乃窮者. 然此豈朱子之意哉……凡窮理云者, 初非分心理, 而可窮之事, 堯舜之惟精, 中

항재가 보는 궁리의 대상은 내 마음속의 인의예지이기 때문에 마음을 떠나서 궁리할 수 없다는 것이다. 그러므로 유형의 물에서 심이 구해야 하는 대상은 내 마음속의 인의예지이다. 심여리의 의미는 심이 무형의 리를 유형의 물에서 구해야 하므로 심과 리를 나누어서 주자가 심과 리라고 했다는 것이다. 그러므로 심여리가 심여물은 아니지만 물로 설명함도 무방하다는 논리이다. 그러나 이러한 항재의 논점은 주자가 주장한 궁리의 내용과는 차이가 있다. 주자의 궁리는 분명히 객관사물상에서의 사물지리(지식)의 증진이고, 지식의 증진의 궁극적인 목적은 내 마음의 전체 대용을 밝히는 것이다. 항재가 주장하는 궁리의 대상은 객관적인 존재물의 리가 아니라 주관적인 내 마음의 理라는 것이며, 또 내 마음의 리는 다름 아닌 인의예지라는 것이다. 그렇다면 항재는 객관사물의 물리는 부정하는 것인가와 '物에 卽하여 어떻게 곧바로 심의 리를 궁구할 수 있는가?' 하는 점이 남는다. 항재의 이런 궁리론이 타당하려면 양명과 하곡처럼 물과 심의 관계를 心物一元[84]으로 보아야 가능하게 된다. 이러한 문제를 정

庸之明善, 以至朱子所謂察之念慮之微者, 蓋是窮理之屬也, 而莫非就心而窮理, 未嘗離心而窮理, 但朱子分心與理爲言者, 朱子之意, 每以爲理則無形, 物則有形, 無求無形之理, 則必先求之於有形之物, 故其所說窮理, 皆格物也, 則所謂心與理者, 亦非心與物, 物說固無妨." (李匡臣, 『先藁』, 「與襄仲辨難朱王理氣說」)

84) 하곡과 양명은 心과 物과의 관계를 일원적으로 보아서 心外無理, 心外無物, 心外無事를 주장한다. 物을 정의하기를 내 마음의 뜻이 가 있는 곳이 바로 物이라고 정의하여, 인식작용의 주체와 인식작용의 대상인 객체와의 관계를 현실적으로 외부에 존재하는 존재물로서의 物이 아닌 나의 의식작용의 대상으로서의 物로 보는 것이다. 즉 물은 뜻(의)의 대상일 뿐이지 객관세계 속에 구체적으로 존재하는 존재물은 아니다. 그러므로 物에 善惡, 正不正이 있을 수 있게 되는 것이다. (풍우란, 같은

확하게 이해하려면 항재의 심과 물 나아가 심리와 물리에 대하여 알아보아야 한다.

> "양명은 物자를 意가 접하는 物로 여기니 물에 접할 때 그 기미를 살펴서 그 物을 바르게 한다고 하니 주자가 말한 격물이 마음이 접하는 물이라는 것과 곧 같다. 미리 그 사물의 리를 연구하여 밝힘이 어찌 해가 된다고 하리오."[85]

항재는 양명의 物은 '意之所接之物'로, 주자의 物은 '心之所接之物'로 설명한다. 이것은 주자와 양명의 본지와는 상당히 거리가 있는 주장으로 주자의 물은 객관적인 경험의 대상으로서의 物이며, 양명의 物은 내 마음의 반응의 대상으로서의 물이다. 즉 양명학에서의 物은 현실적으로 존재하고 있는 事物이 아닌 내 마음의 의식대상으로서의 存在物을 말한다. 주자의 物을 양명의 物 개념으로 받아들이므로 객관적인 객체로서 경험대상의 物이 아닌 心之所在物의 물이 된다. 자연히 "주자 窮格 이 역시 심학이다. 대개 물리, 즉 내 마음의 리이니, 물리를 궁구함은 곧 이 마음의 리를 궁구함이니 이 역시 심학이 아닌가?"[86]라고 주장할 수 있게 되고, '物理가 곧 이 마음의 理이니 이 마음의 物理를 능히 다한 연후에야 내외가 일치가 되고

책, 598쪽 참조)
85) "陽明以物字爲意之所接之物, 物之方接以審其幾, 以正其物云爾, 則朱子所謂 格物其爲心之所接之物則一也. 豫先講明窮索其物之理, 有何害也." (李匡臣, 『先藁』, 「氷炭錄」)
86) "朱子窮格, 是亦心學也. 盖物理卽吾心之理, 窮物理卽窮此心之理, 是亦非心學也." (李匡臣, 『先藁』, 「氷炭錄」)

이것이 이른바 치지격물의 학문인 것이니 이 역시 理를 마음에서 구하는 뜻이다.'87)라고 하여 심리와 물리를 모두 추구함이 된다. 그러므로 '주자의 설은 物理가 내 마음과 관계되지 않을 뿐만 아니라, 저 物에 깃들여 있는 理도 곧 내 마음에 갖추어진 리이다. 그 物에 나아가 理를 궁구하고 善을 밝힘은, 이 마음의 理를 궁구하고 이 마음의 善을 밝힘이니, 物은 物이고 心은 스스로 心이 아니라 心과 物은 하나이니 格物은 의를 밖으로 여긴 것이 아니다.'88)라고 하여 궁리격물도 물은 물, 심은 심이 아닌 심과 물은 일원이 될 수 있다고 주장한다. 이러한 논지를 바탕으로 하여 주자의 궁리격물, 심여리는 이와 기, 심과 리를 나눈 것이 아니라 심상에서의 궁리라는 것이다. 그러므로 양중처럼 心은 氣요, 理는 理가 아니라는 것이다. 이와 같이 이해한다면 항재의 窮理는 物에서 物理를 궁구함이 아닌 物에서 心理를 궁구함이 된다. 이는 주자의 궁리를 양명학의 기본개념 위에서 이해한 것이며, 주자의 궁리를 양명의 궁리로 파악하였기 때문에 주자의 심여리일도 심과 리를 나눈 것이 아니라고 한다.

   "'(양중은) 주자가 말한 心與理는 심자를 가지고 그것은 理를 포함한 심으로 보고, 理자를 가지고 그것은 심을 가진 理로 보아서, 심을 氣로 보고 理를 理로 여겨, 나누어 二物로 만들었다고 말한다. ……양명의 심즉리 주장 역시 심이 곧 리가 있는 곳이라고 보고, 심자를 리

---

87) "物理卽此心之理, 能盡此心之物, 然後內外一致, 此所謂致知格物之學, 是亦求理於心之意." (李匡臣, 『先藁』, 「與襄仲辨難朱王理氣說」)
88) "朱子之說, 亦非以物理不管於吾心, 彼物所寓之理, 卽吾心所具之理, 就其物而窮其理, 明其善, 乃窮此心之理, 明此心之善, 非物自物心自心, 心與物一也, 則格物非義外也." (李匡臣, 『先藁』, 「氷炭錄」)

를 포함한 심으로 보고, 심은 기로, 기는 이로 여겨 섞어서 一物로 말한 것이다'라는 말은 양중의 잘못된 견해이다. '양명의 심즉리는 심을 기로, 기를 이로 주장한 것'이라고 말하므로 내가 분별하지 않을 수 없다. ……양명과 주자의 본령의 분합의 차이는 양중이 말한 理氣分合에 있지 않다. 그러므로 二家의 본령의 나누어짐은 理氣의 分合에서 말미암은 것이 아니라 心理의 分合에 있는 것이다."[89]

　위의 글은 항재와 논변을 한 양중이 '주자의 心與理는 심(氣)리(理)로 분명히 이기를 양분한 것이므로 양명과 주자의 차이는 결국 理氣를 一物로 보는가, 二物로 보는가에 달려 있다'고 말한 것에 대한 항재의 답변이다. 양중이 '주자는 理氣二物을 바탕으로 하여 심과 리의 관계도 심은 기로, 리는 리로 나누어 본다는 것과 양명은 理氣一物을 바탕으로 心을 氣로, 氣를 理로 주장한 것이다'라고 말하니 항재가 이것을 부정한 것이다. 주자의 心與理와 양명의 心卽理는 理氣一物, 二物에 관계된 것이 아니라, 心理一物, 二物에 관계가 있다는 것이다.

　　"(주자는) 대학혹문에서 '사람이 학문하는 까닭은 심과 리일 따름이다'라고 논하였다. 그러므로 양명은 주자와 같이 설명한다면 心과 理

---

89) "朱之所謂心與理者, 將心者依舊還他包理底心, 將理字依舊還他帶心底理, 以心爲氣, 以理爲理, 決裂作二物言……王之所謂心卽理, 是亦以爲心卽理之所在, 將心字作包理底心, 非以心爲氣, 以氣爲理, 滾同作一物言, 而襄之謬見. 以爲王之心卽理, 謂以心爲氣, 以氣爲理云, 故吾不得不辨矣……王朱源頭分合之差, 不在於襄之所謂理氣分合處也……然則理家源頭之分, 不由乎理氣之分合, 迺在於心理之分合." (李匡臣, 『先藁』, 「與襄仲辨難朱王理氣說」)

는 둘이 되고 지행은 합해지지 않는다. '심즉리이니 리는 마땅히 마음에서 구해야 하고, 마음에서 리를 구해야 비로소 지행합일이 된다'고 말하였다. 양명의 본래 뜻은 처음부터 이기의 근원을 밝히기 위하여 말한 것은 아니다."[90]

"하물며 이른바 심여리라고 한 것은 본래 다만 하학의 존심궁리, 박문약례 두 갈래로 나아가는 공부를 위한 것이었다. 궁리는 반드시 사물에서 해야 된다는 것은, 이는 특별히 사물이 理가 실려 있고 밝게 드러나 가히 근거로 삼을 수 있는 곳이기 때문이다. 그러므로 궁리는 하학 공부에서는 반드시 먼저 사물에서 해야 하므로 처음부터 나누어서 心은 氣로 理는 理로 나눈 것이 아니라 리는 기에서 구할 수 없기 때문에 사물에서 궁리하라고 한 것이다."[91]

항재는 양명의 심즉리는 주자의 성즉리를 반대하기 위하여 주장한 것이 아니라 心理二分을 반대하기 위한 명제라고 말한다. 주자가 '사람이 배우는 까닭은 단지 심과 리일 따름이다'라고 말한 것이 심과 리를 나누어 보게 되는 폐단 때문에 심즉리를 주장한 것이므로 이기일물, 이물과 심즉리와는 상관이 없다고 보는 입장이다. '존심궁리, 박문약례 공부가 하수처에서는 어쩔 수 없이 나누어 공부해야 하기 때문에 '심여리'라고 한 것이다'라는 항재의 주장은 상학 공부

---

90) "大學或問, 所論人之所以爲學, 心與理而已云. 故所以王氏, 以爲如朱說, 則心理爲二, 知行不合. 心卽理, 理宜求理於心, 求理於心方可以知行合一云. 王氏本意, 初非爲明理氣源頭而發也." (李匡臣, 『先藁』, 「與襄仲辨難朱王理氣說」)

91) "況所謂心與理云者, 本只是爲下學上存心窮理博約兩造之功. 而窮理必於事物者, 此特事物是理之所載明著可據之地. 故窮理下手必先於事物耳. 初非爲分別以心爲氣以理爲理, 不可求理於氣之, 故窮之於事物也." (李匡臣, 『先藁』, 「與襄仲辨難朱王理氣說」)

시에는 나누어 공부할 필요가 없고, 하학 공부를 위해서는 어쩔 수 없이 나누어 공부해야 한다는 것이니, 심의 리의 추구 방법으로 주자의 객관적인 사물상에서의 학문방법도 수용한 것이다. 이러한 항재의 학문방법은 하곡과 양명이 객관사물상의 理, 인식대상으로서의 존재물의 理는 物理, 虛理라고 하여 추구하지 않는 理論과는 다르다고 하겠다. 결국 항재는 객관사물상의 리도 바로 인의예지 심의 리라고 보기 때문에 주자의 학문추구방법인 궁리격물은 수용하지만 궁리격물의 내용은 서로 다른 것이다. 즉 물리의 개념이 서로 다르다. 이러한 理論을 근거로 심즉리와 심여리를 절충하여 다음과 같이 주장하게 된다.

"성인은 리를 말함이 곧 심이고, 심을 말함이 곧 리이다. 리를 주장해도 역시 심이 갖추고 있는 리를 주장한 것이다. 주자의 '심여리'의 理字도 심을 밖에 두고 말한 것이 아니니, 참으로 이것이 성인의 主理의 뜻이다. 왕 씨 '심즉리'의 心字 역시 리를 밖에 두고 말한 것이 아니니, 석 씨의 主心의 뜻과 같지 않다. 양중은 명도가 말한 性卽氣, 氣卽性과 양명의 심즉리의 설이 다르지 않고 똑같으므로, 이는 理氣를 一物로 여기는 뜻이라고 말한다. 명도는 일찍이 存養窮格의 설을 두지 않음이 없으니, 이는 이기를 논하는 곳에서는 양명과 같이하다가, 존양궁격을 논하는 곳에서는 또 주자와 같이 둘로 했다 함이니 어찌 스스로 모순을 도모하겠는가?"[92]

---

92) "聖人則, 言理則心, 言心則理, 所謂主理, 亦主心之所具之理, 朱子心與理之理字, 不外乎心而言, 眞是聖人主理之意. 王氏心卽理之心字, 亦不外乎理而言, 非如釋氏主心之意也. 襄以爲明道性卽氣, 氣卽性說, 是與陽明心卽理說無異均, 是以理氣爲一物之意也云, 明道未嘗不有存養窮格之說, 是論理氣處, 則以爲一之如陽明, 而論存格處則又以爲二之如朱子

항상 聖人은 心과 理를 나누어 설명한 적이 없고 主理만을 말한다 해도 理는 心이 갖추고 있는 理를 말한 것이니 理 역시 心 밖의 리가 아니다. 양명의 心卽理의 心자는 理 밖의 心이 아니니 불교의 見性成佛, 識心見性의 心과는 다르다는 것이다. 그러므로 양중이 명도나 양명의 心卽理와 性卽氣의 의미를 理氣一物로 보는 것은 잘못된 것이라는 것이다.

항재의 주된 논점은 이기론에서는 理氣는 절대 一物이 아니지만 혼합된 일물로 보아서 理氣本自混合無間說을 주장한다. 심론에서는 주자와 같이 心是理氣合이지만 리만을 말하면 심즉리라고 말한다. 이러한 주장을 근거로 주자의 심여리는 心은 氣로 理는 理로 보는 것이 그 이면의 함의는 둘을 다 포함하는 것으로 주장한다. 이러한 항재의 논점에 따르면 주자의아니라고 한다. 心與理는 둘이 아닌 심리일원으로 보아서 그 어느 한쪽만을 설명한다 해도 심여리는 심여심이 되는 것이다. 그러므로 역대 성인들의 용어가 주리 또는 주심이라 해도 상관없이 모두 심의 리를 설명한 것으로 보기 때문에 주자의 이학의 중점도 물의 리가 아닌 심의 리라고 본다.

주자 理學의 중점이 物의 理에 있음에도 불구하고 정반대로 주자의 理조차도 物의 理가 아닌 心의 理라고 본다. 항재는 이기론, 심성론 모두를 주자와 양명의 주장을 절충하였다. 이기론에서는 理氣二物과 理氣一體를 절충하여 理氣本自混合無間說을 주장하고, 심성론에서는 心도, 性도 모두 理氣之合으로 보아 心卽性, 性卽心이라고 하는 결과가 되었다. 또한 理의 함의는 주자의 객관 물리와 하

也, 何其自相矛盾也." (李匡臣, 『先藁』, 「與襄仲辨難朱王理氣說」)

곡, 양명의 주관 心理를 절충 수용하여, 上學공부의 경우는 心理만을, 下學의 경우는 物理를 통한 心理를 주장하여, 心理와 物理가 모두 내함된 리를 주장한다. 그러나 내용상으로 보면 물리가 곧 심리가 된다. 이러한 항재의 절충론에 대하여 양중이 이의를 제기하고, 그렇다면 주자학도 양명학도 아닌 것이 된다고 하면서 다음과 같이 설명하고 있다.

"양중은 '심즉리의 설을 다만 진실로 마음으로 깊게 취할 바가 있다고 하여 정주 성리설과 더불어 물과 불같이 서로 같지 않다고 하고, 형은(항재) 일찍이 같지 않음이 없다고 하여 미봉으로 이 둘을 합하고자 하였으니, 이는 대개 형이 양명도 주자도 모두 옳다는 뜻이 있어서, 이른바 「빙탄록」에서도 모두 이 뜻으로 되었다. 그러므로 여기에 性의 同異를 논함에 있어서 양명을 끌어다 주자에게 들어가게 하고, 주자를 가지고 양명을 재는 기준으로 삼았다'고 하니 이는 내 뜻을 모르는 것이다. 대개 양명과 주자의 학문함의 들어가는 곳은 연월과 같이 서로 비슷하나, 그러나 논한 것은 서로 득실이 있어서 마음속에 빙탄이 없을 수 없다. 그러므로 빙탄록을 지은 것이다."93)

양중은 주자의 성즉리와 양명의 심즉리는 절대로 합해질 수 없는 물과 불같은 서로 다른 논지의 설명이라고 본다. 양중이 이러한 기

___

93) "襄以爲心卽理之說弟則固心有取焉, 而其與程朱性理說如水火不同, 而兄則以爲未嘗不同, 欲爾縫兩合, 此蓋兄於王朱常有兩可之意, 所謂氷炭錄, 皆是此意, 故於此論性同異處, 亦未免援王而入朱, 以朱而準王云, 是不知吾意也. 蓋王朱爲學入頭處, 如燕越相似, 而但其所論, 互有得失, 不能無氷炭於凶中, 所以著氷炭錄者也." (李匡臣, 『先藁』, 「與襄仲辨難朱王理氣說」)

본입장을 가지고 항재의 주장을 보면 항재의 주장은 兩可論이 되므로, '援王而入朱', '以朱而準王'의 범주를 벗어나지 못한다고 지적한 것이다. 이러한 양중의 비난에 대하여 항재가 이 두 학설은 입두처에서 어쩔 수 없는 차이가 있고 서로 득실이 있으므로 이를 밝히기 위하여 「빙탄록」을 지었다는 설명이다. 여기서 항재의 주안점은 주자학과 양명학은 입두처에서는 어쩔 수 없는 차이는 있으나 최종도달점에서는 차이가 없다는 것을 말한 것이다. 주자와 양명의 입두처에서의 차이가 바로 심리일치, 심리불일치라고 보고 다음과 같이 주자학과 양명학을 비교하여 요약 설명한다.

"대개 주자가 심과 리의 본체가 묘합되어 심이 진실로 방촌에 미미함으로 존재함을 모르는 바 아니고, 理는 마땅히 사물의 드러난 곳에서 궁구해야 하므로, 드디어 심을 리와 대비시켜 말하기를 심여리라고 하였다. 이미 심여리라 하여 나누게 되면 존심도 한 가지 일이며, 궁리도 한 가지 일이며, 지행도 나뉘어 둘이 되니 정일이 나뉘고 박문약례가 나뉘고 明과 誠이 나뉘고 존덕성과 도문학이 나뉘고 가는 곳마다 나뉘지 않음이 없게 된다."[94]

주자도 심과 리의 본체가 합일됨을 모르는 것은 아니며 리는 사물에서 드러난 바에서 궁구해야 하므로 심리가 나뉘게 되었다. 심리가 나뉨으로 인하여 심은 심으로 리는 리가 되어 유정유일, 박문약

---

94) "盖朱子非不知心理本體之妙合, 而以爲心固存之於方寸之微, 理則當窮之於事物之著, 遂將心對理而言, 曰心與理. 旣以心與理而分之, 存心焉爲一件, 窮理焉爲一件, 知行便分而爲二, 所以精一也, 分博約也, 分明誠也, 分存德性道問學也, 分無往而不分焉." (李匡臣, 『先藁』, 「與襄仲辨難朱王理氣說」)

례, 지행, 존덕성과 도문학 등이 모두 둘로 나뉘게 되어 두 갈래의 서로 다른 공부가 필요하게 되었다는 것이다.

주자의 심과 리의 관계는 심은 이와 기의 합이며, 이 理는 心이 당연히 따라야 하는 리이며, 心은 去人欲하여 存天理해야 하는 의무가 있는 심이다. 理는 심속의 理이기는 하나 心이 곧 理는 아니다. 항재는 주자도 심과 리가 본체에서는 묘합되어 있음을 주장하였다고 본 것이다. 그것이 바로 심여리라는 것으로 이해하고 있다. 그러나 주자의 심과 리는 심과 리가 관통될 수는 있으나 心이 곧 理는 아닌 것이며 理는 理이고 心은 氣이니 서로 차원이 다른 것이다. 항재가 주자의 심여리를 본체에서 합일된다고 보는 것은 심여리는 심과 리의 두 개의 명사가 있으나 이들은 곧 一體라고 보기 때문이다. 즉 심여리의 심을 理氣合의 심중에서 理만의 心으로 보기 때문에 심즉리와 심여리의 함의를 동등하게 볼 수 있는 것이다.

"양명이 어찌 심과 리가 조금이라도 나누어질 수 있음을 모르겠는가? 대개 주자의 존심과 궁리 두 갈래의 공부에 있어서, 이른바 사물에서 구한다는 이 한 구절이 밖을 행하여 구하는 것으로 여길까 봐 이를 병으로 여겼다. 그러므로 심의 본체는 만리가 완전히 갖추어져 있다고 하고, 리는 마음에서 구해야 하며 마음을 밖으로 하여 사물에서 리를 구할 수 없다고 한다. 만약 사물에서 리를 구한다면 이는 心이 理가 있는 곳임을 모르는 것이다."[95]

---

95) "王氏則亦豈不知心理之有些可分. 而盖病夫朱子之以存心窮理兩下工夫, 而所謂窮至事物似若一句, 向外求之者然. 故以爲心之本體萬理全備, 理求之於心, 不可外心而求理於事物. 若求理於事物, 是不知心是理之所在處也." (李匡臣, 『先藁』, 「與襄仲辨難朱王理氣說」)

항재는 양명이 존심궁리는 심외에서 리를 구하니 두 갈래의 공부라 하여 주자를 비난한 것은 잘못되었다고 본다. 심체는 만리가 구비되어 있고 그러므로 리는 마음에서 찾으면 되기 때문에 물에서 리를 구하는 것이 아니므로 심외에서 리를 구한다는 비난은 옳지 않다는 것이다. 항재가 양명의 심과 리가 조금이라도 나누어질 수 있다고 보는 것은 결국 양명이 주장하는 심의 함의와 항재가 보는 심의 함의가 다르기 때문에 심과 리가 조금이라도 나누어질 수 있다고 본다. 양명과 하곡에 있어서는 본체상에서든 현상계에서든 심은 곧 리이지 조금이라도 서로 다른 것이 아니다. 양명과 하곡의 심은 완전한 심체 천리로써의 심이며 리이고, 항재의 심은 이와 기가 합일된 심이며 단지 심의 리 부분만을 본다면 '심이 곧 리이다'라고 말한다.

> "드디어 마음을 곧 가리켜서 말하기를 심즉리라 하고, 이미 심즉리라 하여 합하면 존심이 곧 궁리이며, 궁리가 곧 존심이 되고, 지행이 곧 合하여져 하나가 되니 이것이 곧 치양지이다. 그러므로 유정유일이 합해지고, 박문약례가 합해지고, 明과 誠이 합해지고, 존덕성과 도문학이 합해져, 가는 곳마다 합해지지 않음이 없으니, 이것이 주자와 양명의 근원의 공부가 나뉘고 합해지는 바이다."[96]

심즉리이면 무수히 많은 공부의 대상은 하나로 일관되게 된다. 그러므로 양명과 주자의 갈림길의 근원은 심과 리를 합하느냐 나누는

---

96) "遂直指心, 心卽理, 旣曰心卽理而合之, 存心便是窮理, 窮理便是存心, 知行便合之而爲一, 此是致良知也. 所以精一也合, 博約也合, 明誠也合, 存德性道問學也合, 無往而不合焉, 此王朱源頭工夫之所由分合處." (李匡臣, 『先藁』, 「與襄仲辨難朱王理氣說」)

가에 달려 있다고 보는 것이다. 항재가 심을 理氣合으로 보고, '심즉리'는 심중에서 理 부분만을 지칭한 것으로 보기 때문에, 자연히 '심이 곧 리'라는 양명의 명제처럼 본래 저절로 합해지는 것이 아니다. 그러므로 주자처럼 심은 심중의 리와 합해지도록 해야 한다. 그러므로 '심즉리라 하여 이 둘을 합하면'이라고 말하는 것이다. 서로 다른 두 개의 체를 하나의 것으로 합하는 것이 되어 二體를 하나로 합하는 것이 된다. 양명과 하곡의 '심즉리'의 함의는 심과 리는 하나의 체로서 심체와 양지천리의 理는 一體이다. 그러므로 양명과 하곡처럼 심리가 본래 하나인 지평에서는 '박문이 곧 약례'이고, '명이 곧 성'이고 '존덕성이 곧 도문학'이라고 표현하고, 항재는 '박문약례가 合해지고, 明과 誠이 合해지고 존덕성과 도문학이 合해지고'라고 하여 '합한다'를 강조하여 주장한다. 이렇게 양명 · 하곡과 항재가 다르게 되는 것의 근원은, 항재가 양명의 논리를 받아들이기는 하나 본체론에서 이와 기의 관계를 이기일체로 보는 것이 아니라 理와 氣를 異體이면서 하나로 合一된 一體로 보기 때문이며, 심과 성을 理와 氣의 합일로 보기 때문이다.

결론적으로 항재의 주장을 요약해 보면 주자와 양명의 동이의 시발점을 理氣分合이 아닌 심리일치, 불일치에서 찾고 있다. 주자가 심리를 나눔으로 인하여 存養省察, 窮理 格物, 지행이 나누어지게 되고, 양명의 주장은 심리가 一體가 됨으로 양분되는 병통을 없다는 것이다. 그러한 점을 기본적으로 인정하면서도 주자도 심과 리가 근원적으로 일체임을 알았지만, 다만 하학공부의 物上看에서의 심리추구를 위하여 격물을 주장하여 心與理의 설이 있게 되었다고 본다. 반면 양명의 경우는 심즉리이지만 심과 리가 나누어짐도 인정하였을 것으로 본다. 왕주의 갈라짐의 근원을 양중은 理氣一物, 理氣二物에서 찾았고, 항재는 理氣의 문제와는 관계없이 心理一物, 心理二物에서 찾았다.

3) 佛敎, 朱子, 恒齋의 心

주자는 心을 形而下로 설명하면서, '佛敎는 心을 性으로 여긴 오류이다'라고 하고, 항재는 주자의 '心與理'도 양명의 '心卽理'도 근본적으로는 같은 주장이라고 본다. 그렇다면 항재는 불교의 心과 양명의 心의 차이를 어떻게 보고 있는가?

"선가에서는 곧바로 그 마음을 가리켜 性이라 하고, 깨달음을 性이라 한다. 양명이 말하는 심즉리, 치양지 등의 화두는, 마음을 가리켜 성이라 하고 깨달음을 가리켜 성이라 하는 것과 비슷하다. 다만 이쪽은 本來所見이 이와 같다는 것이고, 저쪽은 참으로 행하는 바가 그러하다는 것이다. 주자가 밖에서 지를 구한다고 하는 것을 변척하기 위한 것이다. 그러므로 할 수 없이 이면에서 지의 본체를 말한 것이다. 하물며 피차의 의견의 虛와 實이 같은 듯하나 서로 달라서 스스로 각각 같지 않다."97)

---

97) "禪家直指心爲性, 以覺爲性. 王所謂心卽理致良知話頭, 似近乎直指心爲性以覺爲性. 而但彼則本來所見如彼, 而此則實有所爲而然爾. 盖爲辨斥朱子求知於外. 故不得不就裏面說知之本體也. 況其彼此意見之虛實, 似同而異, 自各不倫矣." (李匡臣, 『先藁』, 「與襄仲辨難朱王理氣說」)

항재는 불교에서는 깨달음을 심으로 하고, 성으로 여긴다고 이해한다. 또한 불교에서는 本來面目을 性으로 여기고, 陽明은 실상 있는 이 마음을 심으로 하니 서로 다르다고 주장한다. 즉 불교는 虛를 實로 여겼고 양명학은 實을 實로 여겼다고 보고, 양명학의 심과 불교의 심이 서로 다르다고 한다. '불교에서는 性을 空으로 보지만 유가에서는 性을 實로 여긴다'는 주자의 불교관98)과 같은 것이다. 이렇게 항재가 양명학과 불교를 서로 다른 것으로 보는 것은 조선에 양명학이 처음 들어올 때부터 배척한 논리인 '양명학은 곧 선학이다'라고 하는 주장과는 아주 다른 면이다. 양명학이 곧 선학이라는 주장의 선봉에 있는 사람이 바로 퇴계이다. 퇴계의 양명학 배척에 대하여 항재는 다음과 같이 설명한다.

"대개 퇴계는 양명학을 선학으로 여기고, 선학의 종지는 마음의 정신지각을 리로 삼고 정신지각을 참으로 기라고 한다. 양명의 심즉리의 설도 그 화두의 곧장 나아감이 역시 정신지각을 심리로 여기는 것과 비슷하다고 하여, 퇴계가 곧 '심즉리' 세 글자를 선가의 '識心見性'과 똑같다고 보고 이를 배척하였다. 다만 양명의 심즉리의 심자는 심의 양지(맹자가 말한 양지는 맹자가 말한 '사람은 仁心이다'라는 것이다)를 가리킨 것이지 심의 정신지각을 선가에서 보는 바와 같은 석화전광으로 지적하지는 않는다. 양지는 리이다. 정신지각은 기이다(다만 양지는 분명 리를 가리킨 것이지 기를 가리킨 것은 아니다)."99)

---

98) 풍우란, 같은 책, 537, 564, 567쪽. 참조.

99) "盖退翁以王氏爲禪學, 而禪學宗旨, 以心之精神知覺爲理, 精神知覺眞是氣. 王氏心卽理之說, 其話頭之驀直超詣, 亦似以精神知覺爲心理, 故退翁便以心卽理三字, 視作禪家識心見性一般而斥之. 而弟王氏所謂心卽理之心字, 是指心之良知(孟子所謂良知, 孟子所謂人仁心也)非指心之精

항재는 퇴계가 양명의 설을 선학의 설이라고 비판한 것에 대하여 심즉리의 심은 識心見性의 선가의 심이 아닌 맹자가 말한 仁心, 良知의 심이라고 보면서 동시에 양지는 리이지 기가 아니라고 한다. 하곡과 양명의 양지는 그 자체가 理도 氣도 모두 포함하여 일관하는 것이며, 양지 스스로 卽體卽用[100]으로 할 수 없이 나누어 양지의 작용성만을 본다면 기이고, 양지는 理[101]라고 하였을 뿐이다. 이 양지는 시비선악 판단율과 판단자이다. 이러한 양지에 대하여 항재는 양지의 작용적인 면의 능지능각, 시비선악의 판단자로서의 기능을 제외하고 理라 하였다. 이는 양명과 하곡의 양지의 함의와는 많은 차이를 보인다. 이렇게 양지의 작용성을 제외한 부분만을 양지라고 정의하므로 퇴계, 주자, 나흠순과 진건의 공통적인 배척이론인 '양명학도 불교처럼 지각을 性으로 여겼으니 곧 선학이다'라는 화살을 피하게 된 것이다.

"저 불교도들이 心氣를 가지고 性理로 여기는 것은 모두 이기를 분별하지 못하기 때문이다. 우리가 寂然不動, 不睹不聞, 未發의 中, 上天之載無聲無臭 등의 설명 모두는 진실로 理의 至精至微함을 근거로 말한 것이다. 어떤 사람이 理氣一物이라고 여겨 이러한 설명 등이 오로지 리를 위한 것이 아니라고 여겨 선가에서 보는 바와 심히 다르지 않다고 하니, 참으로 이와 같다면 보는 사람이 의혹된 것이니, 더

神知覺, 如禪家所見石火電光也. 良知理也. 精神知覺, 氣也. (弟良知, 則分明指理, 而不指氣也)" (李匡臣, 『先藁』, 「與襄仲辨難朱王理氣說」)
100) "良知卽是未發⋯⋯體卽良知之體, 用卽良知之用." (『傳習錄』中)
101) "夫良知理也. 以氣妙用而言之謂之神, 以其流行而言謂之氣 以凝聚而言謂之精." (『傳習錄』中)

불어 도를 의논하기에 부족하다."[102]

  항재는 이기론에서 理氣一物, 理氣異體를 근본적으로 부정하고
본체계와 현상계 모두 理氣本自混合一體를 주장한다. 그러므로 심
과 성의 문제에 있어서도 心是理氣合, 性是二氣合으로 본다. 그러므
로 심의 리 부분만을 보고 심즉리라고 하고, 성의 리 부분만을 보고
성즉리라고 주장한다. 그러므로 불교에서 '心氣가 곧 性理이다'라는
주장은 이기를 분별하지 않은 것이 된다. 心氣이면 性氣이어야지 性
理가 되므로 이기를 분별하지 못한 것이라고 보는 것이다. 결국 항
재는 이기일물임을 부정하기에 불가에서의 '心이 곧 性이 됨'을 부
정하는 것이다.

  항재는 양명학은 불교와 다르다고 주장하였으니, 나흠순의 주장을
살펴보자. 羅欽順(호 정암, 1465~1547)은 곤지기에서 '양명학은 곧
불교이다'라는 논리의 근거로 心(氣, 知覺)을 理(性)로 보았다고 한다.

  "전습록에 '우리 마음의 양지가 곧 천리이다'고 했고……또 '仁者는
  천지만물과 일체가 됩니까?'라는 질문에 '사람이 저 한 점 생의를 보
  존할 수 있으면 곧 천지만물과 일체가 된다'고 대답했고 또 불가는
  '생이란 바로 활동의 의미, 즉 허령지각이 아닙니까?'라고 하자 '그렇

---

102) "彼禪徒之把持心氣, 以爲性理者, 皆不能分別理氣故也. 吾家所謂寂然
  不動, 所謂不睹不聞, 所謂未發之中, 所謂上天之載無聲無臭等說, 此
  眞是據理之至精至微處言之. 而或者以爲理氣一物, 此等說亦非專以爲理
  者, 無甚異於禪家所見, 良是則見者之惑且誣也, 不足與議於道也." (李
  匡臣, 『先藁』, 與襄仲辨難朱王理氣說)

다'고 대답했다. 또 말하기를 '性이 곧 사람의 생의이다'라고 하였으니 이것들은 모두 知覺을 性으로 여긴 명확한 증거이다."103)

양명이 '양지가 곧 천리이다', '성은 다름 아닌 우리의 생의이며 허령지각이다'라고 말한 것을 예로 들어서 이 모두는 일종의 지각이므로 이것을 性으로 삼는다는 것은 다름 아닌 불교이론이며 그러므로 양명학을 배척한다는 것이다. 이러한 지각이 과연 기인가, 리인가에 대한 문답은 양명과 제자와의 사이에서도 논의가 있었으니 제자가 양명에게 "모든 지각은 곧 이 마음이다. 예를 들면 눈과 귀가 보고 듣고 하는 것과 손과 발이 아프고 가려움을 아는 것이다. 이 모든 것은 이 마음이다."104)라고 하여 지각작용도 심으로 보고 있으니 이는 이러한 지각작용도 양지에 의한 것으로 보기 때문이다. 그러므로 지각작용 역시 리인 것이다.

陳建(호 청란, 1497~1567) 역시 『학부통변』에서 똑같은 논점으로 양명학은 지각을 性으로 보았다고 한다.

"정신의 지각은 노장부터 선학 육상산까지 한결같이 지극히 오묘한 리로 여겼으나, 주자는 어류에서 정신은 다만 형이하의 존재라고 말했고, 문집 석씨론에서 '식심견성은 실제로 정신 영혼의 응집에 있으니, 우리 유가가 말하는 형이하의 존재이다'라고 말하였다. 왜인가?

---

103) "傳習錄有云, 吾心之良知, 卽所謂天理也……又有問, 仁者以天地萬物 爲一體, 答曰人能存得這一點生意, 便是與天地萬物爲一體, 又問所謂 生者卽活動之意否, 卽所謂虛靈知覺否, 曰, 然, 又曰, 性卽人之生意, 此皆以知覺爲性之明驗也." (羅欽順, 『困知記』, 卷3)

104) "凡知覺處便是心, 如耳目之知視聽, 手足之知痛癢, 此知覺便是心也." (『傳習錄』 下)

그것들은 기에 속하기 때문이다. 정신의 지각은 모두 기의 오묘한 작용이고, 기는 형체와 자취가 있다."[105]

진건은 불교의 識心見性은 정신영혼의 응집이고 정신의 靈覺도 형이하의 존재이며 이는 모두 작용성과 형체가 있으니 氣일 뿐이지 리는 아니라는 것이다. 이렇게 氣를 性으로 삼으니 양명학은 불교의 논리이지 유가의 논리는 아니라고 한다. 그러나 항재는 진건과 나흠순과 다르게 불교의 논리는 空을 性으로, 心으로 삼은 것이며, 양명의 심은 본래부터 있는 마음인 仁心을 심으로 여겼으니 이는 實을 心으로, 性으로 했다는 것이다. 그러므로 불교의 심과 양명의 심은 동일한 함의의 심이 아니니 양명학이 선학이라는 것은 잘못된 견해라고 본다. 이러한 항재의 주장은 퇴계를 시작으로 하여 양명학을 줄기차게 배척하던 논리인 '양명학은 선학이다'라는 주장을 정면으로 반대하는 주장이다.

4) 性氣一元과 性氣二元

항재는 성정의 문제에 있어서 체계적으로 논한 부분은 없고, 다만 원교와 논변한 두 편의 글을 통하여 그의 성정선악론에 대하여 알

---

105) "精神知覺, 自老莊禪陸, 皆以爲至妙之理, 而朱子語類乃精神只是形而下者, 文集釋氏論云, 其所指爲識心見性者, 實在精神魂魄之聚, 而吾儒所謂形而下者耳. 何也, 曰以其屬於氣也. 精神知覺, 皆氣之妙用也, 氣則猶有形迹." (陳建, 『學蔀通辨』, 卷10)

수 있다. 명도의 性卽氣를 바탕으로 하여 심즉리와 성즉리를 같은 내용의 심론으로 보고 있는 항재가 性情과 善惡의 문제에 관하여는 어떻게 설명하고 있는지를 알아보고자 한다.

　　"대개 性과 氣는 떼어낼 수도 없고 섞을 수도 없다. 둘도 아니고 하나라고도 할 수 없다. ……이 성자는 기를 섞어서 말한 것이 아니며 오로지 리로서 말한 것이다. 대개 사람들이 같은 바는 理에 있는 것이지 氣에 있는 것이 아니다."106)

　　인용 글은 원교가 性氣一元의 입장에서 주자의 천명지성과 기질지성을 대립하여 나누어보는 것이 잘못되었다고 지적함에 대하여 항재가 性과 氣는 一元이 아니라는 입장에서 원교에게 답변한 내용이다. 항재는 이기론에서 '理是精', '氣是粗', '理固氣之主'라 하여 氣보다는 理를 더 근원적 실체로 보았지만 '理氣本自混合元不相離'를 주장한다. 결국 理氣一物은 아니고 理氣二物이지만, 본체계와 현상계 할 것 없이 이기는 서로 혼합된 일체이다. 理氣가 異體이나 하나의 혼합된 실체로서만 존재하듯이, 性도 理氣合이며 心도 理氣合이 된다. 理氣合이 된 性이므로, 性과 氣가 뗄 수도 섞을 수도 없다는 것이다. 그렇지만 性이라고 말할 때는 氣의 부분을 제외한 나머지 理 부분만을 지칭한 것으로 보는 것이다. 이러한 性論은 원교의 性氣一元의 입장과는 확연히 서로 차이가 있는 것이다.

---

106) "盖性與氣, 不可離亦不可雜也. 不可二而不可一也……此性字, 非雜氣而言專以理言. 盖人之所同然在理, 而不在氣也." (李匡臣, 『先藁』, 「辨道甫理氣說」)

"성이 과연 形以後의 명칭이라면 리는 形氣의 가운데로 떨어져 성이 되어, 즉 실제로 묘하게 합하여 사이가 없어서 사람마다 모두 선하고 기역시 성을 따라서 사람마다 선하므로 다르고 같음이 있을 수 없는 것 같아 보인다. 다만 필경에는 성은 스스로 이 理이고 기는 스스로 이 기이니, 성은 비록 똑같이 선이나 기는 똑같이 선일 수 없다. 또한 기에 구애되는 바 되어 性 역시 기에 따라서 다르게 되지 않을 수 없다(주자가 말하기를 만물의 하나의 근원을 말하면 리는 같고 기는 다르고 만물의 서로 다른 체를 말하면 기는 홀로 서로 비슷하나 리는 확실히 다르다). 하물며 기의 본체가 어찌 선악이 같지 않음이 없어서 사람마다 모두 氣의 선함을 얻겠는가?"[107]

원교는 명도의 '氣卽性, 性卽氣'를 긍정하는 입장에서 性은 형이후의 명칭이며, 性과 氣는 모두 선하다고 본다. 반면 항재는 명도의 '氣卽性, 性卽氣'의 이론으로 이와 기, 성과 심이 二物이면서 一體임을 증명한다. 이기혼합물이듯이 성과 기가 혼합되어 성기 모두 동선인 듯하지만 결국은 리는 리이고 기는 기가 되어 성과 기가 나뉜다는 것이다. 결국은 성은 리이고 善이고 기는 기이므로 善일 수 없다는 것이며, 이런 이유로 기의 본체에는 선악이 있는 것으로 설명한다. 이것은 항재의 본체론이 理氣本自混合一體이지만 理卽氣는 아니므로 이와 기로 나뉘어 二元의 입장에 가깝게 되므로, 理와 氣,

---

107) "性果是形以後之名, 理墮形氣之中而爲性, 則實妙合無間, 似若性其人人皆善, 而氣亦隨性, 而人人皆善, 不可有異同矣. 而但必竟性自是理, 氣自是氣, 性雖同善, 而氣則不可同善. 且氣之所拘, 性亦隨氣而不能無二焉.(朱子曰, 萬物之一原, 理同而氣異, 觀萬物之異體, 氣猶相近, 理絶不同) 則況氣之本體, 豈無善惡之不同, 而人皆得氣之善乎." (李匡臣, 『先藁』, 「辨道甫理氣說」)

性과 氣, 善과 惡에 대한 논의가 모두 주자와 유사하게 서로 대대의 이원론으로 전개될 수밖에 없고, 원교가 이에 대하여 이의를 제기하기에 이른다. 그러면서 항재는 맹자도 자신과 같이 性과 氣를 나누었다고 설명한다.

> "맹자의 성을 논함은 인신의 형기에서 떠나지 않고서 다만 형기의 가운데서 그 천명본연의 인의의 성품인 정정백백한 체를 미루어 형기에 젖지 않은 순수함만을 꺼내어 이것으로 사람들은 모두 똑같이 선할 따름이라고 하였으니, 일찍이 이 형기에 의탁하여 천명의 성과 섞어 사람의 기질이 모두 선하다고 하지는 않았다."108)

원교는 맹자의 성선설에 대하여 맹자는 이기를 이분하여 대대로 보지 않았기 때문에 성기일원의 입장에 있으므로 성선이 곧 기선의 의미라고 하여 맹자는 성과 기를 구분할 필요가 없으므로 구분하지 않은 것으로 본다. 이에 대하여 항재는 맹자의 성선의 성의 의미는 천명본연의 성으로 형기에 물들기 전의 순수한 본체만을 보고 선이라 한 것이므로 '性善이 곧 氣質도 善하다'는 의미는 아니라고 본다.

> "대개 맹자와 정자와 장횡거 등이 이기에 대하여 분별하였으나 맹자는 기는 말하지 않고 성만을 말하여 인의의 똑같음을 보았으니 이는 性·氣의 나눔은 분별하지 않아도 스스로 나누어지기 때문이다. 정

---

108) "孟子之所論性, 盖亦不離乎人身形氣之中, 而但就形氣之中, 推原其天命本然仁義之性, 精精白白之體, 不涉形氣者, 分金出來, 而以爲此人皆所同然之善而已, 未嘗便托此形氣, 滾作天命之性而謂人之氣質亦皆善也." (李匡臣, 『先藁』,「辨道甫理氣說」)

자와 횡거는 성과 기를 더불어 말하였으니 기질의 치우침이 있음을 보았기 때문이다. 性과 氣의 구분은 이를 분별하여 더욱 나누게 되었다. 이는 대개 맹자, 정자, 장횡거 등이 분별한 것은 같지 않으나 그 분별한 것은 맹자가 정자, 장횡거보다 이미 먼저이다."109)

원교는 理氣一元이므로 맹자는 理와 氣, 性과 氣를 나눌 필요가 없어서 나누지 않았다고 본다. 이에 반하여 항재는 맹자도 이기를 나누었으나 氣를 말하지 않고 오로지 본원의 성선에 대하여만 말하였다고 본다. 이렇게 주장하는 이유는 항재는 理와 氣를 근원적으로 나누기 때문에 性氣를 구분한다고 언급하지 않는다 하여도 스스로 구분된다고 보기 때문이다.

"情은 性이 動한 것이나, 곧 氣를 만들었다고 할 수는 없고, 性氣는 사이가 없으니 情도 氣로 말미암아 동하였다고 말하지 않을 수 없다. 이미 由氣而動이라고 말한다면 사람이 발한 情이 어찌 능히 일일이 다 善이 되겠는가? 맹자가 이른바 '그 情이 가히 善이 될 수 있다'고 말한 것은 이는 특별히 善 일변에서 理가 氣를 타고 곧 완수함을 가리킨 것이고, 性體의 本善만을 보고 말한 것이다. ……이제 현자와 어리석은 자를 논함이 없이 정이 선하지 않음이 없다고 말한다면 사람마다 物에서 느끼는 것이 모두 발하여 中節함을 얻을 수 있다는 것인가?"110)

---

109) "大抵, 孟子與程張均是辨理氣, 而孟子則不言氣專言性, 以見仁義之所同, 是則性氣之分, 不辨而自分. 程張則兼言性氣, 以見氣質之有偏, 則性氣之分辨之而益分矣. 此盖孟子程張, 所以辨者不同, 而其辨之則孟子已先於程張矣." (李匡臣, 『先藁』, 「辨道甫理氣說」)

110) "夫情者, 性之動, 不可直喚作氣, 而性氣無間, 則情亦不可不謂之由氣

'성이 동하여 情이 됐다'는 것의 함의는 性이 氣를 동하게 만든 것이 아니라 '性의 氣가 動하여 情이 된다'는 것이다. 그러므로 情은 '由氣而動'이다. 이는 性氣無間이며 理氣合이기 때문이다. 性이 理氣合이므로 性과 氣가 사이가 없다고 하더라도 性이 곧 氣는 아니다. 또한 性과 氣가 일체이므로 性이 動하였다는 것은 곧 기로 말미암아 동하였다고 말하는 것이다. 그러므로 정은 모두 선할 수는 없다고 한다. 이러한 주장은, 사단은 순선으로 성체이고, 칠정은 선악혼재로 보는 정주학의 성정론과 거의 흡사하다. 그러나 항재의 이러한 성정론은 주자의 성정론과 차이가 있으니, 주자의 성은 未發이며 靜이며 體로서 中正의 절대적인 것이다. 情은 已發, 動으로 설명한다. 주자가 性은 理로, 情은 氣로 서로 차원이 다른 것으로 설명하지만, 항재의 경우는 이기가 근원적으로 혼합된 一體이듯이 性도, 心도 理氣가 혼합된 일체로 본다. 그러므로 性의 氣 부분이 동한 것을 情으로 설명한다. 그러므로 性氣가 無間하다 하더라도 情이 모두 선할 수는 없다는 것이다.

항재의 이러한 주장은 원교의 주장과는 서로 다르다. 원교는 性氣가 근원적으로 一體이고 그러므로 性이 선하듯이 情도 모두 선하다고 주장한다. 원교와 항재의 이러한 차이는 원교는 하곡과 같이 理氣一體의 一元의 세계관을 갖고 있고, 항재는 理氣一體는 부정하되 混合된 一體임을 주장하므로 이 두 사람의 심성론이 서로 다르게 나타난다.

而動也. 旣曰由氣而動, 則人之所發之情, 豈能一一皆善乎, 孟子所謂其情可以爲善者, 是亦特從善一邊, 而指理之乘氣直遂者, 言之以見性體之本善. ……今以爲無論賢愚, 情無不善云, 則是人人之所感於物者, 皆發而中節可乎." (李匡臣, 『先藁』,「辨道甫理氣說」)

"대개 맹자가 성을 논함에 진실로 일찍이 형기에서 떠나지 않음이 없고, 항상 하나의 근원이 되는 선일변을 미루어서 사람들의 똑같은 면으로 말하였다. 才를 논하고 情을 논함에 이르러서는 비록 모두 氣를 포함하여 말하였지만 또한 역시 才의 선과 情의 선을 미루어 말하였다. 才의 善과 情의 善은 氣가 선한 것이다. 氣가 선한 곳은 곧 이 理이다. 그러므로 맹자 역시 기를 겸하여 논하지 않는 것이 없다. 선유들이 이를 不備하다고 말하는 것은 대개 선은 말하고 악을 말하지 않았기 때문이다. 그러나 지금 맹자의 말이 선은 말하고 악은 말하지 않았다 하여 드디어 사람의 기질은 모두 선하다고 여겨, 진실로 선악의 同異가 없다고 하니 이는 참으로 理氣를 모르는 것이며 맹자를 모르는 것이다."[111]

이 글은 원교와 항재가 맹자의 성선설에 대하여 서로 다른 의견을 보이면서 논변한 글 중의 일부분이다. 맹자의 '그 情도 가히 善이 될 수 있다'는 말과 성선설에 대하여, 원교는 이기일체, 이기일원이듯이 성과 정과 재를 동일하게 보아서 성이 선하므로 정도 재도 선하다고 주장한다. 그러므로 맹자를 비난하는 선유들의 지적은 잘못이라는 입장이다. 원교는 맹자가 이와 기, 성과 리를 나눌 줄 몰라서 나누지 않고 선일변만을 말한 것이 아니라 이기일체이듯이 性情才가 一體이므로 나누어 설명할 필요가 없었다는 것이다. 이에 반

---

111) "大抵孟子之論性, 固未嘗不離形氣之中, 而每推本其一原處善一邊, 人所同然者而言之. 至於論才論情, 雖皆帶氣邊說, 而亦推其才之善情之善者而言之. 才之善情之善, 是氣之善者也, 氣之善處, 便是理也, 故孟子亦未嘗不兼氣以論, 而先儒之以爲不備云者, 盖以其言善不言惡也, 然而今以孟子之言善不言惡, 而遂以爲人之氣質皆善, 眞無善惡之同異, 是誠不知理氣, 不識孟子之意也." (李匡臣, 『先藁』,「辨道甫理氣說」)

하여 항재는 맹자의 성선설은 항상 형기 중에서 근원처만을 말한 것으로 본다. 또한 성선설이 형기 중에서 성선만을 말한 것처럼, '才와 情이 선이 될 수 있다'는 말도 才와 情의 선한 부분만을 말한 것이라고 주장한다.

맹자가 기를 말하지 않은 것처럼 악을 말하지 않는다 하여, 원교처럼 맹자의 성선설을 사람의 기질도 모두 선한 것으로 보아서는 안 된다는 것이다. 그러면서도 항재는 才의 善과 情의 선을 氣의 선으로 보고, 다시 氣의 선은 곧 理로 보니, 이는 理氣二元을 주장하지만 결국은 理氣一元을 완전히 부정하지는 않는 것으로 보인다.

하곡은 본체와 현상, 형이상과 형이하, 이와 기를 하나의 大本(이체, 심체천리)으로 일관시키는 일원론을 주장한다. 원교가 하곡의 일원론을 수용하여 實理, 實學을 계승발전시키고 있음에 반하여, 항재는 하곡의 양명학을 주자학과 양명학을 겸비한 학문으로 보면서, 자신도 주자학과 양명학을 절충하고자 하였기 때문에, 형이상과 형이후를 모두 본체론적으로는 같은 동질의 이기혼합으로 보지만 결국은 이와 기, 성과 정, 선과 악에 대한 논의가 주자와 유사하게 대대의 이원론으로 전개됨은 면치 못하였다.

이러한 항재 이광신의 학문태도에 대하여 정인보는 "항재의 학은 명말 劉念臺와 근사할지언정 하곡의 顔淵은 아니다. 양가를 保合하여 피차를 동류케 함이야 좋지 아니한 의견이 아니로되 이렇게 말하면……그 講討 무엇에 표준한 것이며"라고 하여 기준점 없이 양가를 합한 것에 대하여 문제점을 제기하였다. 정인보가 제기하였듯이 항재 철학에는 여러 가지의 문제점이 드러난다. 항재는 주자학과 양명학, 하곡학의 심성론, 이기론, 양지론 등을 본래의 주장과는 다르게 이해하고 있는 부분이 많다. 양가의 논점을 합하여 주자의 주장을 양명학으로 이해하여 수용하고, 양명의 주장을 주자학으로 이해하는 결과를 낳는 부분도 있으니, 양중의 주장처럼 '援王而入朱, 以朱而準王'의 비난을 면하기 어려운 면이 있다. 항재는 양명학과 주자학을 절충하여, 새로운 절충학으로서의 양명학을 제시하여 '주자학이다 양명학이다'라는 고정된 틀 속에서 학문을 하여 나타난 조선조 학문적 상황을 타파하고자 하였다. 당대의 학자들이 무조건 하곡학을 佛學이라고 異端邪說로 보는 편파성과 경직성에 대하여 깊은 경계심을 나타내고 이의를 제기함을 보아도 알 수 있다. 이러한 노력만으로도 충분히 창조적이며 능동적인 강화학인이었음을 알 수 있다. 항재 철학에 문제점이 많이 드러나나 당시의 학계의 상황에서 양명학에 대하여 그 누구도 자유롭게 연구할 수 없었을 때 "주·왕의 절충의 시도가 항재에 의해 있었음은 양명학사에 기억할 만하다."112)고 본다.

(서경숙)

---

112) 유명종, 『왕양명과 양명학』, 청계, 2002, 304쪽.

Ⅲ. 중기 강화학파의
양명학

중기 강화학파는 18세기를 중심으로 하는 조선 후기에 활동하였다. 이 시기에 이르면 통일신라시대 이래 지속된 봉건적 토지 점유 관계가 폐기되고, 토지사유제의 기초 위에 전개하는 地主佃戶制로 전환하여 갔다. 또 토지 소유가 일부 계층에 집중되면서, 대다수의 농민은 몰락하여 토지를 잃고 마침내는 임금노동자로 전락했다. 즉 조선 후기의 농촌 사회는 궁방, 아문, 양반, 토호, 부농 등 일부 계층이 대토지를 소유하였고, 대다수의 농민은 無田農民으로 전락하는 양극화 현상이 두드러졌다. 이러한 상황에서 실학계통의 학자들은 토지 재분배론으로서 限田論을 제의하였다.

한편, 상품 유통 체계에 있어서도 조선 후기는 변화와 발전의 시기였다. 특히 임진왜란 이후 상업에 대한 통제력이 약해지면서 官營手工業 체제에서 자유상업과 私營手工業 체제로 변화하였다. 1678년 (肅宗 4)부터 銅錢(常平通寶)이 법화로 채택되어, 그 유통 영역이 국내 각 지방으로 확산되기 시작하였으며, 특히 실학자 유형원, 박지원, 정약용들은 화폐유통을 적극 장려하였다.

이러한 눈부신 경제 발전은 새로운 정치세력을 생산하였다. 즉 농업생산력을 중심으로 경제발전을 추동했던 재지사족들이 사림이란 정치세력을 이루어 자신들의 몫을 지키려는 정치를 하기 시작했다. 그 과정에서 역시 그 성장의 몫을 특권으로 독차지하려던 훈구와 대립하여 불거져 나온 것이 士禍이다. 戊午·甲子·己卯·乙巳 네 차례의 사화에서 있었다. 士林은 명분을 축적하고 기반을 다져 선조대에 가면 대세를 이루면서 정권을 장악하기에 이르렀다. 그다음에 나타난 정치현상이 黨爭이다.

당쟁은 사림 내부의 갈등이다. 성리학이란 커다란 이념의 원칙에는 차이가 없었으나 정치운영상에서는 차이를 드러내며 당쟁이 심화되었다. 1575년(선조 8년)의 학파들의 학문적 차이가 정치적 분화로 이어져 西人과 東人으로 분열하기 시작하였다가 왜란과 호란을 거치면서 서인 대 남인·북인의 대치 상태로 전개되었다. 다시 남인은 호란 이후 서인정권이 추구한 무리한 북벌운동을 비판하면서 '禮訟논쟁'을 일으켜 서인들과 대립하였다. 이런 예송 문제는 왕권의 강화에 비중을 두었던 남인과 신료 중심의 정치를 지향했던 서인 간의 정치적 노선에서 야기되었다. 숙종 때 다시 집권한 서인은 곧 송시열 중심의 老論과 윤증 중심의 少論으로 분열하였다. 강화학파의 태두인 정제두를 비롯한 그 제자들은 대부분 소론에 속하였다. 숙종 말년에는 소론이 경종을 두둔한 반면 노론은 그의 아우 영조를 지지하였다. 이에 따라 숙종이 죽고 경종이 즉위하자 소론이 집권했고 (1721년), 경종이 단명하여 영조가 즉위했을 때에는(1725년) 노론이 정권을 잡았다.

영조가 즉위하고 정권을 획득한 노론계는 소론계를 정계에서 축출하였고, 이에 불만을 가진 소론계는 1755년(영조 31) 尹志의 난으로 폭발되었다. 이것을 을해옥사라고도 한다. 이 사건으로 중기 강화학파에 속하는 일부 인사들이 유배되고, 그 가족들은 가산이 파산하여 호구지책을 마련할 수 없을 정도의 어려운 생활에 처하였다. 남아 있는 강화학파의 인사들은 이런 시련을 극복하기 위한 방법으로 더욱 엄격하게 자신들의 내면을 수련하고, 家學을 자제들에게 전수하고, 서로 간의 유대관계를 돈독히 하며 사상적 자유를 추구하였다.

1. 信齋 李令翊의 실학사상

1) 신재의 생애와 師友

(1) 신재의 생애

信齋 李令翊(1738~1780)은 員嶠 李匡師의 아들이자 燃藜室 李肯翊의 아우이다. 李令翊(1738~1780)의 자는 幼公이고, 堂號가 信齋이며 匏客이라 자호하기도 하였다. 원교 이광사의 둘째 아들로 영조 14년(청 건륭 3년, 서기 1738년)에 서울에서 태어났다. 원교는 초혼한 권씨부인에게서는 자식이 없었으며 재취한 유씨부인에게서 긍익과 영익과 딸 하나를 낳았으니 燃藜室 李肯翊은 신재보다 2살 위의 형이고 누이동생은 신재보다 11살 아래였다.

신재는 어려서부터 총명함이 남보다 뛰어나서 10여세에 저술한 것이 이미 사람들을 놀라게 하였다.

선생은 키가 작고 주근깨가 있어 외모는 남보다 뛰어나지 못하였으나 두 눈동자가 번쩍이고 뒤돌아보거나 곁눈질하는 것이 광채가 있고, 신묘한 말이 뛰어나고 시원해서 여러 사람 가운데에서도 오히려 식별될 수 있었다.[1]

열다섯살에 冠禮를 올리고 나서, 하곡 정제두의 손녀와 혼례를 올렸으니, 즉 하곡의 아들인 鄭厚一의 재취부인 全州柳氏에게서 태어난 셋째 따님(즉 정후일의 다섯째 따님)이었으며 신재보다 한 살 아래였다.[2]

신재의 나이 18세이던 영조 31년(1755)에 羅州掛書事件(이른바 乙亥獄事)[3]이 일어나서 주모자인 尹志의 문서 상자에서 신재의 伯祖

---

1) "先生幼而聰悟絶人, 十餘歲, 所著述已驚人, ……先生短而黶, 形貌不踰人, 然雙眸燁然, 顧睞有彩, 神辭儁爽, 猶可識別於衆中也."(李忠翊, 『椒園遺藁』「從祖兄信齋先生家傳」)

2) 沈慶昊, 「信齋李令翊論」, 『江華學派의 文學과 思想(3)』(한국정신문화연구원, 1995.3.), 182쪽. 본 논문의 신재의 생애와 師友는 주로 沈慶昊의 「信齋李令翊論」을 참고하여 수정 보완하는 식으로 작성되었다.

3) 1755년(영조 31) 소론(少論)의 윤지(尹志) 등이 일으킨 모역(謀逆) 사건. 을해옥사(乙亥獄事)라고도 한다. 윤지는 숙종 때 과거에 급제하였으나, 1722년(경종 2) 임인무옥(壬寅誣獄)을 일으킨 김일경(金一鏡)의 옥사에 연좌되어 1724년 나주로 귀양 갔다. 오랜 귀양살이 끝에 노론을 제거할 목적으로 아들 광철(光哲)과 나주목사 이하징(李夏徵), 이효식(李孝植) 등과 모의하여 동지규합에 나섰다. 이들은 수차의 변란으로 벼슬을 할 수 없게 된 부류들과, 소론 중에서 벼슬을 지낸 집안들을 흡수하고, 우선 민심동요를 위하여 1755년 나라를 비방하는 글을 나주객사에 붙였는데, 이것이 윤지의 소행임이 발각되어 거사(擧事)하기 전에 붙잡혀 서울로 압송되었다. 윤지는 영조의 직접 심문을 받고 2월에 박찬신(朴纘新)·김윤(金潤)·조동정(趙東鼎)·조동하(趙東夏) 등과 같이 사형 당하였으며, 이광사(李匡師)·윤득구(尹得九) 등은 귀양갔다. 그 밖에도 윤지의 일당인 심정연(沈鼎衍)이 나라를 비방하는 글을 써서 체포되기도 하였다

父인 李眞儒(1669~1730)와 조부 李眞儉(1671~1727), 그리고 부친 원교공의 서찰이 발견되어, 원교는 윤지와 상통하였다는 죄목으로 그 해 3월 6일에 체포되어 친국을 받았다. 종친이었고 才德으로 이름이 있었던 까닭에 고문은 받지 않았다. 원교는 불복하였으나, 같이 신문받던 尹尚白이 원교가 윤지의 아들 尹光哲과 친밀하다고 말하여, 正刑을 당할 뻔하였다. 그러다가 3월 30일에 本律에 의거하여 2천리 밖 유배가 결정되었다. 원교는 이날을 再生의 날로 삼아 이후 생일로 삼았을 정도였다. 지아비가 체포되어 극형을 당하였다는 헛소문을 들은 재취부인 유씨는 3월 11일에 목매어 자살하였다.

이렇게 하여 원교 이광사는 두만강에서 약 1백리 거리의 변새지인 함경도 富寧으로 유배되었다. 신재는 부친의 유배 길에 배종하였던 것으로 보인다. 그 뒤 일단 서울로 돌아왔다가, 21세인 영조 34년(1758)에 다시 부령으로 가서 4년간 곁에서 모셨다.

신재는 24세인 영조 37년(1761)에 일단 離庭하여 서울에 이르러왔고, 11월에는 강화도의 艸亭에 객이 되어 있었다. 이후 서울 남산 아래로 거처를 옮겼다.

부령에 있는 원교의 문하에는 그의 필명을 듣고 많은 사람들이 모여들었다. 그러자 司憲府는 "광사가 북변에서 임시로 쉬면서 선비를 모아 문필을 가르친다고 하는데, 변방의 어리석은 백성들이 혹 선동당하고 물들지 않을까 염려됩니다. 회령부에 안치한 광사를 절해고도로 移配하십시오"라는 내용의 啓를 올려 윤허를 받았다.[4] 이

---

4) "近聞匡師·鑰假息北塞, 多聚士人, 以教文筆, 荒裔愚俗安知無煽動淪胥之患哉? 請會寧安置罪人匡師·甲山府爲奴罪人鑰幷移配絶島."(『英祖實錄』권100, 38년 8월 乙酉의 기록.)

로써 신재의 나이 25세인 영조 38년(1762)에 원교는 호남의 薪智島로 이배되어 大坪里에 머물게 되었다.

신재는 부친을 따라 신지도로 가서, 적어도 28세인 영조 41년(1765) 7월까지 그 곳에 머물렀다. 그러다가 일단 서울로 돌아왔으며, 다시 30세인 영조 43년(1767) 겨울에는 신지도에 이르렀다. 신재는 신지도 농부들을 『莊子』에 나오는 혁서씨의 백성들에 비기고, 바깥에 대한 사모를 끊고 분에 안주하여 삶을 즐기는 그곳이 바로 도원이라고 여겼다. 영리욕을 초월한 자신을 '남극하 도원호주'라 자호하기까지 하였다.[5] 신재는 이렇게 여섯 해를 신지도에서 지내다가 35세인 영조 48년(1772) 중춘에 서울로 돌아왔다.

초원 이충익은 신재가 부친의 유배 중에도 항상 부친을 효성으로 봉양하고 경학에 전념하여 연구했음을 이렇게 말하고 있다.

열여덟 살 때 원교 선생이 형률로 함경도 富寧府에 유배되고 또 9년 뒤에 호남의 신지도로 옮겨졌으니 남쪽과 북쪽의 끝 변두리이었다. 선생이 항상 따라가서 모셨으며 봉양하는 여가에 오로지 경전의 해석을 자세히 하여 이전 학자들 논설의 같고 다른 것과 이치를 얻고 잃은 것을 탐구하고 글자마다 연마하여 따라서 辨難하는 것이 있었는데 그 이치가 치밀하고 말이 굳세어서 뜻을 달리하는 자가 다시 주장을 펼 수 없게 하였다. 어버이를 섬김에는 사랑과 공경을 갖추어서 잠시도 곁을 떠나지 않았고, 감히 조금도 게으른 모습을 지은 적이 없었으며, 때로는 어린 누이동생과 함께 장난하며 놀아서 부친의 뜻을 즐

---

5) 未知莊生所謂赫胥氏之民, 比此果何如也, ……夫世豈有眞桃源哉, 絶外慕而安分樂生者, 卽桃源也, 敢報京華故人, 自今呼我爲南極下桃源戶主可乎, (李令翊, 『信齋集』, 書, 「與申儀父」)

겹게 해드렸다. 쉬는 곳은 부친이 계신 곳과 벽 하나를 사이에 두었고, 밤마다 조심하기를 마치 부친이 와보시기라도 하듯 해서 감히 깊이 잠들지 않았으며 부친이 불러서 묻고 말씀하시기라도 하면 밤이 깊었어도 반드시 冠服을 입고 무릎을 꿇고 답하였다.6)

신재는 또한 너그럽고 정직하였으며 자신을 반성하여 남을 용서하였다고 한다.

젊어서 너그럽고 정직하여 기쁨과 노여움은 감정에 따랐으며, 남의 잘못을 보면 용납하여 참지 못하였고, 자기가 잘한 것이 있으면 감정을 꾸며서 숨기지 않았으며 과실이 있어서 스스로 깨닫게 되면 즉시 남에게 말하고 통렬히 스스로를 반성하여 꾸짖어서 오로지 정성을 다하고, 조금도 헛된 거짓으로 남을 따르지 않았으며, 한참 뒤에는 매우 스스로 움츠리고 굽혀서, 지난날 자기를 반성하여 남을 용서하지 못한 것을 후회하여 남에게 과실이 있음을 들을 때마다 "그 사람이 까닭 없이 그 일을 그리 되게 할 수 있겠는가?"라고 말하였다. 항상 말하길, "몇 년 동안 스스로 나아진 것이 있음을 보지 못하니 오직 인륜과 의리에 독실하게 이르지 못한 것이 많음을 깨달을 뿐이다"고 하였다. 아아, 이에 선생이 스스로를 다스림이 더욱 절실했음과 蘧伯玉의 심부름꾼7)이 공자로부터 칭찬을 받았던 까닭을 알 수 있다.8)

---

6) "年十八, 而員嶠先生坐律, 謫富寧府, 又九歲而徙于湖南之薪智島, 南北極邊也. 先生恒隨侍, 奉養之暇, 專精經訓, 探究前儒論說同異得失, 字字爲之礱櫛, 隨有辨難, 理密而辭勁, 使異趣者莫可復申, 事親愛敬備至, 不須臾不在側, 而未嘗敢小設惰容, 時與小妹, 嬉戲以娛親意所休息, 與親所隔一壁, 每夜惕然, 如或臨視, 不敢酣眠, 親或呼與問語, 雖夜深, 必冠服跪而對."(李忠翊, 『椒園遺藁』, 「從祖兄信齋先生家傳」)
7) 춘추시대 衛나라의 大夫인 蘧백옥이 공자에게 심부름꾼을 보냈는데 공자가 거백옥의 안부를 묻자 그 심부름꾼이 거백옥은 "그 잘못을 적게

이와 같이 정직하여서 충신하여 속이지 않는 것을 근본으로 하고 또한 부친의 학문을 가르침 받아서 헤아릴 수 없이 많은 성취를 할 텐데 중년에 세상을 떠났음을 초원은 애석해 하고 있다.

선생의 학문은 이미 忠信하여 속이지 않는 것을 근본으로 하고 밤낮으로 가정의 가르침에 젖었는데 또한 스스로 완급을 조절하여 덕업에 나아갈 수 있었으니, 만약 하늘이 그에게 나이를 더 주어서 그 재주를 노숙하게 하였다면, 그 성취한 것을 어찌 헤아릴 수 있겠는가? 9)

신재는 문장도 뛰어나서 정과 뜻을 다하여 글을 쓰면서도 법칙이 있었고 장편에서는 마음대로 써 내려갔다고 한다.

문장을 지을 때는 정과 뜻을 다하여 써서, 중요하고 절실하여도 번거롭지 않았고, 날카로운 기세가 넘쳐나도 간결하고 엄격하여 법칙이 있었다. 詩부와 같이 운이 있는 말은 정묘하면서 침착하여 굳세었고 장편에 이르러서는 멋대로 늘어놓아서 걷잡을 수 없었다.10)

하려고 하나 능하지 못하다"고 답하니 공자가 심부름꾼답다고 칭찬했다.(『論語』, 「憲問」)

8) "少坦直喜怒率情, 見人過, 不能容忍, 已有善, 不飾情韜匿, 至有過失, 自悟立以語人, 痛自訟責, 專輒惘惘, 不以一毫虛假徇人, 久乃深自斂折, 悔前日不能反己恕人, 聞人有失, 輒曰, 是人得無緣是事致然乎, 常曰, 年來未見自有進處, 唯覺倫義不篤至者多耳, 嗟乎, 此可見先生自治益切, 而蘧氏之使, 所以見稱於夫子者也."(李忠翊, 『椒園遺藁』, 「從祖兄信齋先生家傳」)

9) "先生之學, 旣以忠信不欺爲本, 而晝夜浸灌以家庭之訓, 又能自弦韋以進德, 若天假之年, 以老其材, 所成就豈可量也."(李忠翊, 『椒園遺藁』, 「從祖兄信齋先生家傳」)

10) "爲文章, 輸寫情意, 要切而不繁, 鋒華溢發, 而簡嚴有典則, 韻語精妙沈勁, 至大篇橫肆, 不可捉搦."(李忠翊, 『椒園遺藁』, 「從祖兄信齋先生家傳」)

신재는 서예에서도 뛰어나서 세상에 잘 알려진 원교선생의 서체와 똑같이 쓸 수 있었으며 원교가 지은 서결의 후편을 쓰기도 했다.

　　원교선생은 書法이 세상에 뛰어나서 배우는 이들이 모두 비슷하게 할 수가 없었는데, 오직 선생만이 臨書하면 사람들이 분별하지 못하였으며 篆書와 隷書는 더욱 진짜에 가까워서 오늘날 뒤섞여서 구별되지 않고 돌아다니는 것이 많다. 원교 선생이 일찍이 『書訣』을 지었고 신재 선생이 남은 뜻을 펴서 후편 만여 글자를 지었는데 원교 선생이 기뻐하여 "바로 내가 말하려는 것을 말했으니, 내 스스로 지은 것과 무엇이 다르겠는가?"라고 하셨다. 11)

오늘날 원교가 지은 서결과 신재의 후편은 안타깝게도 전해지지 않고 있다.

신재는 40세인 정조 원년(1777)에 원교가 신지도의 金實村 寓舍에서 몰하자, 형 연려실과 함께 운구하여 와서, 이듬해 2월에 長湍의 先妣(柳氏) 先葬地에 합장하였다. 그 후 신재는 43세인 정조 4년(청 건륭 45년, 서기 1780년) 5월에 급병을 얻어 평양의 여관에서 졸하였다. 정조 6년(1782) 5월에 제사 지내졌다. 신재에게는 자식이 없었다. 5촌 조카인 李勉愚가 후사로 갔다.

신재의 남긴 저서에 대해서 초원은 신재 사후 2년 뒤인 1782년 5월에 쓴 제문에서

---

11) "員嶠先生書法絶世, 學者皆莫能似, 唯先生臨之, 人不能辨, 篆隷尤逼眞, 今多混行者, 員嶠先生, 嘗著書訣, 先生敷餘旨, 爲後篇萬餘言, 員嶠先生喜曰, 正道我欲言, 何異我自爲."(李忠翊, 『椒園遺藁』, 「從祖兄信齋先生家傳」)

상자의 책에 분가루가 뒤섞여있는 것을 슬퍼하니, 가장자리에 넘쳐서 제본하기를 기다립니다.……간행하여 서술할 것을 내게 잘못 부탁하여 맡기셨으니, 미루고 지체하여 어그러질까 두렵습니다.[12]

라고 말하고 있으니 상자안의 신재가 남긴 책을 정리하여 간행하고 서술하는 것을 더 이상 연기하면 일이 어그러질 것을 두려워하고 있는 것이다.

초원은 또한 만년에 쓴 것으로 보이는 「從祖兄信齋先生家傳」에서

남긴 문집이 몇 권이고 『經說』이 몇 권인데, 새로운 것을 알게 될 때마다 젊었을 때 옛사람을 가볍게 꾸짖은 것이 잘못되었다고 여겨 고쳐 새기기를 그치지 않아서 원고쓰기를 마치지 못한 채로. 모두 집안에 소장되어 있다.[13]

선생이 지은 『경설』은 충익이 또한 일찍이 그 緖論을 직접 들어서, 가다듬고 가지런히 하여 책을 이룰 수 있었으나 쇠약하고 게을러서 할 수 없었으니, 아! 뒤에 죽을 사람의 책임이다.[14]

고 해서 신재의 몇권의 문집과 몇권의 경설이 탈고가 안 된 미완성의 상태로 신재의 집안에 소장되어 있으며 이를 정리하여 책으로 간행할 책임이 초원에게 있음을 말하고 있다.

---

12) "悼篋書之粉糅, 濫邊幅而待製.……謬託寄以刊述, 恐遷延而舛戾."(李忠翊, 『椒園遺藁』, 「祭從祖兄信齋先生文」)

13) "遺文集幾卷, 經說幾卷, 每有新得, 又病少時輕訶古人, 不住刊改, 未脫藁, 並藏于家."(李忠翊, 『椒園遺藁』, 「從祖兄信齋先生家傳」)

14) "先生所著經說, 忠翊亦嘗與聞緒論, 可以修整成書, 而頹惰未能, 惡, 在後死之責也."(李忠翊, 『椒園遺藁』, 「從祖兄信齋先生家傳」)

그래서 초원은 그 후에 신재의 문집을 정리하여 제본하고 간행은
하지 않고 필사만 하여 전한 것으로 보인다.[15] 그래서 "이후 간행되
지 못하여 현재 전하는 것은 필사본으로 고려대학교 중앙도서관(貴
558)에 소장되어 있는 것뿐이고 經說은 전하지 않는다."[16] 경설은
전해지는 것이 없는데 신재의 경서에 대한 논변 특히 고문상서에 대
한 논변은 문집가운데 초원에게 보낸 서신에서만 주로 다루어지고
있으므로 초원은 그것으로 경설을 대체하고 따로 신재의 경설은 만
들지 않은 것이 아닌가 생각된다.

(2) 신재의 師友

초원의 「從祖兄信齋先生家傳」에 의하면 신재는 부친 원교를 시봉
하면서 그 학문의 가르침을 가장 많이 받았을 것으로 보인다. 그의
교우관계에 있어서는

> 선생은 곤궁하게 살아서 남들과 사귀고 따르는 것을 끊었는데 오직
> 재종형인 凡翁 性源(李天翊), 窠山子 純士(李文翊) 및 이 어리석은 아
> 우 충익과는 나이가 서로 가까워서 함께 서로 사모하고 사랑하였다. [17]

---

15) 김성애는 "본집은 이충익이 편차하고 교정한 본을 바탕으로 轉寫하였
    을 것으로 추측되지만 그 필사시기와 관련자는 확실하지 않다."고 말하
    고 있다. (金成愛, 신재집 해제, 한국문집총간 해제민족문화추진회)
16) 金成愛, 신재집 해제, 한국문집총간 해제민족문화추진회
17) "先生窮居斷交, 從唯與再從兄凡翁性源氏, 窠山子純士氏及愚弟忠翊年
    歲相近, 共相慕愛."(李忠翊, 『椒園遺藁』, 「從祖兄信齋先生家傳」)

고 한다. 그 밖에 친형인 燃藜室 李肯翊, 同棲인 宛丘 申大羽, 자형인 權聖一과도 詩文을 주고받았다. 그리고 富寧에서 從學하였던 方祥喆, 薪智島의 寒士인 李尙寬(字: 季心)과 黃聖元, 孔德村의 몰락한 선비인 李命培 등과도 友誼가 있었다.

신재는 부친 원교공이 이미 霞谷 鄭齊斗의 문하에 들어 강화학파의 주맥을 형성하였는데, 신재는 부친인 員嶠 李匡師를 통하여 霞谷 鄭齊斗의 학문을 이어받고, 그 자신 하곡 정제두의 손자사위가 됨으로써 원교 일가는 하곡 일가와 혈연관계를 맺게 되었으니, 그는 강화학파의 학맥과 혈맥의 결합점이 된 셈이다. 신재는 하곡의 학적 정신을 흠모하여, 하곡의 증손자 鄭述仁이 보관하고 있던 하곡의 幅巾에 銘文을 지어 하곡의 덕을 찬양하고 그 덕을 실추하지 말라고 하곡의 후손에게 당부하였다. 그리고 영조 52년(1776) 장모 柳淑人의 제사일에는 제문을 지어, 간난 속에서도 정씨 집안을 지탱한 유숙인의 德懿를 칭송하였다.「題霞谷鄭莊壁」라는 시에서는, 名利世間을 벗어났던 하곡의 마음을 진강산에 비치는 새벽노을의 순수한 아름다움에서 상상해 보았다.

燃藜室 李肯翊은 신재보다 두 살 위인 친형이다. 영조 12년(1736)에 나서 순조 6년(1806)에 71세로 타계하였다. 字는 長卿이고 號는 燃藜室, 또는 完山이며 兒名은 慶兒이다. 그가 편찬한 연려실기술은 노론, 소론, 남인, 북인 등 어느 한 쪽으로 쏠리지 않고 공정하고 객관적으로 역사를 바라보고 있는 것을 확인할 수 있다. 이 책은 당시 국내에 남아있던 자료들을 종합하여 '술이부작(述而不作)'·'불편부당(不偏不黨)'의 정신으로 서술하였기 때문에 그 객관성이 인정되어 오늘날 역사 사료로 많이 활용되고 있다. 그런데 이긍익의 문집은

물론, 그의 일생을 밝혀줄 관련자료가 의외로 적다. 부친 원교공의
유배 이후에 그는 서울에 남은 가족을 돌보다가 가난에 못 이겨 나
주 모산의 외가 구옥으로 이사하였고, 그 뒤 일가들과 교유가 적어
진 데 원인이 있지 않는가 한다. 모산에 이주하기 이전에 연려실이
부친 원교나 아우 신재, 혹은 종형제들과 주고받은 시문은 관련 인
물들의 문집에 산견된다.

凡谷 李天翊은 字가 子益 혹은 性源이고 號는 凡谷 또는 凡翁이
며 李匡敏의 맏아들이고, 窠山子 李文翊의 從兄이고, 신재의 재종형
이다. 생졸년은 미상이다.[18] 일찍이 나이 33세에 비로소 분발하여
학업에 뜻을 두고 신재를 동지로 이끌었다.[19] 문집은 아직까지 발견
되지 않았지만, 이상선이 엮은 협중집에 그의 시가 몇수 전한다. 신
재는 범곡과 서로의 시를 차운하여 주고받았고 범곡이 영남으로 가
게 되었을 때도 「送凡谷從兄言」을 지어 실심에서 우러나온 躬行實
踐을 권면하였다.[20] 신재는 범곡의 성남 초옥에서 초원과 셋이서 詩
酒를 즐기면서 麗澤을 하였다.

窠山子 李文翊의 字는 純士로, 凡谷 李天翊의 從弟이자, 椒園 李
忠翊의 친형이고 신재의 재종형이다. 영조 11년(1735)에 나서 영조

---

18) 전주이씨덕천군파보에 "갑술이월이일생, 영조갑인이월이십이일졸"이라
하였으나 착오가 있는 듯하다. 영조 갑술에 태어나 영조 갑인에 졸하
였다고 하더라도, 갑술은 1754년이므로 신재보다 16살 아래로 되어 신
재의 재종형이라는 기록과 맞지 않는다.(심경호, 신재이영익론, 강화학
파의 문학과 사상(3)(한국정신문화연구원, 1995, 226쪽.) 또한 영조 갑
인년은 1734년이어서 신재가 태어나기 4년전이 된다.

19) "從祖兄凡谷子年三十三, 始厲志業, 猥引令翊以同志.(李令翊, 『信齋集』,
雜著, 「送凡谷從兄言」)

20) 李令翊, 『信齋集』, 雜著, 「送凡谷從兄言」.

37년(1761)에 27세로 요절하였다. 부인은 영일 정씨 정봉량의 따님이다. 을해옥 때 부친 李匡顯이 경상도 機張縣으로 유배되자, 둘째아들인 李忠翊이 봉행하고 이문익은 서울 둥그재 아래의 세거지에서 모친을 모시고 독서하였다. 처가인 청양으로 가서 게를 잘못 먹고 복창(腹脹)이 나서 영조 37년에 요절하였는데, 신재는 이듬해 「窠山子哀辭」를 지어 추도하였다.

椒園 李忠翊(1744~1816)은 字가 虞臣, 號가 椒園이다. 양명학 뿐만 아니라 道釋을 攝收하여, 강화학의 모색의 정신을 대표하는 인물이다. 생부는 李匡顯이지만 이匡明의 뒤를 잇는 양자로 갔으며 신재보다 6살 아래인 재종동생이다. 그는 신재가 졸한지 2년 후에 祭從祖兄信齋先生文을 지었고 만년에 「從祖兄信齋先生家傳」을 지어 신재에 대한 애모의 念을 드러내었다. 또한 신재의 문집도 초원이 책임지고 정리하여 필사본으로 후세에 전하게 된 걸로 보인다. 초원은 「從祖兄信齋先生家傳」에서 신재와 초원의 관계와 그 학문의 차이점 및 같은 점에 대해 이렇게 말했다.

　　나 충익은 선생보다 여섯 살 적으며 어려서 서로 헤어졌다가 수십년 만에 다시 만났는데, 그 때 충익은 어리석고 방자하여 가르치고 타이를 수가 없었는데 선생은 친형제처럼 어여삐 여겨 사랑하고 심각하게 꾸짖으셨으며 잠시 헤어졌다가 다시 만나서는 밤에도 번번이 친절하게 가르쳐 주셔서 날이 밝기에 이르고는 하였는데 옆에 있는 자도 무슨 말씀인지를 몰랐다. 논변할 때마다 처음에는 날카로운 기세가 사납고 자기를 지켜서 서로 지지 않았으나 오래되어서는 각자 서로가 맞다고 이해하여서 서로 같지 않은 것이 없게 될 수 있었다.
　　충익은 일찍이 왕양명의 致良知說을 좋아했는데 선생은 "왕씨의 학문은 높은 것에 들뜨고 禪에 물들어 있으니 朱晦菴을 배워서 바로 잡아야 한다."고 말하였으며 충익은 오랜 뒤에 그렇다고 믿게 되었다. 선생은 『尙書』의 고문이 가짜라고 의심하였으나, 충익은 그렇지 않다고 하였는데 선생이 왕복하여 매우 심하게 분별하여 꾸짖어서 충익은 마침내 굴복하였다. 선생은 "『대학』의 格物은 바로 物有本末을 가리키고 致知는 知所先後의 知를 致하는 것이다"고 말하고 충익은 "格物致知는 바로 誠意의 방도인데, 만약 物有本末의 物과 知所先後의 知를 가리켜서 格物致知의 物과 知라고 한다면 글의 뜻이 서로 맞지 않는다."고 말해서 결국 서로 합쳐지지 못하였는데, 둘 다 같이 "대학 古本에는 뒤섞이거나 빠진 것이 없다"고 말하고, 같이 "대학 한편이 오로지 본말선후를 말하여 그 중요한 것으로 삼았다"고 말했으니, 또한 같지 않게 되지는 않았다. 21)

이에 대해 위당 정인보는 양명학연론에서

신재의 자는 유공이니 원교의 소자요 여실 긍익의 동모제라. 18세부터 원교를 따라 국북 적소로 다니었는데 학문이 정독하여 원교 지기로 여기었다. 신재는 초원과 재종형제, 학문의 종위를 서로 강질하

---

21) "忠翊少先生六歲, 幼而乖散, 幾十載而復相見, 時忠翊駿肆, 不可詔告, 先生憐愛鐫責如同胞, 小別復會, 夜輒妮妮達明, 在旁者亦不知爲何語也. 每有論辨, 始鋒厲守己不相下, 久乃各相然, 可無不同者, 忠翊嘗喜王氏致良知之說, 先生曰, 王氏之學, 浮高染禪, 須學晦庵爲正, 忠翊久而後信其然, 先生疑尙書古文之贗, 忠翊不然, 先生往復辨詰甚苦, 忠翊遂服, 先生謂大學格物, 卽指物有本末而致知者, 致知所先後之知也. 忠翊謂格物致知, 卽誠意之方, 而若以物有本末之物, 知所先後之知, 指爲格物致知之物與知, 則文義未協, 竟未相合, 而同謂古本無錯脫, 同謂一篇, 專言本末先後, 爲其要, 則亦未爲不同也."(李忠翊, 『椒園遺藁』, 「從祖兄信齋先生家傳」)

였는데 신재 항상 초원의 왕씨학을 전주함을 미사규절하였으나 이 또한 궤사라. 신재는 실로 양명학에 있어 심조 자득한 이이니……신재 초원에게 한 말이 궤사인 동시 초원이 신재의 말에 옳음을 오랜 뒤에 믿었다함도 또한 궤사이니 이 모두 외화 자궤함이다. 이러한 중에 학파의 전승함을 찾음이 어찌 느꺼웁지 아니하랴. 초원의 신재로 더불어 왕복한 것은 기견을 직서하였던 것인 듯 한데 유집에는 실린 것이 없으니 그 연유를 다시 물을 것이 없다.[22]

고 해서 신재가 항상 초원의 양명학을 전념하는 것을 나무란 것도, 초원이 신재의 말이 옳다고 믿게 되었다는 것도, 초원이 신재에게 보내서 양명학설을 주장했던 서신이 하나도 초원의 유집에 실려 있지 않은 것도 모두 이단학을 한다고 몰려서 화를 입을 것을 두려워하여 거짓을 참으로 꾸미는 궤변을 한 것이고, 신제는 실제로 양명학에 있어 심조자득한 이라고 주장하고 있다.

宛丘 申大羽는 1735(영조 11)~1809(순조 9). 본관은 平山, 자는 儀夫, 호는 宛丘 또는 舊日, 翁逸이며, 할아버지는 우승지 申宅夏, 아버지는 義盈庫判官 申晟이다. 완구는 신재와 함께 하곡 정제두의 손녀사위로서 하곡의 아들인 정후일과 유숙인 사이에서 난 둘째 따님(정후일의 넷째 따님)을 맞았고 신재는 역시 유숙인 소생의 셋째 따님을 맞았으니, 완구는 신재의 바로 윗동서이다. 완구는 梅賾本 25편 『尙書』를 眞古文이라 믿고 있다가, 신재의 논변을 듣고서 그것이 僞古文임을 깨닫게 되었다고 한다.[23] 신재집에는 신제가 완구

22) 정인보, 『담원국학산고』(문교사, 1955),「양명학연론」, 288~91쪽.
23) "昔初見舊日而言此, 彼方篤好禹謨諸篇, 聞而大駭, 故啓端卽止矣. 後數年更逢, 則排斥古文, 殆欲過我, 其虛心勇決, 肯聽人言之難及如此."(李

에게 보낸 서신이 2통 있으며 신재는 강화도 옹일리에 궁거하던 완구에게 차운시를 보내어 우의에 감사하는 마음을 담기도 했다.

신재사후에 완구는 문신으로 정조 8년(1784) 蔭補로 繕工監役에 임용된 뒤 사도시 主簿・部都事・敬陵令 등을 역임하였다. 음성・강동・청도의 수령을 거쳐 1799년에 元子宮에 들어가 동궁(후의 순조)을 보필하다가 순조가 즉위하자 우부승지가 되었다. 1804년에 副摠管・한성부 좌윤・한성부 우윤을 역임하고, 동지의금부사・공조참판・경연 특진관을 지냈다. 1807년 동지중추부사・동지돈녕부사, 1808년 호조 참판이 되었다. 시문과 서예를 잘하였고, 저서로는『宛丘遺集』이 있다.

2) 신재의 실학사상

신지도에서 신재는 곧 신재의 나이 25세인 영조 38년(1762) 정월에「信齋說」을 지어 자신의 당호를 비로소 '信齋'라 하고 實을 중시하는 사상을 더욱 굳혔다.

> 지난 날 꿈에 손님이 있어, 공경하여 그 분을 주자(朱子)라고 하였다. 사려를 제거하는 일을 묻자, "그것은 마치 적을 대면하여 진을 치는 것과 같다. 만일 나의 사면이 견고하면 그 누가 들어올 수 있겠는가? 나 자신을 먼저 견고하게 하지 않으면, 그것은 적이 쳐들어오는 것을 불러들이는 것이다"고 하였다. 얼마 있다가 다시 말하길, "仁義

令翊,『信齋集』,「答虞臣」)

禮知의 행실은 信이 근본이다. 信이란 實이다. 實이 없이는 인의예지가 저절로 행하여질 수 있는 것이 아니다. 하학(下學)은 이것을 먼저 힘써야 한다."고 하였다. 아아, 불민한 내가 스스로 나아가지 못하는 것은 무슨 까닭인가? 마음에 향하는 바가 있되 게으르고 들떠서 實心이 없고, 행동하려는 바가 있되 구차하게 남에게 빌려서 實行이 없으니, 대개 신(信)하지 못함에서 말미암는 것이다.24)

미덥게 행하는 신이 인의예지 사덕의 근본이 된 것은 한대이후 주자에게 이어져온 것이며 신재도 그런 점에서 신을 중시하는데 그 신이 또한 찰 실자로 되어서 실심 실행이 또한 신에서 나온다고 본다.

그러면 신재가 말하는 실심 실행의 실은 무엇을 말하는가? 하곡에 있어서는 양명학이 실학이고 주자학이 허학으로 되는데 그 가학을 이은 신재가 말하는 실심 실행은 양명학적 실심 실행을 말하는 것 같다. 따라서 신재는 주자학을 계승한 신과 양명학적 실심 실행을 하나로 보고서 신을 통해서 실심 실행을 이루려 했다.

그래서 그는 주자학을 통해서도 실심 실행의 실학을 이룰 수 있다고 본 것 같은데, 특히 그는 당시 성행하던 실사구시의 실증적 실학을 통해서도 실심 실행의 실학을 이루려 했던 것으로 보인다.

신재(1738영조14년 청 고종 건륭 3년~1780정조4년 청 고종 건륭 45년)는 하곡(1649~1736)이 사망한 후 2년 후에 태어나서 청초 실

---

24) "昔者之夢, 有賓敬謂之曰, 朱子問除思慮曰, 此如臨敵而設陳, 若我四面堅固, 其 誰能入, 不先固於我, 是速冠(冠은 寇의 誤字로 보인다.)也. 已而曰, 仁義禮智之行, 信爲本, 信也者, 實也. 苟無實, 仁義禮知, 非可自行, 下學所先務也. 嗟乎, 不敏之不能自進, 其故何也. 心有所向, 慢泛而無實心, 行有所擬, 苟假而無實行, 蓋由未信也."(李令翊, 『信齋集』坤, 「信齋說」)

학과 고증학이 확립되던 건륭제의 시대와 조선 실학이 융성했던 영조의 중흥기에 살면서 그 당시의 실학과 고증학의 영향을 많이 받은 것으로 보인다. 그 당시는 황종희(黃宗羲)(1610~1695) 안원(1635~1704) 閻若璩(1636~1704) [毛奇齡(1623~1716)]등의 실학과 고증학의 선구자들이 사망한 직후이므로 그들의 영향도 충분히 받을 수 있었다고 보인다.

신재의 이런 현실을 중시하고 허황된 이상을 배격하는 실증주의적 관점은 그의 「도원설」에서 나타난다.

경성(鏡城) 남쪽 130리 되는 곳의 들판에 바위가 서 있어 선바위(立巖)라 한다. 바위는 수십 길 높이로 하늘에 깎아 세운듯하여 예전에는 올라간 자가 없었다. 경성부 사람 마갑(馬甲)이란 자가 대단히 날쌔어서 남과 내기를 하고 마침내 정상에 올랐다. 돌아와서는 "정상에 구멍이 있고 구멍에 맑은 물이 있으며 물에 옥잔이 놓였고 곁에는 푸른 참새(靑雀) 두 마리가 있어 사람을 보고도 날아가지 않는다."고 하였다. "어째서 잔을 품고 내려오지 않았는가?" 하고 묻자, "심장이 떨려 감히 못하였다"고 하였다. 사람들이 정상에 오른 것을 이상하다고 여겼으나 그 말을 감히 의심하지 못해, 마침내 원근에 이상한 일로 소문이 났다. 그러나 사람들이 이미 마갑의 뒤를 따르기 시작한 후로는 능히 오를 수 있는 자가 몇 사람이 되었는데 홀로 올라서 그 이상한 것을 보려고 가보니 아무것도 보이지 않고 단지 단단한 돌로 된 정상일 뿐이었다. 대개 마갑이 속으로 자기 뒤를 이을 자가 없으리라 생각하여 그런 말을 해서 자기가 갔다 온 일을 기이하게 여기도록 한 것이었다. 내가 그 이야기를 듣고 웃으며 말하였다. "무릉도원이란 것은 틀림없이 선바위와 같은 것이다. 선바위에는 바위가 있어 마갑의 이야기가 거짓이었음을 증명하는 것이 그치지 않으나, 무릉은 수원(水源) 자체가 없어 끝내 거짓이었는지 분별할 수가 없으니, 도원을 가보았다는 나무꾼의 계략이 마갑보다 더 치밀하다. 그렇지 않았으면, 산중 사람들이 어찌 미혹되어 나무꾼이 갔던 옛길을 찾지 못하고 헤맬 수 있었겠는가? 아아! 천여 년 동안 도원을 그리워 한 자들은 다 옥잔과 푸른 참새를 보려 한 것이구나!"[25]

동진 도연명의 도화원기에 나오는 무릉도원은 사람들이 장수하고 행복하게 사는 이상선경으로 묘사되었는데 그런 이상향은 선바위 위의 옥잔과 푸른 참새처럼 실재하지 않는 거짓된 허구라고 실증적인 입장에서 밝히고 있는 것이다.

그 후에 신재는 부친인 원교 이광사가 유배되었던 전남 남해안에 있는 신지도를 도원이라고 말하고 있다.

어찌 세상에 진짜 桃源이 있겠는가? 바깥을 사모함을 끊고 분에 안주하여 삶을 즐기는 것이 곧 도원이다. 서울 친구에게 이제부터는 나를 '南極下桃源戶主'라 불러달라고 감히 알릴 수 있겠는가? [26]

---

25) "鏡城南一百三十里, 有巖立于野, 曰立巖. 巖數十丈天削, 舊無蹄者. 府人馬甲捷甚, 與人決賭, 遂躡頂反, 則曰頂有竇, 竇有水淸冽, 水置玉盞, 傍有二靑雀, 見人不去. 問何不懷盞下, 曰心悸未敢, 人以躋是爲異, 亦不敢疑, 其言遂傳異遠近. 然人已啓, 踵後有能躋者, 數單躋爲觀異, 至則無見, 但頑然石頂. 盖馬甲意, 無繼已爲是言, 自異其行也. 余聞之, 笑曰, 武陵源, 必立巖也. 立巖有巖, 未終其誕, 武陵無其源, 遂無以辨之, 則樵者之計, 更密於馬甲矣. 不然, 山中之民, 安能幻迷樵者之舊路哉. 嗟乎, 歷千年慕桃源者, 其皆欲觀玉盞靑雀乎.(李令翊, 『信齋集』坤, 「桃源說」)
26) "夫世豈有眞桃源哉, 絶外慕而安分樂生者, 卽桃源也, 敢報京華故人, 自今呼我爲南極下桃源戶主可乎."(李令翊, 『信齋集』坤, 「與申儀父」)

신재는 신지도 농부들을 『莊子』에 나오는 혁서씨의 백성들에 비기고, 바깥에 대한 사모를 끊고 분에 안주하여 삶을 즐기는 그곳이 바로 도원이라고 여겼다. 영리욕을 초월한 자신을 '남쪽 끝에 있는 도원의 집주인'이라고 자호하기까지 하였다. 그 '도원'에서 신재는 부친 공양하는 여가에 경전을 연구하여 자득한 바가 있으면 종이에 적어나갔던 것이다.

여기에서 신재는 무릉도원이라는 이상향은 실재하지 않는 허구이나 바깥에 대한 사모를 끊고 분에 안주하여 삶을 즐기는 신지도의 섬 생활이 바로 무릉도원이라는 이상향이라고 보고 있다. 이는 길거리의 사람들이 모두 성인이라는 양명의 평등사상과도 상통하는 점이 있으며 그의 실학이 결국은 양명학으로 귀결되는 것으로 보인다.

(1) 풍수지리설에 대한 비판

신재는 「論葬說」에서 조상의 묘를 잘 써야 자손이 복을 받는다는 풍수지리설을 비판한다.

> 사람이 죽으면 形과 神이 분리되어, 體魄은 토양과 구별이 없어진다. 태우거나 물에 잠그거나 들에 버리거나 神이 무슨 관계가 있겠는가? 체백을 殮하여 안장하는 것은 효자가 차마 하지 못하는 마음이 있어서 그렇게 부모에게 베푸는 것이다. 어찌 부모의 죽음을 빌미로 나의 화복을 꾀하겠는가? 군자는 상중에 물건을 사고파는 장사를 하지 않는다 하였거늘, 하물며 이런 일이 있겠는가?
> 또한 전후좌우, 원근의 개천과 산악이 그 사람의 해골을 위하여 오겠는가? 또 그 사람의 자손에게 위복을 내리겠는가? 음양이라는 形而

下의 氣가 녹아서는 강이 되고 결집해서는 산이 되는 뜻이, 1보 2보, 10보 1백보, 10리 1백리의 안에 와서 거기다 殮하는 사람을 주관하여 그 자손에게 자식이 있거나 관직이 있거나 재산이 있거나 하게 하는 데 있겠는가? 혹은 조금이라도 向背深淺과 상하좌우가 이른바 청오법27)에 맞지 않는 것이 있으면 또한 노하여 흉화를 내려, 하늘이 사람에게 덕을 부여한 性이 음란하게 되거나 도적질하게 하며, 분수가 정해져 있는 하늘의 命이 가난하게 되거나 천하게 되게 하겠는가? 개천과 산악의 희로가 어찌 그다지도 분망하고, 음양의 기의 뜻이 어찌 그다지도 자질구레한가?

혹은 자손의 화복은 산천에 달린 것이 아니라 체백(體魄)이 평안하냐 불안하냐에 달려 있다고 할 것인가? 이것은 더욱 이치에 당치 않는다. 토지가 과연 체백에 불안한 점이 있다 해도, 자손이 땅속을 알지 못하여 장사지냈으니, 일부러 그런 것이 아니다. 정말로 몰랐다면 법에서도 애꿎은 재앙이라 하여 사면하거늘, 사람의 아비가 되어 그것 때문에 자식에게 화를 내린단 말인가? 나는 귀신의 덕이 지극한데 이처럼 잔인박행의 일을 할 리가 없다고 생각한다. 옛날에는 도랑과 골짜기에 버리면 여우·너구리나 파리·모기에게 먹히므로 불안함이 심하였지만, 그렇다고 그런 풍속일 때 모두다 도륙당하는 화를 입었다는 말은 듣지 못하였다. 하물며 이제는 관과 곽으로 싸고 옷 입히고 이불 깔아 땅속에 안치하는데, 어찌 이 때문에 불안함이 있어서 화를 내리겠는가?

비록 그렇기는 하지만, 종전에 여기가 평안하다니 저기가 평안하다니 말한 뜻은, 체백을 평안히 함도 겸하여 꾀하고자 한 것이므로, 이치에 닿지 않는다고는 하더라도 그렇게 말할 수는 있다. 그런데 오늘날 사람들은 자손이 번창하는데도 災毒이 무덤구덩이에 가득하거나,

---

27) 청오자(靑烏子)는 한대(漢代) 사람으로 풍수지리설에 정통하였으며 장경(葬經)을 지었다.

산 사람에게 재앙이 혹심한데도 幽宮(무덤)에는 길조가 얽혀 있는 것을 많이 보고는, "자손의 화복은 처음부터 저 체백이 평안하냐 불안하냐에 달려 있는 것이 아니고 단지 산천의 합격여부에 달려있다"고 한다. 아아, 이러한 마음으로 복 가져다줄 땅을 구하니, 과연 그 어버이가 마음에 있겠는가?[28]

여기에서 신재는 자식이 부모의 장사를 지내는 것은 차마 부모의 시체를 버려둘 수 없는 측은히 여기는 마음에서 나온 것이라고 본다. 그래서 죽은 부모에 의지하여 자기의 복을 도모해서는 안 된다고 주장한다. 그 이유로 첫째 그 묘지 주위의 하천과 산악이 그 죽은 해골을 위해 오지도 않고 그 죽은 이의 자손에게 화복을 주어서 자손 관직 재물이 있게 하거나 묘 자리가 풍수지리의 법에 어긋나면

---

28) "人之死, 神與形離, 軆魄與夫土壤無別, 焚也沉也委中野也. 神何與焉. 其斂而葬之, 自孝子不忍以是施其親也. 豈藉親之死, 謀我之禍福, 君子不家於喪, 況有是乎. 且其前後左右遠近川嶽, 將爲夫人之骫骨而來乎. 又爲威福於夫人之子孫乎. 陰陽之形而下, 融爲川, 結爲嶽之意, 將在主管一步二步十步百步十里百里之內, 來斂之人, 使其子孫, 或有子有官有財之乎. 或微有向背深淺上下左右之不合於所謂靑鳥之法者, 則又懿降凶禍, 使降衷之性, 或淫或賊, 分定之命, 或貧或賤乎. 川嶽之喜怒, 何其數數, 而陰陽形下之意, 何其瑣瑣. 抑將謂子孫之禍福, 非山川也. 乃軆魄有所安不安而致之乎. 是尤無理, 使土地, 果有不安於軆魄, 其子孫之不知地中而葬之也, 非故爲也. 誠不知也, 於法亦當在眚災之敎, 爲人父而以是禍其子, 則吾恐鬼神之德至矣. 不應爲此殘忍薄行之事也. 古者委之溝壑, 爲狐狸蠅蚋之食, 其爲不安甚矣. 未聞此俗之世, 盡被劉滅之禍, 況爲棺槨衣衾, 安厝土中, 豈又以是爲有不安而降之禍乎. 雖然, 舊爲彼安此安之說者, 意若兼謀彼安, 則雖無理, 猶可言也. 今之人多見夫子孫昌熾而灾毒滿壙, 禍酷生人而吉縈幽宮者, 則乃曰子孫祥殃, 初不係於彼之安不安, 而但在山川之合格. 烏乎. 以若是之心, 求徼福之地, 其果有其親者乎."(李令翊, 『信齋集』坤, 「論葬說」)

흉화를 내려서 선천적으로 부여받은 성품이 음란하거나 도적질하거나 분수가 정해진 운명이 가난하거나 천하게 할 만큼 번거롭고 자질구레하지 않다고 한다. 둘째 송장이 편안하고 편안하지 않는 것이 자손에게 화복을 가져올 리도 없다. 송장에게 편안하지 않은 묘 자리라도 그 자손이 고의로 한 것이 아니라 땅속을 몰라서 거기에 묻었으면 그 자식에게 재앙을 사면해주어야지 재앙을 내려서는 안 되고, 옛날에는 도랑과 골짜기에 시체를 버려도 자손이 모두 죽임을 당하는 화를 입지 않았는데 오늘날은 관곽 의금으로 땅속에 안치하니 송장이 불안하여 화를 내릴 리가 없다. 셋째 송장이 불안하다고 해서 자손에게 화를 내릴 리는 없지만 송장을 편안하게 모시려는 것은 좋은데 오늘날은 무덤 속 송장의 편안함여부와 그 자손의 화복이 맞지 않는 것이 많으므로 다시 자손의 화복은 송장의 편안함여부에 달려있지 않고 산천에 맞는지에 달렸다고 해서 풍수지리에 맞추어서 복을 구하려고 하니 돌아가신 부모는 마음속에 없음을 비판한다.

신재는 여기에서 자식이 차마 부모의 시체를 버려둘 수 없는 측은히 여기는 마음에서 부모의 장사를 지내는 것이고 시신을 편안히 모시는 것은 좋으나 그걸로 인해서 복을 받기 위해서 풍수지리설에 의해 묘 자리를 쓰는 것은 이치에 어긋나는 것이라고 실재적인 실증적인 입장에서 비판하고 있는 것이다.

(2) 관상술에 대한 비판

또한 신재는 이목구비의 외모를 보고 길흉화복을 판단하는 관상술에 대해 유가의 입장에서 다음과 같이 비판한다.

귀는 귀밝기를 주관하고 눈은 눈밝기를 주관하며 코는 살핌을 주관하고 입은 드나듦을 주관한다. 인간의 몸에 있다는 아홉 구멍과 온갖 뼈들이 다 각기 주관하는 바가 없지 않지만, 그것들이 길흉화복을 주관하는 것이 아니다. 하지만 때로는 주관하기도 한다. 마음이 주관해 생각하고 이목구비가 그 이(理)를 따를 때에는 길하고 복이 있고, 마음이 주관해 생각하지 않고 이목구비가 외물에 끌리면 흉하게 되고 재앙이 있게 된다. 어찌 태어난 바탕이 죄가 있겠는가?

옛사람이 관상을 본 것으로는 공자는 "자로가 제대로 죽지 못할 것 같다."고 말했고, 맹자는 "바라보니 군주 같지 않고, 가까이 가도 두려운 것을 보지 못하겠다."고 말했고, "분성괄은 죽는다."고 말한 것이 있다. 옛사람이 관상 보는 것을 비난한 것으로는 공자는 "외모로써 사람을 판단하는 것이 자우에게서 실패했다."고 말했고, 맹자는 "외모에 무슨 상관이 있겠는가? 또한 요순이 될 뿐이다."고 말한 것이 있다.

군자가 길흉화복의 징조로 취하는 것은 성질의 도량과 위엄 있는 모습 사이에서 살피는 것이지, 외모의 길고 짧고 크고 작은 것은 관상을 보는 대상이 아니었다. 군자는 얼굴빛을 바르게 하면 미덥게 되는데, 그 얼굴 모습을 들어서 요사스럽고 거짓된 사람이 멋대로 조롱하여 평하게 하고서도 부끄러워할 줄 모르고, 그가 "불길하다"고 말하면 부모에게서 받은 아름다운 바탕을 스스로 부족하다고 보아서 달갑게 불길한 데로 돌아가겠는가? 29)

---

29) "耳官聰, 目官明, 鼻官察, 口官出入, 九竅百骸, 莫不有官, 而吉凶禍福非所官也. 然亦有時而官焉. 心之官思, 而耳目口鼻循其理則吉也福也. 心之官不思, 而耳目口鼻引於物則凶也禍也. 亦豈生質之罪也. 古之人有相人焉, 則曰由也不得其死然, 曰望之不似人君, 就之不見所畏焉, 曰死矣盆成括. 古之人有非相人焉, 則曰以貌取人失之, 子羽曰奚有於是, 亦爲之而已. 君子之取驗吉凶禍福者, 察在性度威儀之間, 長短大小, 非所以相人也. 君子正顏色, 斯近信, 乃擧其顏貌, 使妖僞之人, 肆意嘲評, 而不知羞, 如曰不吉, 則以受父母之美質, 自視缺焉, 甘爲不吉之歸歟.

여기서 신재는 맹자가 말한 마음이 주관하는 생각을 따르면 대인이 되고 이목구비가 주관하는 감각을 따르면 소인이 된다는 것을 인용하여 맹자가 말한 대인이 되면 길하고 복이 있고 소인이 되면 흉하고 재앙이 있게 된다고 보는 것이다. 그러므로 군자는 마음의 도량과 예의 있는 모습을 살펴서 길흉화복을 판단하는 것이지 외모의 형태에 의해서 관상을 보는 것이 아니다. 그래서 군자 대인의 길하고 복된 모습으로도 관상가의 요사스런 거짓말에 속아서 스스로 불길하다고 생각하는 것이 부끄럽고 잘못된 것이라고 비판하는 것이다.

(3) 음양기피설에 대한 비판

신재는 또한 「論曆載陰陽避忌」에서 당시의 달력인 시헌력에 선택구피(選擇拘避:길한 날을 골라서 택하고 흉한 날을 꺼려서 피하는 것)의 여러 방법을 기재하는 것을 반대하고 음양오행에 의해 길한 것을 택하고 흉한 것을 피하는 것이 잘못된 것임을 논파했다.

고래로 달력은 하늘의 때를 공경하여 백성들에게 일을 주기 위해서 하늘을 본받아 때를 기재한 중요한 책인데 거기에 길일을 택하고 흉일을 피하도록 음양오행설에 의한 여러 술법을 기재한 적이 없었다. 귀신, 일월, 복서에 의탁하여 민중들이 의심하게 하는 말들을 모아서 나라에 반포하고 국민에게 알려서 하늘을 업신여기고 사람을 속여서는 안 된다는 것이다. 그 더럽게 속이는 술법을 기재한 것을 사당에 간직하여 조상이 받아들이게 하는 것은 신령을 더럽히고 선조를 업신여기는 것이 더욱 심한 것이니 마땅히 없애야 한다. 그러므로 달력에

"(李令翊, 『信齋集』坤, 「論相人者」)

는 일월의 차고 비는 것, 천간 지지 절기의 순서, 햇빛이 들고 나는 것, 철과 달에 따라서 해야 할 정사만을 기재할 수 있고 그 나머지는 써서는 안 된다. 그런데 그런 길일을 택하고 흉일을 피하는 거짓된 술법이 신재 당시의 시헌력에 기재되어서 도에 뜻이 있는 이도 거기에 익숙해져서 그것에 따라서 시일을 점치고도 그것이 원래 더럽게 속이는 술법에서 나온 것임을 모르니 부끄러운 일이라고 신재는 개탄하는 것이다.[30)]

그러면 음양오행에 따라서 길일을 택하고 흉일을 기피하는 것이 오랫동안 전해져 왔는데 어찌 모두 더럽게 속이는 것이라고 돌려버릴 수 있는가?

신재가 답하는 그 첫째 이유는 한무제가 "어느 날 아내를 맞이하는 것이 괜찮겠는가?" 물었을 때 술수(術數)칠가(七家)가 대답하는 말이 모두 달라서 서로 논쟁하여 결정을 못했다는 예를 들어 술가의 말이 진실 되고 속이지 않는다면 어찌 이렇게 서로 다르겠는가? 그러므로 그것은 대단히 거짓되고 어그러진 것임을 알 수 있다고 한다.

둘째로 전한시대의 전성기에 술수가 가장 발달했을 때도 그렇게

---

30) "古聖王替天之政, 必以曆象爲首, 而百工之釐, 生民之道, 皆係焉. 其爲用, 豈不大哉. 然其事之目, 則曰致日月而定時序, 志星辰而觀吉凶, 五雲之辨豊荒, 十風之察妖祥, 無非所以敬天時而授民事, 未聞以所謂選擇拘避之雜方, 可載象天載時之重典也. 吾知羲和之分宅, 大史之頒朔, 必無是也, 托於鬼神日月卜筮以疑衆者, 先王之所殺, 况輯此疑衆之言, 頒邦國詔萬民, 而肆其慢天誣人乎. 告朔之禮重矣, 藏之祖廟, 祭告受行, 敬君親也. 孔子所以必欲留羊而復禮也. 然使以後世之歷行聽朔之禮, 則是將誣瀎之方, 藏諸廟受之祖, 而黷神侮先又甚, 其廢也宜矣. 又惡得爲孔子之所愛也. 故爲歷者, 只可紀日月盈虛, 斡枝節序, 出入之景, 令月之政, 餘不可書也. 今旣載之時憲, 雖有志道者, 狃爲習俗, 按占時日, 而不知其原之出誣瀎, 亦可羞矣.(李令翊, 『信齋集』坤,「論曆載陰陽避忌」)

어그러지고 망령되었는데 하물며 오늘날은 여러 파의 말들이 모두 옛 법을 제멋대로 하고 그것을 미루어서 점치는 사람도 모두 용렬하고 비속한데 거짓된 가운데서도 거짓된 것을 믿고서 길흉을 정하려고 하니 역시 곤란하다는 것이다.

셋째로 "흉한 것을 꺼려서 피하는 중요한 단서에 예를 들어 토가 왕성하면 토의 작용을 꺼린다는 것은 이치에 맞지 않다. 오행이 사시에 명령을 행하는 것은 다만 사람과 만물을 이롭게 하여 일 년의 공을 이루는 것이지, 신귀가 그 때에 주장하여 위력과 복을 만들 수 있는 것이 아니다. 위력과 복을 줄 수 있다면 토는 명령을 행할 때 반드시 더욱 사람들이 그 토를 취하여 이로움을 받게 하려고 할 텐데 어찌 원망하여 위력을 떨치려고 하겠는가? 오행이 왕성할 때 그 작용과 위력을 떨치는 권세는 반드시 같다. 만약 토가 명령하는 때를 당해서 토를 써서는 안 된다면, 이는 봄에 나무를 다듬어서는 안 되고 가을에 쇠를 가져서는 안 되고 여름에는 불을 끄고 겨울에는 물이 말라버리는 것이다. 금, 수, 목, 화가 왕성할 때 일찍이 그런 적이 없는데 토만 어찌 홀로 그런 편협하고 궁박한 정사를 행하겠는가?" 라고 해서 금수목화와는 달리 토가 왕성할 때는 토를 써서 작용하게 해서는 안 된다는 음양가의 구피설(흉한 것을 꺼려서 피한다는 말)이 이치에 맞지 않음을 비판했다.[31]

---

31) "或曰, 陰陽避忌之言, 其流久矣. 亦安得盡歸誣讖乎. 曰然, 昔, 漢武帝 聚占家而問, 某曰(日의 誤字이다.)可娵(娶의 誤字이다.), 五行曰可, 堪 輿曰不可, 建除曰大吉, 叢辰曰大凶, 歷曰小凶, 天人曰小吉, 太一曰大 吉, 辨訟不決, 使術家之說眞實不誣, 豈有若是相倍. 此可知僞侊之甚, 西京之盛, 術之精奧, 非後世可倫, 猶乖妄至此. 況在今日, 諸家之言, 皆漫舊法, 推占之人, 又盡庸鄙, 乃欲信僞中之僞以定吉凶, 亦難矣. 今

이와 같은 이유로 신재는 음양오행에 따라서 길일을 택하고 흉일을 기피하는 것이 모두 거짓되고 더럽게 속이는 것이며 이치에 맞지 않음을 비판하는 것이다.

(4) 황극내편에 대한 비판

신재는 또한 채침(1162～1230)[32]이 지은 극내편[33]이 기자의 홍범

拘避之大端, 如土王之忌土功, 雖不信, 術家, 皆不敢于請, 舉此一而辨惑焉. 夫五行之行令於四時, 祗利在人物而成歲功, 非有神鬼主張於其時, 而可以作威作福, 如可以威福, 則土必於行令之時, 益欲使人蒙其取土之利. 豈肯黙而威之哉. 五行之旺, 其功用威權必同矣. 若使當土令而不可用土, 是春不可攻木, 而秋不可取金, 夏輟火而冬渴水也. 金水木火之旺, 旣未嘗然, 則土安得獨行此福廻之政哉. 天下之事, 求諸理而已." (李令翊, 『信齋集』坤,「論曆載陰陽避忌」)

32) 채침(蔡沈)(1162～1230)은 채원정(蔡元定)(1135～1198)의 셋째 아들로서 자는 중묵(仲默)이고 젊어서 주자(朱子)를 스승으로 섬겨서 주자가 만년에 서전(書傳)을 지으려고 하다가 결국 채침에게 부탁했으며 아버지인 채원정은 홍범(洪範)의 수(數)에 대해 홀로 깨달은 바가 있었으나 저서(著書)를 못하고 채침에게 부탁했는데 채침이 부친과 스승의 부탁을 받아서 깊이 연구하기를 수십 년간 하여 서경집전(書經集傳)과 황극내편(皇極內篇)을 지어서 선유(先儒)들이 미치지 못하는 것을 밝혔다. 관직에 나가지 않고 구봉(九峯)에 은거하여 별호를 구봉선생(九峯先生)이라고 불렀다.

33) 『황극내편(皇極內篇)』은 채침이 상수역학(象數易學)에 정통했던 부친 채원정의 유지를 이어서 저술한 것으로서 『성리대전(性理大全)』과 『영락대전(永樂大全)』에는 『홍범황극내편(洪範皇極內篇)』이란 이름으로 실려 있는데 다른 책에는 『홍범수(洪範數)』『홍범황극내외편(洪範皇極內外篇)』『홍범내외편(洪範內外篇)』 등 여러 다른 이름으로 불리었으며 청대의 『사고전서(四庫全書)』에서도 『홍범황극내외편(洪範皇極內外篇)』 또는 『홍범황극내편(洪範皇極內篇)』이라고 부르고 있다. 『皇極內篇』에서 河圖, 洛書에 대한 蔡沈의 관점은 이렇다.

구주를 빌어서 숫자를 미루어서 길흉을 점치려한 것이 잘못된 것이라고 비판한다.

유혼에게 보내는 서신에서 신재는 채침의 황극내편이 서경에 실린 기자의 홍범구주를 밝힌 것이 아니라, 그 기자가 지은 홍범을 버리고 따로 배를 더한 수를 벌여놓고 한대 상수역학자인 초연수 등이 절기를 역에 덧붙인 것의 나머지를 섞어 하나의 새로운 역을 만들어

하도는 象을 주로하고 낙서는 數를 주로하고 卦象은 하도에서 나왔고 九疇는 낙서에서 나왔고 하도는 陰陽의 象을 말하고 낙서는 五行의 數를 말한다. 음양의 象은 짝수이고 오행의 數는 홀수이다. 하도는 周易계통이고 주역은 象을 말하고 짝수를 기본으로 한다. 낙서는 洪範계통이고 홍범은 數를 말하고 홀수를 기본으로 한다. 하도는 짝수를 주로하고 짝수는 象의 시작인데 낙서는 홀수를 주로하고 홀수는 數의 시작이다. 하도와 낙서는 서로 經緯가 되고 象과 數는 길은 다르나 같은 데로 돌아간다.

채침은 이와 같이 그의 부친의 象數의 전통을 계승하고 또 數學의 관점에서 하도, 낙서를 연구하여 낙서를 數의 근원과 만사만물의 기본 원칙으로 보았다.

또한 九九圓數圖는 1년 節氣의 변화를 설명하는 圖式이니, 낙서의 數는 움직이는 것을 주로 한다고 해서 邵雍의 後天方位圖式을 본받아서 九宮圖의 모양에 따라서 그 도식을 이끌어낸 것이다. 낙서는 홍범계통이고 홍범의 수의 변화는 1에서 3으로, 3에서 9로, 9에서 81로 되므로, 九九歌의 순서에 따라서 1년 중의 2至, 2分, 4立을 각각 도식 안에 넣어서 冬至는 一一, 立春은 二二, 春分은 三三, 秋分은 七七, 立冬은 八八로 된다. 이 도식의 左半部는 陽氣가 상승하는 과정이고 右半部는 陰氣가 상승하는 과정이어서, 五行이 相生하는 순서를 나타내니, 겨울에서 봄에 이르는 것은 水生木이고 봄에서 여름에 이르는 것은 木生火이고 여름에서 가을에 이르는 것은 火生土, 土生金이고 가을에서 겨울에 이르는 것은 金生水로 되고; 또한 五行이 相克하는 순서를 나타내니, 봄은 金克木, 木克土이고 여름은 火克金이고 가을은 水克火이고 겨울은 土克水로 된다. 이는 채침이 數의 지위를 중시하여 數를 만물의 질서와 변화의 규칙으로 삼는 사상을 반영한 것이다.

서 내편이라고 부른 것이니 기자의 홍범구주를 외편으로 한 것으로, 의심하지 않을 수 없다고 한다. 기자의 홍범도 통하기 어려운데 다른 경서를 찾아서 기자와 대항하려는 것이 이미 미안하고, 주자가 경서본문을 모방하지 않고 겸손하게 경서에 주를 다는 문체를 쓴 것과 달리 이 황극내편은 복희의 역경과 공자의 계사전과 같은 문체를 쓰고 말마다 "성인이 아니면 알 수 없는 것이다"고 일컬으니 주자와도 어긋나는 것이다.[34] 고 하여 채침의 황극내경이 기자의 홍범과 어긋나는 것임을 주장한다.

성인은 인륜이 지극한 이이고 하도 낙서는 도리의 지극한 법칙이므로 하도가 나와서 네 성인(복희 주문왕 주공 공자)이 괘효를 미루어 넓혔으니 하도의 이치는 이에 그칠 뿐이다. 낙서가 일어나서 두 성인(우 기자)이 홍범구주를 열어 밝혔으니 낙서의 도도 이에 그칠 뿐이다. 낙서가 과연 수를 미루어서 길흉을 점칠 수 있고 또 그 미루어 점치는 관건이 반드시 채침이 말하는 것처럼 중요하다면 공자가 육경(六經)을 다듬으면서 반드시 『역』을 협찬(協贊)함에 그치지 않고 「홍범(洪範)」도 협찬(協贊)하여 禹와 箕子의 엉성하게 빠뜨려

---

34) "區區謏聞, 未能徧觀古書, 頃者, 見教以皇極內篇之好, 意謂闡發箕疇者, 必願得見, 及蒙寄來. 雖未甚解, 大抵捨箕文而別設加倍之數, 雜以焦生輩時令附易之餘緒, 作一部新易曰內篇, 則盖以箕文爲外也. 私心訝惑, 不能自已, 古人有詩云, 可惜曾參多一唯, 不如回也只如愚, 朱子譏之曰, 一唯字之理, 尚不能通曉, 乃欲超過之乎. 今箕子之文, 尚且難通, 乃欲尋別經而頡頏之者, 已涉未安, 且朱子之補大學也. 乃用箋註之體, 不事依倣經文, 非筆力不能, 此可見君子謙牧不僭之盛. 今此書則綴文遺辭, 儼然一義經, 及大傳而言必稱非聖不能知者, 先生造詣之地, 固非後生所敢測. 然河汾之述而不作, 猶被吳楚之誅, 則使晦翁見此書, 恐 未必全無一言也."(李令翊, 『信齋集』坤, 「與柳混」)

서 치우친 학문의 잘못을 바로잡았을 것이다. 지금 神禹가 전한 것이나 기자가 부연한 것이나 공자가 기록한 것이 이와 같은 것에 불과하므로 세 성인들은 결국 엉성하게 빠뜨리고 치우친 학문이라고 말할 수 없으며, 「洛書」의 효용이 과연 이와 같은 것에 불과하였음을 알 수 있으니, 채침이 지었다는 것은 과연 있어도 도움이 안 되고 없어도 부족할 것이 없어서 양웅의 태현과 사마광의 잠허와 같이 되는 것을 면할 수 없다.[35]고 하여, 하도에서 역경이 나와서 하도의 이치가 그 안에 들어있고 낙서에서 홍범이 나와서 낙서의 도도 그 안에 들어있어서 온전하니 채침이 말하는 것처럼 낙서가 수를 미루어서 길흉을 점칠 수 있다고 보충할 필요가 없다고 신재는 주장하는 것이다.

하도는 상수를 주로 해서 상수로 인해서 괘효를 세웠으므로 도라고 부르고 서라고 부르지 않는다. 낙서는 일의 뜻을 주로 하여 숫자로 된 조목을 빌려서 일의 뜻을 배열하였으므로 서라고 부르고 도라고 부르지 않는다. 하도가 갖추어 진 것으로는 괘사 효사 단사 상사의 말이 있지만 그 중점은 상수에 있다. 낙서의 근본은 제1疇 제2疇의 숫자를 빌렸으나 그 중점은 오행오사의 도에 있다. 오로지 수로써 낙서를 연구하는 것은 처음부터 낙서의 급히 해야 할 일이 아니

---

35) "聖人, 人倫之至, 河圖洛書, 道理之極則也. 故河圖出而四聖推演卦爻, 則河圖之理, 止於此而已. 洛書作而二聖開闡範疇, 則洛書之道, 亦止於此而已, 若洛書果可推數而占吉凶, 又其推占之關重, 必若蔡之爲說, 則孔子之修六經, 必不止贊易, 兼有贊範, 以正禹, 箕疎漏偏學之失矣. 今神禹之所傳, 箕子之所演, 孔子之所錄, 不過如此, 則是可知三聖人者終不可謂疎漏偏學, 而洛書之爲用, 果不過如此, 所謂九峯之作, 果不免有之無補, 無之無闕, 與子雲之玄, 君實之虛, 同歸而已矣."(李令翊, 『信齋集』坤, 「與柳混」)

다. 홍범이란 책은 모두 인사와 천도를 상대시켜 추론한 것이다. 삼덕 오기 복극 오행에 이르기까지 모두 자연의 부합하는 징험이 있으니 천인을 합하여 그 이치를 살피고 그 기미를 증험하지 않는 것이 없다. 복서의 책이 아니지만 진실로 그 이치에 도달하면 점을 치지 않아도 지극한 정성이 미리 아는 오묘함을 다할 것이다. 하물며 낙서가 숫자를 점치는 것이라면 홍범구주 중 일곱 번째인 계의(의심나는 것을 살핀다)에서 다시 거북이와 역의 점을 따로 빌려서 너의 크게 의심되는 것을 결정하게 해서는 안 되니 이는 더욱더 명백한 것이다.[36]라고 해서 신재는 낙서의 중점은 일의 뜻 오행오사의 도에 있지 숫자로써 연구하는 데 있지 않고 홍범은 천인을 합하여 그 이치와 기미를 살피는 것으로 점서는 아니지만 점치는 것과 같이 미래를 예측할 수 있다. 하물며 낙서가 수를 점치는 것이라면 제7주인 계의에서 거북과 역으로 점치는 것을 따로 있게 해서는 안 된다는 이유로 낙서에서 나왔다는 홍범구주가 채침의 황극내편처럼 숫자로써 점치는 내용의 글이 아님을 주장한다.

또한 역경의 괘사 효사는 문왕과 주공이 지은 것인데 홍범의 수에 과연 참으로 그 이치가 있으며 그 근거로는 이미 서법과 점사를

---

36) "河圖以象數爲主, 因象數而立卦爻, 故稱圖而不稱書, 洛書以事義爲主, 假數目而陳事義, 故稱書而不稱圖, 河圖之備, 雖有卦爻象之辭, 其重在象數也. 洛書之本, 雖假初一次二之數, 其重在五行五事之道也. 專以數究洛書者, 初非洛書之急務也. 洪範之書, 皆人事與天道對推也. 五事與庶徵爲對, 則五事之休咎, 徵於五氣也. 八政與稽疑爲對, 則政事之吉凶, 稽於神明也. 以至三德於五紀, 福極於五行, 皆有自然之符驗, 無非合天人而察其理驗其幾者也. 雖不是卜筮之書, 苟達其理, 固將不待龜筮, 而盡至誠前知之妙, 何況洛書若是占數, 則七稽疑, 不應復使別假龜易, 而決汝之大疑也. 此尤明甚矣."(李令翊, 『信齋集』坤, 「與柳混」)

창설한 것이 있다는 것은 어찌 된 일인가? 그 사물을 말하고 길흉화복을 말할 때 과연 조금도 자기를 속이고 남을 속이는 부끄러움이 없겠는가? 37)라고 하여 신재는 문왕 주공이 지었다는 역경의 괘사 효사이전에 홍범에 이미 서법과 점사를 처음 만든 것이 있었고 그래서 역경의 이치가 홍범수에 있다는 황극내편의 말이 자기와 남을 속이는 거짓말이라고 비판하는 것이다.

그러나 이제 이 『황극내편』을 살펴보면, 八十一의 大數에만 점사가 있고 小數에는 '一一에 근원하고 五五를 가운데로 하고 九九로 끝난다.' 는 점사(占辭)만 있고 그 나머지는 다 빠져 있으니, 이는 틀림없이 선생이 젊은 날 그 數를 즐겨 깊이 연구하여 장난으로 벌여놓았다가 나이가 들고 학문이 깊어져서 버렸던 것인데, 불행히도 남기고 서거하신 책 상자에 남아있어서 자제나 문인들이 함부로 꺼내어서 세상에 드러내어 밝힌 것입니다. 그렇지 않다면 선생이 壽를 누리신 것도 그다지 짧지 않았거늘, 어찌 수년 사이에 易을 마칠 겨를이 없어서, 이와 같이 箕子를 능가하고 姬昌(文王) 姬旦(周公)에 짝하여 거창하게 거의 다 이루어진 책을 끝내 완성하지 못하고 무용지물이 되게 하였겠습니까?38)

---

37) "觀大易象爻之辭, 其取象立言之迥出常情, 殆非諸經之比. 若非文王周公則不能作, 使不幸只有卦爻, 未及有辭, 則吾知程朱諸子, 皆不敢措筆矣. 然則範數果眞有此理, 而其據爲己有, 創筮法設占辭者, 其事果何如也. 其稱事物言休咎之際, 果能無一毫自欺欺人之愧乎."(李令翊, 『信齋集』坤, 「與柳混」)

38) "雖然, 今按此書, 只八十一大數有辭, 小數則獨存原之一一, 中之五五, 終之九九之繇, 而並闕其餘, 是必先生之少日, 玩賾其數, 戲爲排布, 及年多學邃, 則遂棄去之, 不幸留在遺笈, 爲子弟門人之妄出表章也. 不然, 先生之壽, 亦非甚短. 豈無數年卒易之暇, 若是邁箕配姬鉅麗垂成之書,

신재는 여기서 『황극내편』에 八十一의 大數에만 점사가 있고 小數에는 '一一에 근원하고 五五를 가운데로 하고 九九로 끝난다.'는 점사(占辭)만 있고 그 나머지 점사는 다 빠져 있다는 이유로, 『황극내편』은 선생이 젊은 날 그 數를 즐겨 깊이 연구하여 장난으로 벌여놓았다가 나이가 들고 학문이 깊어져서 버렸던 것인데, 불행히도 남기고 서거하신 책 상자에 남아있어서 자제나 문인들이 함부로 꺼내어서 세상에 드러내어 밝힌 것이라고 추정한다. 여기서 말하는 "선생"은 채침의 부친인 채원중[39]을 말하는 것으로 보인다. 즉 채원중이 젊었을 때 썼다가 버린 책을 아들 채침이나 문인들이 제멋대로 이어받아서 완성한 책이 황극내경이라고 보는 것이다.

저로서는 伏羲의 글(『易』)과 箕子의 글(「洪範」)도 오히려 만에 하나도 엿보지 못하였는데, 여기(황극내편)에 힘 쓸 여유가 없어서 책자

竟不能完, 而爲無用之物哉."(李令翊, 『信齋集』坤, 「與柳混」)

39) 채원정(蔡元定)(1135~1198)은 자가 계통(季通)이고 호가 서산선생(西山先生)이다. 어려서는 부친에게서 가르침을 받고 자라서는 주자(朱子)와 교제했는데 주자가 그 학문을 물어보고서는 크게 놀라서 "이 이는 나의 벗이다. 제자(弟子)의 서열(序列)에 있어서는 안 된다"고 말하고 함께 대하여 앉아서 경의(經義)를 강론하기를 매번 밤에까지 했으며 사방에서 배우러 오는 이들은 반드시 먼저 채원정에게 질문하여 바로잡도록 했다. 한탁주(韓侂胄)가 거짓된 학문이라고 주자학을 금지하게 하고 주자와 함께 채원정을 공격하여서 도주(道州)에 귀양 가서 용릉(舂陵)에 이르렀을 때 원근(遠近)에서 배우러 오는 이들이 날로 많았는데 그 유배지에서 서거했다. 천문지리(天文地理) 상수(象數) 악률(樂律) 병진(兵陣) 의약(醫藥)등에 정통하여 저서로는 주자와의 공저인 역학계몽(易學啓蒙) 외에 율려신서(律呂新書) 팔진도설(八陳圖說) 홍범해(洪範解) 대연상설(大衍詳說) 연악원변(燕樂源辨) 황극경세지요(皇極經世指要) 태현지요(太玄指要) 잠허지요(潛虛指要)등이 있다.

는 삼가 되돌려드립니다. 고명하신 분의 학문일지라도 모름지기 經과 子에서 절실하고 가까운 下學에 침잠하고, 헛되이 멀고 급하지 않은 일에 달려들지 않으신다면, 道에 있어서 더욱 빛나게 되시리라고 저는 생각합니다.[40]

    신재는 하도에서 상수를 주로 하는 역경이 나왔고 낙서에서 사의를 주로 하는 홍범이 나왔음은 인정하지만 낙서에서 나온 홍범이 숫자를 미루어서 길흉을 점치는 내용인 황극내편은 거짓된 책이라고 비판해서 유흔에게 되돌려 보내면서 헛되고 먼 상달보다는 절실하고 가까운 하학에 침잠해서 연구할 것을 말하고 있으니 이는 형이상학보다는 형이하학에 치중했던 당시의 실학적 학풍을 반영하고 있는 걸로 보인다.

    신재가 1780년에 서거한 이듬해인 1781년에 청 건륭제의 어명에 의해 완성된 사고전서의 총목제요에서는 채침이 지은 홍범황극내외편(洪範皇極內外篇)에 대해 이렇게 해설하고 있다.

    「낙서」의 이름이 『역경』에는 보이지만 『서경』에는 보이지 않고, 「홍범」의 글은 理를 밝혔지 數를 밝힌 것이 아니므로, 그 일은 절대 서로 도모하지 않는다. 후세 사람들은 『건착탁(乾鑿度)』의 太乙이 九宮에 행하는 法을 「낙서」라 했고, 盧辯은 『大戴禮記』「明堂篇」을 注하면서 처음으로 거북등껍데기 무늬에 부합시켰다. 송에 이르러 도서(圖書)에 대한 학설이 크게 일어나 마침내 「홍범」은 확실히 「낙서」에 속하고 「낙서」

---

40) "在區區則義箕之文, 尙且未窺萬一, 力不暇於此. 故冊子謹用還呈, 而竊謂雖高明之爲學, 須沉潛於經子之切近下學者, 不鶩於虛遠不急之務, 則於道, 益有光矣."(李令翊, 『信齋集』坤, 「與柳混」)

는 확실히 거북등껍데기 무늬에 속하고, 거북등껍데기 무늬는 거북이가 머리에 九를 이고 발로 一을 밟은 것들과 같은 모양의 아홉수라고 하였다. 그리하여 성인이 彝倫을 서술한 책이 점술가가 음양의 수를 이야기하는 책으로 변하였다.

채침은 이『홍범황극』을 지어, 유흠(劉歆)의 「하도」・「낙서」에 부회하여 서로 표리가 되게 하고, 역경의 8괘(卦), 홍범의 9주와 서로 경위(經緯)의 말이 되게 하고, 『서경』의 글을 빌려서 『역경』의 모양을 본떴다. 九九가 81疇로 늘어나게 한 것은『역』의 괘 八八이 육십사괘로 변하는 예를 모방한 것이다. 『월령』의 절기를 취하여 81주에 분배한 것은 孟喜가 역의 괘기가 날짜에 해당한다고 해설한 술수를 몰래 이용한 것이다. 시초(蓍草)를 셀 때 3을 綱으로 삼고 제곱한 수를 6, 561로 한 것은, 초공(焦贛)의 역학에서 64괘가 각각 64괘로 변하였던 방법을 몰래 이용한 것이다. 대개 『太玄』・『현包』・『潛虛』가 이미 易을 본떠서 신기한 것으로 보이기에 부족하므로 그 말을 갑자기 바꾸어서 「홍범」에 귀속시킨 것인데, 사실은 이랬다저랬다 하여 똑같이 경서를 본떠서 농락할 뿐이다.

이『홍범황극』은 술수가들 사이에서 이미 하녀(下女)의 하녀와 같이 되어서 본래 말할 가치가 없으나, 채침 이후 또 『홍범』을 부연하는 일파가 나와서 이리저리 흩어져서 시끄러운데 뒤따라서 하는 자가 자못 많아서, 이미 그 말류가 있는데 그 근본을 드러내지 않을 수 없어서 기록하여 두는데, 경서류가 아닌 술수류에 따로 기록했으니 분명히 경서를 설명하는 바른 본보기와 유학자가 본래 힘써야할 것이 못된다.[41]

---

41) "考≪洛書≫之名見於≪易≫, 不見於≪書≫, ≪洪範≫之文以明理, 非以明數, 其事絶不相謀, 後人以乾鑿度太乙行九宮法指爲≪洛書≫(案: ≪史記・日者列傳≫所載佔日七家, 太乙家居其一, ≪漢書≫載太乙諸術亦列於五行家, 明爲方技之說, 事不出於經義矣), 盧辯注≪大戴禮記≫明堂篇始附合於龜文(案: 盧辯北齊人其說最爲晚出, 朱子引此注以證龜書, 指爲

여기에서 채침의 황극내편에 대한 신재와 사고전서의 관점과 비판이 거의 같음을 알 수 있다. 신재가 결국 황극내편을 유혼에게 되돌려 주면서 경학과 자학의 현실에 가까운 하학을 연구하라고 한 것이나 사고전서에서 황극내편이 유학의 경학에 속하지 않고 술수학에 속하는 것으로 분류한 것도 같은 맥락에서 나온 것이라고 보여진다. 다만 신재는 낙서의 도가 사의(事義:일의 마땅히 해야 할 뜻)를 밝힌 홍범구주에 있을 뿐이고 수(數)로써 점치는 것이 아니라고 보는 데 비해서, 사고전서제요에서는 낙서가 거북등껍데기 무늬의 수이며 수로써 점치는 술수학의 근원으로서 이륜(彝倫)의 이(理)를 밝힌 홍범과는 관계가 없다고 보는 점이 다소 다른 점이다. 즉 신재는 낙서가 수(數)로써 점치는 것이 아니라 사의(事義)를 밝히는 홍범과 같은 것이라고 인정하는 데 비해, 사고전서에서는 낙서가 거북등껍데기 무늬의 수이며 수로써 점치는 술수학의 근원으로 되어서 이륜(彝倫)의 이(理)를 밝힌 홍범과는 관계가 없다고 부정하는 점이 다르다고 하

鄭康成撰, 朱子博極群書, 豈不知康成未注≪大戴禮記≫, 特欲申龜文之 說, 別無古證, 故不得不移之鄭康成耳), 至宋而圖書之說大興, 遂以爲≪ 洪範≫確屬≪洛書≫, ≪洛書≫確屬龜文, 龜文確爲戴九履一等九數, 而聖 人敍彝倫之書變爲術家談奇耦之書矣, 沈作是書, 附會劉歆河圖洛書相爲 表裡, 八卦九章相爲經緯之說, 藉書之文以擬≪易≫之貌, 以九九演爲八 十一疇, 仿易卦八八變六十四之例也, 取月令節氣, 分配八十一疇, 陰用孟 喜解易卦氣値日之術也, 其揲蓍以三爲綱, 積數爲六千五百六十一, 陰用 焦贛六十四卦各變六十四卦之法也, 大意以≪太玄≫、≪玄包≫、≪潛虛 ≫旣已擬≪易≫, 不足以見新奇, 故變幻其說, 歸之≪洪範≫, 實則朝三暮 四, 朝四暮三, 同一借經而已矣, 此在術數之家, 已爲重佁之重佁, 本不足 道, 以自沈以後, 又開演範之一派, 支離轇轕, 踵而爲之者頗多, 旣有其末, 不可不著其本, 故錄而存之, 而別著錄於術數類, 明非說經之正軌、儒者 之本務也。"(『四庫全書總目』卷108, 子部18, 術數類1,「洪範皇極內外篇」)

겠다. 이는 청대의 실학이 송명리학을 근본적으로 비판 부정한 데
비해서 신재는 청대의 실학을 추종하면서도 가학인 양명학과 주자학
의 배경에서 완전히 벗어나지 못하고 여전히 그것을 계승하고 있음
이 반영된 걸로 보인다.

(5) 불교에 대한 비판

신재는 또한 「論佛」에서 불교를 다음과 같이 비판한다.

> 불교를 믿는 사람은 반드시 "그 心學을 좋아하고 그 淸淨하여 허
> 물이 적은 것을 즐긴다."고 말하나 그 실상은 죄와 복을 주는 것에
> 꾀인 것이다. 심학으로서는 유교가 더 정밀하고, 허물이 적은 것으로
> 는 도교가 더 초탈한데, 어찌 반드시 불교를 따르겠는가?
> 그 불교에서 말하는 전세 현세 내세의 삼세가 거짓임은 증명하기가
> 쉽지 않다. 한 달 전에 죽었다가 다시 살아난 자가 스스로 지옥을 보
> 았다고 말한 것들이 또한 많으니, 그 분별하는 것이 어렵다. 백성들은
> 오직 기뻐하나 그 말을 괴이하게 여기니 지옥을 본 것은 참으로 믿을
> 것이 못된다. 그러나 사람의 뜻과 생각이 안정되지 못하고 기혈이 굳
> 건하지 않은 자는 정신이 흐리고 어둡거나 가슴이 두근거리고 현기증
> 이 나는 잠깐사이에 반드시 평소에 크게 바라던 것과 크게 두려워하던
> 것을 보게 되니 예를 들면 미혹되어 꿈속에 빠져서 귀신을 무서워하기
> 도 하고 도깨비에 놀라기도 하는 것과 같은 것이 그것이다. 오늘날은
> 말을 배우기 시작하면서부터 지옥이 무섭다는 것을 익히 알고 있는데
> 그 사악하고 음란한 생각들에서 나오는 재앙이 눈이 흐리고 어두운 병
> 을 앓는 자에게 보이는 것 같은 것도 그다지 괴이할 것이 없다.
> 미혹된 자는 또한 전신[42]과 후신[43]이 믿을만한 자취가 있다고 고

집한다. 사람이 죽으면 음양의 두 기운이 펴거나 굽어서 태허와 틈이 없게 되는 것은 이치의 바른 것이다. 죽어서도 썩지 않기 때문에 그 기운이 막히고 울적하여 흩어 지지 않거나 물건에 붙어서 악귀가 되니 예를 들면 신생(申生)⁴⁴⁾과 백유(伯有)⁴⁵⁾ 같은 이도 있다. 여기에서 더 나아가서 다시 기운이 모여서 사람으로 되는 것은 음양의 지극한 변화이니 반드시 있는 것이라고 감히 말하지 못한다. 그러나 천하가 생긴 지 오래 되었으니, 예를 들어 탁발규(拓跋珪)⁴⁶⁾가 사람을 죽이고

---

42) 전세에 태어났던 몸

43) 윤회에 의하여 다시 태어난 몸

44) 춘추시대 진(晉)나라 헌공(獻公)의 태자이다. 헌공이 여희(驪姬)를 총애하여 여희의 아들인 해제(奚齊)를 태자로 세우려고 신생(申生)을 곡옥(曲沃)에 거하게 했는데 여희가 다시 헐뜯는 말을 올려서 헌공이 그를 죽이려 하자 헌공의 아들인 중이(重耳)가 떠나갈 것을 권하니 신생은 "그럴 수 없다. 군주는 내가 군주를 시해하려 한다고 말하시는데 천하에 어찌 아버지가 없는 나라가 있겠는가? 내가 어떻게 떠나가겠는가?"라고 말하고 자살했다.

45) 춘추시대 정(鄭)나라의 대부(大夫) 양소(良宵)의 자(字)이다. 탐욕스럽고 괴팍하여 욕심이 많았는데 자석(子晳) 사대(駟帶)등이 공격하여 양소가 죽었다. 죽어서 악귀가 되어서 미리 꿈에 사대(駟帶)와 공손단(公孫段)을 죽일 것이라고 보여주었는데 사대와 공손단이 과연 그 약속과 같이 죽었다. 이에 정나라 사람들이 크게 무서워하여 늘 서로 놀라서 "백유(伯有)가 왔다"고 말할 때마다 모두 도망가서 간 곳을 몰랐다. 그래서 오늘날에도 무사(無事)한데 서로 놀라서 두려워하는 것을 "백유에게 서로 놀랐다"고 말한다.

46) 후위(後魏)의 도무제(道武帝)이다. 본래 선비족(鮮卑族)인데 그의 조부 십익건(什翼犍)이 진(晉)나라 때 대공(代公)으로 되었다. 대(代)가 멸망할 때 탁발규(拓跋珪)는 아직 어려서 어머니를 따라서 유고인(劉庫仁)에게 의지했으며 이윽고 또 하란(賀蘭)으로 달아나서 그의 외삼촌에게 의지했다. 얼마 안 있어 여러 부족이 대왕(代王)으로 추대하여 드디어 진(晉) 태원(太元) 11년에 나라를 세워서 위(魏)라 하고 제위(帝位)에 올라서 평성(平城)에 도읍(都邑)했다. 유현(劉顯)등의 부락을 토벌하여 평정하고 연(燕)을 정벌하고 중산(中山)을 포위하고 모용보(慕容寶)를 격파하여 무공

처를 받아들여 흉한 자식을 낳은 것은 돌이켜보건대 곰의 정으로 맺어진 인연들이 모여 맺어져서 다시 아이로 잉태된 것이 아니다. 설령 그런 일이 있다고 해도 모두 상도(常道)에 어긋나는 괴이한 것으로 세상에 드물어서 한두 예를 들을 수 있을 뿐이며 사람이 이상한 물건을 낳거나 물고기나 호랑이로 변하는 것과 다르지 않아서 군자가 논하지 않는 것인데 그것을 죽음과 삶의 항상 된 이치라고 믿을 수 있겠는가? 세상에서 귀신을 말하는 것으로 혹은 그 정기(精氣)가 오래 지나도 없어지지 않는 것이 있으니 예를 들면 숭백(崇伯)[47]과 후상(后相)[48]이 내리는 재앙이 전기(傳記)에 실려 있는 것들도 많은데, 죽어서 모두 다른 땔감으로 불을 옮기는 것과 같다면 전세(前世)의 정기(精氣)가 어찌 천백세를 거쳐서 아직도 있겠는가?

아아! 살아계실 때는 그 봉양을 다하고 제사지낼 때는 그 정성을 다하는 것이 천하의 공통된 의리이다. 그러므로 바르고 밝게 제복을 성장하여 입고 받들어 섬겨서 두루 보살피면 비록 못난 사람일지라도 거동이 성대함이 있으니 예를 들면 신명께서 흠향하시기를 바라는 정성으로 그 김이 오르고 슬퍼하는 기운이 강신주를 붓고 불사르고 음식을 권해서 만족하시게 하는 사이에 성대하게 일어나서 퍼지는 것도 실로 그 이치가 있는 것이다. 이제 불교의 말을 하는 자는 "사람이 죽어서 저승관리의 조사를 통과한 후에 다시 사람이나 물로 되지 않

(武功)이 자못 성(盛)하였다. 제위 22년에 아들 탁발소(拓跋紹)에게 시해되었다. 시호(諡號)는 도무(道武)이고 묘호(廟號)는 태조(太祖)이다.

47) 우(禹)의 아버지인 곤(鯀)을 말한다. 숭(崇)은 지명(地名)이고 백(伯)은 작위(爵位)인데 곤(鯀)과 우(禹)는 일찍이 전후(前後)의 숭백(崇伯)으로 봉해졌다.

48) 즉 하(夏)나라의 제상(帝相)으로서 하후상(夏后相)이라고도 한다. 하(夏)나라의 왕인 중강(仲康)의 아들로서 중강을 이어서 제(帝)로 되었는데 유궁국(有窮國)의 군주(君主)이며 활 잘 쏘는 예(羿)에게 멸망되어 그 제위(帝位)를 찬탈당했다.

음이 없으니 사람의 할아버지 아버지의 정기가 모두 현재의 사람과 물이고 현재의 사람과 물은 전세의 자손이 추모하여 공양하는 것을 묵묵히 흠향할 수 없으니 그 제사를 베푸는 것은 중국인이 신도(神道)에 어두운 나머지 하는 의식이다"고 말한다. 그렇다면 오늘날 불교를 믿으면서 그 선조를 제사지내는 것은 이치에 맞지 않음을 분명히 알면서도 명교(名敎)[49])에 구애되어 잠시 글에 따라서 숫자를 갖추는 행사를 하는 것이겠는가? 효도는 하늘이 내린 본성이다. 인정(人情)이 그만둘 수 없는 것이니 반드시 내 말을 듣고 놀라서 이마에 땀이 나서 차마 하루라도 그 책을 손으로 쥐거나 그 말을 꺼내지 못하는 자가 있을 것이다.[50])

---

49) 명분에 관한 인륜의 가르침으로 유교의 별명으로 쓰인다.

50) "人之信佛者, 必曰悅其心學, 樂其淸淨寡累, 而其情怵於罪福也. 以心學則儒爲加密, 以寡累則仙益超脫, 何必從之佛哉. 夫三世之僞未易證, 於月前死而復生者, 自言見地獄亦多矣. 其辨難矣. 民惟喜說怪, 其言見地獄, 固不足信. 雖然, 人之志慮未定, 氣血不固者, 於悟夢悸眩之頃, 必參常日之所大欲與所大怖, 如惑溺之夢交畏鬼而魘魅是也. 今自學語之始, 習知地獄之可怕, 其邪思淫慮之所祟, 若有見於病瘠睏啙者, 亦無甚怪也. 惑之者, 又執前後身之有信蹟, 人死而二氣申屈, 與太虛無間者, 理之正也. 因死之彊, 而其氣湮鬱不散, 或憑物爲厲, 如申生伯有者亦有之, 過此而至復聚爲人, 乃陰陽之至變, 不敢謂必有者也. 然天下之生久矣. 如拓跋珪之殺人納妻而生凶子, 顧非熊之情緣鍾結而再托胎, 設有是事, 皆反常怪異, 曠世聞一二, 與人之産異物化魚虎無異, 君子之所不論, 其可恃爲死生之常理哉. 世之言鬼者, 或有其精, 歷久不滅, 如崇伯后相之祟, 載傳紀者亦多, 如死皆傳火別薪, 前世之精, 何以閱千百世尙在哉. 嗚呼. 生則致其養, 祭則致其誠者, 天下之通義也. 是故, 齊明盛服, 承事周旋, 則雖不肖之人, 擧有洋洋如在, 庶或饗之之誠, 其煮蒿悽愴之氣, 盼蠁於灌焫饋厭之間者, 亦實有是理. 今爲浮圖之言者, 乃曰, 人死而勘過冥司之後, 莫不復爲人物, 則人之祖禰之精, 皆現在之人物, 現在之人物, 無以默歆前世子孫之追養, 其設爲祭祀, 乃中國人昧神道之剩典也. 然則今之信浮圖而祀其先者, 將明知無理, 而拘於名敎, 姑爲應文備數之擧哉. 孝道天性也. 人情之所不能已, 其必有聞吾言而怵然泚顙, 不忍一日手其

여기에서 신재는 첫째 불교가 유교나 도교보다 못하고 불교를 믿는 이들은 실은 죄를 면하고 복을 받기위해서 그 꼬임에 넘어간 것이라고 비판한다. 둘째 또한 지옥은 정신이 안정되지 못하고 몸이 견고하지 못한 자가 혼미한 상태에서 보게 되는 꿈같은 것으로 실제로는 없는 것이라고 해서 불교의 전세 현세 내세의 삼세가 거짓이라고 증명하고 있다. 셋째 신재는 전생에 태어났던 몸인 전신(前身)이 윤회에 의해 사람의 후신(後身)으로 다시 태어난다는 불교의 전신(前身), 후신(後身)설(說)도 반드시 있는 것이 아니고 상도에 어긋나는 괴이한 것으로 세상에 극히 드문 일이어서 생사의 항상 된 이치로 될 수 없다고 부정한다. 넷째 불교에서는 윤회설에 의해 전생에 죽은 사람이 현재의 인물로 되는데 현재의 인물은 전생의 제사를 받을 수 없으므로 전생에 죽은 사람에게 올리는 제사는 중국인이 신도에 어두워서 하는 필요 없는 의식이라고 하게 되는 데 대해서 신재는 유교의 제사가 천하의 공통된 의리이고 실로 그 이치에 맞는 것이며 천성인 효도에서 나온 것으로 인정이 그만 둘 수 없는 것이라고 주장하여 불교의 윤회설이 제사를 부정하는 점을 비판하고 있다. 여기에서 신재는 불교에서 지옥을 말하는 삼세설이 거짓이고 전신과 후신을 믿는 윤회설이 상도에 어긋나서 생사의 이치가 될 수 없는데 그것에 의해 유교의 조상에 대한 제사를 부정하는 것이 잘못되었음을 비판하고 있는 것이다. 그래서 그 불교비판도 실제적인 사례를 근거로 하여 하고 있는 점이 역시 그의 실학적 입장을 반영하고 있는 걸로 보인다. (유철호)

書擧其言者矣.”(李令翊, 『信齋集』坤, 「論佛」)

2. 椒園 李忠翊의 자존의식

1) 초원의 생애

생명은 생명이기 때문에 尊重받아야 한다. 아무리 짧은 시간을 연명하는 생명일지라도 마찬가지다. 그런데 인간의 경우는 한 가지 더 고려할 사항이 있다. 그것은 다른 생명을 존중할 뿐만 아니라, 자신을 존중하는 것, 즉 自尊의 책임이 중요하다는 점이다. 自尊은 자기의 品位를 지키는 일이다. 자기의 품위를 지킨다는 것은 자신에 대한 애정과 자신감을 지니는 것으로 도덕적 가치의 출발점이기도 하다. 따라서 어떤 경우도 생명으로서의 인간을 포기할 수 없게 된다.

自尊의식은 修己의 원동력이다. 생활철학으로서의 유학의 장점은 他者와의 관계 속에서 끊임없이 자신을 수련하는 수양방법을 구축하였다는 것이다. 타자를 보면서 자신의 문제를 다시 고쳐보게 된다. 따라서 타자와의 원만한 관계를 형성하기 위하여 자신을 修練하고 도덕적 행동을 실천에 옮기는 구조를 유학은 추구하였다. 따라서 유학적 自尊의 理想은 自制를 통하여 실현된다고 하겠다. 즉 분수에 넘치는 욕망을 자제하고 대신에 '實心'을 채울 것을 권유한다.

하지만 인간도 생물적 욕망의 충족을 원하는 생명체이기 때문에 생물적 본능에 있어서는 허약하기 마련이다. 그런데 조선후기의 江華學人들의 삶의 모습을 들여다보면 경탄을 금할 수 없는 경우가 한두 번이 아니다. 그들의 漢詩 작품이나 書札 및 傳記 자료에 보이는 경제적 불우함은 상상을 초월할 정도의 궁핍함에 처해 있었다. 그러나 그들은 연일 이어지는 굶주림을 참으면서 서책을 구입하고, 서로 학문적 토론을 하거나 격려의 글을 썼다. 그런 가운데 자신의 마음을 다스리면서 家學을 이어가 훌륭한 학문적 성취를 이루었다.

이에 강화학인들의 삶의 모습(방식)의 밑바탕에 흐르고 있는 의식을 주목할 필요성이 있다고 생각한다. 어떤 의식이 그들로 하여금 형언하기 어려운 현실적 어려움 속에서도 학자로서의 自尊을 유지할 수 있게 하였는가를 살펴보고 싶어진다. 이러한 문제의식에서 볼 때, 椒園 李忠翊은 많은 시사점을 제시하는 인물이다. 그는 수많은 漢詩에 자신이 처한 곤궁함을 사실 그대로 솔직하게 그리고 있다.[1] 하지만 그는 곤궁함에 절망하지 않고 오히려 마음을 비우면서 주자학적 인식론의 범주에서 벗어나 자유롭게 양명학과 불교과 도교를 遊泳하며 자유롭게 사유하였다.

李忠翊은 영조 20년(1744)에 아버지 李匡顯(1708~1776)과 어머니 羅州林氏(1710~1786) 사이에서 3남1녀 중 둘째로 태어났다가 순조 16년(1816) 73세로 죽었다. 자는 虞臣이다. 강화도 椒皮峯 아래에

---

1) 박준호, 「초원 李忠翊의 생애와 시」, 『한문학연구』9, 계명한문학회, 1994.

살았기 때문에 호를 椒園이라고 하였고, 불교에 심취하여 水觀居士
라고 自號하였다. 본관은 전주 李氏이고 왕족의 支派인 德泉君派의
후손이다.[2]

　아버지 이광현은 자가 叔平이다. 조부는 世子洗馬를 지낸 眞伋으
로 명문가문이었다. 그러나 영조 31년(1755)에 나주괘서사건(乙亥
獄)[3]이 일어나 주모자인 尹志(1688~1755)의 문서 상자에서 從祖父
李眞儒(1669~1730)와 李眞儉(1671~1727) 그리고 李匡師(1705~
1777)의 서찰이 발견되어 이것이 을해옥사로 이어져 자손들에게 追
律하게 되었다. 이 때문에 생부 이광현도 영남 機張에 유배되었다.
이광현의 성품은 자애롭고 효성스러워 남의 어려움을 보고는 가엾게
여겨 구제하고자 노력하였다. 만년에는 의술에 힘써 고인의 신묘한

---

2) 李忠翊에 관한 참고문헌으로는 우선 김성애의 문집 해제가 있다(「초원
　유고」,『한국문집총간해제5』, 민족문화추진회, 2001). 다음에는 심경호의
　「초원 李忠翊의 ≪談老≫에 관하여」(『한국도교문화의 초점』, 아세아문화
　사, 2000)가 있으며, 김학목의 「강화학파의 『도덕경』 주석에 관한 고찰-
　초원 李忠翊의 『초원담노』를 중심으로」(『동서철학연구』34호, 한국동서철
　학회, 2001)가 있으며, 유재환의 「초원 李忠翊의 문학론과 형상화」(『양
　명학』7호, 한국양명학회, 2006)가 있다.
3) 1755년(영조 31) 소론일파가 노론을 제거할 목적으로 일으킨 역모 사건.
　을해옥사 또는 '윤지(尹志)의 난'이라고도 한다. 숙종 말년 왕위계승 문
　제를 놓고 노론과 소론이 극렬하게 대립하였는데, 노론측은 연잉군(영조)
　이 세제(世弟)로 봉해지도록 하였으나, 소론측은 시기상조론을 들어 공
　박하였다. 영조가 즉위하고 정권을 획득한 노론계는 소론계를 정계에서
　축출하였고, 이에 불만을 가진 소론계는 윤지의 난으로 폭발되었다. 1724
　년 金一鏡의 옥사로 유배당한 윤지는 20여 년이 지난 뒤 謫所인 나주에
　서 나라와 노론에 대한 원한을 품고 소론세력을 규합하여 벼슬에 나가
　지 못한 불평분자들을 끌어들여 기반을 구축하였다. 그는 거사전에 민심
　을 동요시킬 목적으로 나주 객사(客舍)에 나라를 비방하는 괘서를 붙였
　으나 전라감사 趙雲逵에게 발각, 처형당하였다

처방을 얻어 유배지의 병든 사람을 親疎나 上下의 구별 없이 한결같이 정성으로 보살폈다. 이광현이 유배지에서 숨을 거두자 그들은 달려와 통곡하고 돈을 갹출하여 장사를 지냈다고 한다.[4]

어머니는 羅州 林氏이다. 이광현은 처음에 原城 元氏와 결혼 했으나, 자식 없이 일찍 죽자 충익의 생모인 나주임씨와 재혼하였다. 충익의 어머니가 결혼 하였을 때는 집안이 번성하였으나, 남편 광현이 기장으로 유배간 뒤로 破産하여 큰 아들 窠山子 文翊(1735~1761)은 처가에서 요절하고, 둘째아들 忠翊은 이광현의 사촌형인 李匡明(1701~1778)에게 양자로 가고, 막내아들 弘翊과 함께 가난 속에 어렵게 살았다.[5]

큰형 窠山子 文翊은 나면서부터 빼어나고 영특하였다. 어린나이에 붓을 잡고 문장을 지었는데 문장이 전아하고 여러 문체를 두루 아울러 보는 사람들이 기이하게 여기지 않는 이가 없었다. 아버지 이광현이 유배가고 가난하던 집이 파산지경에 이르러 며칠 동안 먹을 것이 없을 정도가 되자 부인이 아이들을 데리고 친청으로 돌아가 버렸다. 이런 참혹한 상황에서도 문익은 종일토록 어머니 곁에서 책을 읽었다. 어머니가 "배가 고프지 않느냐?"고 묻자, "배가 고파 책을 읽어서 잊으려는 것입니다."라고 하였다. 이처럼 배고픔을 잊기 위하여 학문에 열중하였지만, 그는 이미 宦路에 나갈 수 있는 신분이 아니었다. 과거 응시가 원천 봉쇄된 상태에서 학문으로 궁핍과 배고픔을 이겨내려 했던 것이다. 결국 그는 청양의 처가에 있는 아내와 아이들을 데리러 갔다가 게를 잘못 먹고 스물일곱의 나이로 죽고 말았

---

4) 『椒園遺藁』 冊2, 「本生先考學生府君墓誌」, 533쪽.
5) 『椒園遺藁』 冊2, 「本生先妣孺人羅州林氏墓誌」, 533~534쪽.

다. 李忠翊이 유고를 정리하여 시문집 두 권으로 만들었으나 화재에 소실되었다.[6)

1755년 을해옥에 연좌되어 생부 이광현이 경상도 기장으로 귀양 갔을 때 李忠翊의 나이는 열두 살이고 형은 스물한 살 이었다. 이때 李忠翊은 아버지의 謫所에 따라갔다. 1760년 열일곱 살 때 乙亥獄 으로 함경도 갑산에 귀양 가있는 이광명의 양자가 되었다.[7) 이때부 터 1776년 생부 이광현이 기주에서 숨을 거두고, 다시 1778년 양부 이광명이 갑산 유배지에서 생을 마감할 때까지 갑산과 기주를 오가 며 생부와 양부를 정성껏 모셨다. 집안이 가난하여 행장을 마련할 수 없었기 때문에 짚신을 신고 삼천리 길을 달리느라 발이 부르틀 정도 였다. 이런 李忠翊의 효성에 양부 이광명은 감탄하여 손을 잡 고 울며 "어디 이런 효자가 있단 말이냐?"고 하였다. 뒤에 이런 사 정이 친구와 친척들에게 알려져 모두 놀라고 감탄하였다고 한다.[8)

양부 이광명[9)은 호조참판을 지낸 李大成의 손자이고 李眞偉의 아

---

6) 『椒園遺藁』 冊2, 「伯兄窠山子墓誌銘」, 537~539쪽.
7) 李忠翊 생애자료 중 김성애씨의『椒園遺藁』해제(『한국문집총간 해제5』, p. 529)와 그것에 의거하였다고 짐작되는 윤재환씨의 「초원 李忠翊의 문 학론과 형상화」(『양명학』7호, 2006)에서는 李忠翊이 12세 이전에 이광 명의 양자가 된 것으로 설명하고 있다. 하지만 「先考妣合葬誌」(椒園遺 藁』冊2 p. 532)에 의하면 광명은 딸만 둘 있고 아들이 없어 일찍이 從 父弟子 庭孝가 양자가 되었으나 혼인도 하지 않은 채 죽고 말았기 때 문에 양모 정부인이 죽은 뒤에 정효의 從弟인 자신이 양자가 되었다는 기사가 남아있다. 따라서 충익은 17세 되던 해에 이광명의 양자가 되었 다고 생각한다.
8) 『石泉遺稿』, 卷3, 雜著, 「椒園公墓表」, 549쪽.
9) 이광명에 관한 연구는 정기호의 「李匡明의 謫所詩歌에 대하여」(『인문과 학연구논문집』 3, 인하대, 1977)가 있고, 윤병철의 「李匡明의 生涯와

들이다. 10세에 부친상을 당하자 모친 은진 송씨의 뜻에 따라 강화도 사기리에 장사지내고 鄭齊斗(1649~1736)에게 양명학을 전수받았다. 광명은 정제두의 손녀사위가 되어 정제두의 집에서 10여리 떨어진 곳에 집을 마련하고 어머니 송부인을 모시면서 30여 년간 한양에 들어가지 않은 채 은거하며 학문에 힘쓰다가 을해년(1755)에 백부 李眞儒에게 追施된 반역죄에 연좌되어 갑산에서 24년간 유배생활을 보내게 되었다. 이 때 송부인은 75세이고, 충익의 養母 정부인은 반백의 노인이었으나 갓 시집온 새색시처럼 정성을 다하여 노부인을 봉양하였고 한다. 그러나 병든 몸에 자신을 돌보지 않아 마침내 5년 뒤 61세로 세상을 떠났고, 4년 뒤에는 송부인마저 세상을 떠났다. 이 때 유배지에 있던 이광명은 조석으로 남쪽을 향하여 곡을 하여 듣는 사람이 모두 눈물을 흘렸다고 한다. 이광명은 유배지에 있으면서도 기쁨과 슬픔을 얼굴에 나타내지 않고 안온하게 평상시처럼 보내다가 78세로 생을 마감하였다.[10] 광명이 죽기 전해인 1777년 李忠翊은 갑산에 가서 양부를 봉양하다가 다음 해 11월 광명의 시신을 거두어 강화도로 돌아와 3년 상을 마쳤다. 李忠翊이 이때 갑산에 있으면서 지은 시로 「겨울에 이산에 있으면서 시를 지어 심정을 서술하다(冬在夷山作詩敍情)」는 10수가 있다.

李忠翊은 이렇게 몰락한 가문 속에서 과거를 포기하고 家學을 계승하여 학문에 정진하였다. 24세(1767년) 되던 해에 부인 안동 권씨(1743~1816) 사이에서 아들 勉伯(1767~1830)을 얻었다. 그러나 양부의 삼년상을 마친 뒤에는 가정 형편이 더욱 어려워져 가솔을 이끌

'이쥬풍속통'에 대하여」(『어문연구』1, 1979)가 있다.
10) 『椒園遺藁』 冊2, 「先考妣合葬誌」, 532쪽.

고 유랑생활을 할 정도였다. 급기야는 李忠翊이 경기도 바닷가에서 아이들 훈장노릇을 하고, 권부인은 삯바느질을 하면서 생계를 이어 갔다. 이때도 마을 사람들은 떠돌이이면서 제사를 정결히 지내고 의복이 더럽거나 찢어진 곳이 없는 것을 이상하게 생각하였으나, 李忠翊 부부는 해명하지 않고 은근하게 마치 친척처럼 대하였다고 한다. 李忠翊의 성품은 강직하나 남을 구제함에는 돈독하게 하였다. 권부인의 성품도 자상하였으나 법도에 어긋나지 않았다고 한다.[11] 따라서 이들 부부는 궁핍하게 살았지만 이웃을 은연중에 감화하여 존경을 받기에 이르렀다.

이런 유랑시절에도 살림살이는 한 짐도 채 못 되었으나 가지고 다니는 서책은 집을 채우고도 남을 정도로 많았다. 그것은 한 가지라도 모르는 것이 있으면 크게 부끄러워하였기 때문이다. 더욱이 그 책들은 儒書는 물론이고 老莊, 佛書, 醫書 등 다양하였다. 물론 李忠翊의 학문의 중점은 經術에 있기 때문에 人情을 베풀고 검소함을 귀히 여기며 情誼를 돈독히 하였다. 따라서 經學을 하는 사람은 그의 꼼꼼함과 해박함에 감탄하고, 經世에 힘쓰는 사람은 그의 원대함에 탄복하고, 문학하는 사람은 시에서 보이는 높은 운치에 감동을 받았다.

특히 李忠翊은 술을 좋아하여 술기운이 오르면 우리나라 故事와 옛 어진이의 뛰어난 자취를 논하기를 즐겼다. 비록 어렵게 살았지만 李忠翊은 평생 세속에 아첨함이 없었다. 만년에는 소매 넓은 굵은 베옷을 입고 바위 언덕에 드러누워 쉬는 모습이 마치 고승이나 도인

---

11) 『岱淵遺稿』, 卷2, 「先考妣合葬誌」, 189쪽.

처럼 보였다고 한다.[12]

李忠翊은 학문을 李匡呂(1720~1783)에게서 배웠다.[13] 그 덕분에 李忠翊은 이광려의 문집인 「李參奉集」을 엮고 그 서문을 마련하였는데, 이광려는 문장을 지을 때에 앞사람의 체제를 답습하지 않았고 시세의 유행에도 구애받지 않았다고 전한다. 이러한 이광려의 文風은 李忠翊에게도 자연스럽게 계승되었다고 하겠다.[14] 뿐만 아니라 李忠翊은 養父를 통하여 정제두의 아들인 鄭厚一과 사위인 申大羽 (1735~1809) 등 江華學派의 학문을 계승할 수 있었다.

李忠翊의 교유는 자연스럽게 강화도에 있는 재종형제들이 중심이 되었다. 특히 정제두의 손자사위였던 6년 연상의 李令翊(1738~ 1780)과는 각별한 사이였다. 이영익의 아버지는 圓嶠 李匡師이고 형은 『燃藜室記述』로 유명한 李肯翊(1736~1806) 이다. 이광사도 李忠翊의 두 아버지와 함께 을해옥에 연좌되어 신지도 適所에서 생을 마감하였다. 따라서 이영익도 강화도와 서울 그리고 신지도를 오가며 아버지를 봉양하였다. 李忠翊과 이영익은 서로 형제같이 지내며 우의가 돈독하였지만, 서로 견해를 달리 하는 학문적 사항에 대해서는 밤을 새워가며 토론하고 질책하였다. 예를 들면, 평소 양명학을 표방하던 李忠翊이 불교에 빠져들자 이영익은 妄行을 버리라고 충고하였고, 또 서로 서신을 왕복하며 고문상서설을 논하고 양명학의 시비득실을 의논하였다. 李忠翊은 자신의 뜻을 진정으로 토로할 상대는 오직 이영익 밖에 없다고 말할 정도였다.[15]

---

12) 『石泉遺稿』, 卷3, 雜著 「椒園公墓表」, 549쪽.
13) 『椒園遺藁』 冊2, 「李參奉集敍」, 511쪽.
14) 심경호, 『한국도교문화의 초점』(서울, 아세아문화사, 2000), 441쪽.

李忠翊은 말년에 강화 사기리 서쪽의 椒皮山 밑에 정착하였다. 그는 자신의 옥호를 설명하는 「龜槎說」에서 "눈먼 거북이 망망대해에서 떠다니는 나무 하나 만나지 못하고 물결 따라 굴러 일생을 마칠 따름"16)이라고 회고하였다. 李忠翊은 73세로 생을 마감하였고 시집 1권과 문집 1권을 묶은 『椒園遺稿』를 남기었다. 이 밖에 「談老」, 「杜詩略說」 각 1권이 家藏되어 있었는데, 이중 「談老」는 1998년 고려대학교 도서관에서 심경호에 의해 발견되었으나,17) 「杜詩略說」은 아직 그 傳存 여부가 불확실하다.

李忠翊의 아들 岱淵 李勉伯에 대해서는 생애를 알아 볼 行狀이 발견되지 않아 자세한 사항은 밝혀지고 있지 않지만,18) 그가 남긴 「先考妣合墓誌」를 통해 소략하나마 그의 모습을 짐작할 수 있다. 이면백은 아버지 李忠翊에게서 家學을 전승 받았다. 어머니 권씨의 삯바느질로 제사를 받들고 입에 풀칠을 하는 곤궁함 속에서 이면백은 강화에 파묻혀 家學 연구에 전념하였다. 그도 일단 과거에 응시하여 進士試에 합격하였으나, 부친을 따라 大科에 응시하지 않았다. 평생 벼슬에 뜻을 두지 않고 부친의 뜻을 이어 학문에 힘썼다. 대연은 아버지

---

15) 『椒園遺藁』 冊2, 「從祖兄信齋先生家傳」, 542~543쪽.
16) 『椒園遺藁』 冊2, 518쪽 : 譬如盲龜之在大海, 不値浮木之空, 逐浪淪轉, 終世而已.
17) 심경호, 같은책.
18) 이면백의 저서인 『대연유고』에 관한 해제는 아직 마련되어 있지 않고, 다만 정인보 선생이 유실된 저서인 『敢書』를 해제한 글이 『薝園國學散藁』에 남아 있다. 이면백에 대한 연구는 강화학파의 연구에서 조금씩 언급되던 수준에 지나지 않았다. 박준호의 「대연 이면백의 생애와 문학」(『한문학 연구』제11집, 계명한문학회)가 그중 본격적 연구의 시작이라고 할 수 있다.

초원공으로 부터 실증적인 正音硏究의 학풍을 이어받아 현실의 부조리를 고발하는 『憨書』를 저술하였고, 다시 이런 가학이 면백의 세 아들인 是遠(1790~1866), 止遠, 喜遠에게 전해졌다.

이시원 형제는 강화에서 조부 李忠翊과 아버지 면백에게서 가학을 전수 받았고, 정치적 탄압이 다소 완화되어 사환의 길로도 나갈 수 있었다. 시원이 25세(1815) 되던 해에 대과에 급제하여 벼슬길이 열렸지만, 할아버지 李忠翊은 별로 탐탁하게 여기지 않았다고 한다. 따라서 시원은 순조, 헌종, 철종, 고종 밑에서 벼슬을 하였지만 대부분 사양하거나, 벼슬자리에 오래 머물지 않았다. 면백의 『감서』를 이어 소론계 입장에서 黨禍의 원인을 밝힌 『國朝文獻』 백여 권을 집필하였다. 그러나 불행히도 전해지지 않고, 다만 李建昌(1852~1898)이 이것을 집약하여 『黨議通略』 2권을 남겨 그 편린이나마 찾아볼 수 있다.

이시원은 병인양요가 일어나 프랑스군이 강화성을 함락하자 국왕에게 遺疏를 올려 "국가가 위난에 처했을 때 죽는 사람이 한사람도 없고 모두가 도망한다면 훗날 역사책에 무어라고 기록하겠는가"라고 하면서 동생 이지원과 함께 음독 순국하였다. 실로 '實'을 추구하는 家風과 家學에서 초래된 결과라고 하겠다. 이러한 가학이 다시 손자 李象學을 거쳐 증손인 이건창·李建昇 등에게 전해졌다. 현실을 직시하고 현실의 병폐를 폭로 비판하는 실학적 자세는 이충익 집안의 가학이 되어 후손에게로 전승되었으며, 양명학과 실학의 합치를 일궈내기에 이르렀다고 생각된다.

2) 良知로서의 實心

李忠翊은 이영익과 서신을 왕래하면서 陽明學에 관한 토론을 하였다. 당시 李忠翊이 보낸 편지는 전하지 않고, 이영익의 서찰만이 『信齋集』에 수록되어 전한다. 따라서 이영익의 서찰을 통하여 李忠翊의 양명학을 간접적으로 살펴볼 수 밖에 없다.

宦路에 나갈 수 없었던 李忠翊은 일찍부터 양명학에 관심을 갖고 있었던 듯하다. 李忠翊이 형처럼 스승처럼 따랐던 이영익이 평양 여행길에 급질을 얻어 42세의 나이로 죽자 「家傳」을 지어 추모하였다. 거기서 李忠翊은 자신이 일찍이 왕양명의 '致良知說'을 좋아하자 이영익이 "왕씨의 학문은 가볍고 과장되어 禪에 물들어 있다. 朱晦菴을 배우는 일로 바른 길을 삼아야 한다"고 충고하였다고 전한다. 하지만 李忠翊도 한참 뒤에 그 말이 옳았다고 믿게 되었다고 밝히고 있다.[19)]

정제두의 양명학을 이광사를 통하여 계승하였던 이영익과 李忠翊이었지만, 양명학에 대한 자신들의 입장을 적극적으로 피력하지는 못하였다. 여기서 주자학에서 벗어나 적극적으로 양명학을 신봉할 수 없었던 당시 사상적 상황의 한계를 짐작할 수 있다. 두 사람 모두 양명학이 현실적 감각에서 벗어나 禪에 물드는 '浮高染禪'의 병폐를 지적하면서도 그 기본사상을 부정하지는 않았다. 그들의 심학사상의 특징은 '格物致知'에 관한 의론을 통하여 살펴볼 수 있다.

---

19) "忠翊常喜王氏致良知說, 先生曰, 王氏之學, 浮高染禪, 須學晦庵爲正. 忠翊久而後信其然. ……"(『椒園遺藁』 冊2, 「從祖兄信齋先生家傳」, 542~543쪽)

선생은 『대학』의 格物은 '物有本末'의 物을 가리키고, 致知는 '知所先後'의 知를 가리킨다고 하였다. 초원은 격물치지는 誠意의 방도이므로, 만약 '물유본말'의 物과 '知所先後'의 知를 격물치지의 物과 知로 본다면 문맥의 의리와 조화하지 않으며 의미상 부합하지 않는다고 하였다. 두 사람 모두 古本에는 錯說이 없다고 여겼고, 두 사람 모두 『대학』 전체는 '物有本末'을 전문적으로 말하고 '知所先後'를 요체로 삼았다고 보았다. 따라서 견해가 서로 다르지 않았다.[20]

이영익은 격물치지의 '知'를 '지식'으로 해석하였던 것에 비하여, 李忠翊은 '知'를 '良知'로 해석하였던 것이다. 따라서 李忠翊은 '致良知'란 양지를 미루어 뜻을 진실하게 하는 것(誠意)이라고 하였지만, 이영익은 본말을 깨달아 뜻을 진실하게 하는 것이라고 한다.

'格物'에 대하여도 李忠翊은 마음의 양지를 모든 사물에서 이루는 것이라고 해석하는 반면, 이영익은 意·心·身·家·國·天下를 격물의 物로 보고 본말을 올바르게 인식하는 것을 중시하였다.[21] 따라서 이영익의 격물치지설은 주자학적 틀에서 양명학을 받아들이고 있음을 알 수 있다.

하지만 李忠翊은 이영익보다 양명의 견해에 충실히 따랐다. 바꾸어 말하면 주자학적 사유형식에 얽매이지 않고 양명학에 심취하여 양명의 가르침을 연구하였던 것이다. 그가 추구하였던 것은 누구든

---

20) "先生謂大學格物卽指物有本末, 而致知者知所先後之 知也. 忠翊謂, 格物致知卽誠意之方, 而若以物有本末之物, 知所先後之知, 指爲格物致知之物如知, 則文義未協, 意味相合. 而 同謂古本無錯說, 同謂一篇專言本末先後, 而知所先後爲其要, 則亦未爲不同也"(『椒園遺藁』册2, 「從祖兄信齋先生家傳」, 542~543쪽)
21) 심경호, 『강화학파의 문학과 사상(3)』(한국정신문화연구원, 1995), 343쪽.

속일 수 없는 자신의 본마음이었다. 진정한 자기의 마음이 '知'이며, '良知'라고 한다.

> 그대(충익)는 양지를 발현하여 뜻을 진실하게 한다고 하였고, 나(영익)는 그 본말에 이르러 뜻을 진실하게 한다고 하였다. 이것은 모두 慎獨省察하는 계제에 힘을 오로지 하려하고, 이치를 사물에서 구하는 것은, 외부로 내달림과 같다.[22)

'치양지'를 誠意의 방법으로 채택하는 것은 양명학의 핵심적 내용이다. 참된 본마음을 깨닫는 것이야말로 '성의'의 알맹이라고 보는 것이다. 특히 강화 양명학의 특징은 내면 수련을 중시하여 주체를 확립하려고 노력하였던 점에 있다.[23) 즉 도덕실천의 주체로서의 자각을 바탕으로 대동사회를 실현하려는 의지가 강화학인들 사이에는 공감대를 형성하였다.

한편 이영익은 李忠翊이 주자학을 저버리고 양명학에 빠져든 것은 '客氣'때문이라고 비판하였다. 또 李忠翊이 자신과 이영익의 학문적 문로(門路)로 양명학을 내세우고자 하는 의견에 대하여도 맹렬하게 비판하였다. 즉 실행은 하지 않은 채 스스로 양명학이네 주자학이네 하고 말하는 것은 아무런 의미도 없고 도움이 되지 않는다는 것이다.

---

22) "子則曰, 致其良知而誠此意. 吾則曰, 格其本末而 誠此意. 是皆欲專功於慎獨省察之際, 以求理事物, 猶謂之騖外也."(『信齋集』 冊2, 「與虞臣」, 470쪽)
23) 심경호, 『한국도교문화의 초점』(아세아문화사, 2000), 439쪽.

왕양명도 造道가 명확하고 적확하다는 점에서 취할 만한 면이 없지 않지만, 구속을 꺼리고 가볍고 황당한 취향을 지녔던 것은 역시 性情이 偏僻됨에 연유할 따름이다. 사람이 성인이 아니거늘 어찌 性癖嗜好의 편벽됨이 없겠는가? 오늘날 사람들은 자신을 위주로 삼기 때문에 스스로는 지극함에 이르러 一統을 삼는다고 생각하지만, 實事는 줄어들고 떨어짐을 면할 길 없다. 그 極處를 嗜癖의 일에 합치시키고 기벽을 미루어서 正道로 귀결시키고자 한다면, 이것은 높이 존숭하려다가 도리어 어둡게 가리는 일이 된다. 무릇 세인은 體理가 진실하지 않아, 그저 주장하는 바에다 私意를 세우고자 한다. 따라서 일마다 아름답다고 여기고, 그러다가 저도 모르는 사이에 거짓되어 진실을 가리는 지경에 빠져들고 만다. 열 자 재목에서 한 자 만큼 썩은 데가 있는 재목이라면, 훌륭한 목수는 썩은 데를 베어버리고 썩지 않은 데를 사용하여 바로 좋은 재목으로 만든다. 그렇게 함으로써 한 자의 썩은 부분이 아홉 자의 아름다움에 누가 되지 않는다. 만약 억지로 그 재목을 완전무결한 것으로 돌리고자 하여 "썩은 부분이 있어 더욱 그 아름다움을 드러내어준다"고 우기고 제거하지 않는다면, 끝내 썩은 재목으로 되고 만다. 그대가 왕양명을 논한 것이 불행하게도 이에 가깝다. 그 기호하는 바를 가지고 본 모습을 해치는 것이다. 왕양명의 견해와 이치는 좋은 면이 많고 좋지 않은 면은 적다. 좋지 않은 면을 고집한다고 좋은 면을 가릴 수는 없다고 생각한다면, 어째서 단점을 아울러 옹호하여 억지로 목소리를 높이려 하는가? 그대가 지난날 주자를 믿다가 오늘날 왕양명을 믿는 것은 요컨대 다 實體가 아니다. 믿을 만한 것을 얻어서 처음에는 客氣 위에 主義를 정하고 종당에는 主義 속에서 義理를 세운 것이다. 마음을 세운 지 오래되어 그 마음을 돌아보면 정말 實心인 듯하지만, 애당초에는 客氣로부터 온 것이다.[24]

이영익은 李忠翊이 상당히 양명학에 심취하고 있었음을 알려준다. 단지 심취해 있는 정도가 아니라 자신의 학문을 양명학이라고 표방하고 있었다. 이것은 조선 후기의 사상적 환경에서 쉽지 않은 행동이다. 따라서 이영익은 李忠翊의 그러한 태도와 용기를 걱정하여 꾸짖고 있는 것이다. 양명학을 표방하는 것은 實心에서 나온 것이 아닌 客氣에서 나온 것이라고 보고 있다. 양명학은 장점도 많지만 당시의 조선 사회에서는 용납하기 어려운 단점이 있는 데, 그 단점을 무시하고 장점만을 가지고 양명학을 미화하는 것은 결국 전체를 썩게 만든다는 것이 그의 걱정이었다.

이영익이 양명학에 대하여 비판적 견해를 표현하고 있지만, 내면적으로는 李忠翊과 서로 통하는 학문관을 견지하고 있었다. 두 사람 모두 특히 '實'을 중시하는 이광사와 이광려에게 학습하였기 때문에 '지행합일'이라는 양명학적 학문관을 기본으로 공유하고 있다.

　　　'理를 체득하고 일마다 義를 실천함'(體理集義)이 우리들이 말하는

---

24) "王氏亦非無造道明的之可取. 至於憚拘檢趣浮高, 亦性偏耳. 人非聖人, 豈無性癖嗜好之偏? 今人於所主者, 自其極至, 至其多能處, 皆作一統, 實事未免減下. 其極處使合於嗜癖事. 推其嗜癖, 使歸之正道, 則是欲推尊而反晦蔽也. 大低世人體理未實, 徒立私意於所主, 則必欲事事歸美, 不自知心入欺僞掩覆. 十尺之材, 有一尺之巧, 良工截去其朽, 用其不朽, 則便爲美材. 一尺不足累九尺之美. 若强欲歸此材於無欠, 便謂, "朽處尤見其美," 而不去, 則此本終爲朽材. 吾子之論稽山, 不幸近是. 其所好之適以害之. 稽山見理, 善者多, 不善者少. 謂不當執其不善而蔽其善, 則可豈可竝護所短而强作呶呶乎? 子之前日之信朱, 今日之信王, 要之皆非實體, 而得其可信, 始於客氣上定主意, 終於主意中立義理, 立心之久, 自顧其心, 眞若實心, 而終是當初則自客氣來也."(『信齋集』冊2, 「答虞臣」, 467~468쪽)

학문이다. 먼저 '사물에서 구함'(先求事物)은 우리들이 걱정하는 말폐이다. 하지만 사물의 이치에 완심하는 자는 반드시 모든 사물마다 끝까지 궁구하고자 하여, 그로써 마음에 딱 지키는 바가 있고 業에 묶이는 바가 있어 조금씩 쌓아나가므로 放逸함에 이르지 않거늘, 우리들은 학문이 物에서 구할 수 없음을 알아서 끝내 사물을 소홀히 하게 된다. 이른바 마음을 구한다면서 번번이 실제의 理를 쌓아나가기 어렵고 光景(情況이라는 뜻)이 이미 노출되어 있음을 걱정한다. 그러다가 결국은 遊心할 바가 없게 되어, 도리어 시문·잡기 속으로 내달려 浮高함을 즐기고 拘檢을 꺼려서, 말하고 행동하고 앉고 일어서는 사이에도 自攝(스스로를 다스림)할 수 없게 되니, 어찌 슬프지 아니한가? 양명의 학이 두 번 전하여 顔鈞이 되고 세 번 전하여 李卓吾가 되면서, 하늘을 업신여기는 폐단이 舊學보다 심하였다. 지금 우리들은 혹 안균·이탁오의 남은 발꿈치를 붙잡고 그 무너지는 물결을 방조하는 자가 아닐까? 구학을 하는 자들은 지루하고 구애됨이 많으나, 모두 誇耀裝飾(矜飭이라는 뜻임)함을 잃지는 않았다. 사람들 가운데 언행이 浮誕하기가 나와 너 같은 자가 있다는 말은 듣지 못하였다. 주자가 陸子靜(陸象山)의 문인을 논한 것을 읽을 때마다, 또 왕양명 문하의 말류가 한 짓을 볼 때마다, 경솔히 여기고 오만하게 구는 습벽과 자기 설을 고집 주장하는 병이 꼭 우리들의 선생이다. 어찌 해괴하지 않은가? 그대가 '良知를 다하여 뜻을 성실히 한다'고 말하면, 나는 '본말을 바로 하여 뜻을 성실히 한다'라고 말한다. 이것은 다 신독성찰의 때에 공력을 오로지 하고자 하여, 사물에서 이치를 구함을 '바깥으로 내달림'(騖外)이라고 간주하는 것이다. 그 爲學의 이름이야 切近篤實해서 조금도 浮雜한 이치가 없는 것이 아닌가? 그런데 하는 짓은 舊學의 극히 문드러진 자라 하더라도 부끄러워 할 그런 짓이다. 이를 장차 어찌 할 것인가? 이것은 진실로, 알면서도 행하지 않는데서 비롯된다. 하지만 '知而不行'이란 네 글자가, 어찌 우리들처럼 입만 열면 知行合一을 말하는 자가 할 수 있는 짓이란 말인가? 혹, 이 學이 과연 太快誇捷의 폐단이 있어서 우리들에 이르러 극도에 달한 것이란 말인가? 아니면 學은 참되고 적확한데 우리들이 잘못한 것이란 말인가? 어쩌면 우리들이 다시 物理를 정밀히 궁구함을 학으로 삼는다면, 혹 심신에 의거함이 있어서 이러한 放浪에는 이르지 않게 될 것인가? 아니면 放浪은 피차 어찌되었든 모두 用力하지 않은 죄이니, 아무리 우리의 言義를 바꾸더라도 習氣는 예전과 같을 수밖에 없는 것인가? 道란 공변된 것으로 우리 몸의 實事이다. 그저 말하고 듣는 때에 一說을 주장하여 新奇하려 하기만 하고 헤아리지 않을 수는 없는 법이다. 그대도 마음을 넓게 가져 하늘과 땅 사이에 똑바로 서서, 공변되게 듣고 實되게 보아, 나와 그대의 알고도 행하지 않는 병을 고치고, 그래서 나에게도 파급될 수 있게 해주기 바란다. 25)

---

25) 體理集義, 吾輩所說之學也. 先求事物, 吾輩所憫之弊也. 然玩心物理者, 必欲凡於事物, 窮究到底, 故得以心有據守, 業有絀束, 積銖累寸, 不至放逸, 而吾輩則旣知學不可求之物, 故遂慢忽事物. 所謂求之心者, 則每患實理難積, 光景先露. 終至無所遊心, 反馳騖於詩文雜技之中, 樂浮高憚拘檢, 而言貌坐作之間, 尙且不能自攝, 不亦哀哉? 稽山之學, 再傳而爲顏鈞, 三傳而爲李卓吾. 滔天之弊, 百倍舊學. 今吾輩無乃攀顏李之餘踵, 助其頹波者乎? 凡爲舊學者, 雖多枝離拘礙, 俱不失爲矜飭. 人未聞有言貌浮誕, 近似於吾與汝者. 獨每讀朱子論子靜門人者, 又見王門末流所爲, 則輕傲之習, 主張之病, 宛然吾輩先生也. 豈不怪哉? 子順曰, "致其良知, 而誠此義意." 吾順曰, "格其本末, 而誠此意." 是皆欲專功於愼獨省察之際, 而求理事物, 猶謂之騖外也. 其爲學之名, 豈不切近篤實無一分淨雜之理者哉? 乃所爲, 則雖舊學之極靡濫者亦羞爲者也. 此將奈何? 此固知而不行之致. 然'知而不行'四字, 夫豈開口便說知行合一者之所可爲哉? 未知此學果有太快過捷之弊, 以至吾輩而極邪? 抑學固眞的, 而吾輩自誤邪? 未知使吾輩, 復以精究物理爲學, 則或心身有依, 不至此放浪邪? 抑吾之放浪, 是無論彼此, 都不用力之罪, 故雖改言議, 將依舊此習氣邪? 道者, 公也, 吾身之實事也, 不可只於口耳之間, 主張一說, 以自新奇, 而不更商量也. 子亦須寬着心中, 立兩間, 公聽實見, 得所以

李忠翊과 이영익 두 사람은 '誠意'에 이르는 방법은 달리하고 있지만, 학문하는 방법과 그 목표는 모두 양명학적 학문관에 바탕을 두고 있다. '理를 체득하고 일마다 義를 실천함'(體理集義)을 학문의 방법으로 삼고 있다. 여기서 '體理'는 '이치를 내 마음에서 구한다(求理於吾心)'는 왕양명의 주장에 근거하는 말이고, '集義'는 『孟子』「公孫丑 上」의 "이것은 義를 실천하는 데서 생기는 바요, 의가 우연히 나타나 취한 것이 아니다(是集義所生者, 非義襲而取之也)"라는 구절에 근거하는 말이지만, 왕양명이 이 부분을 致良知의 실천행위로 제시하고 있다. 여기서 '體理' 나 '集義'는 동시에 일어난다. 따라서 주자학적 학문방법인 '先求事物'과는 다르다. '先求事物'은 주자의 격물치지설을 가리키므로, 우선 사물의 이치를 구하고 그 다음에 실천에 옮기는 것이기에 '先知後行'의 방법이기도 하다.

'體理集義'는 외부사물에 얽매임이 없는 내면세계의 자유로운 상태이다. 여기서 '理'는 '道'이기도 하다. 그 '도'는 공변된 것이며, 또한 내 몸이 실천에 옮길 '實事'라고 한다. 즉 '實心'에 근거한 실천으로서의 '實事'라는 이야기이다.

李忠翊이 말하는 실심이란 자신의 마음을 속임이 없는 진실된 마음을 의미한다. 마음을 속이고 성공한 사례로 전국시대의 覇者를 들고 있다. 정치는 堯舜처럼 仁義에 바탕을 둘 때 천하의 황제가 될 수 있는 법이지만, 주나라가 쇠퇴하고 천하가 어지럽게 되자 仁義의 道는 끊어지고 齊나라 桓公과 晉나라 文公이 權勢를 잡는 방법에 밝아 인의로 가장하여 亂世의 시대를 기회로 삼아 스스로 강력해

治吾與子知而不行之病者, 而亦及於我也(『信齋集』冊2, 「與虞臣」, 469~470쪽)

질 수 있음을 알았다, 그리고 스스로 '詐力'으로 천하의 覇者가 되니 온천하가 모두 그에게 쏠려 따르며 칭송하게 되었다고 한다.[26] 환공과 문공이 패권을 잡고 覇者가 될 수 있었던 것은 '인의'를 빌려 가장하였기 때문이다. 李忠翊은 「假說」을 지어 '빌리는 행위'의 裏面을 비판한다.

　　천하의 財寶는 천백의 물건에 이르기 까지 각각 그 주인이 있는 법이다. 만일 어떤 사람으로 하여금 물건 일체를 다른 사람에게 빌려 스스로 사용하여 즐기면서 생을 마치고 주인이 그것을 찾아 되돌려 받지 않게 하면 곧 그것이 처음부터 가지고 있었다고 생각할 수 있다. 남이 그것을 보면 어찌 처음에 빌린 것으로 이 사람이 가지고 있던 것이 아니므로 부러워하고 감탄할 것이 아니라고 여기겠는가? 하물며 그 빌린 것이 오래되면 이사람 역시 그가 처음에 빌렸다는 것을 잊고 도리어 자기 소유라고 생각하게 된다. 그런데 남이 보고 어찌 그것이 빌린 것임을 알 수 있겠는가?[27]

이렇게 사소한 물건조차도 남에게 빌려 오래되면 본인도 자기 소유로 착각하는데, 속사정을 모르는 남이 속아 넘어가는 것은 너무나 당연한 일이다. 사소한 물건이야 남에게 크게 해될 것이 없지만, 제환공과 진문공처럼 理念을 빌려 가장하면 그 폐해를 곧바로 빌려준

---

26) 『椒園遺藁』 冊2, 「假說上」, 518쪽.
27) "天下之財寶, 以至仟佰之器, 各有其主. 苟使人一切假至於人, 以自服用 이玩, 以終其身, 而主不索還之者, 卽謂之已素有可也. 人之見之, 何得以始之假而謂非是人之所有, 而不羨慕讚歎之也. 況其假之久, 則 是人者亦忘其始之假, 而遂以爲己有也. 人之見者, 何從以知其假也"(『椒園遺藁』 冊2, 「假說上」, 518쪽)

사람 쪽이 받게 된다. 왜냐하면 '인의'와 같은 이념은 '公物'이기 때문에 그에 따라 정권을 잡고 명예를 갖는 효과가 발생하기 때문이다. "仁義는 천하의 公物이기에 榮稱이 있는 바이다."[28)]라고 李忠翊은 염려하였다.

> 생각하건데 그 처음에는 헤아리고(擬議) 추측하여(揣摩) 仁義를 가지고 詐力의 사사로움(私)을 가리고 꾸몄을 때는 스스로 기묘한 꾀이며 신비스런 계책이라고 생각하지만 스스로 그 마음을 속일 수는 없었다. 그러나 그 행하는 것이 오래되고 사용함이 익숙하게 되자 헤아림에 익숙하여 헤아림을 번거롭게 여기지 않고, 추측함에 재주가 있어 추측함을 수고롭게 여기지 않게 되어, 인의와 詐力은 드디어 합하여져 하나가 되었다. 마치 아교를 漆에 합치고 물을 진흙에 넣은 것처럼 그 마음이 스스로 일마다 仁義를 행하고, 한 가지 일도 詐力에 따르지 않는 것처럼 생각하게 되었다. [29)]

李忠翊은 孔孟의 정신을 받드는 사람이 아니면서 孔孟의 도덕성을 가장하여 천하를 소유하고 마치 본래부터 가지고 있었던 것처럼 가장하는 것을 받아들이기 어려웠다. 이것은 비단 중국의 상고시대에만 있었던 일이 아니라, 李忠翊이 불우한 세월을 보내고 있는 당시 조선의 현실로도 인식하고, 당시의 정권을 잡은 자를 비판하는

---

28) "唯仁義, 天下之公物, 而榮稱之所在也"(『椒園遺藁』 冊2, 「假說上」, 518쪽)
29) "蓋其始也, 擬議揣摩, 以仁義掩飾詐力之私者, 自以爲奇謨秘術, 而不能自欺於其心者焉. 及其行之久而用之熟也, 習於擬議而不煩擬議, 工於揣摩而不勞揣摩, 仁義與詐力, 遂乃胞然爲一. 如膠投漆, 如水入泥, 其心自以爲事事行仁義, 而無一事之不徇乎詐力"(『椒園遺藁』 冊2, 「假說上」, 518~519쪽)

입장을 표출한 것이라고 하겠다. 여기서 보이는 '마음을 속이거나' 남의 것을 오래 빌려 '자기 것처럼 생각'하는 의식을 이충익이 추구하는 '實心'의 반면거울로 볼 수 있다. 특히 현실적 실천을 동반하지 않고 남의 학설을 빌리는 '擬議揣摩'는 '體理集義'와는 상반되는 학문방법으로 제시하였다.

3) 不碍의 자유

李忠翊은 양명학에 이어 불교에 깊이 심취하였다. 그는 스스로 水觀居士 또는 瀑布庵主人이라고 自號하면서, 영조 44년(1768) 무렵에 마니산 望京臺 폭포 아래에 7간 암자를 지었다가 官禁이 두려워 철거하였을 정도이다. 당시 그 소식을 접한 이영익은 당연히 李忠翊의 유별난 행동을 기롱하였다. 무려 연작 절구시 14수를 보내었는데,[30] 그 중 다섯 번 째는 당시 사정을 잘 전달하고 있다.

恨不少分供佛錢	한스럽군, 부처에게 바칠 돈을 조금 나누어
買鷄買酒餉軍官	닭 사고 술사서 군관을 먹이지 않았다니.
三秋樸斲曾忘倦	3년을 나무 깎아 고단함도 잊었다가

---

30) 이우신이 최근에 불교 이치에 빠졌다. 듣자니 마니산 망경대의 폭포 아래에다 승려와 함께 작은 암자를 짓고, 스스로를 폭포암 주인이라 號하였는데, 암자가 채 낙성된 뒤 관금이 두려워 곧바로 철거하고 불상을 묻었다 한다. 부지불식간에 절도할 지경이라 주필로 14절구를 지어 부친다. (虞臣近長佛理. 聞與釋子, 構小庵於摩尼山望京臺瀑布下, 自號瀑布庵主人, 甫落, 畏官禁, 旋撤材藏埋. 不覺絶徒, 走筆寫十四絶句, 以寄)

一夜藏埋始覺難　　하루 밤에 죄다 묻고 어려움을 깨달았군.

　3년간이나 준비하여 암자를 지었다가, 화가 미칠까 걱정되어 하룻밤에 허물어 버렸다는 것이다. 이영익은 앞에서 李忠翊이 양명학에 경도됨을 염려하였다. 그런 李忠翊이 이번에는 불교 쪽으로 기울어져 암자까지 마련하였다가 허물었다는 소식을 접하고 妄行을 중지하고 正敎로 돌아갈 것을 권고 하였다. 열네 번째 시에는 그런 이영익의 심정이 더욱 간절히 드러난다.

　　　　莫將夷語附稽山　　불교의 말을 稽山의 학(양명학)에 붙이지 말라
　　　　實理空觀千理間　　稽山학의 實理는 불교의 空觀과는 천리나 떨
　　　　　　　　　　　　　어져 있다.
　　　　能說佛家都着相　　불교가 모든 것을 아우른다 말하지만
　　　　何人妙解到斯關　　누가 묘리를 터득해서 관문에 이르렀는가.

　이영익은 양명학의 말류가 불교에 흘러들어갔지만, 實理를 추구하는 양명학과 空觀에 바탕을 둔 불교의 이치는 도저히 서로 포용되기 어렵다고 본다. 그러므로 불교의 이치 속에 모든 것이 수용된다고 주장하는 것은 어불성설이라는 것이다.
　이런 이영익의 걱정어린 조롱을 접한 李忠翊은 答詩로 9수를 연작하여 보냈다.[31] 그 첫째 수에서 자신은 이미 불교의 自由自在의

---

31) 망경곡에다 작은 암자를 영건하였다가, 관금으로 저지되는 바가 있어 재목을 묻고 후일을 기다린다. 幼公 종형이 시를 써서 조롱하기에 내키는 대로 붓을 놀려 스스로 해명한다.(營小庵于望京谷, 有以官禁沮, 埋材以俟後, 幼公從兄以詩嘲, 信筆自解. :『椒園遺藁』冊1, 467쪽.)

거리낌 없는 즐거움에 취해있음을 드러내고 있다.

<blockquote>

瀑布庵中一病夫　　폭포암에 앉은 한 병든 사내
靑天與我盖頭顱　　푸른 하늘이 날 위해 머리를 덮어준다.
門前露坐無人識　　문 앞에 좌선하여도 알아보는 이 없지만
已得三車自在娛　　이미 三乘의 자유자재의 즐거움을 얻었다네.

</blockquote>

　여기서 '三車'는 '三乘'과 같은 의미로 李忠翊이 중시하는 불교 수양법이다. '車'나 '乘'은 수레 또는 실어 나르는 것을 의미한다. 따라서 부처의 세계에 이르기 위한 방편, 즉 성불하기 위한 세 가지 방법인 것이다. 먼저 부처님의 법문을 듣고 바로 깨닫는 聲聞乘, 혼자 緣起의 진리를 깨달아 부처에 나아가는 緣覺乘(獨覺乘), 그리고 위로는 보리를 구하고, 아래로는 중생을 구제하고 교화 제도한다는 菩薩乘이 三乘의 내용이다. 이것을 다시 牛車·羊車·鹿車의 세 수레에 비유하여 三車라고 한다. 이 '三車'와 '三乘'에 의하여 이르는 진리란 모든 존재는 본디 비어있다는 '空觀'이다. 모든 것에 집착을 끊고 욕망을 비울 때, 空의 眞理를 깨닫게 되고, 그 단계에서 '自在' 즉 自由自在의 절대 자유를 누릴 수 있게 된다. 스스로의 힘으로 존재하고 자유로우므로 어떤 拘束에도 초연할 수 있다.

<blockquote>

捨筏稽山已度人　　稽山(양명학)을 배워 건넌 뒤에는 그것도 버릴 일
三乘時敎摠非眞　　三乘의 때맞춘 가르침도 모두 참이 아니네.
隨緣導說何論跡　　인연 따라 이르는 말 어찌 자취를 논하랴,
閉戶開門只一身　　문 닫고 여는 것이 다만 이 한 몸이라.[32]

</blockquote>

불교에서 이충익이 추구하는 이상은 실천주체인 자신마저도 비워 얽매임이 없이 자유로와지는 것이다. 따라서 양명학의 가르침은 물론이고 불교에서 얻은 진리마저도 비우고 절대자유를 추구한다. 李忠翊 자신이 암자를 꾸리고 불법에 귀의하고 있는 모습은 그러하게 된 緣起가 있어 일어난 일이라고 이해하면 되지, 굳이 양명학과 불법과의 우열의 가름은 아무런 의미가 없다는 것이다.

즉 李忠翊 자신이 양명학에 심취하다가 불법에 건너가게 된 것은 모두 나름의 因緣에 의한 현상으로 논리적으로 설명할 수도 없고, 설명할 필요도 없다는 입장이다. 양명학을 받아들여 인간 마음속에 양지 즉 '實理'를 체현하여 자신의 품위를 지킬 수 있었던 李忠翊이다. 하지만 불법에 귀의하면서 그것마저도 비우는 일에 주저하지 않는다. 대신에 현존하는 현상을 있는 그대로 인정하고 받아들이는 자세를 갖춘다.

哀樂如雲不碍空	슬픔기쁨은 구름이 허공에서 거리낌 없는 것 같고
等閒年度五更中	한가롭게 해를 넘겨 한밤 중이네.
欲識久如暝目坐	久如를 알고자 눈감고 앉았으니
烘爐火有一星紅	타는 화롯불에 한 불빛만 있네.[33]

「除夜」라는 제목의 시이다. 李忠翊은 불법을 통하여 인간의 희노애락에서 벗어나고자 하였다. 곤궁한 현실 속에서 한해를 보내는 심정

---

32) 앞의 책.
33) 『椒園遺藁』 冊1, 「除夜」, 492쪽.

에 만감이 교차할 것이다. 하지만 현실의 불만이나 곤궁함은 불교의 비움의 깨달음으로 진정한 자유를 얻도록 하였다. 이렇게 불법을 통하여 현실의 괴로움을 벗어나 不碍의 自由를 누리고자 하였다. 그는 "평생 어찌나 괴로운 정이 많은지, 근년에는 재같은 마음으로 불타를 배운다"[34]라고도 실토하고 있다. 불교에 관한 李忠翊의 글은 「書自書維摩經後」나 「題佛經金銀字帖後」, 「題眞言集後」와 和尙의 비문 등을 통하여 살펴볼 수 있다.

4) 常道로서의 自然

李忠翊은 불교에서 다시 도교로 건너간다. 불교에서 '空觀'에 이끌렸던 李忠翊은 도교에서도 자연스럽게 '道'와 '自然'에 관심을 기울인다. 하지만 道家의 논설 중 유가와 가장 두드러지는 차이를 보이는 개념은 '有'와 '無'의 관계이다. 이 문제에 대하여 李忠翊은 그의 도교적 저서인 『談老』의 여기저기에서 논의를 전개하고 있다. 그 중에서 『담로』의 「後序」에 보이는 '有'와 '無'의 관계에 대한 설명을 살펴보자.

> 無를 주장하는 해석가는 세상의 학인들로 하여금 근본을 헷갈리게 만든다. 有를 주장하는 해석가는 玄理가 모든 사물을 아우르지 못한다고 의심한다. 각각 주인과 노예가 되어 서로 융통하지 못하여, 有와 無가 둘 다 성립하지 못하고 道術이 분열되었다. 무릇 老子의 말에

---

34) 『椒園遺藁』 冊1, 「夢覺」, 497쪽.

"有와 無는 서로 형태 지운다"라고 하였다. 有가 아니면 無를 형태지울 수가 없다. 無가 아니면 有를 형태지울 수 없다. 또 말하길, "無는 천지의 처음을 이름하고, 有는 만물의 어머니를 이름 한다. 그 둘은 함께 나왔으되 이름만 다르다"라고 하였다. 有와 無는 이름은 달라도 함께 나온 것이다. 무가 있으면 곧 유가 있으니, 천지의 처음과 만물의 어머니는 서로 아무 차이도 없고 선후도 없다.

그런데 지금 有를 주장하는 해석가는 "지극한 無라는 것은 사물을 낳을 수가 없다. 그러므로 처음으로 난 것은 저절로 난 것이다." 라고 말하여, 無에서 생겨난 것이 아니라 저절로 난 것이 홀로 있음을 분명히 한다. 무릇 천지가 생겨난 이후에 비로소 천지가 있는 법이니, 만약에 천지가 저절로 나는 처음을 가리켜서 그것을 有라고 호칭한다면, 천지의 이름은 성립하지 않으며, 有일 수가 없다. 그러므로 <u>이미 (천지가) 생겨난 뒤에 인하여, 저절로 생겨난 처음을 推原해서 그것을 無라고 호칭하는 것이다. 이 無는 有에 인하여 이름을 세운 것이다. 그러므로 같이 났으되 이름을 달리 하는 것이다.</u>[35]

李忠翊은 '유·무'의 本末과 先後의 문제에 대하여 儒家와 道家의 어느 쪽도 편들지 않았다. '무'는 '유'의 始原을 유추할 때 나오는 출발점일 뿐, 절대 본원은 아니라는 입장이다. 李忠翊은 유와

---

35) 無家, 卑世學之迷其本. 有家. 嫌玄理之不綻物. 各自主奴, 不相融攝. 有無俱不成立. 而道術裂. 夫老子之言曰, "有無相形." 非有, 無以形無. 非無, 無以形有也. 又曰, "無名天地之始, 有名萬物之母, 兩者同出而異名" 有與無, 名異而同出. 有無卽有有, 而天地之始與萬物之母, 非有異同, 非有先後也. 今有家之言曰, "至無者, 無以能生, 故始生者自生也." 以明其不生於無而自生之特有. 夫天地生而後方有天地. 若指天地自生之始而號之曰有, 天地之名不立, 不成爲有, 故因旣生之後, 推原自生之始而號之曰無. 此無因有而立名者, 故曰同出而異名也(『椒園遺藁』冊2,「談老後序」, 517쪽)

무의 관계를 본말과 선후의 관계로 보지 않고, 동등하며 동시적 관계로 보고 있다. 유와 무를 있게 하는 근원에 저절로 그러한(自然) 道가 있다는 주장이다.

노자는 "말로 표현해 낼 수 있는 도는 항구불변한 본연의 도가 아니고, 이름 지어 부를 수 있는 이름은 참다운 실체의 이름이 아니다"(제1장) 라고 하였는데 李忠翊은 이 부분에 대하여 다음과 같은 도 개념을 제시한다.

> 道 가운데 걸어 나갈 수 있는 것은 그것에 따라 행하여 자취를 붙일 수 있는 것이다. 名 가운데 이름 할 수 있는 것은 형태를 비유하고 사물을 일컫는 것이다. 저 常道의 경우에는 理致가 行蹟의 앞에 끊어져 있고, 常名이란 것은 旨趣가 形物의 바깥에 숨어 있다. <u>常道라는 것은 지극하고도 높으므로, 언어가 미칠 바가 아니다.</u> 常名이란 것은 이름이 自然에서 나온다. 만일 道를 道라고 이름하는 것은 行蹟에서 假借하는 것이니, 진실로 이름할 수 있는 이름이다. <u>하지만 무궁토록 왕래하고 성인이나 어리석은 사람이나 함께 말미암아 따라 나가서 영원히 길이 존재하여 폐기되지 않는 것이 常道이다.</u>[36)

李忠翊은 '도'를 천지창조와 만물생성의 원리로 보고 있다. 보통 '도'라고 이름 붙여 불리는 것은 행적에 의탁한 것이지만, '常道'라는 것은 절대시간 그리고 절대공간에서 모든 사람에게 평등하게 적

---

36) "道之可道者, 行之緣而跡之寄也. 名之可名者, 形之喻而物之號也. 若夫常道者, 理絶於行跡之先, 常名者趣隱於形物之表, 常道者, 至矣尙矣. 非言之所及也. 常名者, 名出於自然, 如道之名道, 其假借於行跡者, 固可名之名. 然往來無窮, 聖遇之所共由, 萬古長存, 而不能廢者, 卽所謂常道也."(『椒園談老』)

용되는 진리이다. 여기서 ‘常道’가 ‘常道’로서 자리잡는 원리를 ‘자
연’으로 보고 있다.

> 道가 始原이고 神이 뿌리가 되어, 작위하지 않고 시키지 않고, 그
> 러하지 않을 수 없어서 그러한 것을 自然이라 말한다. 그 자연의 태
> 어남에 인해서 태어나지, 生 때문에 自生하는 것이 아니므로 능히 長
> 生할 수가 있다. 만일 自生함으로써 그 자연에 累가 된다면, 그 폐단
> 이 오래다. 어째서인가? 사람이 태어남은 자연과 같기 때문이다. 만약
> 自私하여 自生하여서 生을 더욱 있게 한다면 그 생명을 손상하지 않
> 을 수가 없다. 성인은 이미 생명의 본질에 통달할 수 있기 때문에, 능
> 히 천지를 본받지. 私가 없는 것이다.37)

李忠翊은 모든 존재는 ‘저절로 그러함(自然)’의 원리에 의하여 존
재한다고 한다. 이 저절로 그러한 ‘자연’은 곧 道의 원리이며, 인간
의 ‘私’가 개입할 수 없는 영역이다. 따라서 스스로 작위하거나 ‘私’
를 개입하여 ‘자연’에 위배되면 곧 생명이 손상된다고 경계한다. 따
라서 현재적 실존은 ‘자연’이라는 커다란 원리 속에서 나타난 현상
이므로 幸不幸과 貧富貴賤에 불만과 원망을 가질 필요가 없다는 논
리이다. 자연에 위배됨은 생명보존에 저해되는 결과를 초래하기 때
문이다.

---

37) “道爲之始, 神爲之根, 莫爲之, 莫使之, 不得不然而然, 謂之自然. 因其
自然之生, 而不以生自生, 故能長生, 如使自生以累其自然, 久矣. 其敝
也, 何也? 人之生也, 同乎自然. 若自私焉以自生而益生焉, 未有不傷其
生者. 聖人旣能達生之情, 故能法天地而無私.”(『椒園談老』)

세상에서 자연을 말하는 자가 드물다. 비바람이 불고 몰아치는 것을 어찌 보지 않는가? 자연에서 나오지 않았다면 천지라도 장구할 수가 없을 것이거늘, 하물며 인간의 경우에서이랴? 인간이면서 능히 자연을 본받을 것 같으면, 같지 않은 바가 없고 믿지 않는 바가 없으니, 몇 세대를 거치더라도 常存할 수 있다. 38)

李忠翊은 인간의 불멸하는 내면적 가치는 자연을 인정하고 본받음에 있다고 말한다. 인간이 자연을 본받게 되면 '常存'할 수 있지만, 자연을 무시하여 인간적 작위를 첨부하면 존재의 기반을 잃게 된다고 보았다.

(한예원)

---

38) "世罕有言自然者. 何不觀乎風雨之飄驟者乎? 不出乎自然, 則天地尙不能以長久, 況於人乎? 人而能法乎自然, 則 無所不同, 而無所不信. 可以歷世而常存矣."(『椒園談老』)

Ⅳ. 후기 강화학파의
양명학

19세기를 전후로 한 조선 후기의 시대적 상황은 대내적으로 壬·丙
兩亂이후 축적되어 온 사회적 동요가 1811년의 홍경래의 난을 기점
으로 1862년의 진주민란, 1882년의 동학농민혁명 등 민중운동으로
전개되고 있었고, 대외적으로 일제를 비롯한 서구 제국주의의 침략
이라는 국가적 위기를 맞이하고 있었다. 그러나 이러한 위기 상황에
서도 당시의 정치 현실은 민심을 도외시한 戚族의 세도정치에 골몰
하고 있었으며, 1876년 강화도 사건을 계기로 문호 개방이라는 외세
의 압력을 받게 되자 조선은 쇄국과 개화의 기로에서 방황하게 되었다.
  이에 당시의 지성인들은 국가적 위기를 타개하기 위하여 부심하였
는데, 그들의 대응책은 크게 종래의 전통적 유교에 입각하여 서구의
이질적인 문명을 배척함으로써 국가와 민족을 보존하려는 守舊的
衛正斥邪論과 이와 반대로 개화를 통해 서구의 선진화된 과학기술
을 수용함으로써 근대화를 이룩하려는 進步的 開化思想으로 나타났
다. 그 중 수구적 위정척사론이 자주성과 주체성을 강조하는 주자학
에 뿌리를 두고 있는 것이라면 진보적 개화사상은 임진왜란과 병자
호란 등 외세의 침략이후 국력 배양의 필요성에 의해 대두된 실학에
근거한 것이었다.

그런데 당시의 양명학자들은 이러한 사상적 갈등의 와중에서 시간적 흐름에 따라 때로는 주자학자들의 華夷論的 衛正斥邪論에 대해 민족자존의 주체사상을, 때로는 급진적 개화사상1)에 대해 주체적 개화사상을 주장함으로써 국가적 위기를 극복하려 하였다. 그들이 같은 양명학자이면서 상황에 따라 수구의 입장이나 혹은 개화의 입장을 견지할 수 있었던 것은 주체의 자각에 철저한 양명학의 학문적 특성에서 기인한 것이었다.

잘 알다시피 양명학은 무엇보다 인간의 주체적 판단을 중시하며, 이러한 주체적 판단에 입각하여 앎과 삶의 하나됨을 꾀하려는 특성을 지니고 있다. 양명학에 있어서 인간의 의식은 心의 본체인 良知의 發動이며 동시에 대상인 사물의 所着處2)이므로 인간의 의식이 있는 곳에는 언제나 대상으로서의 사물이 있으며, 주체와 대상은 인간의 의식을 통해 間斷없이 연계되어 있다.3) 이러한 점에서 객관 대

---

1) 1870년대 후반 개화사상은 온건과 급진의 양파로 분파되었다. 온건파는 淸의 자강운동을 수용하여 서양의 기술만을 받아들이고 사상과 제도 등은 우리의 것을 고수하려는 <東道西器>적 입장을 취한 반면, 급진파는 전통사상인 유교를 서양의 <器>에 대한 유교를 <道>의 문제로 인식하기보다는 서양의 기술과 유교사상을 <實>과 <虛>의 문제로 인식하여 서양의 기술뿐만 아니라 사상과 제도까지 받아들여 급진적으로 우리의 전통적 체제를 개혁할 것을 주장하였으며 1882년 임오군란 뒤로 두 파는 정치적으로 대립하게 되고 급기야 1884년 급진파인 개화당에 의해 갑신정변이 일어났다. 이후 이러한 과정을 통하여 조선은 국치의 수모를 당하게 되었다.
2) "身之主爲心, 心之靈明是知, 知之發動是意, 意之所着爲物"(『傳習錄』 上 「陸澄錄」)
3) 양명의 主客一體思想은 心・身・知・意・物을 유기적인 관계로 파악하고 있는 점에서도 잘 드러나 있다. 도덕 주체로서의 '心'은 '知'의 발동처인 '意'를 통해 발현되며, '意'는 다시 耳目口鼻의 '身'을 매개로 하여

상은 인간이 주체적 판단을 내리게 되는 자료이며,4) 동시에 인간의 良知를 실현해 가는 대상이다. 이러한 대상은 인간 의식을 통해 인간 주체와 연결되며, 심의 본체인 양지는 이러한 대상에 대해 주체적 판단을 내리게 된다. 이처럼 양명학은 주체와 대상을 인간 의식을 통해 일원화하고 일체의 가치 규범을 인간 주체의 판단에 의존하는 특성을 지니고 있다.

당시 구한말 서세동점의 위기 속에서 시간적 흐름을 따라 양명학자들이 때로는 민족자존의 주체사상으로, 때로는 주체적 개화사상으로 입장을 정리해 갈 수 있었던 것은 이러한 양명학이 지닌바 학문적 특성에 바탕을 둔 것이었다.

구체적 '物'과 일체가 되어 있다(『傳習錄』下「陳九川錄」)
4) "心無體 以天地萬物感應之是非爲體"(『傳習錄』, 下「黃省曾錄」)

1. 寧齋 李建昌의 민족자존적 주체사상

寧齋 李建昌(1852~1898)은 양산군수 李象學(1829~1888)의 장자로, 江華 沙谷里에서 태어났다. 그의 조부 李是遠(1790~1866)은 형조판서·이조판서 등을 역임하였으며, 丙寅洋擾시 우국의 충정 속에 순절한 명신이었다. 高宗 3년(1866) 병인양요 시에 순절한 사람들을 기리기 위한 江華別試가 시행되자 영재는 15세의 어린 나이로 등과하였다.[5] 이후 乙未事變(1895년)을 계기로 관직을 사퇴하기까지 영재는 忠淸右道御使, 漢城府少尹, 承旨, 黃海道觀察使 등을 역임하면서 민생의 안정을 최우선 과제로 삼아 이를 위해 동분서주하였다.[6] 그러나 1876년 강화도 사건 이후 정계는 수구적 위정척사론과 진보적 개화사상으로 양분되었다. 이러한 선택적 상황 속에서 영재는 개화의 입장보다는 수구의 입장을 견지하였으나 그의 수구적 입장은 小中華論的 華夷論에 바탕을 둔 주자학자들의 위정척사론과는 다른 민족자존의 주체사상이었다.

---

5) 『黃玹梅泉野錄』, 卷1
6) 『明美堂全集』, 卷16 「明美堂詩文集敍傳」 參照

영재의 민족자존의 주체사상은 그의 가계에서 유래되는 양명학으로 짐작된다.[7] 그는 심학을 학문의 근본으로 인식하여[8] 인간 본심이외에 어떠한 객관주체도 거부한다.[9] 그에 있어서 진리는 인간의 本心에 근원하여 있고, 인간의 본심을 떠나서는 진리를 추구할 수 없다.[10] 인간 주체의 본심을 진리의 근원으로 인식하고 있는 영재의 심학적 학문태도[11]는 현실적 상황이나 조건이 인간의 삶을 지배하는 것이 아니라 오히려 인간 주체가 현실적 상황을 지배한다는 주체에 대한 믿음과 확신에서 비롯된 것으로, 이러한 사유체계는 그의 상황적 의리론에서 강하게 드러나 있다.

---

7) 가계를 살펴보면 그의 심학사상은 가학으로 전승되어 왔음을 추측할 수 있다. 영재의 고조인 李忠翊(1744~1816)은 조선조 양명학의 대가 霞谷 鄭齊斗(1649~1736)의 孫壻이면서 문인이었던 李匡明의 입양한 嗣子였다. 이후 영재의 가계는 증조 李勉伯(1767~1830), 조부 李是遠(1790~1866), 그리고 부친인 李象學(1829~1888)으로 계승되면서 대대로 양명학을 가학으로 전승하였다. 영재의 학문은 조부 이시원의 영향 아래 형성되었다. 그는 어려서 10여 년간을 조부인 이시원에게 수학하였고, 그 후에도 조부의 영향을 많이 받으면서 성장하였다. 이 같은 사실로 미루어 볼 때, 그의 심학사상은 가학으로 계승된 양명학으로 이해된다.

8) "自夫舜禹以來, 未嘗有離心而言道者也. 自夫孔孟以來, 未嘗有離道而言經者也, 離道而言經."(『明美堂全集』, 卷9 「上鉢山成吏部大永書」)

9) "大學之旨, 又疑, 身爲家國天下之本, 卽心爲身之本, 意爲心之本, 知爲意之本, 物爲知之本, 心爲身之本. 固是, 意爲心之本, 已不是, 知爲意之本, 更不是, 若物爲知之本則幷不成理."(『明美堂全集』, 卷10 「易圈序」)

10) "舍心而爲學, 吾不知, 所謂道者, 其在於瓦礫歟, 其在於虛空歟."(『明美堂全集』, 卷9 「上鉢山成吏部大永書」)

11) "余嘗論爲學之方, 必以有諸己者, 爲先而至其成則未嘗不歸之於命, 雖趨時者, 笑爲迂, 信道者, 誚其不經, 而余之說未嘗變也."(『明美堂全集』, 卷10 「送李聖會榮覲序」)

1) 심학사상

영재는 심학을 학문의 근본으로 이해한다. 그에 있어서 진리는 인간의 본심에 근원하여 있고, 인간의 본심을 떠나서는 진리를 추구할 수 없다.[12] 또한 그는 심학이 유학의 본령이며, 심학을 떠나서는 어떠한 학문도 유학이 될 수 없음을 분명히 하고 있다.[13] 이러한 점에서 그의 학문은 유학에서 유래되는 심학사상이라 할 수 있다.

가계를 살펴보면 그의 심학사상은 가학으로 전승되어 왔음을 추측할 수 있다. 영재의 고조인 李忠翊(1744~1816)은 조선조 양명학의 대가 霞谷 鄭齊斗(1649~1736)의 孫婿이면서 문인이었던 李匡明의 입양한 嗣子였다. 이후 영재의 가계는 고조 李忠翊, 증조 李勉伯(1767~1830), 조부 李是遠, 그리고 부친인 李象學으로 계승되면서 대대로 양명학을 가학으로 전승하였다. 영재의 학문은 조부 이시원의 영향아래 형성되었다. 그는 어려서 10여 년간을 조부인 이시원에게 수학하였고, 그 후에도 조부의 영향을 많이 받으면서 성장하였다.[14] 이같은 사실로 미루어 볼 때, 그의 심학사상은 가학으로 계승된 양명학으로 이해된다.

---

12) "舍心而爲學, 吾不知, 所謂道者, 其在於瓦礫歟, 其在於虛空歟."(『明美堂全集』, 卷9 書「上鉢山成吏部大永書」)
13) "自夫舜禹以來, 未嘗有離心而言道者也. 自夫孔孟以來, 未嘗有離道而言經者也, 離道而言經."(『明美堂全集』, 卷9 書「上鉢山成吏部大永書」)
14) 그의 또 다른 號인 明美堂은 祖父인 忠貞公이 臨終할 때의 遺書로서 程子의 [質明美盡]이란 글을 인용하여 힘써 공부할 것을 당부한 말에서 유래한 것이며, 그가 1866년 문과에 급제한 것도 병인양요 시에 순절한 조부의 유업에 힘입은 것이었다(『黃玹梅泉野錄』, 卷1 上)

그러나 이 점만을 가지고 영재의 심학이 양명학이라고 단정지을 수는 없다.[15] 일반적으로 송대 이후의 유학에서는 심학을 주자학과 비교하여 양명학을 지칭하는 용어로 사용되어 왔다. 그러나 유학의 근본정신이 인간에 대한 강한 신뢰감을 바탕으로 修己治人의 도를 실천해 가는데 있으며, 본심을 인간신뢰의 사상적 근저로 삼고 있음에 비추어 유학자체가 곧 심학이라 할 수 있다.[16] 이러한 점에서 주자학도 예외가 아니며, 주자학이 居敬을 통해 心體의 보존과 확충을 무엇보다 강조하고 있음은 주지의 사실이다.[17] 따라서 영재의 심학이 곧 양명학임을 확인하는 방법은 그의 심학이 주자학과는 다른 양명학적 사유체계에 유래하였음을 밝힐 때만이 비로소 가능해진다.

주자학의 이론체계는 所以然之故와 所當然之則으로 이해되는 존재와 당위의 문제를 학문의 기초로 하여 천의 이법을 인간의 윤리적 당위법칙으로 인식함으로써 天理와 人性을 도덕적으로 체현하여 하나로 합일하고 있다.[18] 그러므로 주자학에 있어서는 윤리규범의 존재론적 근거로서 형이상의 所以然之故에 대한 파악이 중시된다.

---

15) 특히 陽明學을 이단시하던 주자학적 학문풍토의 영향으로 그의 문집 속에서 양명이란 말이 한마디도 발견되지 않는다는 점에서 더욱 그러하다.

16) "苟心學之可斥, 則是虞廷十六字可去也. 孟氏七篇, 可廢也, 卽程朱諸先生之說, 存者亦幾希矣."(『明美堂全集』, 卷9 書「上鉢山成吏部大永書」)

17) 다만 학문의 특징에 있어서 주자학의 이론구조가 理의 구극성을 중시하여 理學이라 지칭됨에 비해 양명학은 인간의 보편적 본심을 철학적 기초로 삼아 심학이라 지칭되고 있는 것이다.

18) 이러한 점에서 주자학의 性卽理라고 하는 명제는 곧 형이상학적 본체에 대한 존재론적 파악이며 동시에 존재에 대한 윤리적 당위법칙으로서의 인식인 것이다.

그러나 양명학은 윤리적 당위법칙의 근거를 형이상적 존재에 두는 주자학적 논리체계에 반대하고 인간의 본심을 도덕주체의 근원으로 삼아 이를 인간과 사회에 발휘하려는 데에 학문의 목표를 두고 있다.[19] 왜냐하면 주자학의 논리체계에서 나타나는 理의 객관적이고 초월적인 성격은 도덕적 실천주체인 심을 존재인 理로 부터 소외시키는 문제점을 야기하고 있기 때문이다.[20] 이러한 心과 理의 분리는 결국 도덕적 행위의 절박성을 무시하고, 외적이고 형식적인 원리원칙에 얽매이게 되어 도덕실천의 주체인 심의 역동성과 능동성을 잃어버리게 된다.[21] 따라서 양명학은 객관 존재에 대한 규명보다는 오히려 본심으로서의 천리를 어떻게 인욕으로부터 보존할 것인가의 <存天理去人欲>의 문제와 어떻게 대상인 현실세계 속에서 천리를 실현하여 萬物一體의 대동사회를 이룩할 것인가 하는 쪽에 학문의 관심이 있는 것이다. 요컨대 양명학은 주자학이 지닌 바 형이상학적 존재의 초월성이나 사사물물상에서 定理를 구하려는 입장을 거부하고, 구체적 현실에 작용하는 心의 자각에 철저하여 이를 인간과 사

---

19) 일반적으로 주자학의 실천적 한계상황을 극복하려는 입장이었음에도 불구하고 陽明學은 理學으로서 朱子學을 계승하고 있으며, 특히 도덕적 본성을 인간의 본질로 하고 이것을 治世의 原點으로 하는 道學的인 측면을 오히려 보다 폭넓게 수용하여 道學의 大衆化를 이룩한 것으로 평가되기도 한다.

20) "朱子所謂格物云者, 在卽物而窮其理也. 卽物窮理, 是就事事物物上, 求其所謂定理者也. 是以吾心而求理於事事物物之中, 析心與理而爲二矣." (『傳習錄』 中 「答顧東橋書」)

21) 이 점은 곧 陽明 자신이 초기에 朱子學에 경도되었으나 事事物物上에서 定理를 구하려는 格物窮理說에 회의를 품고 心卽理라는 命題를 정립함으로써 주자학과 결별하고 있다는 사실에서 분명히 알 수 있다.

회에 유감없이 발휘하려고 하는 것이 그 요지이다.

영재의 심학사상은 사사물물상에서 定理를 구하는 것을 거부하고 인간의 本心을 도덕주체의 근원으로 삼고 있다는 점에서 그 철학적 근저가 양명학적 입장에 있다. 그는 인간 본심이외에 어떠한 객관주체도 거부한다.[22] 이것은 현실적 상황이나 대상 속에서 진리나 이치를 발견하는 것이 아니라 오히려 인간주체가 현실적 상황이나 대상을 인식하고 판단하는 것을 의미한다. 그래서 영재는 주자와 같이 格物致知를 학문의 入門下手處로 삼는 것을 거부하고 오직 심만을 도덕적 본체로 삼는다. 영재의 다음과 같은 말은 이러한 그의 심학사상의 특성을 잘 나타내고 있다.

> 대학의 뜻이 또한 의심스럽다. 身이 齊家.治國.平天下의 근본이 된다고 하면 곧 心은 身의 근본이 되고 意는 心의 根本이 되며 知는 意의 근본이 되고 物은 知의 근본이 된다고 하였다. 心이 身의 근본이 된다고 하는 것은 진실로 옳지만 意가 心의 근본이 되는 것은 이미 옳지 않고 知가 意의 근본이 되는 것은 더욱 옳지 않으며 物이 知의 근본이 된다고 하는 것은 도무지 이치가 성립되지 않는다.[23]

여기서 살펴보면 영재는 심을 대학 八條目의 근본으로 삼아 격물치지를 입문하수처로 삼는 것을 부정함은 물론이요, 심지어 意를 心

---

22) "余嘗論爲學之方, 必以有諸己者, 爲先而至其成則未嘗不歸之於命. 雖趨時者, 笑爲迂, 信道者, 誚其不經, 而余之說未嘗變也."(『明美堂全集』, 卷10 序 「送李聖會榮覲序」)

23) "大學之旨, 又疑, 身爲家國天下之本卽心爲身之本, 意爲心之本, 知爲意之本, 物爲知之本, 心爲身之本, 固是, 意爲心之本, 已不是, 知爲意之本, 更不是, 若物爲知之本則幷不成理."(『明美堂全集』, 卷10序 「易圈序」)

의 근본으로 삼는 것조차 부정하고 있는데, 이 점은 "意를 良知의 發動"[24)]으로 보아 誠意를 팔조목의 근본으로 삼는[25)] 양명보다 더욱 철저한 心 위주의 학문태도를 보여주고 있는 것으로 생각된다.

이처럼 철저한 心 위주의 학문태도를 견지하고 있는 영재는 유학에서 무엇보다 중시되고 있는 경전조차 심학의 보조수단으로 이해하고 있다.[26)] 이 점은 陸象山이 六經을 본심의 註脚으로 파악하고 있고,[27)] 양명 또한 경전을 存天理去人欲의 보조수단으로 이해하고 있다[28)]는 점에서 전적으로 양명학과 일치하고 있다.

요컨대 사사물물상에서 定理를 구하는 것을 거부하고 인간의 본심을 도덕주체의 근원으로 삼고 있다는 점에서 영재의 심학은 양명학적 입장에 있는 것이라 할 수 있으며, 또한 보다 심체에 충실하고 있다는 점에서 양명보다 더욱 철저한 심 위주의 학문태도를 견지하고 있다고 할 수 있겠다.

이처럼 인간주체의 본심을 진리의 근원으로 인식하고 있는 영재의 철저한 심학적 학문태도는 현실적 상황이나 조건이 인간의 삶을 지배하는 것이 아니라 오히려 인간주체가 현실적 상황을 지배한다는 인간주체에 대한 믿음과 확신에서 비롯된 것으로, 이러한 사유체계는 그의 의리론에서도 강하게 드러나 있다.

---

24) "身之主宰心, 心之靈明是知, 知之發動是意."(『傳習錄』 上)

25) "大學之要, 誠意而已."(『陽明集』, 卷7 「大學古本序」)

26) "經義雖亦無用, 猶之爲聖言之緖餘, 譬之執柯, 伐柯, 與柯爲近也."(『明美堂全集』, 卷9 序 「征邁夏課錄序」)

27) "學苟知本, 六經皆吾之註脚."(『象山集』, 卷34 「語錄」 上)

28) "聖人述六經, 只是要正人心, 只是要存千里去人欲."(『象山集』, 卷34 「語錄」 上)

2) 상황적 의리론

義란 時中之宜로서 유학의 핵심이 되는 개념이다. 주자는 義를 '宜'로 표현하고 있는데,[29] 이때 宜는 시공을 초월한 존재 법칙으로서의 보편성과 시공의 지배를 받는 현실적 상황성을 동시에 내함하는 時中의 의미다.[30] 이러한 의미에서 義는 보편성(常道)과 상황성(權道)을 동시에 지니고 있다. 그런데 의의 실천에 있어서 주자학과 양명학은 그 기본적 입장에서 차이를 보이고 있다. 주자학은 의를 실천함에 있어 객관적 의리에 입각한 보편성을 중시하는 반면 양명학은 주체적 판단에 입각한 상황성을 중시하는 특성이 있다.

주자학은 존재와 당위의 문제를 학문의 기초로 하여 존재를 곧 윤리적 당위법칙으로 인식한다. 존재에 대한 규명은 윤리적 당위법칙으로 정립되며, 이렇게 하여 정립된 당위법칙은 인간행위에 있어서 의리의 모습으로 나타난다. 그러므로 현실적 상황이 주어질 때마다 주자학에서는 본질적 보편성을 문제 삼아 구체적 현실보다는 현실이 지향해야 할 이념으로서의 常道를 추구하는 의리론을 전개하였다.[31] 조선시대는 상도를 추구하는 주자학적 의리론이 자주성과 주체성으로 표방되어 사회 규범적 측면에서 탁월한 성과를 이룩하였

---

29) "義者, 事之宜也."(『論語』 「學而」 13章 朱子註)
30) 孔孟에 있어서 義의 개념은 宋學이후에 義理라는 용어로 사용되어 왔는데, 이는 狀況的 義가 보편성으로서의 原理的 義에 근거하였음을 강조하기 위한 표현이라 할 수 있다(吳錫源 「19世紀 韓國 道學派의 義理思想에 關한 硏究」 成大 博士學位論文 1991, p.94)
31) 이러한 점은 병자호란 시 主和論者인 崔鳴吉의 논리에 대해 斥和를 주장한 金尙憲의 논리 속에 잘 나타나 있다(『崑崙集』, 卷20 「遲川公遭事」 참조)

다. 이러한 의리론은 임진왜란과 병자호란 등 외세의 침략을 통해 義의 信念과 勇氣를 불러 일으켰고, 구한말에는 민족주체의식으로 승화되었다. 그러나 주자학자들의 의리론은 지나치게 그 본질적 보편성을 강조함으로써 현실과 유리되기도 하였으며, 의리를 가탁한 허위의식으로 사회적 문제를 야기하기도 하였다.[32]

영재 당시에도 이러한 의리론이 만연하고 있었으며, 영재는 이러한 의리론을 현실적 상황을 도외시한 추상적 이론으로 파악하여 이를 비판하였다.

> 천하의 변화는 지극히 무궁하고, 人心의 은미함은 지극히 알기 어려운 것이다. 그 요점은 실지에 힘쓸 뿐이니, 수시변통하는 것 외에 다른 것이 있겠는가. 진실로 한때 한 가지 일에만 고집하여 억지로 名分을 삼고 義로 곡해해서는 안 된다.[33]

그에 있어서 의리란 현실적 상황에 대한 주체적 판단의 소산에 다름이 아니며, 주체적 판단으로 결정되는 의리는 언제나 현실적 상황을 문제로 삼는다. 따라서 현실적 상황이 고려되지 않는 의리는 참다운 의리가 아니다. 그런데 현실적 상황 속에서 의리를 결정하는 주체적 판단의 근거는 무엇인가? 이를 영재는 인간 주체의 본심으로

---

32) "夫虛僞之風之說, 則所謂虛僞與文勝有異. 文勝云者, 文勝於質而不能彬彬也. 虛僞云者, 文減其質而幷與其文而歸於虛僞也. 目今大同之俗, 口不絶義理之談而義理晦塞莫此時. 若言必稱廉隅, 而廉恥道喪, 未有甚於今日."(梁得中 『德村集』, 卷1)

33) "天下之變, 至無窮也. 人心之微, 至難見也. 其要, 莫如, 務其實. 其異在乎隨時, 固不可以一時一事, 强爲之名而曲爲之義."(『明美堂全集』, 卷11 「原論」)

파악한다.[34) 그에 있어서 본심은 보편적 진리이며, 그는 이러한 보편적 진리인 본심에 입각하여 의리를 결정하였다.

> 나의 몸이 의리를 결정할 수 있으나 의리는 결정됨이 없고, 나의 마음이 의리를 궁구할 수 있으나 의리는 다함이 없다.[35)

이처럼 본질적 보편성보다 현실적 상황에 입각한 주체적 판단을 중시하는 영재의 상황적 의리론은 다름 아닌 양명학에 근거한 이론이다. 양명학은 보편적 원리의 탐색을 통해 윤리적 당위법칙을 발견하려는 주자학에 비해 본심에 내재한 보편성에 입각해 현실적 상황에 대처해 간다. 따라서 현실적 문제가 발생했을 때 주자학과 같이 객관적 의리를 통해 현실의 문제를 해결하는 것이 아니라 본심에 내재한 보편성에 입각하여 현실의 문제를 해결해 가는 상황적 의리론을 지향하게 되는 것이다. 그의 민족자존의 주체사상은 이러한 상황적 의리론에 입각하여 전개되고 있다.

3) 민족자존의 주체사상

영재는 당시의 지성인들과 마찬가지로 구한말의 시대적 상황을 국

---

34) "義理之說亦然, 其用舍行違之繫於身者, 須有一定於方寸之內, 而以此圍天下古今之無窮, 而使其悉由於吾之塗, 則非惟勢之所必不能."(『明美堂全集』, 卷9 「答汝園論出處書」)
35) "吾身, 可以定義理而義理無定. 吾心, 可以窮義理而義理無窮."(『明美堂全集』, 卷9 書「答汝園論出處書」)

가의 흥망이 달린 위기로 인식하고[36] 이를 극복하기 위해 고심하였는데, 그는 '倭와 西洋을 배척하고 전쟁을 통한 수구를 주장하는' 대원군의 쇄국정책을 현실 감각이 없는 정책이라 비판하고,[37] 동시에 주체성 없는 개화 또한 국권 상실의 가능성이 있는 것으로 파악하여 이를 반대하였다.[38] 그가 파악한 개화는 서양기술의 우월성을 인정하고 이를 수용함으로써 국가의 부강을 이룩하려는 것이었고 영재 또한 그 필요성을 절감하고 있었다.[39] 그러나 민족 스스로의 주체적 역량이 없이 단순히 외국의 힘에 의해서만 부강을 꾀한다는 것은 그에 있어서 극히 위험한 일로 이해되었다. 그는 일찍이 중국을 방문하여 그곳의 사정을 통해 사회진화론에 입각한 약육강식의 제국주의를 지향하는 서구 열강의 의도를 이미 짐작하고 있었다.[40] 따라서 국가의 부강을 위해 아무런 준비 없이 개화를 하기보다는 개화를

---

36) "顧今何如時哉, 寰宇波蕩, 疆圉旁午, 國恥民愁, 兵鈍財竭, 此誠賈誼流涕痛哭之日, 而諸葛亮危急存亡之秋也."(『明美堂全集』, 卷7 「擬論時政疏」)

37) 『明美堂全集』, 卷16 「明美堂詩文集敍傳」 參照.

38) 그의 이러한 입장은 강화도조약 체결 이후 청의 李鴻章(1823～1901)이 외국과의 通和를 권했을 때 이를 부정한 사실과(『明美堂全集』, 卷16 「明美堂詩文集敍傳」 "我無以自恃而恃鴻章, 則後必爲所賣.") 1882년 임오군란이후 개화파인 金允植(1841～1920), 魚允中(1848～1896) 등의 도움 요청을 거절한 사실(『明美堂全集』, 卷16 「明美堂詩文集敍傳」 "一日促召入, 允中於閤門外, 口宣上諭, 曰欲往天津乎. 欲往日本乎. 欲在此參機務乎. 建昌曰蓋不欲, 亦不能.") 등에서 잘 나타나 있다.

39) 영재에게 개화의 필요성을 알려 준 사람은 姜瑋(1820～1884)였다. 그는 실학자 金正喜(1786～1856)의 제자로 실학을 개화사상으로 승화시킨 학자였다. 그는 영재가 중국의 양무운동에 대해 물어본 것을 계기로 영재에게 개화사상을 전파하기 위해 노력하였다(김기승 「이건창 형제의 사상과 애국교육운동」 누리와말씀 5호, 인천카톨릭대, 1999)

40) 『明美堂全集』, 卷16 「明美堂詩文集敍傳」 參照.

통해 주어질 수 있는 제문제점을 미리 파악하고 이를 극복해 낼 수 있는 국가의 주체적 역량을 확인하는 작업이 선행되어야 한다고 영재는 이해하고 있었다.[41] 왜냐하면 이러한 준비 없이 개화를 한다면 결국 이질적 문명에 잠식당하거나 아니면 전통과 이질적 문명의 갈등 속에 더욱 어려운 상황에 빠져들게 될 것이기 때문이었다.[42] 그러나 영재가 파악한 당시 조선의 상황은 이질적 문명의 수용을 통해 야기될 제문제점을 소화할 수 있는 주체적 역량을 소유하지 못하고 있었다.[43] 이러한 주체적 판단에 의하여 영재는 개화를 통한 부강의 방법을 부정하고 개화를 국권 상실의 가능성이 있는 것으로 인식하게 되었다.

동시에 영재는 주자학자들의 華夷論的 衛正斥邪論과도 다른 입장에 있었다. 화이론적 위정척사론이란 尊華攘夷의 화이론에 바탕을 둔 주자학자들의 위정척사론이다. 여기서 尊華의 대상인 '華夏'란

---

41) "夫旣不得已而出於此, 則不可不盡吾之實理, 行吾之實事, 以見吾實富實强之效然後, 始可以有辭於天下."(『明美堂全書』, 卷7 「擬論時政疏」)

42) 대체로 이러한 우려 속에서 1870년대 후반 개화사상은 온건과 급진의 양파로 분파되었다. 온건파는 淸의 자강운동을 수용하여 서양의 기술만을 받아들이고 사상과 제도 등은 우리의 것을 고수하려는 '東道西器'적 입장을 취한 반면, 급진파는 전통사상인 유교를 서양의 '器'에 대한 '道'의 문제로 인식하기보다는 서양의 기술과 유교사상을 '實'과 '虛'의 문제로 인식하여 서양의 기술뿐만 아니라 사상과 제도까지 받아들여 급진적으로 우리의 전통적 체제를 개혁할 것을 주장하였다. 1882년 임오군란 뒤로 두 파는 정치적으로 대립하게 되고 급기야 1884년 급진파인 개화당에 의해 갑신정변이 일어났다. 이후 이러한 과정을 통하여 조선은 영재와 우려하였던 바와 같이 국치의 수모를 당하게 되었던 것이다.

43) "不知吾之實未成, 而名先播於外者, 非計之善者也."(『明美堂全集』, 卷7 「擬論時政疏」)

典章과 法度의 차원에서 이해되는 문명의 개념[44]으로, 진리의 근원
성과 문화의 우수성을 바탕으로 하는 춘추의 대의명분을 그 전제로
하고 있다. 이러한 존화양이의 화이론은 당시 무력을 앞세우고 경제
적 불평등을 강요하는 서구 제국주의 세력에 대해 위정척사의 사상
적 근거로 작용하여 구국적 의병운동으로 전개되었다. 그러나 그 운
동의 전개에 있어서 화이론에 바탕을 위정척사론은 민족의 주체성이
라고 하는 차원에서 재론의 여지가 있는 것도 또한 사실이다.[45]

영재는 급격하게 변하는 당시의 상황에 많은 방황을 하였으며,[46]
이 후 그의 입장은 민족자존에 바탕을 둔 주체사상의 확립으로 전개
되었다. 그에 있어서 주체성 없는 개화는 곧 매국이요, 현실적 대안
이 없는 수구는 미래를 기약할 수 없다. 이러한 관점에서 영재가 제
시한 방법은 스스로 부강할 수 있는 주체적 역량을 확보하는 것이었
다. 그에 있어서 국가의 부강은 단순한 형식적 개혁이나 모방에 있
는 것이 아니라 먼저 부강을 이룰 수 있는 실상을 확보할 때만이
가능해진다.[47] 그 실상이란 인간 속에 내재한 참된 주체의 확립이다.
참된 주체는 언제나 구체적 삶을 직시하고 이에 대해 적절한 주체적
판단을 내린다. 참된 주체가 배제된 형식적 판단이나 행위는 현실적
문제에 대한 적절한 효과를 기대할 수 없을 뿐만 아니라 오히려 역
효과를 나타낼 수 있다. 그러므로 참된 주체의 성실성과 의지만이

---

44) "華夏者, 文明也. 言其典章法度, 燦然文明也."(崔益鉉『勉庵集』, 卷4「再疏」)
45) 吳種逸「傳統思想의 近代的 轉移」(東西哲學研究 15집) p.5.
46) 1875년 중국에서 귀국한 영재는 운양호사건을 계기로 쇄국과 개화의 논
   쟁이 치열하게 전개되는 과정에서 많은 방황을 하게 된다.
47) "第維殿下, 雖有求富求强之名, 而未見有致富致强之實."(『明美堂全集』, 卷7
   「擬論時政疏」)

현실적 문제를 해결하는 첩경인 것이다.[48]

이러한 관점에서 영재는 당시 난국에 대한 타개책을 다음과 같이 고종에게 건의하고 있다.

전하께서 진실로 부강에 뜻이 계시고 반드시 그 효과를 기대하신다면 청컨대 명분에서 구하지 마시고 실상에서 구하십시오. 진실로 명분에서 구하지 아니하고 실상에서 구하고자 하신다면 이웃 나라에서 구하지 마시고 나에게서 구하십시오. 무릇 내가 부유하지 않은 까닭은 나에게 가난할 수밖에 없는 이유가 있기 때문이요, 내가 강하지 못한 이유는 반드시 나에게 약할 수밖에 없는 이유가 있기 때문입니다. 이것은 모두 나에게 있는 것이지 남에게 있는 것이 아닙니다. 가난하고 약한 것이 이미 나로 말미암고 남으로 말미암는 것이 아니라면 부유하고 강한 것도 또한 나로 말미암는 것이지 남으로 말미암는 것이 아닙니다. 가난한 원인을 돌이킨다면 곧 부유해지는 원인이 될 것이요, 약한 원인을 돌이킨다면 강하게 되는 원인이 될 것입니다. 이것을 이루는 원천은 오직 전하의 一心의 實에 있으니 變更의 紛紛함에 매이지 마십시오.[49]

여기서 영재의 민족자존의 주체사상의 실상을 살펴볼 수 있다. 영

---

48) "傳曰不誠無物, 盖誠者, 實理也. 實理之所在卽實事之所由, 實理不存乎內, 則實事不成乎外, 不誠則無物矣."(『明美堂全集』, 卷7 「擬論時政疏」)
49) "殿下誠有意乎富强, 而期其必效, 則臣請無求於名而求於實. 誠無求於名而求於實, 則臣請無求於隣國而求於我. 凡我所以不富者, 必我有所以貧也. 我所以不强者, 必我有所以弱也. 是皆在我, 不在人. 貧與弱, 旣由我而不由人, 反所以貧, 則乃所以富也. 所以弱, 則乃所以强也, 而其所以致此者, 亦惟在殿下一心之實, 而不繫乎變更之紛紛也."(『明美堂全集』, 卷7 「擬論時政疏」)

재도 국가의 부강이 당시의 당면과제인 것을 인정한다. 그러나 국가
의 부강을 위한다는 명분만을 가지고 국가의 부강이 성취되는 것은
아니며 외부적 조건이나 인국의 도움으로 성취되는 것도 아니다. 오
히려 내실이 없는 형식적 변화는 효과의 극대화를 이룰 수 없으
며,[50] 또한 급진적 변화는 성공보다는 실패의 가능성이 많은 것이
다.[51] 따라서 변화보다는 변화에 능동적으로 대처할 수 있는 주체의
확립을 영재는 현실을 타개할 수 있는 우선적인 전제조건으로 이해
한 것이다.[52] 이러한 관점에서 영재는 외세의 힘에 의존하는 개화보
다는 오히려 민족자존의 측면에서 자국의 역량을 확충함으로써 난국
을 타개해 나갈 수 있다고 생각하였다.[53] 그에 있어서 민족자존의
모습은 위로 국정의 책임을 맡은 군주로부터 아래로 신하와 백성이
이르기까지 한마음으로 단결하여 국가적 위기를 함께 대처해 나가는
것이며, 이러한 총체적 단결을 통해 현실적 문제에 대처해 갈 때 국
가적 위기는 반드시 극복되리라는 확신을 영재는 가지고 있었다.

> 이제 전하께서는 신하와 백성의 마음으로써 마음을 삼고 신하와 백
> 성은 전하의 일로써 자신의 일로 삼아 바람에 풀이 쓰러지듯 그림자
> 가 몸을 따르듯 한다면 무엇을 구한들 얻지 못하겠습니까?[54]

---

50) "殿下之所以爲此, 則惟隣國之政是視. 夫隣國之政, 設令有可取者, 在實不
在名, 未必有其名然後可以有其實也."(『明美堂全集』, 卷7「擬論時政疏」)

51) "天下之至難言者, 變更也, 而終不可難言, 而遂諱之也. 自古改絃易轍之
論, 十不用一二."(『明美堂全集』, 卷10「献忠錄序」)

52) "夫旣不得已而出於此, 則不可不盡吾之實理, 行吾之實事, 以見吾之實富
實强之效然後, 始可以有辭於天下."(『明美堂全集』, 卷7「擬論時政疏」)

53) "殿下之心, 有所未切, 而施之於献爲者, 終無以臻其效, 此所以爲殿下,
泄泄沓沓而思一言也."(『明美堂全集』, 卷7「擬論時政疏」)

4) 사회개혁론

전술한 바와 같이 영재는 급변하는 국제정세에 대처하는 방법으로
변화보다는 변화에 대처할 수 있는 주체의 확립을 요구하였다. 그런
데 당시 조선의 상황은 내적 모순을 그대로 방치한 채 외적인 변화
만을 통하여 이를 해결하려 하였다. 이러한 국가적 정책에 대하여
영재는 외적인 변화보다는 내적인 자기혁신에 의해 난국을 타개할
것을 주장하였는데, 그것은 기존의 사회적 제모순을 개혁하여 스스
로 부강할 수 있는 기틀을 마련하기 위한 것이었다. 이러한 입장에
서 영재는 당시 사회의 제 모순을 상세하게 지적하고 이의 시정을
요구하고 있다.

영재는 조선 후기의 사회적 모순이 한 시점에서 발생한 것이 아니
라 조선전반을 통하여 축적되어 온 것으로 파악하고 있었는데, 특히
조선 전반을 통하여 축적되어 온 정치적 파벌의식과 실질보다는 형
식을 강조하는 형식적 권위주의를 커다란 문제점으로 지적하고 있다.

실제 조선의 정치적 풍토는 주자학을 이데올로기화하여 여타의 학
문을 이단시하였으며, 이후 학파적 대립양상이 급기야 당파적 대립
으로 확산되어 당쟁을 일삼아 왔고, 영재가 활동한 당시에도 閥閱政
治에 의한 폐해가 극에 달하고 있었다. 영재는 당시의 사회적 난국
이 민생의 안정과 국력의 신장을 도외시한 정치적 당파성에 의한 벌
열정치에 있음을 심히 개탄하고 있다.[55]

---

54) "今殿下, 以臣民之心爲心, 臣民以殿下之事爲事, 風行景從, 何求不獲."
   (『明美堂全集』, 卷7 「擬論時政疏」)
55) "自黨論之分, 而取閥閱愈甚, 前之閥閱, 猶以資地, 後之閥閱, 純以黨論,

또한 영재는 실질보다는 형식을 중시한 주자학자들의 형식주의를 국가를 허약하게 한 또 다른 遠因으로 인식하고 있다.[56] 전술한 바와 같이 주자학의 의리론은 조선의 역사 속에서 자주성과 주체성으로 수용되어 사회 규범적 측면에서 탁월한 성과를 이룩하였음에도 불구하고 역사적 현실 속에서 지나치게 그 본질적 보편성만을 강조함으로써 현실적 문제로부터 遊離되는 乖離現狀을 나타나게 되었다. 이러한 괴리현상은 비단 현실의 문제를 해결할 수 없었을 뿐만 아니라 오히려 현실적 삶을 질곡의 상황으로 이끌어 가는 역할을 한 것도 사실이다.[57]

따라서 영재는 이러한 경직된 사고의 틀과 정치의 구조적 모순에 대한 개선이 없이 다만 형식적 변화만을 시도하는 당시의 정치현실을 비판하고 다음과 같이 정치의 질적 변화를 요구하였다.

첫째, 民生을 위한 政治를 요구하였다. 그에 있어서는 민생의 안정이 전제되지 않는 정치는 그 주체성을 인정받을 수 없으며 주체성을 인정받지 못한 정치는 무력해질 수밖에 없다. 따라서 난세일수록 민생의 안정이 무엇보다 필요한 정치적 과제임을 영재는 역설하고 있다.[58]

둘째, 言路開放을 주장하였다. 언로가 개방되지 않으면 민심의 소

祖宗名器, 遂爲黨人之私物."(『明美堂全集』, 卷11 「原論」)

56) "今則不然, 謂小人之名, 不足湛其宗而夷其類也. 故必假名義之說, 悉驅而納之於亂, 然後快焉."(『明美堂全集』, 卷11 「原論」)

57) "每見其聲罪人也, 必表擧義理之名, 構成森嚴之案. 嗚呼, 孰知義理二字, 爲後世殺人之刀斧也哉, 思之痛心."(鄭東愈 『晝永編』 下)

58) "有難必以鎭民心爲本, 此所謂不易之計也."(『明美堂集』, 卷7 「請勒邪匪附陳勉疏」)

재를 확인할 수 없으며, 또한 민심의 소재를 확인하지 않는 정치는 그 정치의 보편성을 인정받을 수 없다. 당시의 정치적 상황을 언로가 폐색된 정치로 인식한[59] 영재는 언로의 개방을 통해 民意의 所在處를 파악할 것을 주장하고 있다.[60]

셋째, 정치의 형식성에 대한 비판이다. 정치는 이론이나 명분보다는 백성들의 실질적 삶을 중시해야 한다. 당시의 정치를 백성들의 삶을 도외시한 형식과 명분만을 중시하는 정치로 인식한 영재는 도탄에 빠진 백성들의 삶의 질을 개선할 수 있는 실질적이고 실용적인 정치를 주장하고 있다.[61]

넷째, 정치의 공정성에 대한 문제이다. 정치가 공정성을 잃으면 사회는 혼란에 빠지고 백성들은 정치를 불신하게 된다. 이러한 점에서 영재는 당시 세도정치의 와중에서 법의 형평성을 무시한 정치행태를 비판하고,[62] 정치의 공정성이 민심의 안정을 위한 기반임을 역설하고 있다.[63]

이상과 같은 정치의 질적 변화가 있을 때만 민족적 주체의 확립

---

59) "噫, 言路之壅塞, 莫近日, 若謀身者, 稱以識時, 憂國者, 目以好事, 氣節摧沮, 風俗汚卑, 有君無臣."(『明美堂全集』, 卷7 「請勤邪匪附陳勉疏」)

60) "嬖倖俳優之類, 日進於前, 而無所不至, 忠志之士, 仰屋而不能談, 百姓小民, 群怨而不能聞, 此亦大可憂者也."(『明美堂全集』, 卷8 「擬客上平津候書」)

61) "使移斯心而措之實用, 內以自治其身, 以消其感慨激切之氣, 外以施之國政, 以祛其支離文節之弊, 則君臣同休, 福垂後世, 亦何事之不可辨, 而何他日之足憂哉."(『明美堂全集』, 卷11 「原論」)

62) "偏恩濫賞, 有加無節, 此亦聖念之所宜及也."(『明美堂全集』, 卷7 「擬論時政疏」)

63) "大凡人主, 無私財, 故無私惠, 無私好, 故無私臣, 一有不均不公, 國受其病, 而民必不安."(『明美堂全集』, 卷7 「請勤邪匪附陳勉疏」)

이 가능하며 이러한 주체의 확립을 기반으로 하여 국가의 부강도 추구할 수 있게 되는 것이다.

영재는 이러한 정치의 질적 변화를 전제로 다시 부국강병을 위한 시책을 다음과 같이 제시하고 있다. 이를 살펴보면 경제적인 측면에서 국가재정의 낭비를 줄여 國庫를 확보하며,[64] 사회적 측면에서 사대부들의 사치풍조를 없애고 節儉을 통하여 부강을 이룩하며,[65] 또한 정치적 측면에서 名節을 장려하여 사대부의 氣槪를 확립함으로써 이를 부강의 기틀로 삼는다는 것[66] 등이 그것이다.

요컨대 서세동점의 역사적 위기 속에 나타난 영재의 민족자존의 주체사상은 양명학에 바탕을 둔 심학사상에서 배태된 것으로, 그는 상황적 의리론에 입각하여 스스로의 주체사상을 확립하고 이를 바탕으로 사회제도개혁을 통한 부강을 추구함으로써 난국을 타개하려고 하였다. 그러나 이러한 영재의 입장은 이후 박은식에 이르러 다시 동도서기의 개화적 입장으로 전개된다.

(송석준)

---

64) "如其有裕, 則節蓄以待匱, 如其不足, 則集議于諸有司之臣, 各陳所見, 商確辨事, 取旨奉行."(『明美堂全集』, 卷7 疏 「擬論時政疏」)

65) "所以富所以强之實, 無他焉, 節儉而已."(『明美堂全集』, 卷7 p.7 「擬論時政疏」)

66) "又聞之, 國之强弱安危, 不在乎兵之利鈍財之豊絀, 而在乎名節之盛衰."(『明美堂全集』, 卷7 「擬論時政疏」)

2. 蘭谷 李建芳의 민족정신

    蘭谷 李建芳(1861년~1939년)의 조부는 丙寅洋擾 때 沙磯 李是遠과 함께 순절한 李止遠이고, 부친은 李象蘷이며 이건창은 그의 從兄이고 위당 정인보는 그의 문인이다. 그는 처음에는 주자학을 공부하였으나 뒤에 程顥의 定性書와 왕양명의 古本大學을 공부하여 양명학에 심취하였다.[67] 1894년 갑오년 이후 강화도로 은거하였으나 온몸을 던져 국난의 위기를 극복하려 하였던 선조들과 마찬가지로 그 또한 국가의 위기를 직시하고 이를 타개하기 위한 노력을 게을리 하지 않았다.

    그의 학문적 바탕은 양명학이며, 그의 현실 타개책은 모두 양명학에 바탕을 둔 본심에서 유래한다. 그는 양명학에서 유래되는 隨時應辯의 관점에서 당시 국난의 위기를 대하는 당시 지성인들의 대처 방안을 비판하기도 하고 때로는 긍정하기도 한다. 그에 있어서 객관대상의 판단주체는 인간 고유의 본심이며, 그는 이러한 본심에 입각하여 당시의 현실과 이에 대한 대처 방안을 제시한다.

---

67) 『詹園文錄』, 卷5 「祭蘭谷李先生文」.

1) 양명학에 대한 이해

난곡이 살았던 당시는 주자학이 사상계 전반을 지배하고 있었으며, 난곡 또한 이러한 당시 학계의 흐름에 따라 처음에는 주자학을 공부하였으나 난곡의 주자학에 대한 학문적 이해나 내용은 찾아보기 어렵다. 다만 주자학을 공부한 당시 학자들의 독선에 대한 비판을 통해 간접적으로 주자학에 대한 그의 태도를 살펴볼 수 있다.

> 진실로 그 말이 조금이라도 자기와 다른 것이 있다면 반드시 주자를 인용하여 그 말을 빗대어 주자의 죄인으로 배척하니 비록 마음으로는 그렇지 않은 것을 알지만 주자에 대해서는 어찌할 수가 없었다. 그래서 두려워하여 감히 대항하지 못하면 못할수록 더 스스로 옳은 것으로 여겨 기뻐하여 당시의 선비들을 재갈을 물려 제압해 복종하게 만들었다. 무릇 자기에게 동조하는 자는 천거하고 자기와 다른 자는 배제함에 주자의 말을 인용하여 裁斷하지 않는 것이 없었다. 조정에서도 또한 주자만을 존숭하여 주자를 칭송하는 자는 천거하여 발탁하고 주자를 배척하는 자는 내쫓는 실정이었다.[68]

물론 이 말을 통해 난곡의 주자학에 대한 견해를 알 수는 없지만 주자학만을 존숭하는 당시 학계나 정계의 문제점을 지적하고 있는 것으로 보아 적어도 주자학을 공부한 학자들에 대해 그다지 호의를

---

68) "苟其言有絲髮異者, 必引朱子以緣飾其言, 而討之以背朱子之罪人, 雖心知其不然, 而無如朱子何也. 益畏懼懾, 伏不敢抗, 則益自喜以爲是眞, 可以箝制一世之士, 而服其心也. 凡薦引同己, 排擠異己, 莫不引朱子之言, 以爲斷, 朝廷又爲其朱子也. 悉遷擢其稱譽者, 而貶黜其訕斥者."(『蘭谷存稿』, 卷6「文錄論」「續原論」)

가지고 있지 않음을 알 수 있다.

주자학의 학문적 특성은 인간 주체의 본심보다는 선험적 본성인 性을 진리로 인식하는 性卽理와 事事物物상에서 객관 定理를 궁구하는 格物致知, 그리고 先知後行의 학문 태도 등으로 요약할 수 있다. 이에 대해 양명학은 선험적 본성인 性보다는 인간 주체의 본심을, 사사물물상에서 객관 정리를 궁구하는 격물치지의 방법보다는 인간 주체의 본심을 사사물물상에서 실현해가는 致良知를, 선지후행보다는 지행합일의 학문적 방법을 중시하였다. 그중에서도 특히 왕양명은 주자학이 지닌 바 사사물물상에서 객관 정리를 궁구해가는 격물치지의 학문 태도에 대해 깊은 회의를 표시하였다.

> 주자의 소위 格物이란 사물에 나아가 그 이치를 궁구하는 것이다. 이것은 事事物物에 대해 소위 定理를 구하는 것이다. 따라서 吾心으로써 事事物物 가운데의 理를 구하는 것이므로 결국 心과 理를 나누어 둘이 된다.[69]

여기서 양명이 주자의 격물설이 心과 理를 양분하는 것이라고 비판한 것은 실천 주체인 인간 본심 이외에 또 다른 외재적 理를 긍정함으로써 실천주체인 본심이 소외되고 이로 말미암아 삶의 기준이 인간 주체의 본심보다는 외재적 리에 의거하게 될 개연성이 있다는 것이다. 물론 주자학에 있어서 이러한 외재적 리의 긍정은 나약해지기 쉬운 인간의 한계를 義理思想으로 승화시켜 국난의 위기가 있을

---

69) "朱子所謂格物云者, 在卽物而窮其理也. 卽物窮理, 是就事事物物上, 求其所謂定理者也. 是以吾心而求理於事事物物之中, 析心與理而爲二矣." (『傳習錄』 中 「答顧東橋書」)

때마다 이를 극복해가는 애국 사상으로 발현되었지만 외재적 리와 주체적 심을 분리시킴으로써 때로는 인간의 양심을 저버리고 의리사상에 假託하는 위선적인 행동의 근거가 되기도 하였다. 위선적인 행동을 의리에 가탁하는 잘못된 관행은 임병양란 이후 국기의 문란과 함께 더욱 심하여졌으며, 이후 주자학의 의리사상에 가탁한 허위의식이 조선 후반기에 이르기까지 사상계 전반을 지배하고 있었다.

> 근래 虛僞의 풍속은 위로 公卿으로부터 아래 士林에 이르기까지 헛된 표방을 내어걸고 높이 목표를 삼되 자기 처지에서 實事求是의 意義에 대해서는 전혀 생각하지 않는다. ……지금 허위의 풍속은 오로지 實事求是의 본뜻을 모르는 데서 공공연히 힘써 허무하고 빈 곳으로 달리는 것이다.[70)]

난곡 당시 또한 이러한 허위의식이 만연하고 있었으며, 난곡은 이러한 허위의식에 대한 진위 여부의 판단과 이를 타파하기 위한 방안을 양명학의 주체사상에서 찾고 있다. 양명학은 윤리적 당위법칙의 근거를 객관적 정리에 두는 주자학의 논리체계에 반대하여 인간의 本心을 도덕 주체의 근원으로 삼아 이를 인간과 사회에 발휘하려고 하는 데 있으며,[71)] 난곡은 이러한 양명학의 주체사상에 근거하여 현실을 파악하려 하였다. 그에 있어서 인간의 본심은 선천적으로 주어

---

70) "近來虛僞之風, 上自公卿, 下至士林, 莫不虛冒名號, 高作標致, 而於自己分上, 實事求是之義, 全不留意.…… 今世虛僞之風, 全不知有實事求是之義, 而公然馳鶩於虛無空中."(『德村集』, 卷3 「登對筵話」)

71) "若鄙人所謂致知格物者, 致吾心之良知於事事物物也. 吾心之良知, 卽所謂天理也. 致吾心良知之天理於事事物物, 則事事物物, 皆得其理矣."(『傳習錄 中』「答顧東橋書」)

진 인의지심으로, 至善의 德이며 동시에 이러한 본심은 인간이 객관 대상에 대한 주체적 판단을 내릴 수 있는 근거이다. 그러므로 인간은 이러한 본심을 근거로 삶의 큰 근본을 세우고 이에 근거하여 참다운 삶의 모습을 실현해 갈 수 있다. 인간이 자신의 삶만을 추구하지 않고 천지의 化育에 동참할 수 있는 것도 객관 대상과 언제나 하나가 될 수 있는 본심이 존재하기 때문이다.

性이란 것은 하늘이 인간에게 부여한 것이요, 사람이 하늘로부터 받은 것이다. 처음부터 理가 갖추어지지 않음이 없고 덕이 선하지 않음이 없으니 이를 잘 보존하여 길러서 대본이 서고 달도가 행해지면 비록 천지의 화육에 동참하는 것도 모두 내 성분의 고유한 바에서 이루어진 것이요, 다른 것을 기다려 더해진 것이 아니다.72)

양명에 의하면 인간의 의식은 心의 본체인 良知의 發動이며 동시에 대상인 사물의 所着處다.73) 그러므로 인간의 의식이 있는 곳에는 언제나 대상으로서의 사물이 있으며, 주체와 대상은 인간의 의식을 통해 연계되어 있다.74) 따라서 양명에 있어서 객관 대상은 인간이

---

72) "性也者, 天以是賦於人, 人以是受乎天. 其始也, 理無不具, 而德無不善, 具存而養之, 大本立而達道行, 則雖參天地贊化育, 皆吾性分之所固有, 非有待於外而增益之也."(『蘭谷存稿』, 卷4 「文錄記」 「復性齋記」)
73) "身之主爲心, 心之靈明是知, 知之發動是意, 意之所着爲物."(『傳習錄』 上 陸澄錄)
74) 양명의 主客一體思想은 心・身・知・意・物을 유기적인 관계로 파악하고 있는 점에서도 잘 드러나 있다. 도덕 주체로서의 '心'은 '知'의 발동처인 '意'를 통해 발현되며, '意'는 다시 耳目口鼻의 '身'을 매개로하여 구체적 '物'과 일체가 되어 있다(『傳習錄』 下 「陳九川錄」 "耳目口鼻四肢身也. 非心安能視聽言動. 心欲視聽言動, 無耳目口鼻四肢, 亦

주체적 판단을 내리게 되는 자료이며,[75] 동시에 인간의 良知를 실현
해 가는 대상이다. 이러한 대상은 인간 의식을 통해 인간 주체와 연
결되며, 심의 본체인 양지는 이러한 대상에 대해 주체적 판단을 내
리게 된다. 이처럼 양명학은 주체와 대상을 인간 의식을 통해 일원
화하고 일체의 가치 규범을 인간 주체의 판단에 의존하는 특성을 지
니고 있다. 난곡의 양명학 또한 주체적 판단을 중시하는 양명학의
특성을 그대로 견지하고 있다.

이 때문에 성이 선하지 않음 없으며 정 또한 선량하지 아니함이 없
어서 대상에 감응하면 또한 그 본말과 선후가 각기 그 마땅함을 얻어
질서를 잃지 아니하니 이를 일러 사물의 법칙이요, 백성들의 떳떳함
이라고 하는 것이다.[76]

인간 마음의 같은 것은 일상적인 언어와 일상적인 행동인 것이다.
그 본체로 말하면 性命의 바름이요, 仁義禮智의 德이 갖추어져 있는
것이요, 그 쓰임새로 말하면 윤리의 강상이 되고 군신부자의 도리가
행해지는 것이다.[77]

不能. 故無身則無心. 但指其充塞處言之謂之身. 指其主宰處言之謂之
心. 指心之發動處謂之意. 指意之靈明處謂之知. 指意之涉着處謂之物").
75) "心無體, 以天地萬物感應之是非爲體." (『傳習錄』, 下「黃省曾錄」)
76) "是以性無不善, 以情無不良, 惻隱羞惡, 隨感而應, 又其本末先後, 各得其當,
而不失其序, 是之謂物之則, 而民之彝也."(『蘭谷存稿』, 卷6「文錄論」「原
論中」)
77) "人心之所同然, 則庸言庸行之謂也. 以言乎其體, 則爲性命之正, 以仁義禮
信之德, 備焉, 以言乎其用, 則爲倫理之常, 而君臣父子之道, 行焉."(『蘭谷
存稿』, 卷6「文錄論」「原論中」)

이처럼 난곡의 양명학은 주체적 판단을 중시하고 있는데, 특히 난곡의 양명학은 현실적 상황에 따라 그 입장을 달리하는 因時制宜적인 특성을 지니고 있다. 이러한 특성은 같은 시대의 양명학자인 朴殷植(1859~1926)에게도 보이는데, 박은식은 양명학의 핵심인 양지를 '泛應不滯之知'로 파악78)하여 양명학을 隨時應變의 장점을 지니고 있는 것으로 파악하였다. 박은식의 수시응변적 태도는 당시 옛것만을 고집하고 시대의 변화에 적절하게 대응하지 못하였던 지식인들의 태도에 대한 비판적 태도에서 나온 것이었거니와 난곡 또한 시시각각 변해가는 당시의 현실적 상황과 관련하여 수시응변의 인시제의적 입장을 취하게 되는 것은 주체적 판단을 중시하는 양명학에서 비롯된 것이다.

또한 義는 일정하여 변화하지 않는 것이 아니다. 가볍고 무거움, 느리고 급함이 각각 마땅한 바를 따르는 것이다.79)

이치에서 얻고 의에 적합한 것이 이에 의가 되고 도가 되는 바이다.80)

---

78) "良知之本體가 卽天理이니 天理理想에 更有何物加乎아 學者는 惟當一心在天理上하야 靜則存此而養之하고 動則循此而行之면 方能以人合天이니 而語其發窮處則吾心之良知 是可라 良知者는 自然明覺之知오 純一無僞之知오 流行不息之知오 泛應不滯之知오 聖愚無間之知오 天人合一之知니 神乎妙乎孰得以尙之리오." (『朴殷植全書』中 p.48「王陽明實記」)

79) "且義, 非一定不移之物, 而輕重緩急, 各隨所宜."(『蘭谷存稿』, 卷6「文錄論」「原論中」)

80) "得於理, 而適於義者, 乃所以爲義而爲道也."(『蘭谷存稿』, 卷6「文錄論」「原論下」)

2) 현실 파악의 척도

(1) 眞假論

난곡은 양명학의 본심에 입각하여 당시의 현실을 파악하고 이를 해결하고자 하였는데, 그가 현실을 파악하는 근거로 삼은 것은 인간 행위의 진실 여부를 가리는 眞假論이었다. 강화학의 선구인 하곡 정제두는 일찍이 "우리의 학문은 안에서 구하고 밖에서 구하지 않는다. 안에서 구한다 함은 안으로만 살펴 外物을 단절함이 아니라 오직 스스로 자신의 만족을 구할 뿐 다시 밖의 득실을 일삼지 않는 것이다. 오직 자기 마음의 是非를 곡진하게 하고 다시 남의 시비에 따르지 않으며, 虛假를 버리고 實事를 구하는 것이 오직 자신의 마음을 따를 뿐이니, 어찌 남에게 관여하겠는가?"[81]고 하여 겉으로 드러나는 형식적 허위의식을 버리고 오직 인간 본연의 내실을 강조하였거나와 허위의식을 버리고 진솔한 삶의 태도를 간직하는 것은 하곡을 계승한 모든 학자들의 삶의 지표가 되었다.

하곡학을 계승한 난곡 또한 언제나 스스로 實心을 바탕을 둔 實學을 지향하였고, 道義에 假託한 허위의식을 비판하였다. 그에 있어서 '眞'이란 모든 사물이 소유한 스스로의 이치와 본성을 따르는 것이요, '假'란 스스로의 이치와 본성을 거스르는 것이다.

---

81) "吾學, 求諸內而不求諸外. 所謂求諸內者, 非反觀內省而絶外物也. 惟求其自慊於內, 不復事於外之得失. 惟盡其心之是非, 不復徇於人之是非, 致其實於事物之本, 不復求於事物之本, 不復求於事爲之迹也. 在於吾之內而已, 豈與於人哉."(『霞谷集』 II 「存言」 下)

대개 사물 모습은 만 가지로 달라 그 빼어나기도 하고 투박하기도 하며, 크기도 하고 작기도 하며, 맑기도 하고 탁하기도 하여 일정하지 않다. 그러나 각각 스스로의 이치를 소유하여 이를 본질로 삼아 스스로 다른 사물과 구분된다. 그러므로 그 사이에 추호의 거짓도 용납할 수 없는 것이니, 진실로 거짓을 더한다면 이는 곧 허위이고 진실되지 못해 하루라도 견딜 수 없을 것이다.[82]

여기서 스스로의 이치란 모든 사물에 부여된 고유의 본질이다. 이러한 본질은 인간에게는 본성으로, 사물에는 이치로 작용한다. 하늘로부터 받은 인간의 본성은 모든 존재의 생명을 존중하는 도덕적 선이며 동시에 다른 사물과 더불어 공존해가는 합리적 질서의식이다. 난곡은 이러한 도덕적 선과 합리적 질서의식을 따라 성실하게 살아가는 것을 '眞'이라 언표하였다.[83] 따라서 인간이 하늘이 부여한 도덕적 선과 합리적 질서의식을 따라 행동하면 인간과 사물이 함께 공존하는 천지의 화육에 동참할 수 있게 된다. 천지의 화육은 곧 우주의 대화합을 상징하는 것으로, 난곡은 이러한 우주의 대화합이 천지의 화육은 하늘이 부여한 내 본성의 고유한 바를 실천해 갈 때 가능한 것으로 보았다.

性이란 것은 하늘이 인간에게 부여한 것이요, 사람이 하늘로부터 받은 것이다. 처음부터 理가 갖추어지지 않음이 없고 덕이 선하지 않

---

82) "蓋物之品類萬殊, 其粹駁巨細淸濁之不齊, 而亦各有獨得之理, 以爲之本質, 而自別於他. 故其間不容纖毫假借, 苟可以假借, 則卽僞而不眞, 不可一日而存也."(『蘭谷存稿』, 卷3 「文錄序」「梅泉集序」)
83) "夫天下之物, 成於眞, 敗於僞, 眞者誠之謂也."(『蘭谷存稿』, 卷3 「文錄序」「梅泉集序」)

음이 없으니 이를 잘 보존하여 길러서 대본이 서고 달도가 행해지면 비록 천지의 화육에 동참하는 것도 모두 내 성분의 고유한 바에서 이루어진 것이요, 다른 것을 기다려 더해진 것이 아니다.[84]

이에 비해 '假'는 도덕적 선과 질서의식을 따르지 않고 허위로 꾸며 참된 이치를 잃어버리는 것이다.[85] 인간이 도덕적 선과 질서의식을 잃어버리는 것은 인간의 육체적 욕망에서 비롯되는 욕심 때문이다. 이러한 욕심은 인간을 타락시켜 자신의 욕심을 도덕적 선과 질서의식으로 위장시켜 세상을 어지럽힌다. 이러한 허위의식은 개인을 타락시키고 사회질서를 어지럽히며 나아가 국가적 위기까지 초래하게 된다.

난곡이 지적하는바 당시의 허위의식은 크게 두 가지로 나누어지는데, 그 하나는 문장에 대한 허위의식이다. 당시 선비들의 학문태도는 내재적 도덕성보다는 문장의 형식을 중요시하는 추세였다. 난곡은 이러한 당시 문장을 하는 선비들의 허위의식에 대해 그 문제점을 지적하고 있다.

> 도덕에 힘쓰는 자는 문장력을 겸할 수 있지만 문장만을 하는 선비는 반드시 모두 도덕성을 갖추고 있지 않다. ……거짓으로 도덕성을 위장한다면 장차 어디 간들 거짓이 아니리오. 그러니 또한 어떻게 올바른 문장을 쓸 수가 있겠는가?[86]

---

84) "性也者, 天以是賦於人, 人以是受乎天. 其始也, 理無不具, 而德無不善, 具存而養之, 大本立而達道行, 則雖參天地贊化育, 皆吾性分之所固有, 非有待於外而增益之也."(『蘭谷存稿』, 卷4「文錄記」「復性齋記」)
85) "粉飾虛僞, 梏喪實理."(『蘭谷存稿』, 卷6「文錄論」「原論上」)

문장이란 진실로 사물이 갖춘 것을 드러내고 전하는 것이다. ……진실로 그 사물이 거짓이고 진실되지 못하다면 비록 문장력이 있다고 할지라도 또한 어떻게 올바로 전할 수 있겠는가? 그래서 군자의 도는 반드시 먼저 바탕을 만드는 데 힘을 쏟고 그 후에 문장력을 키우는 것이다.[87)

　그리고 다른 하나는 국난의 위기에 대처하는 선비들의 현실 대응 태도에서 나오는 허위의식이다. 당시 국난의 위기를 맞이하여 한갓 私心과 偏見으로 개인적인 영달과 안일만을 추구하는 선비들의 허위의식에 대한 난곡의 질타는 너무나 당연한 것이었다.

　　천하에 지극히 두렵고 지극히 구분하기 어려운 것으로, 사람의 마음을 桎梏시켜 잃어버리게 하고 세상의 도를 해치는 것은 대개 도의를 가탁하는 말과 같은 것이 없다.[88)

　난곡의 진가론은 이처럼 당시 국난의 위기의식에서 배태된 것으로, 난곡은 사회에 만연해 있는 허위의식을 타파하고 도덕적 선과 합리적 질서의식을 회복하여 난국을 타개하려 하였다. 그러나 공자도 일찍이 덕을 사칭하는 향당의 문제점을 지적[89)]한 바 있거니와

---

86) "務道德者, 文章兼之, 而文章之士, 或未必皆有道德也.……假而爲德, 將無往而非假也, 又奚有於文章哉."(蘭谷存稿, 卷2 文錄 書「答曺深齋兢爕書」)
87) "文章者, 固物之所待而著且傳焉者也. ……苟其物僞而不眞, 則雖文, 亦奚以傳焉, 是以, 君子之道, 必先致力於質, 而後其文也."(『蘭谷存稿』, 卷3「文錄序」「梅泉集序」)
88) "天下之至可畏, 至難辨, 以桎喪人心, 而賊害世道者, 蓋未有若假道義之說者也."(『蘭谷存稿』, 卷6「文錄論」「原論中」)
89) "子曰, 鄕原德之賊也."(『論語』「陽貨」13章)

들의 허위의식은 언제나 진실로 가장하거나 아니면 그러한 허위의식을 진실로 믿기 때문에 이를 진실과 구분해 내기가 쉽지 않다. 난곡 당시 또한 도의를 사칭한 무리들이 세상의 눈을 속이고 있었다. 그렇다면 당시 선비들의 허위의식을 구분하는 방법은 무엇인가? 그것은 참된 도덕의식의 존재 여부를 통해 구분하는 것이다.

(2) 道義論

일찍이 공자는 '아침에 도를 들으면 저녁에 죽어도 좋다.'[90]라고 말하였거니와 도란 인간이 인간답게 살아가는 참된 길이다. 이 길은 언제나 인간에게서 멀지 않으며, 인간을 멀리하면 도라 할 수 없다.[91] 그런데 이러한 참된 길은 선험적으로 주어진 본성을 성실하게 따라 살아갈 때 가능해진다.[92] 논어에서는 이러한 모습을 忠恕로 표현하고 있다.[93] 여기서 忠이란 '스스로의 최선을 다하는 것'이요, 恕란 남의 입장을 내 입장과 바꾸어 '자기 자신을 미루어 남에게 나가는 것'이다.[94] 그리하여 온 세상의 모든 존재가 서로 화합하여 하나가 되는 것이 우리 모두가 가야 할 참된 도의 모습이다.

中이란 천하의 큰 근본이요, 和란 천하의 공통된 도이다.[95]

---

90) "子曰, 朝聞道, 夕死, 可矣."(『論語』「里仁」8章)
91) "子曰, 道不遠人, 人之爲道而遠人, 不可以爲道."(『中庸』13章)
92) "天命之謂性, 率性之謂道, 修道之謂敎."(『中庸』1章)
93) "子曰, 參乎, 吾道, 一以貫之. 曾子曰唯. 子出, 門人, 問曰, 何謂也. 曾子曰夫子之道, 忠恕而已矣."(『論語』「里仁」15章)
94) "盡己之謂忠, 推己之謂恕."(『論語』「里仁」15章 朱子註)

이에 비해 義란 인간 삶의 본질[96]이면서 동시에 구체적 삶에서의 時中의 모습[97]을 의미한다. 사랑이 인간이 머물러야 할 집이라면 의는 인간이 가야 할 바른 길이다.[98] 이러한 의는 인간의 마음속에 내재한 본질적 사랑이 외부적인 현상에 적응하여 나타나는 태도로서, 의는 언제나 인간의 본질적인 사랑과 현상이 지닌 時空性을 조화를 이룰 때만이 올바른 모습을 유지할 수 있다. 그러므로 인간의 본질적인 사랑은 같다고 할지라도 사람마다의 차이점과 시간과 공간의 차이에 따라 다르게 나타날 수 있다. 이러한 모습을 時中이라고 한다.

그렇다면 난곡이 도의를 문제 삼게 된 이유가 무엇이며, 그에 있어서 도의의 모습은 어떻게 이해되는지 알아보자. 먼저 난곡이 도의를 문제 삼게 된 이유에 대해 다음과 같이 말한다.

> 세상의 선비들은 大本과 達道에 이미 얻은 것도 없이 한갓 私心과 偏見으로 모양으로 따르고 안색으로 취하는 형식적인 것에만 의지하고 지나친 호승심에 빙자한 채 다른 사람의 안목을 두려워하며 좋은 소문이나 명예만을 구한다. 그래서 백성들의 떳떳함이나 사물의 법칙, 일상적인 언어나 일상적인 행동의 도덕성을 기뻐하지 아니하고 현실과 동떨어진 이야기나 기이한 행동만을 힘쓰며 이를 道와 德이라 생각한다.[99]

---

95) "中也者, 天下之大本也. 和也者, 天下之達道也."(『中庸』 1章)
96) "子曰 君子, 義以爲質, 禮以行之, 孫以出之, 信以成之, 君子哉."(『論語』 「衛靈公」 17章)
97) "義者. 宜也."(『中庸』 20章)
98) "仁人之安宅也, 義人之正路也."(『孟子』 「離婁」 上 10章)
99) "世之儒者, 於大本達道, 旣無所得, 徒欲以私心偏見, 藉其貌襲色取之僞, 而騁其夸大好勝之念, 以聳人心目, 而釣取聲譽. 故遂不屑於民彝物

난곡이 살았던 당시 조선의 상황은 일제의 침략으로 말미암아 국권이 상실되어 가는 위기에 처해 있었다. 그러나 국가와 민족을 책임져야 할 지식인들은 국가적 위기를 외면한 채 개인적인 영달이나 사회적 명예만을 구할 뿐이었다. 그러면서도 그들은 자신의 행위가 허위의식인 것을 알지 못한 채 자신들의 삶을 지극히 도덕적인 것으로 생각하고 있었다. 이에 난곡은 참된 도의의 모습이 무엇인지 그들에게 깨우쳐 줌으로써 그들로 하여금 국가와 민족을 위한 투쟁에 나서게 하려고 하였다.

난곡이 생각하는 참된 도의는 현실을 벗어난 高遠한 것이 아니라 일상생활 속에서 살아가는 사람들의 人之常情을 벗어나는 것이 아니었다. 오히려 인지상정을 벗어난 것들이야말로 참된 도의와 거리가 멀다고 난곡은 생각하였다.

> 대개 성인의 도는 사람들과 다른 것을 구하여 높은 도로 생각하는 것이 아니라 반드시 사람들의 정서에 합치하는 것을 구하는 것이다.[100]

또한 난곡이 생각한 義란 언제나 고정적인 불변의 것이 아니라 시공적인 상황에 따라 변화하면서 그 상황에 가장 적절한 모습으로 나타나는 것이다. 물론 의라고 하는 것은 불변의 의리를 나타내기도 하지만 난곡이 상황적 의리론을 강조한 것은 보수적이면서도 현실성이 부족한 도덕의식만을 의로 생각하여 현실감각이 없는 당시 지식

則之同然, 庸言庸行之常德, 而務爲竣高之說, 崖異之行, 以爲是道也義也."(『蘭谷存稿』, 卷6 文錄 論 「原論中」)

100) "夫聖人之道, 不求異於人以爲高, 而必求以合乎人之情也."(蘭谷存稿』, 卷6 「文錄論」「原論中」)

인들에 대한 강한 비판적 의도가 들어 있다.

　　또한 의는 일정하여 변화하지 않는 것이 아니다. 가볍고 무거움, 느리고 급함이 각각 마땅한 바를 따르는 것이니, 여기에 의로운 것이 저기에도 반드시 의로운 것이 아니며, 전날의 의로운 것이 오늘에 있어서도 반드시 의로운 것은 아니다.[101]

　　오호라 도의가 인심에 있는 것이 아직 없어지지 않았는데, 오직 의리에 가탁하는 자들이 그 참됨을 어지럽히니 이를 분변하기가 쉽지 않다. 그 참됨을 구하고자 하면 반드시 먼저 그 거짓됨을 알아야 한다. 무엇으로 그 거짓됨을 알 수 있는가? 성현의 도에 합치하는가의 여부를 가지고 알 수 있다. 무엇으로 성현의 도에 합치하는가를 알 수 있는가? 사람들의 정서에 합치하는가의 여부를 가지고 알 수 있다.[102]

난곡은 참된 도의란 시공적 변화에 관계없이 언제나 삶의 뿌리가 되어야 할 이치의 바름과 언제나 변해가는 현실적 상황에 대처하는 상황적 의가 조화를 이루어져야 한다고 생각하였다. 당시의 상황과 관련하여 불변의 상도와 상황적 의의 조화에 대해 난곡은 다음과 같이 말한다.

---

101) "且義, 非一定不移之物, 而輕重緩急, 各隨所宜. 此所以爲義者, 在彼, 未必爲義也. 前日之所以爲義者, 在今日, 亦未必爲義也."(『蘭谷存稿』, 卷6「文錄論」「原論中」)
102) "嗚呼, 道義之在人心, 未嘗亡, 而惟假者, 亂其眞, 則未易辨也. 欲求其眞, 必先知其假. 何以知其假, 以其不合乎聖賢之道也. 何以知其不合乎聖賢之道, 以其不合乎人之情也."(『蘭谷存稿』, 卷6「文錄論」「原論上」)

적개심을 품고 편안히 죽을 수 있는 것은 반드시 떳떳하여 언제나 변함없는 본성에서 나온 것이니, 이것은 곧 이치의 바른 것이요. 힘을 헤아리고 세력을 비교해 보는 것은 또한 사물의 법칙의 본연에서 나온 것이니, 이것은 곧 일의 마땅함이다. 이치에서 얻고 의에 적합한 것이 이에 의가 되고 도가 되는 바이다.[103]

그렇다면 본질적 이치에 부합하고 의에 적합한 당시의 참된 도의는 무엇일까? 난곡이 생각한 당시 상황에 적절한 참된 도의는 단순히 사회질서를 지켜가는 윤리적 도덕의식이 아니라 국가적 위기를 극복하기 위한 구국의 노력이다.

오호라 국권이 이미 무너지고 인류가 장차 멸망해가려 하는구나. 이때에 진실로 도의의 학설에 밝은 자가 또한 반드시 약해서는 편안할 수가 없고 낡은 구습은 굳게 지켜서는 안 되며, 나라의 부끄러움은 설욕하지 않으면 안 되고 민생은 보호하지 않으면 안 된다는 것을 알아야 한다. 반드시 전날의 부패를 혁신하여 다른 사람의 강함을 배워가기를 꺼리지 않고 반드시 전날의 무딘 것을 변화시켜 다른 사람의 기교를 배우기를 꺼리지 않아야 한다. 정신과 마음의 의지가 다만 民智를 계발하고 庶務를 일으키는 데 두고 일의 성패와 利鈍을 반드시 계교하지 말고 그 몸의 毁譽나 기롱을 반드시 근심하지 않아야 한다. 오직 큰 아픔을 부끄럽게 여기고 길을 걸을 때도 잊지 않고 먹고 쉴 때도 편안히 여겨서는 안 된다.[104]

---

103) "敵愾而死綏, 必有於秉彝之恒性, 是卽理之正也. 量力而度勢, 亦出於物則之本然, 是卽事之宜也. 得於理, 而適於義者, 乃所以爲義而爲道也." (『蘭谷存稿』, 卷6 「文錄論」 「原論下」)

104) "嗚呼, 國權已墜, 人類將滅, 又斯時也. 苟能明於道義之說, 亦必知弱

仁義之心은 사람이 본디 가지고 있는 것으로 감응하여 흥기하고 북돋워 나아가면 험하고 어려운 일이 있을 때 나아가 국가의 위기에 순절하여 자신을 돌보지 않게 되니 또한 이것은 리의 일정함이요, 직분의 마땅함일 뿐, 후천적으로 교정한 후에 능할 수 있고 억지로 한 후에 행할 수 있는 것이 아니다.[105]

난곡이 살았던 당시는 난국이었고, 난곡은 난국에서의 참된 도의는 단순한 도덕지심이 아니라 국가의 위기를 극복하기 위해 노력하는 것이라고 인식하였던 것이다.

3) 因時制宜的 救國方案

(1) 자주의식의 고취

당시 국가적 위기를 극복하기 위해 난곡이 제시한 방안 중에 하나는 사회의 지도적인 위치에 있는 지성인들의 자각을 촉구하는 것이었다. 그가 이처럼 지성인들의 자각을 촉구한 것은 지성인들만이

之不可以紐安, 舊之不可以膠守, 國恥之不可以不雪, 民生之不可以不保. 必不憚革前日之腐敗, 而學爲人之彊, 必不惜變前日之樸累, 而學爲人之巧, 精神心意, 只在於開民智, 而興庶務, 其事之成敗利鈍, 不必計, 其身之毀譽譏訕, 不必恤. 惟深恥大痛, 跬步而不可忘, 食息而不能安."(『蘭谷存稿』, 卷6 「文錄論」「原論中」)

105) "仁義之心, 彼所固有, 而感以興之, 鼓以趨之, 則赴險蹈難, 以殉國家之急而不恤其身, 亦理之常, 而分之宜耳, 非矯之而後能, 彊之而後行也." (『蘭谷存稿』, 卷6 「文錄論」「原論中」)

시시각각 변해가는 현실에 대응하여 民智를 계발하고 庶務를 정비하여 무너져가는 국가를 다시 일으켜 세울 수 있다고 판단하였기 때문이다.

그러나 오랜 습속에 젖은 世儒들의 개인적인 욕심과 명예를 추구하는 구태의연한 의식은 쉽게 고쳐질 수 있는 것이 아니었다. 당시 조선 사회는 주자학을 체제교학으로 숭상하고 있었는데, 주자학이 주장하는 바 의리론은 자주성과 주체성으로 표방되어 사회 규범적 측면에서 탁월한 성과를 이룩하였다. 이러한 의리론은 임진왜란과 병자호란 등 외세의 침략을 통해 義의 信念과 勇氣를 불러일으키기도 하였으나 한편으로는 지나치게 그 본질적 보편성을 강조함으로써 현실과 유리되기도 하였고 의리를 가탁한 허위의식으로 사회적 문제를 야기하기도 하였다.[106] 난곡은 조선 중기 이후 성행해 온 주자학을 숭상하는 세유들의 허위의식을 구체적으로 지적하고 있다.

이에 더욱 큰 말로 사람들을 속여 주자를 성인의 집대성자로 여기고, 자기를 또한 주자의 嫡傳으로 삼았다. 또한 임금이 瀋陽의 치욕을 설욕하려는 뜻이 있음을 보고 몰래 대의의 설로 풍자하여 안으로는 임금의 총애를 굳히고 또한 그 임무의 막중함을 빙자하여 관리들을 꾸짖으니 조정과 재야의 선비들이 더욱 서로 흠모하고 우러러 보아 그것을 진정한 대의로 생각하였다. 처음에는 그를 주자에 비견하는 선비로 인용하였다가 나중에는 그 문도들이 곧장 미루어 그를 공

---

106) "夫虛僞之風之說, 則所謂虛僞與文勝有異. 文勝云者, 文勝於質而不能彬彬也. 虛僞云者, 文滅其質而并與其文而歸於虛僞也. 目今大同之俗, 口不絶義理之談而義理晦塞莫此時, 若言必稱廉隅, 而廉恥道喪, 未有甚於今日."(梁得中『德村集』, 卷1)

자에까지 비견하니 당당하게 스스로 춘추의 筆削의 의를 자임하고 말할 때마다 대의를 일컬었다.[107]

이러한 주자학의 의리사상을 가탁한 허위의식은 중국의 年號를 사용하는 것에서도 나타난다. 조선조에서 중국의 연호를 쓰는 것은 일반적인 것이었지만 심지어 난곡이 살았던 구한말에 이르기까지 이러한 사대주의적인 의식이 성행하여 민족적 자주의식을 좀 먹고 있었다. 이에 난곡은 당시에 중국의 崇禎 연호를 쓰는 것이 공자의 춘추필법에 의거한 것이라는 주장에 대해 이를 민족적 자주의식의 입장에서 이를 비판하고 있다. 난곡은 당시 우리가 숭정연호를 쓰는 것은 공자의 춘추필법과 전혀 다르다고 주장한다. 그에 따르면 공자가 쓴 '春王正月'의 춘추필법은 당시 周라는 나라의 실체가 있었음에 불구하고 제후들이 이를 무시하기 때문에 일부러 春秋筆法의 尊周意識을 통해 국가의 기강을 회복하려고 한 것이었지만 숭정의 연호는 이미 그 실체가 사라진 명나라 毅宗의 연호이므로 이미 사라진 나라의 연호를 쓰는 것은 그 의미가 전혀 없을 뿐만 아니라 오히려 허위의식에 가탁하는 의리일 뿐이라는 것이다. 그러므로 이미 사라진 나라의 연호를 쓰는 것은 의리를 가탁하는 행위로써 세상의 교훈이 되는 것이 아니라 오히려 이치를 어기는 행위임을 난곡은 주장한다.

---

107) "於是, 益大言欺人, 而朱子爲聖人之集成, 而己且爲朱子嫡傳. 且見上以審陽之辱, 慨然有伸雪之志, 陰以大義之說諷之, 以內固其寵, 而又藉其重, 以哃喝廷紳, 則朝野之士, 益相與歆慕瞻誦, 以爲是眞大義也. 始猶引朱子爲比, 久則其門徒, 直推而擬之於孔子, 則儼然自任以春秋筆削之義, 而言必稱大義."(『蘭谷存稿』, 卷6 「文錄論」「續原論」)

보내준 글에서는 '비면의 숭정 기원후 모년이라고 쓰는 것이 마땅'
하다고 하였습니다. 그러나 숭정이라는 연호는 명나라 의종의 연호로
명나라가 망한 지 이미 오래인데 오히려 그 연호를 쓰는 것은 정성스
럽지 못함이 이보다 더 큰 것이 없습니다. ……하물며 나라가 없는데
나라가 있는 것처럼 하겠습니까? 이것은 그 실상을 구하지 않고 의리
에 가탁한 것이니 이는 이치를 거스르는 것이며 상도를 배반하는 것
이다. 그러므로 이것은 가르침이 되는 것이 아니라 도리어 구습에 너
무 오랫동안 익숙해져 실상을 살펴보지 못한 것이다.[108]

   이처럼 당시의 선비들은 국망의 위기 속에서도 허위의식에 가탁한
의리사상에 빠져 있었으며 난곡은 이러한 선비들의 허위의식을 타파
하여 민족의식을 일깨움으로써 위기에 빠진 나라를 구원하려고 하였다.
   또한 한편으로 국망의 위기 속에서 순국을 통해 스스로의 의리를
지키려 하였거나 정절을 지키려고 하였던 선비들에 대해서도 그 입
장과 상황에 따라 순국이나 정절의 의미가 달라진다고 난곡은 주장
한다.
   당시 망국의 위기를 맞이하여 순절한 趙秉世(1827~1905) 閔泳煥
(1861~1905) 두 사람에 대해 사직의 책임이 있는 자로써 자결하는
것은 적절치 못하다고 주장하는 자가 있었다. 그에 따르면 순절하는
것도 입장이 있는 것이니, 사직을 맡을 책임이나 지위가 있으면 순
절하는 것이 적절하지 않고, 사직을 맡을 책임이나 지위가 없다면

---

108) "來敎謂, 碑面當書崇禎紀元後某年. 夫崇禎者, 明毅宗之年號也. 明亡已
    久, 猶書其號, 不誠孰甚焉. …… 況無國而可以爲有國乎, 不求其實, 而假
    以爲義, 則悖理畔經, 不可爲訓, 而顧沿襲已久, 紐而不之察也."(『蘭谷存
    稿』, 卷2「文錄書」「答梁信默書」)

순절하는 것이 가능한 것인데, 두 사람은 사직을 책임지고 있는 입장이므로 순절하는 것이 적절치 않다는 것이었다. 이에 대해 난곡은 두 사람이 당시 비록 대신의 지위는 있었으나 권력이 없었으므로 사직을 책임질 수 있는 입장이 아니었음을 전제하고, 두 사람의 순절은 충분한 가치가 있다고 반박하였다.

> 몸이 책임을 맡아야 할 무거움도 없고 힘이 무너지고 위험한 것을 지탱할 수 있는 희망도 없다면 오직 한번 죽음으로써 내 마음을 밝히고 나의 의로움을 다할 수 있는 것이니, 두 분의 죽음은 정히 의로움을 얻었으니 다시 의논의 여지가 없다.[109]

난곡이 생각하는 순절에 대한 의미는 사직의 책임이 있느냐 없느냐고 하는 현실의 입장이 중요한 것이 아니라 오히려 얼마나 순절의 모습이 내 마음속의 의리에 얼마나 충실하였는가 하는 것에 달려 있다. 그러므로 순절은 사직의 책임 여부와 관계없이 스스로의 의리에 충실하여 상황에 따라 순절을 하지 않고 사직을 안정시키기 위해 노력할 수도 있고, 때로는 순절할 수도 있다는 것이 난곡의 판단이다.

> 군자가 강론하고 변별하여야 할 것은 나라의 안정을 도모할 것인가 아니면 순절할 것인가 하는 것이 아니요, 내 마음의 의리를 강론하고 내 마음의 의리를 변별하는 것을 말하는 것이다. 만약 평소에 내 마음을 보존하고 잘 길러서 일에 임하여 정밀하게 살펴 의리가 드러나

---

109) "身無肩責受任之重, 力無扶顚持危之望, 則惟有一死, 可以明吾之心, 而盡吾之義. 此二公之死 正得其義, 而不見其有可議者也."(『蘭谷存稿』, 卷2「文錄書」「答洪汝園少宰承憲書」)

고 사욕이 개입되지 않는다면 나라의 안정을 취할 입장이 되면 안정을 취하고 순절을 취할 입장이 되면 순절을 취하여 처한 바를 따라 스스로 중용이 되지 않음이 없는 것이다.110)

난곡의 이러한 판단은 양명학이 지니고 있는 수시응변의 특성에서 비롯된 것으로, 이러한 隨時應辯의 양명학적 현실인식의 태도는 당시 斷髮令에 대한 대처 방안에서도 그대로 드러난다. 당시 일제의 강압에 의해 단발령이 내려지자 많은 사람들이 이에 반발을 하였는데, 당시의 사람들은 단발령을 거부하는 것이 貞節을 지키는 것으로 생각하였다. 그러나 난곡의 입장은 이와는 달랐다. 수시응변의 양명학에 바탕을 둔 난곡의 단발령에 대한 태도는 단발의 여부를 내 마음의 판단에 따르는 것이 중요하다고 생각하였다.111) 따라서 단발을 하느냐 하지 않느냐가 중요한 것이 아니라 오히려 당시의 상황에 따른 스스로의 판단 여부가 더 중요하다는 것이다. 그러므로 현실의 당위 여부에 대한 스스로의 판단이 확실하다면 단발을 하여도 단발을 하지 않아도 문제가 없다는 것이 난곡의 생각이다.

　그대가 진실로 망국을 깊이 부끄러워하고 크게 아파하여 이를 그칠 수가 없다면 剃髮을 하는 것도 가능하다. 망국이 나의 책임으로 여기지 않아 스스로 내 한 몸을 깨끗이 하고자 한다면 체발을 하지 않아

---

110) "君子之所講辨, 非靖與殉之謂也. 講吾心之義, 辨吾心之義之謂也. 若使存養有素, 而臨事精察 義理昭著, 而私欲不累, 則當靖而靖, 當殉而殉, 隨所處, 而自無不中."(『蘭谷存稿』, 卷2「文錄書」「答洪汝園少宰承憲書」)
111) "吾之義, 在於天理民彝之不得不然, 而不在於剃不剃也."(『蘭谷存稿』, 卷6「文錄論」「原論中」)

도 또한 괜찮다. 오직 자기의 사사로운 입장을 참고하지 않고 참된 도에 따라 이를 추구하거나 거부하는 계책을 세워야 할 것이다.112)

그렇다면 단발에 대한 난곡 자신의 입장은 무엇인가? 난곡이 중시한 내 마음의 판단은 곧 현실에 대한 수시응변의 상황적 판단이다. 그러므로 올바른 판단을 내리기 위해서는 현실을 객관적으로 파악하는 것이 중요하다. 그는 현실의 입장을 국권이 존재하였던 시기와 국권을 상실하였던 시기에 따라 단발의 여부에 대한 입장을 달리한다. 즉 국권이 존재하는 경우는 우리의 예악과 풍속을 우리 스스로 자유로이 결정하는 것이니, 우리의 중요한 풍습을 지켜 단발하지 않는 것이 옳은 것이다.113) 그러나 국권이 상실되고 난 뒤는 단발의 풍습보다 더 중요한 것도 모두 잃어버리게 되므로 국권의 회복을 위하여 필요하다면 단발도 할 수 있다는 것이 난곡의 판단이다.114) 따라서 단발을 거부하는 것은 국권이 존재할 때의 일이요, 국권을 잃고 난 후에도 국권의 회복을 위해 노력하지 않고 단발의 거부만을 고집하는 것은 국가를 도외시한 채 개인의 명예만을 추구하는 허위의식으로 난곡은 단정하고 있다.

---

112) "子誠知深恥大痛, 不可以已, 則剃之固可也. 謂以非吾之責, 而潔身之是謀, 則不剃之, 亦可也. 惟毋以己私參之, 爲較道趨避之計也."(『蘭谷存稿』, 卷6「文錄論」「原論下」)

113) "夫國權不去, 而我能自立, 則我之禮樂風俗, 我皆可以自由, 其重之不及髮者, 尙有以保之, 況髮之重, 而可以剃之乎哉."(『蘭谷存稿』, 卷6「文錄論」「原論中」)

114) "國權旣失之後, 羈之縶之, 彼已食我之肉, 而寢我之皮矣, 重於髮者, 剗削已盡, 又暇爲髮之慮, 而潔之謀也."(『蘭谷存稿』, 卷6「文錄論」「原論中」)

자기의 몸을 잊는 것은 오히려 가능하지만 국가와 생령의 화를 잊어버리고 내 한 몸만 깨끗이 하고자 도모한다면 본심의 양심의 죽이는 것이요, 경중의 원칙을 잃어버리는 데 가깝지 않겠는가?[115]

혹자는 '오늘날의 사정은 희망이 완전히 좌절되었으니 비록 하고자 하여도 미치지 못하니 내 한 몸 깨끗이 하여 스스로의 안정을 도모해야 하지 않겠는가'라고 말한다. 오호라 이 생각은 또한 天理와 백성들이 추구해야 할 도리의 떳떳함이 마땅히 가져야 할 바가 아니다. ……이른바 깨끗이 한다고 하는 것은 스스로 체발을 하지 않겠다는 것을 말하는 것이다. 그러나 모발이 비록 중요하지만 나라가 망하고 인류가 멸망하는 것에 비한다면 오히려 가벼운 것이 아니겠는가?[116]

이처럼 난곡은 망국의 위기를 당하여 당시 지성인들의 자주의식을 고취하였는데, 그는 당시의 지성인들로 하여금 허위의식에 가탁한 의리나 명예를 추구하기보다는 실심과 실리에 입각한 구체적 구국 방안을 모색해 줄 것을 요청하였다.

(2) 自强을 위한 개화

당시 조선의 현실은 서세동점의 위기 속에서 개화와 수구의 대립과

---

115) "忘其軀, 猶可也. 忘國家生靈之禍, 而有潔身之是謀, 則不幾近於戕本心之良, 而失輕重之則也."(『蘭谷存稿』, 卷6「文錄論」「原論中」)
116) "或謂今日之事勢, 決望絶, 雖欲有爲, 而不可及, 無寧潔身以自靖. 嗚呼, 是說也, 又非天理民彝之常, 所宜有也. …… 吾知其所謂潔者, 不過指其身之不剃髮, 不披緇而言也. 髮雖重矣, 而比國亡人滅, 不其有閒乎."(『蘭谷存稿』, 卷6「文錄論」「原論中」)

갈등 속에서 번민하고 있었는데, 서세동점의 위기는 사회진화론[117]에 바탕을 둔 서구의 제국주의적 침략에 기인하는 것이었다. 당시 중국에서는 이미 사회진화론이 嚴復(1853~1921)에 의해 『天然論』으로 소개되었고 양계초(1873~1930) 등 많은 학자들은 자연도태와 생존경쟁을 인간의 능력으로 제어할 수 있다는 헉슬리(Tomas Henry Huxley 1825~1895)의 진화사관에 동의하고 사회진화론을 중체서용의 입장에서 수용하여 反帝國·反封建·反植民의 민족주체의식을 고취시키는 변법자강론을 주창하였다. 1900년대에 들어서면서 우리나라에도 사회진화론이 본격적으로 수용되어 많은 사람들이 중국 변법사상가들의 영향을 받게 되는데, 난곡 또한 서구 제국주의가 지닌 약육강식의 논리를 잘 알고 있었다.

> 서구인들이 말하는바 강함과 약함에 있어 힘이 곧 정의가 된다는 것은 이 또한 公例의 원칙이며 어쩔 수 없는 것이니, 다만 강자를 꾸짖어 흉포하다고 하고 약자를 일러 용서해야 한다고 한 후에 비로소 정론이라고 말할 수 있는 것이 아니다.[118]

서구 제국주의는 生存競爭·自然淘汰의 사회진화론에 바탕을 둔

---

117) 사회진화론은 1895년 다윈(1809~1882)의 종의 기원에 의해 제시된 생물진화론을 인간사회에 적용시켜 자본주의적 적자생종의 논리로 전개한 스펜스에 의해 주창되었다. 이후 사회진화론은 헉슬리. 헥켈 등에 의해 자연도태설을 중심으로 한 진화론으로 발전되었다(정용재 찰스 다윈: 서울 민음사 1988. pp.210~223).

118) "歐人所謂强與弱, 遇權力, 卽道理者, 是亦出於公例原則, 不得不然之故, 而不獨訴彊者爲暴戾 而謂弱者爲可恕然後, 始得謂之正論也."(『蘭谷存稿』, 卷6「文錄論」「原論上」)

것으로, 단순한 도덕지심으로 쉽게 이를 거부하거나 비판할 수 있는 논리가 아님을 난곡 또한 실감하고 있었다. 그는 당시의 세유들처럼 그들의 논리를 비판하기보다는 오히려 그들이 가지고 있는 입장을 자연도태와 생존경쟁의 입장에서 이해하려고 하였다.

> 무리들이 많아지면 무리와 무리들이 서로 다투게 된다. 이것은 또한 이치의 필연적인 것이요, 그 기세가 반드시 그렇게 되는 것이다. 이미 서로 다투는데 이르면 강한 자는 반드시 승리하고 약한 자는 반드시 패배하며, 기교가 있는 자는 반드시 얻고 졸열한 자는 반드시 잃는다. 이것이 자연의 公例요, 생존경쟁의 원칙이니, 어쩔 수 없는 것이다.[119]

그러나 우리의 현실은 국가적 위기 앞에서도 국가와 민족을 책임져야 할 지식인들은 이를 극복하기 위해 노력하기보다는 지나간 구시대의 습속에만 안주하거나 도의를 가탁한 허위의식에 빠져 개인적인 영달과 명예만을 추구하고 있었다. 그는 나라가 이처럼 망국의 길로 치닫게 된 것도 현실을 외면한 채 한갓 패륜만을 비판하고 옛것만을 고집하는 지식인들의 책임이라고 말한다.

> 저 열강의 진화론은 날로 성하여져서 정치와 법률의 발전, 해군과 육군의 확장, 전신과 철도의 교통, 삼림과 농공상업의 발달이 모두 하루에 천리를 가는 추세에 있건만 우리들은 또한 먹는데 편안해하고 잠자는 것만을 즐겨 게으르고 편안해하는 풍조가 오히려 전과 똑같다.[120]

---

119) "群者衆矣, 則群與群相爭. 此又理之必然, 而勢之必至者也. 旣至於相爭, 則彊者必勝, 而弱者必敗, 巧者必得, 而拙者必失. 此天演之公例, 物競之原則, 不得不然之故也."(『蘭谷存稿』, 卷6「文錄論」「原論上」)

지금 국가의 위기는 民智가 계발되지 않고 庶務가 일어나지 않은 데 따른 것이니, 民智가 개발되지 않고 庶務가 일어나지 않은 채 우리의 당이 옛것만을 고집하는 데 익숙하여 更張을 생각지 않는 것은 진실로 그 책임을 면할 길이 없다. 이것은 단순히 그 사람됨의 현명함이나 변별력의 차이에 따라 생기는 문제가 아니다. 대개 청렴과 의를 숭상하는 선비들이 옛것만을 고집하여 변하지 않은 채 실로 패륜의 무리들이나 꾸짖으며 사람들의 이목을 놀라게 하고 의구심이나 불러일으키면서 實理를 궁구하지 않은 때문이다.121)

난곡이 참된 도의를 단순한 도덕지심으로 파악하지 않고 국가의 위기를 극복하기 위해 노력하는 것이라고 인식하게 된 것도 이러한 약육강식의 생존경쟁에 바탕을 둔 서구의 제국주의적 침략에 대응하기 위한 것이었다. 국가적 위기를 당해 지성인이 느껴야 할 참된 도의는 망국의 아픔을 느끼는 것이요, 구국을 위해 노력하는 것이다.

천리와 백성들이 지켜야 할 도리, 일상적인 말과 행동의 道에 대해 이를 귀하게 여기는 것은 나라가 망해 갈 때에 슬퍼할 줄 알고 인류가 멸망해 갈 때 애통할 줄 알 수 있기 때문이다.122)

---

120) "彼列彊之進化日盛, 政治法律之修明, 海陸軍隊之擴張, 電信鐵道之交通, 森林農工商業之發達, 皆有一日千里之勢, 而吾且晏食酣寢, 怠惰恬嬉之風, 猶夫前也."(『蘭谷存稿』, 卷6「文錄論」「原論上」)

121) "吾今以國家之禍, 由於民智之不開, 庶務之不創, 而民智之不開, 庶務之不創, 吾黨之狃於膠守而不思更張者, 誠無以辭其責也. 非以其人之賢愚而辨駁爲也. 蓋淸義之士, 所以膠守而不變, 實懲於悖倫越防之徒, 駭耳目, 而滋疑懼, 遂拜其實理, 而不之究也."(『蘭谷存稿』, 卷6「文錄論」「原論上」)

122) "所貴於天理民彝庸言庸行之道者, 以其國亡而知其爲可悲, 人滅而知其

대개 도의의 실상은 물에 빠진 자를 구하고 불에 타는 자를 구하는 것보다 더 먼저 할 것은 없다. 지금 국가가 약해지고 병든 지 오래인데, 한갓 맨손으로 烏獲의 강한 활과 날카로운 칼을 당하려고 한다면 보잘것없는 도의가 과연 족히 그 흉한 칼날을 꺾고 사납고 뜨거운 것을 제압할 수 있겠는가?[123]

그렇다면 국가적 위기를 극복하는 대처방안은 무엇인가? 난곡은 무엇보다 민족을 이끌어 갈 능력을 지닌 지성인들이 현실의 문제점을 파악하여 솔선수범하여 민중을 이끌어 가는 것이 중요하다고 판단하였다. 이를 위하여 먼저 해야 할 일은 현실에 도움이 되지 못하는 지나간 시대의 잘못들을 과감하게 개선하는 것이다. 특히 난곡이 강조한 것은 지식인들의 구습에 젖은 나태한 무사안일주의적인 사고의 탈피였다. 그리고 다음으로는 현실에 대한 객관적인 판단을 할수 있어야 한다. 당시의 상황은 망국의 위기이므로 개인적인 욕심이나 명예보다는 국가와 민족을 위한 공심과 공리로서 현실을 판단하는 것이 무엇보다 중요하다. 그리고 마지막으로 서구의 물질문명이 가진 장점을 받아들이는 것이다. 당시의 시대적 추세는 약육강식과 생존경쟁의 논리가 지배하는 시대였고, 이러한 현실에서 살아남는 길은 스스로의 힘을 키워 열강의 세력에 대항하는 것이다. 당시의 시대 상황으로 볼 때 자강의 노력이야말로 약육강식의 현실에서 살아남을 수 있는 절실한 과제임을 난곡은 누누이 강조하고 있다.

爲可痛也."(『蘭谷存稿』, 卷6 「文錄論」「原論中」)

123) "夫道義之實, 莫先於拯溺救焚. 今國家之羸病, 久矣, 使之徒手, 而當烏獲, 之勁弩利刃, 則其區區之道與義, 果有足以折其凶鋒, 而制其虐燄耶."(『蘭谷存稿』, 卷6 「文錄論」「原論上」)

오직 도를 지키고 의를 추구하는 선비들만이 백성들이 우러러 보는 자들이며, 사방에서 믿고 따른 자들이다. 그들로 하여금 통상의 초기에 지나간 시대의 의식을 굳게 지키려는 사사로운 생각을 버리고 공심과 공리로 현실을 판단하게 하여 진실로 그 도로 하여금 족히 나라를 이롭게 하고 백성들을 편하게 하기 위해 우리의 게으름과 안일함을 개혁하기를 꺼리지 않고 저들의 흥기할 만한 일들을 본받고 우리의 부패하고 나약함을 변화시키기를 애석하게 여기지 않으며, 저들의 쇄신함을 본받아 이로써 백성들을 인도해 갔더라면 백성들이 믿고 따르는 자들이 많아서 이들을 장려하고 분발하여 날마다 자강의 길로 나아가게 되어 국가의 화가 혹 여기에 미치지는 않았을 것이다.[124]

(송석준)

---

124) "惟守道秉義之士, 人民之所觀瞻, 而四方之所信服也. 使於通商之初, 袪其膠守舊見之私, 而斷之以公心公理, 苟其道, 有足以利國而便民, 則不憚革吾之怠惰恬嬉, 而效彼之興作, 不惜變吾之腐敗告窳, 而效彼之刷新, 以爲人民倡, 則人民之信從者衆, 而獎勵奮發, 日趨於自彊之途, 而國家之禍, 或不至於是矣."(『蘭谷存稿』, 卷6「文錄論」「原論上」)

3. 爲堂 鄭寅普의 양명학 이해

1) 鄭寅普의 학문적 계보, 영향관계에 대한 논의

鄭寅普의 제자 閔泳珪(1915~2005)가 「爲堂 鄭寅普先生의 行狀에 나타난 몇 가지 문제 - 實學原始」라는 글의 첫머리에서

> 爲堂 鄭寅普 선생에 관해서 우리는 너무도 아는 바가 적다. 아는 바가 적다 하기보다 오히려 그것을 사실과 다르게 오해하고 있는 부분이 더 많다고 평하는 것이 옳을 것이다.[125]

라고 말하였다. 이 말은 '實學'에 대한 것이긴 하지만, 사실 지금부터 이루어질 양명학 관련 연구에서도 귀감이 될 좋은 말처럼 보인다. 왜냐하면 그의 양명학 연구의 의미와 의의를 읽어내는 방법과 틀에 대해서 아직도 고려해 보아야 할 점이 많기 때문이다.

지금까지의 연구에서는 鄭寅普가 18세 때(1910년) 蘭谷 李建芳

___
125) 閔泳珪, 『江華學 最後의 광경』(서울: 又半, 1994), 61쪽.

(1861~1939) 문하에 들어가서 학문(양명학, 한학)을 배운 이유로, 鄭寅普를 계보상으로 강화학파에 넣곤 한다. 더구나 鄭寅普가 『演論』 제7장 「後記」 끝부분에서

> 붓을 던짐에 미쳐 내 本師 李蘭谷(建芳) 先生으로부터 斯學의 大義를 받음을 告하고 同好 宋古下(鎭禹)의 斯學闡揚에 對한 苦心을 深謝하며, 또 九原에 永隔한 朴謙谷(殷植) 先生께 이 글을 質正하지 못함을 恨함을 附記한다.126)

라고 하여 鄭寅普 스스로가 양명학을 스승 李建芳으로부터 받았음을 밝히고 있다. 그리고 朴殷植을 양명학을 개척한 선배로서 존경하는 마음을 표시하고 있다. 이렇게 보면 「李建芳 / 朴殷植→鄭寅普」라는 계보는 얻어낼 수 있다.

아울러 鄭寅普는 「宋古下(鎭禹)의 斯學闡揚에 對한 苦心을 深謝」한다고 하였다. 同好란 동호인으로서 같은 취미를 가지고 함께 즐기는 사람을 말한다. 鄭寅普는 宋鎭禹(1890~1945)를 동호인으로 표현하고 있다. 이것은 일차적으로는 같은 '동아일보 논설인'이라는 의미일 것이다. 宋鎭禹는 1921년 9월 15일 동아일보 사장에 취임했고, 1945년 사망할 때까지 동아일보의 사장·고문·주필 등을 역임한 언론인이면서 독립운동의 정신적 기반 확충에 기여한 바 있는 인물로 평가되어 왔다. 일찍이 劉明鍾은 '斯學闡揚에 對한 苦心'을 「古下 또한 양명학 연구가임을 증명한 것」127)이라 확정하여 韓國의 陽明學史에

---

126) 鄭寅普, 『陽明學演論』, 193쪽.
127) 劉明鍾, 『韓國의 陽明學』, 333쪽.

넣어 기술하고, 애써 그의 논설이 「陽明學的인 『一眞無假』를 主腦로 하는」[128]것임을, 鄭寅普의 언급에 충실하게 입증하고자 하였다. 하지만 宋鎭禹의 「斯學闡揚에 對한 苦心」이 바로 양명학 '闡揚'을 의미하는 것인지 어떤지는 앞으로 좀 세밀하게 살펴볼 필요가 있지 않나 생각한다. 왜냐하면 종래 공개된 宋鎭禹 관련 자료에서 양명학에 대한 직접적인 언급을 찾아내기란 쉽지 않기 때문이다.[129] 따라서 宋鎭禹를 양명학자로 규정하거나 혹은 양명학적 성향을 지닌 인물로 추론하기에는 아직 검토해야 할 점들이 많다는 점을 솔직히 인정하지 않을 수 없다.[130]

이러한 이유에서 鄭寅普 자신의 언급과 별도로 宋鎭禹에 대한 언급은 다른 차원에서 다시 논의되는 편이 좋다고 본다. 그리하여 여기서는 좀 다른 각도에서 鄭寅普의 학문 형성에 대한 논의를 제기해 보기로 한다. 다시 말해서 ①강화학의 영향 관계뿐만 아니라 ②중국의 학술(양명학 등), ③일본의 학술(양명학 등), ④ 申采浩의 역사학 등 기타 영향의 직간접적인 경로를 추적해 보는 방안에 대해서 말이다. 이것은 鄭寅普 연구의 폭을 넓히기 위해서도 필요한 방법이 될 것이다. 이런 복합적인 요인들을 안목에 둔 종합적인 연구는 이제부터 시작으로 보인다.

---

128) 劉明鍾, 『韓國의 陽明學』, 338쪽.
129) 송진우의 기본 자료는 <고하 송진우 선생 기념사업회 홈페이지> [http://www.goha.or.kr/(2006. 11. 21 검색)]에 많이 게시되어 있다.
130) 정인보가 송진우를 양명학과 관련하여 언급한 것이 인사치례 정도인지 아니면 사실적 차원의 언급인지를 규명하는 것은 차후의 과제로 돌리기로 한다.

중국 ⇨ (직접)	강화학(이건방) ⇩(직접)	송진우 ⇕(교류)	← 일본 (간접?)
	정인보의 학문(양명학)		
	⇧(직접) 기타(박은식, 신채호 등)		

鄭寅普는 개천절, 광복절 노래의 가사를 지은 인물이며, 『陽明學演論』 저술을 통해 양명학을 顯彰한 양명학자 외에, 申采浩의 역사학에 동조하며 『5천년간 조선의 얼』을 저술하고 단군 연구 등을 통해서 보인 민족주의 사학자의 면모, 『薝園時調』[131]에서 볼 수 있는 시조 시인의 면모, 茶山 丁若鏞 및 훈민정음의 연구에서 보인 국학자의 면모 등 다양한 이력의 소지자이다. 주지하다시피 鄭寅普는 經學院 大提學을 지냈으며 친일파 儒林의 대명사인 鄭萬朝(1858~1936)의 族姪뻘이지만, 그(鄭萬朝)와는 매우 상반된, 변절 없는 올곧은 민족주의의 길을 걸어간 인물이다.[132]

그러한 그가 근대기에 새로 조명한, 단군-세종대왕-이순신-정약용과 같은 민족적인 위인 영웅 등은, 전근대의 구시대적 인물과 대비될 새로운 '근대적 영웅(偉人)'의 표상으로 부각된다. 이러한 맥락 속에서 『演論』을 통한 그의 강화학파, 양명학파의 인물들의 부각도 의미를 갖는다. 그리고 이런 등등의 사실들이 보다 세밀하게 밝

---

131) 을유문화사에서 1974 再版되었음. 아울러 그의 文錄(薝園文錄)이 완역 [정인보, 『薝園文錄』 上·中·下, 정양완 옮김, (서울: 태학사, 2006)] 되어 그의 문학 연구에 큰 도움이 될 것 같다.

132) 그런데 이유는 모르겠지만, 『연론』에는 尊華主義者에 대한 비판 등은 보이지만 親日이나 日本帝國主義에 대한 정면적인 비판은 많이 자제되어 있는 것처럼 보인다.

혀질 때 鄭寅普가 근대기에 차지했던 학술의 진정한 면모 또한 밝혀질 수 있다고 생각한다.[133] 단순히 그가 강화학파의 후예이고, 국학자이고, 민족주의자이며, 실학자라는 이유만으로, 그것에 초점을 고정시킨 칭송 일변도보다는 그의 학문이 지닌, 사회정치사적인 의미, 나아가서는 동아시아 지성사적인 의미 등을 폭넓게 고려하는 객관적 탐구자세가 앞으로 필요할 것이다.

2) 『陽明學演論』의 陽明門徒 소개 및 黃宗羲에 대한 평가

1) 陽明門徒의 소개

논의에 앞서 우선 鄭寅普의 『演論』의 구성을 살펴보면 다음과 같다.

---

133) 이에 대한 연구를 다음 기회로 돌린다. 다만, 그의 저술에 확연히 드러나진 않지만, 학술의 윤곽과 흐름에서 보이는 일본 학술과의 관련성이 몇 가지 있다. 즉 그의 양명학-국학-역사학을 통한 '민족'의 정립, 좌파에 '대항하는 '민족주의'적 성격은, 일본의 水戸學派-國學派-陽明學派의 내적 연관에서 나타나는 '陽明學-武士道-國學'과 대비된다. 그리고 일본에서 '陽明學-武士道-國學'이 칸트 등의 서구 학술과 결합하여 일본제국주의·국민국가의 권력을 뒷받침하는 데 기여하는 점은, 마치 정인보가 단군-세종대왕-이순신-정약용-신채호라는 인물을 통해 공통적으로 발견해낸 근대적 의미의 민족·국가, 국학의 발굴과 대비해 볼 때, 대단히 흥미로운 유사점을 찾게 된다(근대 일본의 양명학이 水戸學派-國學派 등과 연관되어 있는 점에 대해서는 小島毅, 『近代日本の陽明學』, (東京: 講談社, 2006)을 참조). 더욱이 한국근대양명사에서 정인보가 저서의 체계에서 명확히 사용하게 된 근대적 의미의 '陽明學'이란 용어는 일본 메이지기(明治期)에 조어, 유포된 일본한어라는 사실을 간과해서는 안 된다.

① 「論述의 緣起」

② 「陽明學이란 무엇인가」

③ 「陽明本傳」

④ 「大學問拔本基源論」

⑤ 「陽明門徒 及 繼起한 諸賢」

⑥ 「朝鮮 陽明學派」

⑦ 「後記」

鄭演普는 ③의 末尾에서 참고문헌을 밝히고 있는데 "明史藁本傳, 黃綰撰行狀, 錢德洪撰 年譜 參照."[134]라고 하고 있고, ⑤의 末尾에는 "明史, 明儒學案, 鮚埼亭集, 黃梨洲遺書參照."[135]라고 하였다.

따라서 黃宗羲와 『明儒學案』에 대한 鄭寅普의 구체적인 언급이나 평가는 ⑤「陽明門徒 及 繼起한 諸賢」을 통해서 잘 알 수 있다. ⑤「陽明門徒 及 繼起한 諸賢」(이하「門徒」)은 중국의 양명학 사상사라고 할 수 있다.

鄭寅普는 「門徒」에서 徐愛를 비롯하여 冀元亨, 鄒守益, 錢德洪, 王畿, 王艮, 羅洪先, 劉宗周 등의 인물과 학문을 소개한다. 특히 錢德洪, 王畿, 王艮에 대해서는 대폭적으로 서술하고 있다. 그리고 王心齋, 王東涯에 이어 나무꾼인 朱恕, 옹기장이인 韓貞, 농사꾼인 夏廷美 등 미천한 신분에서 명말의 혁신적인 사상운동을 일으킨 泰州學派를 평가하고 있다. 양명학에 의해 혁신적인 사상운동가로 변모해간 내력을 밝힌 이 부분은 「門徒」, 나아가서는 『演論』의 복선 내지 밑그림처럼 보인다. 양명학 → 혁신적 사상운동가라는 구도는 결

---

134) 鄭寅普, 『陽明學演論』, 66쪽.
135) 鄭寅普, 『陽明學演論』, 147쪽.

국 양명학 → 민족의 독립운동가라는 의도와 깊이 맞물려 있는 것이다. 鄭寅普는 顔鈞, 趙貞吉, 羅汝芳, 何心隱 등의 좌파로 불리는 사상가들도 모두 '眞學'이라 평가하고 있다. 다만, 李贄(卓吾)에 대해서는 언급이 없다. 끝으로 그는 劉宗周 이후 明末淸初의 黃宗羲, 孫奇逢, 李顒의 갈래가 있음을 밝히고 있다.

鄭寅普는 「門徒」 첫머리에서

> 陽明의 門徒로 말하며 浙中으로부터 江右, 南中, 楚中, 北方, 泰州에 散布하여 明史의 이른바 『弟子盈天下』라는 말이 실로 過言이 아니다. [136]

라고 하였다. 이것은 黃宗羲가 그의 『明儒學案』에서 明代의 학파를 총괄하여 그 학파와 계통을 밝힌 가운데 陽明學派를 ① 浙中 ② 江右 ③ 南中 ④ 楚中, ⑤ 北方, ⑥ 粤閩 ⑦ 泰州의 일곱 학파로 나누는 데 기초한다. 여기서 그는 ⑥ 粤閩을 생략한 나머지 여섯을 소개하고 있다.

그는 이어서 「그 中에 陽明의 學問에 對하여 가장 먼저 信服하고, 가장 먼저 師事하고 陽明으로 하여금 平生 잊지 못하게 한 이는 徐愛」라고 한 뒤 주요 중국 양명학자에 대해서 생애와 업적, 저술, 사상내용 등을 간략하나 요령 있게 서술하고 있다. 이 가운데 그는 王畿와 王艮, 그리고 사람들의 비난을 많이 듣는 顔鈞이나 何心隱 모두 '진실된 학문을 한 사람'이라고 평가하여, 이른바 王學左派에 대해서 긍정적인 평가를 내리고 있다.

---

136) 鄭寅普, 『陽明學演論』, 111쪽.

何心隱이나 顔鈞 모두 일생을 너무 바쁘고 경황없이 마쳤기 때문에 다른 사람들로부터 시기와 질투를 받았으며, 또 이 때문에 화를 입었다. 하지만 그 자취가 高潔하지 않으면 않을수록 마음속에 있는 그 고충이 한층 더 거세진다는 사실을 생각해야 할 것이다. 오호라! 백성의 利害를 나의 이해로 아는가 그렇지 않는가. 오직 이것만 물어 볼 따름이다. 백성의 이해와 자신의 이해에 있어서 차이가 전혀 없을 진대, 錢德洪이건 王畿나 王艮이건, 아니면 세상 사람들의 비난을 많이 듣는 顔鈞이건 何心隱이건 어느 누구인들 진실된 학문을 한 사람이 아니겠는가![137]

이 점은 黃宗義가 明儒學案 권33, 「泰州學案」의 小序에서 「陽明先生의 學은 泰州(＝王艮)·龍谿가 있고서 천하에 크게 유행하게 되었고, 역시 그들 때문에 점점 그 傳함을 잃어버리게 되었다(陽明先生之學, 有泰州龍谿而風行天下, 亦因泰州龍谿而漸失其傳)」고 하여 양명학 타락의 원인을 王艮·王畿에게 돌리고, 그 학풍을 이어받는 이른바 王學左派로서의 李贄를 「泰州學案」에서 말소해버리고 「王陽明門下」(＝「王門」)에 끼워주지 않음으로써 '陽明學 保護'를 도모하는 것과는 다르다. 그런데 그 이유는 알 수 없지만 그에게서 유교의 異端兒로 불리는 李卓吾에 대한 구체적인 언급이 없는 것은 흥미롭다.

鄭寅普는 양명의 門徒들 및 명말의 학문에 대해서 이렇게 평가한다.

陽明의 門徒들은 대체로 사승관계를 엄격하게 나누지 않고 피차 간 서로 넘나들었으므로, 오로지 한 스승의 학문만을 계승할 사람은 적고 오직 양명의 宗旨만을 널리 퍼뜨렸을 뿐이다. 그리고 종지는 비

---

137) 洪元植·李相虎 옮김, 『양명학연론』, 180쪽.

록 하나이지만 각자 타고난 품성과 깨달음의 차이로 인해 학설과 행적들이 각기 특색이 있다. 거기에서 배운 사람들 가운데 혹 자기 스승의 학풍을 이어받음직도 하지만, 겉모습에서 배움을 구하지 않는 제자들인 까닭에 아무리 스승의 학설이라고 하더라도 자기 마음에 비추어보아 진심으로 받아들여지지 않으면 구차하게 따르지 않았다. 따라서 양명 문하의 제자들로 내려갈수록 문하이면서도 학문적 입장이 달리하는 이들이 많았다.[138]

그리고 王畿에 대한 평가는 이렇다.

王畿의 학문이 흘러내려가면서 폐단이 없지 않은 것도 사실이지만, 이것도 타고난 품성과 깨달은 바가 비슷한 사람들에게 전수되었을 뿐이다. 따라서 직접 그의 문하에서 배운 제자들이라 해도 반드시 스승으로부터 印證을 받은 것은 아니다.[139]

鄭寅普는 王畿의 학문이 전개되면서 폐단이 있다는 것을 인정하고, 이것을 '스승으로부터 印證을 받은 것이 아닌' 그들 각자의 '품성'과 '깨달은바'에 돌리고 있다. 그리고 鄭寅普는 명나라 말 유명한 인물들이 가졌던 '節義精神'은 利害의 計算이 없는, 古今에 비추어 비교할 만한 것이 없을 '학문의 힘'을 가진 것이라 평가한다.

명나라 말 유명한 인물들이 가졌던 절의정신은 말할 것도 없거니와, 그 이로움과 해로움에 대한 계산이 없었던 모습은 고금에 비추어

---

138) 洪元植·李相虎 옮김, 『양명학연론』, 187~8쪽.
139) 洪元植·李相虎 옮김, 『양명학연론』, 187~8쪽.

보아 비교할 만한 것이 없었으니, 학문의 힘이 어떠한 것인지를 알 수 있지 아니한가! 또한 학문을 통해 자신의 마음을 깨운 보람이 어떠한 것인지를 알 수 있지 아니한가!

그리고 양명의 門徒들의 특징은, 「강학을 통해 사제관계를 맺은 인물들 가운데서 찾을 것」이 아니라 「자신의 몸을 던져가며 백성들을 구한 사람들에게서 찾아 나서야 할 것」이라 주장하고, 또한 「양명의 학설을『傳習錄』속에서 찾는 것」보다 「개인적 利害 여부를 따지지 않는 '한 순간의 생각'을 좇아 그 속을 직접 들여다보는 것이 나을 것」이라고 한다. 왜냐하면 「태어나면서 가지고 있는 앎이 조금의 남김도 없이 밝게 비출 수 있게 하는 진정한 길을 제쳐두고 따로 학설이란 것이 있을 수 없기」 때문이다.[140]

　　양명의 문도들을 강학을 통해 사제관계를 맺은 인물들 가운데서 찾는 것보다 자신의 몸을 던져가며 백성들을 구한 사람들에게서 찾아 나서야 할 것이요, 또한 양명의 학설을『傳習錄』속에서 찾는 것보다 개인적 利害 여부를 따지지 않는 '한 순간의 생각'을 좇아 그 속을 직접 들여다보는 것이 나을 것이다. 태어나면서 가지고 있는 앎이 조금의 남김도 없이 밝게 비출 수 있게 하는 진정한 길을 제쳐두고 따로 학설이란 것이 있을 수 없다. 하지만 이 학설이 곧 마음의 이야기이니만큼 각각의 사람들이 평생토록 힘들게 경험해서 얻은 생각들을 모아 검토하는 것도 헛된 노력만은 아닐 것이다.[141]

---

140) 洪元植・李相虎 옮김, 『양명학연론』, 188쪽.
141) 洪元植・李相虎 옮김, 『양명학연론』, 188~9쪽.

이처럼 양명의 학설은 **'마음의 이야기'**이다. 그만큼 王陽明을 비롯한 陽明門徒 「각각의 사람들이 평생토록 힘들게 경험해서 얻은 생각들을 모아 검토하는 것이 중요하다」고 鄭寅普는 보았다. 鄭寅普가 이렇게 양명학의 '마음의 이야기'에 주목하고 소개한 것은,

> 조선 수백 년간의 학문이라고는 오직 유학뿐이요, 유학이라고는 오로지 朱子學만을 신봉하였으되, 이 신봉의 폐단은 대개 두 갈래로 나뉘었다. 하나는 그 학설을 배워서 자신과 가족의 편의나 도모하려는 '私營派'요, 다른 하나는 그 학설을 배워서 中華의 문화로 이 나라를 덮어 버리려는 '尊華派'이다. 그러므로 평생을 몰두하여 心性 문제를 강론하였지만 '實心'과는 얽어볼 생각이 적었고, 한 세상을 뒤흔들 듯 도의를 표방하되 자신 밖에는 그 무엇도 보이지 않는다. 그러했기 때문에 세월이 흐르고 풍속이 쇠퇴해짐에 따라 그 학문은 '虛學(텅빈 학문)'뿐이게 되고 그 행동은 '假行(거짓된 행동)'뿐이게 되었다. ……수백 년간 조선 사람들의 實心과 實行은 학문 영역 이외에서 간간이 남아 있을 뿐, 온 세상에 가득 찬 것은 오직 假行과 虛學뿐이었다.[142]

라고 말한 것처럼, 우리의 역사 속에서 죽어 있다고 판단한 '조선의 얼'을 발견하는 것임과 동시에, 당시의 현실에서 '虛'와 '假'에 매몰되어 '實心'으로 우리를 돌아보지 않는 것을 경계하는 것 등의 여러 가지 포석이 있었을 것이다. 이것은 외국(＝서양)에 의존한 나머지 우리 것(＝국학)을 돌보지 않는 데서 연유한 것이다. 實心 없는 오늘날의 모습을 鄭寅普는 『演論』의 '글을 쓰게 된 까닭'을 밝힌 부분에서 이렇게 말하고 있다.

---

142) 정인보, 『陽明學演論』, 44~45쪽(단, 번역문의 일부를 인용자가 수정).

학문함에 있어 책 속에서만 진리를 구하려는 태도는 옛날보다 더한 층 심해져서, 때로는 영국, 때로는 프랑스, 때로는 독일, 때로는 러시아로 시끌벅적하게 뛰어다니지만, 대개 좀 똑똑하다는 자라 할지라도 몇몇 서양학자들의 말과 학설만을 표준으로 삼아 어떻다느니 무엇이라느니 하고 만다. 이것은 무릇 그들의 '말과 학설'을 그대로 옮겨 온 것이지 實心에 비추어 보아 무엇이 합당한지를 헤아린 것이 아니니, 오늘날의 이러한 모습을 예전과 비교한들 과연 무슨 차이가 있겠는가.[143]

한마디로 몇몇 서양학자들의 말과 학설만을 표준으로 삼아, 그들의 '말과 학설'을 그대로 옮겨 오고 있는 현실은 '얼이 빠진' '얼이 나간' 형국이라고 한탄한다.

결국 鄭寅普의 양명학-양명문도의 이야기는 實心과 實行의 부활을 목적으로 하고 있으며, 이것은 조선 민족혼의 부활과 깊은 관련을 맺고 있다. 이러한 논리의 맥락은, 마치 일본근대양명학이 일본정신(=和魂)의 부활에 관련되어 있었던 것과 대비되는 점은 흥미롭다.[144]

(2) 黃宗羲에 대한 평가

鄭寅普는, 黃宗羲에 들어가기에 앞서 黃宗羲의 스승 劉宗周(1578~1645)에 대해서 「劉宗周의 학문과 가까운 사람을 찾으려고 한다면 羅洪先」이라 보고, 羅洪先의 凝聚說에 劉宗周의 愼獨說을 대비시키고 있다.

---

143) 정인보, 『陽明學演論』, 47쪽.
144) 이에 대해서는 小島毅, 『近代日本の陽明學』을 참조.

羅洪先 이후에 나홍선과 생각을 같이하면서 '性의 體'에 대한 보존을 절실하게 주장한 사람은 바로 劉宗周이다. 유종주는 자가 起東이며, 山陰사람이다. 그의 학문은 '홀로 있을 때 삼가함', 곧 '愼獨'을 종지로 삼았다. 그런데 이것은 생각상에서 삼가는 것이 매우 지극함에 따라 性體가 깨달아지고, 깨달은 性의 본바탕을 온갖 정성으로 모으고 간지하여 '大本'을 세운다는 점에서 羅洪先의 凝聚說과 닮았다. 그러나 유종주가 살던 당시로 오게 되면 양명학의 풍모가 어느 정도 변하여 학문적 논란이 점점 많아졌다. 유종주는 처음에는 許孚遠에게서 배웠는데, 허부원은 湛若水의 학통이다. 이처럼 유종주는 원래 양명학과 다른 학통을 이어받았지만, 또한 그의 학문이 담약수의 그것과도 다르다.145)

그리고 鄭寅普는 劉宗周의 愼獨說을 이렇게 평가하고 있다.

凝聚說이니 保聚說이니 하는 말을 얼른 보아서는 그 의미를 분명히 알기 어렵다. 대개 '모은다'는 말은 모으기 전에는 온전하지 못하고 뭐가 모자람을 나타내는 말이다. 옳고 그름과 선과 악에 대해서보이지도 않고 들리지도 않는 이 隱微한 곳에 스스로 속일 수 없는한 점 靈明함이 항상 비추고 있다. 하지만 이것을 항상 가려버리면은미한 곳에서 홀로 비추는 영명한 본체가 온전하게 드러나지 못하게되어 결국 가까스로 존재하는 데 그치게 되고, 이것마저도 은미한 속에 가까스로 존재하는 데 그치게 되고, 이것마저도 은미한 속에 존재하는 까닭에 좀처럼 드러나지 않게 된다. 그러므로 그 비추는 것을좇아 영명한 본체를 찾고, 행여 그것이 가려질까 걱정하는 것이 곧'지키는' 것이요, 가려짐을 쉼 없이 타개하여 자신이 가진 영명함으로

---

145) 洪元植·李相虎 옮김, 『양명학연론』, 189쪽.

하여금 조금도 남김없이 모두 드러나게 하는 것이 바로 '뭉치고' '모으는' 것이다. 그러므로 劉宗周는 홀로 있을 때 삼간다는, '愼獨' 이 한마디 말을 항상 주장하였다.[146]

鄭寅普는, 「劉宗周는 천품이 성실하고 고결한 사람이어서 자신을 극복하는 것이 매우 지극한 지경에 이른 까닭에 잘못을 저지르는 뿌리를 조금도 남김없이 파헤쳤으므로 隱微한 가운데 스스로 존재하는 靈明한 本體를 아주 분명하게 體得하였다. 이렇듯 홀로 알 수 있는 良知를 제창하고, 이곳으로부터 참됨과 거짓됨이 갈라진다는 것을 힘써 주장한 것이 王陽明으로부터 비롯되었는데, 劉宗周의 학풍도 바로 여기서 派生한 것이다」라고 보았다.

이렇게 劉宗周를 말한 뒤 鄭寅普는

劉宗周 이후 그의 학문을 계승한 사람은 黃宗羲 한 사람에 그치고, 그 뒤로는 거의 찾아보기 힘들다. 물론 이것은 淸初 이후 강학하는 풍습이 쇠퇴하였고, 또 청대의 여러 황제들이 宋學인 朱子學을 존숭하여 양명학의 종지가 받아들여지지 못했기 때문이라고 할 수 있다. 그러나 유종주의 학문은 생각이 일어나기 전 바로 선악이 나뉘는 幾微에 각고의 노력을 쏟는 것인 만큼 뛰어난 선비를 대상으로 한 학설이다. 그러므로 처음 배움에 들어서는 이것을 이어받기가 어려워 쇠락해가는 시대에 온갖 어려움을 무릅쓰고 백성들과 함께 전개해 나가기에는 좀 부족함이 있었던 게 그 원인인 것 같다.[147]

---

146) 洪元植·李相虎 옮김, 『양명학연론』, 190~1쪽.
147) 洪元植·李相虎 옮김, 『양명학연론』, 193쪽.

라고 말한다. 劉宗周 이후 그의 학문을 계승한 사람은 黃宗羲 한 사람밖에 없는데, 이것은 청초 이후 강학하는 풍습이 쇠퇴하였고, 또 청대의 여러 황제들이 宋學인 朱子學을 존숭하여 양명학의 종지가 받아들여지지 못했기 때문이라고 한다.

그리고 鄭寅普는 「明末에서 淸初로 들어오기까지 양명의 후학으로 볼만한 학자로는 세 명이 있다. 한명은 孫奇逢이고, 또 한명의 黃宗羲이며, 나머지 한 명은 李容이다」[148]라고 하였다. 그리고 鄭寅普는 黃宗羲의 불우한, 고난의 삶을 이렇게 말한다.

黃宗羲는 양명과 같은 읍에서 태어난 양명의 후예이다. 黃宗羲의 아버지 黃尊素는 황제에게 간언하다 魏忠賢의 모함으로 죽었다. 이 때문에 黃宗羲는 충신의 유족으로 어려서부터 분노를 달래면서 스스로를 권면하였다. 명나라 毅宗 원년, 19세 되던 해에 그는 화를 당한 집안의 孤兒로서 소매에다 쇠 송곳을 넣고 북경으로가 집안의 원수를 찔러 거의 죽게 하기도 했다. 그는 평생토록 불행했던 사람이다. 명나라 말 도망 다니는 조정에 충절을 다 바쳐 심지어 비밀리에 일본에까지 가 援兵을 요청하기도 했지만, 명나라를 지키려는 애타는 충정을 결국은 이루지 못하자 고향으로 돌아가 두문불출한 채 새로운 조정 청나라의 부름에 죽음으로 거부하였다.[149]

이어서 鄭寅普는

---

148) 손기봉은 字가 啓泰이고 號는 夏峰이며, 黃宗羲는 자가 太沖이고 호는 梨洲이다. 이용은 자가 中孚이고 호는 二曲이다.
149) 洪元植·李相虎 옮김, 『양명학연론』, 194~5쪽.

黃宗羲는 어렸을 때부터 劉宗周의 문하에서 배워서 항상 保聚說을 말하였지만, 그의 평생 종적은 유종주의 법도보다 王艮의 정신이 많이 깃들어 있었다. 그래서 그는 파도가 거친 바다를 건너고 원숭이나 오르내리는 험한 토굴을 드나들면서 十生九死의 危難을 마다하지 않은 것을 그냥 "말려고 하여도 말 수 없는 그것을 이루었을 뿐이다."라고 하여, 자신의 학문과 氣絶을 이 한마디로 설명했다. 그는 『明夷待訪錄』을 지어 겉으로는 箕子가 武王에게 전했듯이 天子의 道를 공공연히 제시한 것처럼 보이지만, 그의 정신은 실제로 그 속 「原君篇」에 있다. 그 大旨는 바로 전제 군주의 폐단을 철저하게 파헤쳐 청나라 황제에 대한 존숭과 의존[尊依]을 근본적으로 뿌리 뽑자는 것이니, 黃宗羲가 안 해본 運動이 없다는 것을 여기서도 짐작할 수 있다.[150]

라고 黃宗羲에 대한 종합적인 평가를 내린다.

이상에 살펴본 정인보의 양명학은 다음과 같다.

우선 鄭寅普의 黃宗羲 및 『明儒學案』에 대한 평가는 아래와 같음을 알 수 있었다.

첫째, 黃宗羲는 어렸을 때부터 劉宗周의 문하에서 배워서 항상 保聚說을 말하였다. 하지만 그의 평생 종적은 劉宗周의 법도보다 王艮의 정신이 많이 깃들어 있었다.

둘째, 黃宗羲는 『明夷待訪錄』을 지어 겉으로는 天子의 도를 공공연히 제시한 것처럼 보이나 그의 정신은 실제로 『明夷待訪錄』 속의 「原君篇」에 있다.

셋째, 黃宗羲 「原君篇」의 大旨는 바로 專制君主의 폐단을 철저하게 파헤쳐 청나라 황제에 대한 존숭과 의존[尊依]을 근본적으로 뿌

---

150) 洪元植·李相虎 옮김, 『양명학연론』, 195쪽.

리 뽑자는 것이다.

이어서 鄭寅普의 양명 후학에 대한 평가는 우선, 王畿와 王艮 그리고 당시 양명학 내외로부터 비난을 듣고 있던 顔鈞이나 何心隱 같은 인물들에 대해서 그들 모두 「진실된 학문을 한 사람」이라고 하는 등 王學左派에 대해서 긍정적인 평가를 내리고 있는 것이 특징이다. 이것은 黃宗義의 『明儒學案』 권33, 「泰州學案」의 小序에서 陽明學 左派를 평가하는 것과는 다르다는 것을 알 수 있다. 이어서, 또 하나의 특징은 흔히 '유교의 異端兒' '유교의 반역자'로 불리는 李卓吾에 대한 구체적인 언급이 없는 점이 흥미롭다.

그렇다면 그는 왜 陽明門徒 가운데 양명학 좌파를 긍정적·적극적으로 읽어내고자 했던 것일까? 아마도 그것은 陽明學派의 偉人들을 모범으로 하여 당시 日帝 강점기하의 난감한 현실에 맞서고, 그것을 극복할 수 있는 '혁명적 영웅'의 출현을 靑年들에게 희망하고 또한 그러한 방향으로 계몽하려는 의도를 가졌던 것으로 평가된다. 일제 강점기하 鄭寅普의 이러한 내밀한 작업은 黃宗義의 『明儒學案』에, 보다 구체적으로 말한다면 '陽明學'에 의탁·투영되어 이루어지고 있었던 것처럼 보인다. 그런데 이러한 鄭寅普의 기획이 어떤 것을 말해 주고 있는 것일까. 鄭寅普의 이미 1933년에 『東亞日報』에 66回에 걸친 게재가 말해 주듯이 저널리즘에 의탁한 청년 내지 국민 계몽의 차원에서 양명학이 활용되고 있었다는 것은 당시 동아시아의 다른 지역(일본과 중국)과 관련시켜 비교론적으로 접근해 보는 것도 중요할 것이다.

(최재목)

V. 강화학파의 양명학
에 관한 총결론

이상에서 살펴본 하곡 정제두와 초·중·후기 강화학파 학자들의 생애와 사상, 주요 연구 활동 및 관련 저술들, 그리고 활동 계보 자료들을 통해서 우리는 강화학파의 양명학에 대한 전반적인 내용을 이해할 수 있었다. 이를 바탕으로 강화학파에 대한 정의와 학문·사상적 성향, 그들의 주요사상 내용, 그리고 현재의 연구현황과 향후 과제들에 대해서 약간의 분석과 문제점들을 언급하는 것으로 이 연구의 전체적인 결론에 대신하고자 한다.

1. 강화학파의 정의와 그들의
학문·사상 성향

  '강화학파'란 용어는 학자들의 정의 범주에 따라 江華陽明學, 江華學, 霞谷學 등과 더불어 조금씩 그 의미가 다른 것으로 설명되기도 하지만, 사실상 거의 비슷한 涵義를 가진다. 학자들의 선행 연구에 의하면, 朴連洙 교수는 '소위 강화학파 혹은 강화 하곡학파는 지역적으로는 강화도를 구심점으로 하고, 학문적으로는 그 분야가 다양하되 하곡 정제두의 양명학을 근본 사상으로 삼으며, 人脈으로는 하곡으로부터 시작하여 血緣과 學緣으로 이어지는 霞谷의 門人들을 指稱한다'[1]고 한다. 그리고 일찍이 爲堂 鄭寅普도 朝鮮의 陽明學派를 세 부류로 구별하면서 그 중 하나를 오늘날 강화 양명학파로 부르는 사람들로 지목한 바 있는데, 비록 '이들에게 양명학을 비난한 말이 있으나 그 前後를 종합해 보면 속으로는 양명학을 주장하였던 것을 가릴 수 없는 사람'들로서[2] 李匡師, 李匡臣, 李令翊, 李忠翊

---

1) 朴連洙, 「강화 하곡학파의 '實心·實學'」, 『陽明學』 제16호, 2006, p.121.
2) 鄭寅普, 『陽明學演論』(三省文化文庫 11), (서울, 三省文化財團, 1972),

등이 여기에 해당된다고 하였다. 또 다른 선행 연구자인 閔泳珪도 '강화학파가 비록 鄭霞谷에서 비롯되었지만 그들 모두가 陽明學을 墨守한 사람들은 아니며, 오히려 朱子學에 치우친 사람들도 있었다'는 점에서 '江華學派'가 아닌 '江華學'이라는 용어를 사용하였고,[3] 劉明鍾도 '강화의 양명학자들은 正音, 史學, 書畫, 詩文으로 삶의 참뜻을 상징적으로 드러내려고 하였으며, 겸해서 實學과 제휴하여 이미 非人間化된 사회에 대해 도전과 개혁을 시도하려고 하였고, 良知의 自覺을 통해 민족을 主體性을 천명하였다'고 하면서 이들 강화학파의 '창조적 학문 개척과 성취는 곧 양명학적 良知의 自己實現이며, 그들 良知의 自己 象徵化'라고 규정하였다.[4] 근래 들어 沈慶昊 교수도 '강화학파의 學人들은 각기 학문 성향이 달랐으나, 공통적으로 참된 마음을 중시'하였고, '특정 문호에 무비판적으로 예속되기를 거부하고 참학문을 추구하였으며, 심지어 양명학 자체를 비판하기도 하였다'고 하고, 또 '江華學派 學人들은 內面에 오로지 工夫를 집중시키고 자기를 참되게 하는 專內實己의 工夫에 우선하면서 거짓학문(虛學)과 거짓의리(假義)에 대해 통렬히 비판하였다'[5]고 평가하였다.

이렇게 江華學派의 학문적 성향은 霞谷의 학문과 霞谷學의 기초가 되는 陽明學에 대한 연구를 바탕으로, 虛學과 假行를 배척하고 良知와 양지의 자기실현인 實心과 實行을 통한 實學[6]을 지향하는

---

p.149 참조.
3) 閔泳珪, 『江華學 최후의 광경』(서울, 도서출판 又牛, 1994), pp.79~80.
4) 劉明鍾, 『韓國의 陽明學』(서울, 同和出版公私, 1983), p.167.
5) 沈慶昊, 「江華學派의 가학(假學) 비판」, 『陽明學』 제13호, 2005, pp.247~248 참조.

것이었다. 따라서 이들은 '富貴功名과 같은 外的인 가치의 구속으로부터 자유를 추구하며, 부단히 自我를 반성하고, 스스로 是非善惡을 판단하고 선택하며 책임을 지는 自我主體를 확립하고, 나아가 主體의 다양성을 실현'[7]하려고 하였다. 이를 통해 그들은 그간 '朱子學적 敎條主義의 末流와 정치적 派黨性를 벗어나려 하였으며, 또 '實心의 主體意識을 바탕으로 민족과 현실생활의 문제를 主體的 觀點에서 논하고자'[8] 하였다.

---

6) '實學'의 개념 定義에 대해서는 다양한 견해가 있다. 본문은 宋錫準 교수가 분석 정의한 實學의 哲學界적 정의, 즉 (1)실학을 반주자학으로 이해하는 입장과 (2)反朱子學적인 것으로 보지 않고 朱子學의 체계를 계승하면서도 朱子學의 한계를 인식하고 이를 극복하려는 사상으로 이해하는 입장, 그리고 (3)實學을 정통 주자학의 분류로 보아 주자학의 사상을 內在的으로 극복하는 과정으로 이해하려는 입장 중에서, 본문에서 사용하는 '實學'의 정의는 이들 세 가지 정의를 모두 포괄하는 것으로 한다. ; 實學의 정의에 관해서는 송석준, 「조선조 양명학의 수용과 연구 현황」, 『陽明學』 제12호, 2004, p.18을 참조.

7) 박연수, 「강화 하곡학파의 '實心·實學'」, 『陽明學』 제16호, 2006, p.120.

8) 심경호, 「강화학파의 가학(假學) 비판」, 『陽明學』 제13호, 2005, p.274.

2. 강화학파의 흐름과 주요학자들의 사상 개요

대부분 霞谷 鄭齊斗의 子孫, 門人, 그리고 弟子 등으로 형성된 강화의 양명학파는 크게 세 갈래로 발전한다. 하나는 霞谷의 아들인 鄭厚一과 그의 사위 李匡明, 그리고 그의 高孫 鄭文升 등으로 이어지는 血緣적 傳承이고, 다른 하나는 全州 李氏 德泉君派 가문인 李匡臣, 李匡師, 李匡明 등으로 하곡의 학문이 전승되고, 이들에 의해 다시 李忠翊, 李勉伯, 李是遠 등으로 연결되면서, 李建昌, 李建芳을 거쳐 근래의 鄭寅普에까지 이르게 되는, 한마디로 하곡의 直系門人과 그 再傳弟子들 그리고 그 後學들에 의해 이루어진 學脈이다. 여기에다 강화양명학의 나머지 한줄기로는 霞谷의 門人인 申大羽와 그의 아들 申緯, 申綽 등으로 계승된 心學[9]이라 할 수 있다. 따라서 이들 중에서 霞谷 鄭齊斗와 直系 弟子, 그 再傳 弟子 및 血緣들인 恒齋 李匡臣(1700~1744), 圓嶠 李匡師(1705~1777), 信齋 李令翊

---

9) 崔在穆, 「江華 陽明學派 硏究의 方向과 課題」, 『陽明學』 제12호, 2004, p.55.

(1738~1780), 岱淵 李勉伯(1767~1830), 椒園 李忠翊(1744~1816), 沙磯 李是遠(1790~1866), 寧齋 李建昌(1853~1898), 蘭谷 李建芳 (1861~1939), 爲堂 鄭寅普(1893~?) 등의 學問·思想 槪要를 살펴 보면 다음과 같다.

먼저 霞谷 鄭齊斗(1649~1736)는 王陽明의 心卽理說을 계승하여 朱子가 性卽理의 관점에서 心과 理 둘로 나누는 것에 반대하고 心性과 理氣의 一源을 주장하였으며, 先天的이고 本然의 마음인 良知 (知)와 良能(行)을 통해 知行이 一源이요, 合一임을 강조하였다. 특히 霞谷의 生理說은 도덕적 주체로서의 인간을 강조하는 양명의 良知說을 수용하고, 이를 더욱 독창적으로 발전시켜, 生動하는 인간 마음의 주체성을 설명한 것이다. 또 인간의 윤리·도덕을 일반 사물에서는 찾을 수 없다는 점에 근거하여, 人과 物에 두루 통하는 절대 보편적 理의 존재를 부정함으로써, 결국 인간의 道德的 自覺과 能動性을 강하게 드러내었다. 여기에다 하곡은 良知體用論을 체계적으로 수립하여 良知의 脫神秘化를 통해 합리적으로 이를 이해할 수 있는 길을 열어놓았으며, 良知現成論의 任情縱欲的 경향을 논리적으로 극복하여 사회적·윤리적으로 문제를 일으킬 소지를 없애고,[10] 형이상학적 존재원리이자 능동적으로 활동하는 生理를 통해 人間과 宇宙를 主體的으로 이해하면서 특히 인간의 도덕적 자각과 능동성[11]을 부각시켰다. 또한 하곡은 이러한 生理論과 良知論의 철학적

---

10) 崔在穆, 『동아시아의 양명학』(서울, 예문서원, 1996), pp.133~135; "······ 鄭齊斗는 중국의 見成良知論者와는 달리 良知를 體用論적으로 이해함으로써, 인간의 主體的 能力인 良知의 先天性을 과잉 강조하는 것에 제동을 걸고 있다."

11) 李相勳, 「霞谷 鄭齊斗 思想속의 陽明學적 思惟와 特性-心性說과 生

바탕아래 스스로 참된 인간상을 확립하기 위해 매진하였으며, 지식인들의 거짓(假)과 허위(虛)를 痛斥하고 實心에 바탕을 둔 삶의 태도를 평생토록 견지하였다.[12)

恒齋 李匡臣(1700~1744)은 『擬朱王問答』으로 俗學의 어지러움을 비판하고 心學을 천명하여 實學의 발전에 기여하였다. 恒齋는 獨知를 근거로 誠과 僞을 엄격히 구분함으로써 本原을 바르게 한다는 '誠正本原'(「霞谷祭文」)과 外的인 화려함을 버리고 內的 진실에 힘쓰는 '務實'(「書先世言行後」)을 주장하였고, 주자학과 양명학의 절충을 시도하기도 하였다.

圓嶠 李匡師(1705~1777)는 霞谷에게 陽明學을 배워 아들 信齋 李令翊에게 전수하였으며 歷史와 書藝에 뛰어난 능력을 발휘하였다. 그의 학문은 外在적인 유혹을 물리치고 實理를 간직하는 '去外誘存實理(『霞谷集』, 卷11, 附錄, 「門人語錄」)의 성향에 중점을 두었고, 私欲과 바르지 못한 慾望을 부정하고 그 放縱을 경계하였지만 인간 本然의 감정과 욕구는 부정하지 않았다.

信齋 李令翊(1738~1780)은 意를 성실하게 하는 誠意와 홀로 삼감에 오로지 하는 工夫인 愼獨을 중요하게 여기고 이를 추구하였으며, 外物에서 理를 구하지 않는 陽明의 心卽理 思想을 견지하였다(『信齋集』). 그래서 椒園도 일찍이 信齋의 學問을 '忠信과 남을 속이지 않는 것으로 근본으로 삼았다'고 평가한 바 있다.

椒園 李忠翊(1744~1816)은 부친 李匡明의 陽明學을 계승하고 李

理說을 中心으로-」, 『東洋學』 제35집, 2004, p.14.

12) 송석준, 「조선조 양명학의 수용과 연구현황」, 『陽明學』 제12호, 2004, p.16 참조.

令翊과 陽明學을 왕복 토론하였다. 그는 특히 利己心에서 다른 학설을 배격하는 朱子學의 末流를 맹렬히 批判하고, 가장된 거짓으로 仁義를 행하는 것은 不義를 행하는 것보다 더욱 나쁘다고 하면서, 형식과 껍질을 배우는 虛學과 진실을 숨기는 거짓된 행위인 假行을 일삼는 당시의 朱子學徒들의 卑俗함을 혹독하게 비판하고 참학문과 참행위를 추구하였다(『椒園遺稿』, 「假設」上). 그런데 椒園의 이러한 학문관은 玄同 鄭東愈(1744~1808)에게도 나타난다. 玄同은 거짓 의리(假義理)를 배격하였고, 朋黨의 害惡을 경계하면서 당파를 빙자하여 이익과 권력을 다투는 자들을 소인배의 무리라고 규정짓고, 세상을 유익하게 해야 할 학술이 사람을 죽이는 경지로 들어선 것은 결국 虛名을 쫓는 행위로 인해서 발생되는 불행이라고 통탄하면서 당시 政界의 거짓된 의리(假義理)를 맹렬히 비판하였다(『晝永編 下』).

椒園의 아들인 岱淵 李勉伯(1767~1830)은 『憨書』를 지어 조선의 文弱함과 黨禍의 원인을 밝히고, 性理學의 허위의식을 비판하였다. 또한 한 인물의 진실한 모습은 사람마다 같은 禮法에 있는 것이 아니라 그 사람의 志尙, 즉 개인의 개성, 主體性에 달려 있다고 하면서 당시의 주요한 公器의 기능이자 담론 형식이었던 墓誌文에 거짓을 기록하는 풍조를 배척하였다(『憨書』, 『岱淵遺藁』).[13]

沙磯 李是遠(1790~1866)은 王陽明의 知行合一說에 根本하여 항상 진지하고 분명함을 실천하였고, 外在적인 화려함을 버리고 務實(致良知)로 나아가는 眞知篤行을 학문의 근본으로 삼았다. 그의 손자인 寧齋 李建昌(1853~1898)도 나라의 혼란에 대한 원인이 당시

---

13) 심경호, 「강화학파의 가학(假學) 비판」, 『陽明學』 제13호, 2005, p.262.

'道學의 假名을 가진 朋黨에 있다'고 보고 『黨議通論』을 지어 派閥과 名義(名分과 義理)를 비판하였다.

이 밖에도 寧齋 李建昌(1853~1898)은 心學에 주력하여 道學이란 마음(心)의 工夫이며, 학문의 근본은 心學임을 주장하였고, 義理는 곧 마음의 소산이며 이 義理의 실천 여부는 자신에게 달렸다고 하였는데, 이는 곧 實心이 道德主體의 근원이 된다는 뜻이다. 또한 寧齋는 實心이 없으면 實效를 얻을 수 없으므로 반드시 誠을 實理로 삼아 實事를 행해야 한다고 주장하였다. 이러한 實心 중시는 그의 문학작품 속에서 格式에 구애받지 않는 性靈文學의 형태로 나타난다(『明美堂集』).

蘭谷 李建芳(1861~1939)은 聖人의 道는 性情 그대로의 善良한 良知이며, 情感 그대로가 良知이므로, 이 양지의 진정한 발휘를 통한 道義가 眞道義라 하였고, 靜庵과 退溪, 栗谷 이후로 정주학자들의 폐단과 송시열 일당의 假道義說이 오래되어 진정 그것이 거짓인지를 알지 못한다고 혹평하였다. 난곡은 虛를 싫어하고 眞(참됨)을 추구하였는데, 그에게 있어 眞은 곧 誠이고 立誠이었다. 따라서 그는 '誠이란 사물의 끝이고 시작'이라 하였고, '誠하지 아니하면 事物이 없다'고 하였다. 또한 心卽理의 관점에서 '근본을 버리고 바깥에서 구한다면 이는 학문을 잘하는 것이 아니다'라고 하면서 虛文을 배척하였으며, 假義로 사사로움을 도모하는 당시의 선비들을 규탄하여 '오직 마음을 다해야 하는 것이 학문함의 요점'이라고 주장하였다(『蘭谷存稿』).

蘭谷의 제자인 爲堂 鄭寅普(1893~?)는 지난 수백 년간의 조선의 역사가 虛와 假의 연속이며, 학자들이 전념하는 바도 자신을 위한

利己的 학설이나 다른 권위 있는 言說이어서 實心을 떠난 것이라고 비판하면서 道德本性인 良知에 근거한 實心과 眞學을 주장하고 假行과 虛學을 배척하였다. 위당에게 있어 實心이란 實事와 實效를 가능하게 하는 行爲主體의 마음이었으므로, 그는 이 實心을 확충하여 知行合一을 실천하고 민족의 독립을 쟁취하는 국권회복의 근본정신으로 삼고자 하였다.

이렇게 江華學派의 陽明學은 霞谷과 師承관계에 있거나, 血緣的 관계에 있는 다양한 一群의 학자들에 의해 전개되고 발전된 것으로, 이들은 外的인 誘惑을 물리치고 內面에 힘쓰며, 진실한 마음을 가지고 모든 일을 대하고, 참된 앎을 통해 진실한 행위를 이루고자 하였다. 그러므로 그들은 虛學과 假行을 멀리하고 배척함으로써 主體性을 지키고 實行을 구현하였다. 또한 이들은 陽明의 心學을 바탕으로 主體的 史觀의 확립과 主體的 言語 연구, 創意的 書畵의 확립 등에 관심을 가졌고, 나아가 性靈文學의 전개와 더불어 實學과의 제휴를 이루는 등[14] 다방면에서 학문적 발전과 업적을 이루었다. 그 영향으로 조선조가 끝나고 근대 한말의 전환기에 들어와서도 강화학파의 양명학은 본연의 강한 實踐意識을 바탕으로, 白巖 朴殷植에 의해 '人間平等論'에 근거한 국가와 민족의 자주독립 쟁취 이념으로 주장된 바 있으며, 爲堂 鄭寅普에 의해 大同思想과 四海同胞主義로 提唱되어 인류 공존공영의 길을 역설하는 계기가 된 바 있다.

그러나 한편으로는, 이렇게 다양한 발전과 성과를 이루었음에도 불구하고 강화학파는 오랜 기간 동안 올바른 평가를 받지 못했다.

---

14) 여기에 관한 내용은 劉明鍾,『韓國의 陽明學』(서울, 同和出版社, 1983), pp.166~231을 참조 바람.

여기에는 물론 여러 가지 이유가 있을 수 있으나, 그 첫 번째 이유로는 양명학의 학문적 성격에 대한 당시 유학자들의 편견과 배척을 들 수 있겠고, 다음으로는 당시의 학술 및 정치 환경에 따른 양명학자들의 부득이한 陽朱陰王적 처신과 태도를 지적할 수 있으며, 마지막으로는, 양명학자들의 독특한 家學적 學問 傳承으로 인한 관련 자료부족과 파악의 한계 등도 그 이유 중의 하나로 볼 수 있다. 따라서 우리는 강화양명학 관련 연구자 상호 간의 긴밀한 정보교환과 연구심화를 통해서 이러한 문제점(이유 / 원인)들을 재조명하고 그 원인을 해결함으로써 강화학파의 양명학이 향후 정당한 평가와 본연의 면모를 되찾도록 노력해야 한다.

3. 강화학파의 양명학에 대한 연구 현황

오늘날 강화학파의 양명학에 관한 연구 현황은 철학사상의 분야에만 머무르지 않고 語學·文學·書畵 등 다양한 분야에서 활발하고 다양하게 전개되고 있다. 송석준 교수는 「조선조 양명학의 수용과 연구현황」이라는 논문[15]에서 우리나라의 '1930년 이후의 양명학 연구현황'을 태동기(1930년대~1960년대)와 기초 확립기(1970년대), 그리고 발전기(1980년대)와 성숙기(1990년대 이후)의 네 부분으로 나누어 분석한 바 있는데, 이 중에서 江華學派 陽明學에 대한 우리의 본격적인 연구는 양명학의 '기초 확립기'인 1970년대에 이르러서야 비로소 시작되었다고 평가하고 있다.

이에 그간 발표되었던 논문들을 중심으로 그 내용을 분석해 보면, 기초 확립 시기(1970년대)의 양명학 연구논문은 대체로 霞谷과 江華學派의 李匡臣, 李匡明, 李匡師, 李建昌 등에 대한 연구가 主를 이

---

15) 송석준, 「조선조 양명학의 수용과 연구현황」, 『陽明學』 제12호, 2004, pp.24~41. 본문에서 서술하고 있는 강화양명학파의 연구현황 부분(1970년대~1990년대 이후)은 송석준의 논문 속 내용을 정리·요약한 것이다.

루었으며, 특히 霞谷 정제두에 관한 연구논문으로는 이상은의 「하곡 집 해제(『국역 하곡집』 제1집)」(1971)과 윤남한의 「정제두」(1973), 「하 곡집 해제(『국역 하곡집』 제2집)」(1973), 「霞谷學의 기본방향과 단계 성」(1974)이 있고, 또 류승국의 「陽明學의 探索－鄭齊斗」(1974)와 유철호의 「霞谷 鄭齊斗의 人心道心說과 四端七情說」(1974) 및 유명 종의 「霞谷 鄭齊斗의 朝鮮陽明學派樹立」(1979) 도 있다. 또한 이 시 기의 강화학파에 관한 연구논문으로는 정기호의 「李匡明의 謫所詩 歌에 대하여」(1977)와 윤병철의 「李匡明의 生涯와 '이쥬풍속통'에 대하여」(1979), 그리고 전광호의 「글씨로 달린 세월, 이광사」(1978)와 민영규의 「李建昌－韓國近代人物百人選」(1970), 「李建昌의 南遷記」 (1972) 및 민병수의 「李建昌과 그 一門의 文學」(1972) 등의 언어와 문학, 그리고 역사 중심의 短文과 論文들이 발표되었다.

한국양명학이 연구 발전기로 접어든 1980년대에는 양명학과 강화 양명학에 대한 학파별, 개인별 연구가 활발히 전개되었다. 그 중에서 도 강화학파를 다룬 논문으로는 유명종의 「江華學派의 陽明學 傳統 」(1980)과 賓茂植의 「朝鮮朝 陽明學에 있어서 江華學派 形成에 關 한 硏究」(1981), 금장태의 「心學(陽明學)의 역할과 江華學派의 성립 」(1986) 및 민영규의 「江華學 최후의 광경」(1987) 등이 발표되었다. 또한 이 시기에 霞谷을 다룬 논문으로는 김순임의 「霞谷哲學硏究」 (1983)와 유승국의 「霞谷哲學의 陽明學的 理解」(1983), 윤남한의 「鄭 齊斗의 陽明學」(1984)과 양태호 「霞谷의 理氣觀」(1985), 이해영의 「霞 谷 鄭齊斗 哲學의 陽明學的 展開」(1988), 박연수의 「하곡 정제두의 학문관」(1987)과 「하곡 정제두의 세계관」(1988) 및 김교빈의 「霞谷 哲學의 構造的 硏究1－理氣問題를 中心으로－」(1989) 등이 발표되었다. 따라서 이 시기(1980년대)에는 대체로 霞谷과 江華學派에 대한 체계적이고 深度 있는 연구들이 많이 진행되었음을 알 수 있다.

우리나라의 양명학 연구는 1970년대의 기초 확립기와 1980년대의 연구 발전기를 거쳐 성숙기인 1990년대 이후에 들어와서도 양적인 측면과 질적인 측면 모두에서 빠른 進展을 보이면서 이에 관련된 저서와 논문들도 다양하게 발간·발표되었다. 그 대표적인 저서로는 김교빈의 『양명학자 정제두의 철학사상』(1995)과 민영규의 『江華學 최후의 광경』(1994), 그리고 박연수의 『陽明學의 理解-陽明學과 韓國陽明學』(1999) 및 鄭良婉·沈慶昊의 『江華學派의 文學과 思想(1, 2, 3, 4)』(1993, 1995, 1999) 등이 발간되었다. 또한 이 시기의 주요 논문으로는 박연수의 「霞谷 鄭齊斗의 思想에 있어서 人間理解에 관한 硏究」(1990), 전택원의 「霞谷 鄭齊斗의 心體에 관한 연구」(1995), 傅濟功의 「霞谷哲學 硏究」(1999)와 서경숙의 「初期 江華學派의 陽明學」(2000), 김용재의 「하곡 정제두의 經說 연구」(2001) 등이 발표되었다. 그리고 이러한 저서들과 논문들은 기존의 연구 성과물과 비교해 볼 때 한층 더 다양한 주제와 深度있는 연구역량을 보여주고 있으며, 그 중에는 近代思想과 연계하여 양명학의 흐름을 추적할 수 있는 연구 기틀을 제공한 논문들도 많이 엿보인다.

이러한 고무적인 硏究 환경과 분위기 속에서 최근에는(2004년~2006년) 그간의 硏究性向과 성과를 바탕으로 韓國陽明學會의 주관 아래 '江華陽明學에 관한 國際學術大會'가 개최되어 국내외적으로 강화학파 양명학의 독창성과 우수성을 인식시키는 좋은 기회의 場을 열어나가고 있다. 이에 그간 여기에서 발표된 주요논문들을 각 回期 (年度)別로 살펴본다면, 먼저 제1회 강화 양명학파 국제학술대회(2004

년)는 「江華 陽明學派의 位相과 現代的 意味」라는 주제 아래, 총 17편의 논문이 발표되었으며, 그 중에서 霞谷에 관한 논문으로는 유철호의 「정하곡의 심즉리설」, 최일범의 「霞谷의 退溪 비판에 나타난 工夫論 연구」, 임선영의 「霞谷 鄭齊斗의 『中庸說』小考」, 최재목의 「동아시아에서 하곡 정제두의 양명학이 갖는 의미」, 박연수의 「하곡 정제두의 도덕철학」, 이상호의 「霞谷 鄭齊斗의 陽明右派 哲學」과, 臺灣學者 楊祖漢의 「鄭霞谷對王陽明哲學的理解」와 中國學者 吳震의 「鄭齊斗思想緖論－以無善無惡論爲中心」 등이 발표되었다. 霞谷의 門流들인 江華學派에 관한 논문으로는 심경호의 「강화학파의 假學 비판」과 日本學者 中純夫의 「初期陽明學派におけ陽明學受容－霞谷・恒齋・椒村－」이 발표되었으며, 하곡과 강화학파에 관한 文藝・文學 방면의 논문으로는 나종면의 「李匡師 文藝論의 傾向」, 안영길의 「霞谷 鄭齊斗의 숨어사는 논리와 문학」 등이 발표되었다.

2004년 가을의 제1회 국제학술대회에 이어 「霞谷과 江華 陽明學派」라는 주제로 개최된 제2회 '강화 양명학파 국제학술대회(2005년)'에서 발표된 논문으로는 최재목의 「霞谷 鄭齊斗의 '致良知說 弊' 비판 시기 고증」과 김연재의 「鄭齊斗의 易圖觀과 본체론적 이론사유」, 조남호의 「정제두의 황극론에 대한 일고찰」, 이경룡의 「하곡 정제두의 性體 논의와 해석」, 김용재의 「霞谷과 陽明의 良知(心)구조」 등이 발표되었고, 외국학자의 논문으로 중국학자인 何成軒의 「霞谷人文思想初探」, 余懷彦의 「鄭霞谷對陽明學貢獻」과 臺灣學者 李明輝의 「鄭齊斗之四端七情論」과 林月惠의 「鄭齊斗對王陽明'知行合一'說的理解」 등이 발표되었다. 그리고 霞谷의 門流 江華學派에 관한 논문으로는 한예원의 「李勉伯의 碑誌類 硏究」와 서경숙의 「강화학파의 유적지 발굴조사」가 발표되었고, 강화학파의 문학적 성향과 관련하여서는 김동준의 「李匡師의 문학과 陽明學의 흔적들」이 발표되었다. 따라서 제2회 강화 양명학 국제학술대회는 앞선 제1회 국제학술대회 비해 상대적으로 철학 방면의 논문이 많아졌으며, 그것도 霞谷學을 중심으로 그의 철학 宗旨에 충실한 논문들이 主를 이루는 경향을 보였다.

그리고 올해(2006년) 11월 초에 개최된 '제3회 하곡학 국제학술대회(2006년)'는 「하곡과 한국양명학의 전개」라는 주제 아래 대부분이 하곡 중심으로 학회가 개최되고 연구논문들도 발표되었다. 이때 발표된 논문으로는 김연재의 「『心經集義』에 나타난 鄭齊斗 心學의 성격 및 그 특징」, 장병한의 「霞谷 鄭齊斗와 白雲 沈大允의 經學 비교」, 천병돈의 「霞谷의 易學觀」, 엄연석의 「鄭齊斗의『心經集義』와 心性修養論의 특징」 등이 있고, 또 역사 정치적 측면에서 하곡을 분석한 정두영의 논문 「숙종-영조 초 하곡 정제두의 처세와 정치적 역할」도 발표되었다. 그리고 외국학자들의 논문으로는 미국학자 쿠르바노프(Kurbanov)의 「霞谷 鄭齊斗의 太極論」과 중국학자 詹杭倫의 「鄭齊斗≪詩刦錄≫疏證」, 王錦民의 「鄭齊斗在江華期的經學研究」가 발표되었다. 또한 강화학파와 관련된 논문으로는 李忠翊의 문학세계를 분석한 윤재환의 「椒園 李忠翊의 文學論과 形象化」가 발표되었다.

이렇게 한국양명학회가 매년 주최하고 있는 강화 양명학파(하곡학) 국제학술대회는 강화 양명학을 국내외에 알리고 또 이에 대한 지속적인 관심과 연구열을 끌어올리는 촉매제 역할을 하고 있다. 따라서 향후에도 이러한 국제학술대회를 바탕으로 강화학파의 양명학에 대한 더욱 심도 있고 다양한 연구가 지속적으로 이루어질 것이라고 생각된다.

4. 향후 강화학파 양명학의 연구 과제

　향후 우리가 지금까지 이룩한 강화학파 양명학에 대한 연구 성과를 더욱 향상시키고, 이를 체계화시켜 나가기 위해서는 반드시 그간의 연구방향과 문제점들에 대한 철저한 점검과 분석을 통하여 새로운 대안을 제시할 필요가 있다. 이에 본문은 이미 오래전부터 (강화학파) 양명학의 연구와 발전에 있어 여러 문제점들을 지적하고 새로운 발전 방향들을 제시한 최재목 교수와 송석준 교수의 선행연구를 중심으로, 향후 우리 강화학파 양명학이 나아가야 하고 또 준비해야 할 연구과제들을 살펴보고, 아울러 보완해야 할 몇 가지 문제점들도 함께 제시해 보기로 한다.

　먼저 최재목 교수의 분석에 의하면, 향후 우리가 강화학파 양명학 (하곡에 대한 연구)을 연구함에 있어 반드시 고려해야 할 점들과 과제들은 다음과 같이 요약된다.[16)]

　(1) 하곡의 양명학이 陽明 右派적이라는 관점에 대해 朱子學과의

---

16) 崔在穆, 「동아시아에서 하곡 정제두의 양명학이 갖는 의미」, 『陽明學』 제13호, 2005, p.32-33.

연계가능성 혹은 朱王折衷적 가능성에 대해서도 선입견 없이 다시 논의해 보는 노력이 필요하다. (2) 霞谷의 陽明學 및 性理學적 槪念들, 예를 들어 誠意論, 理氣論, 生理說, 萬物一體論 등에 대해서도 다시 체계적으로 연구할 필요가 있다. (3) 하곡의 經學적 저술을 검토하여 그의 經學의 범위와 입장, 그리고 해석적 특징과 의의를 밝혀야 한다. (4) 「天地方位里度說」, 「璇元經學通攷」, 「潮汐說」 등 霞谷의 自然學에 대한 내용들을 보다 深度 있게 연구하여야 한다. (5) 霞谷의 주요 저작인 「存言」 등에 나타나는 韓醫學적 개념들을 철학사상과 관련지어 연구하는 것도 매우 중요하므로 이에 대한 배려가 있어야 한다. (6) 하곡의 저작에 대한 완역작업이 필요하다. (7) 위의 연구결과들이 동아시아의 양명학사 내지 사상사에서 갖는 위상을 객관적으로 연구해 볼 필요가 있고, 그러기위해서는 상호간에 '비교'내지 '대조'의 시각과 시도가 필요하다. (8) 霞谷學에 대한 개념정리를 통해서 霞谷學을 양명학의 범주에만 넣지 말고 ①주자학과 양명학의 절충 여부 ②朱·王 兩者의 극복 여부 ③양명학에 중심을 두고 자신의 사상을 전개하고 있는지 여부 등에 대한 충분한 고려와 숙고 아래 하곡과 강화 양명학에 대한 논의를 전개할 필요가 있다.

그러므로 이러한 종종의 문제들은 향후 우리가 霞谷을 비롯한 강화양명학 硏究를 진행함에 있어 반드시 고려하고 또 염두에 두어야 할 과제라고 할 수 있다. 최재목 교수는 유명종 선생이 분석한 바 있는 강화 양명학파의 학술 문예적 업적을 5가지로(①주체적 史觀의 확립 / ②주체적인 언어의 정리 / ③창의적 書畵의 開花 / ④性靈문학의 전개 / ⑤實學과의 제휴) 정리하여, 이들에 대한 향후 개별적인 연구가 지속적으로 추진되어야 하고, 여기에 거론되지 않은 문예적 특징들도 향후 더욱 새롭게 밝혀져야 한다고 주장하고, 향후 우리가 주목해야 과제들을 다시 다음과 같은 네 가지로 요약하였다.

(1) 강화학파의 '양지' 발휘로서의 자유로운 인간 개성의 중시와 문예 중시 사조를 아나키즘 예술론과 대비, 비교해 볼 필요가 있으며, (2) 주체적인 언어 연구는 國學의 태동과 전개라는 시야에서 새롭게 연구되어야 하고, (3) 그간 하곡의 양명학은 양명 우파적인 성향으로 간주되어 왔으므로 하곡의 門流인 강화 양명학파는 과연 어떤 모습을 보여주고 있는지에 대해 재차 분명히 밝혀보아야 하며, (4) 또 강화 양명학파의 사상적 특질, 특히 '양명의 良知學에서 虛假 비판과 實心實學으로'라는 사상사적 계보를 중국, 일본 등지의 양명학과 객관적으로 비교, 대비하여 그 의미와 위상 등을 충분히 밝혀내야 한다고 분석한다.

그리고, 강화 양명학파의 연구발전을 위한 4가지 제안으로는, (1) 강화학파의 인물들을 정리하고 그들의 문집을 총괄하여 『강화양명학대계』, 나아가서는 『한국양명학대계』를 완성하고 이를 단계적으로 국역하는 것이 필요하며, (2) 강화 양명학파의 유적과 유물을 정리하고, 이를 수장, 소개할 수 있는 <기념관>을 건립하여 강화 양명학파의 업적을 정당하게 평가하고 기념하는 작업이 함께 이루어져야 하고, (3) 또한 강화도를 한국 양명학의 숨결을 느낄 수 있는, 한국지성사의 중요한 명소로 만들어야 하며, 이를 통해 한국 양명학이 국내외에 널리 전파되어 국제적으로 연구되는 계기가 되도록 함이 필요하다고 본다. (4) 그리고 마지막으로, 강화 양명학파에 대한 연구에는 한국지성사의 복원에 관심이 있는 사람이라면 그 누구라도 적극 동참할 수 있도록 배려해야 한다고[17] 주장한다.

송석준 교수도 그의 두 연구 논문인 「조선조 양명학의 수용과 연구현황」과 「한말 양명학의 전개와 연구현황」[18)에서 강화 양명학파의 향후 연구과제로 원용할 수 있는 몇 가지 방안들을 제시하고 있다.

(1) 새로운 연구자들을 찾아내는 작업과 이들을 사상사적으로 종합·정리하는 작업이 필요하며, (2) 주변 학문과의 연계를 통해 양명학의 학문적 영역을 넓혀나갈 필요가 있다고 본다. 그러므로 학자 간과 학제 간의 연구를 더욱 활성화시켜 정치·사회·문학·역사 등의 다른 학문과의 연계가 필요하고, (3) 지역(국가) 간 학문 영역을 확대할 필요가 있으며, 이를 통해 한·중·일 삼국이 서로 학문적으로 유기적인 관계를 맺고 양명학의 발전을 도모해야 한다고 생각한다. (4) 또한 일련의 유기체적 세계관을 가진 삶의 철학으로서의 양명학을 현대적으로 조명하여 이것이 현대사회에 구체적으로 기여할 수 있는 학문이 되도록 노력해야 하며, (5) 기존의 연구 성과를 반복하지만 말고 새로운 연구 과제를 찾는 노력을 기울여야 한다고 본다. (6) 아울러 여기에다 체계적인 연구 성과물들, 예를 들어 정양완·심경호 교수의 『강화학파의 문학과 사상(1-4)』과 같은 일련의 우수한 저작들이 지속적으로 출판되어 양명학 연구에 새로운 기틀을 마련해야 한다고 역설한다.

이상에서 정리 서술한 바와 같이, 崔在穆, 宋錫準 두 교수의 강화학파와 하곡학, 그리고 양명학에 대한 연구방향의 제시와 문제점에

---

17) 崔在穆, 「江華 陽明學派 硏究의 方向과 課題」, 『陽明學』 제12호, 2004, pp.66-69.
18) 송석준, 「한말 양명학의 전개와 연구 현황」, 『陽明學』 제13호, 2005, pp.364-365. 또한 송석준, 「조선조 양명학의 수용과 연구현황」, 『陽明學』 제12호, 2004, pp.42-43.

관한 지적은 향후 우리가 강화학파의 양명학을 지속적으로 발전시키고 연구해 나감에 있어 항상 명심하고 고려해야 할 내용들이다. 그리고 이미 최재목, 송석준 교수에 의해서 강화 양명학 발전의 구체적인 해결방향들이 대부분 제시된 상태이지만, 여기에 몇 가지 짧은 생각들을 첨언한다면 다음과 같다.

첫째, '江華學과 實學과의 관계성'을 보다 긴밀히 연구하여 강화 양명학파의 위상을 분명히 정립할 필요가 있다. 즉 강화 양명학파 학자들이 사용하는 實心, 實學의 개념을 구체화하고 분명히 하기 위해서 朝鮮朝 實學과의 관계를 비교 연구함이 필요하다.

둘째, 이미 최재목 교수가 향후 과제 중의 하나로 완곡하게 밝혔듯이 학계의 '강화양명학 관련 研究 자료의 共有'가 필요하다. 강화학파의 독창성과 다양성, 그리고 방대함을 감안해 볼 때, 연구자 개개인의 독자적인 연구로는 단시간 내 이를 모두 소화해 낼 방법이 없다. 따라서 강화학파 양명학의 발전과 한국양명학의 발전이라는 큰 틀에 서서 해당 연구 자료를 서로 공유하고 정보를 교환하는 열린 마음과 열린 연구 자세가 필요하다.

셋째, 또한 앞서 잠깐 송석준 교수가 언급한 바와 같이 학제 간의 연구를 활성화시켜야 한다. 주지하다시피, 강화학파의 학문적 성향은 言語, 文學, 史學, 政治, 哲學 등 다양한 분야를 아우르고 있다. 따라서 관련 학제 간에 상호 자료교환과 정보교류, 통합학술대회 개최 등을 통해서 지금보다 훨씬 다양하고 효과적이며 유기적인 연구체제를 구축해 나가야 한다.

넷째, 강화학파의 양명학 연구에 대한 장기적이고 지속적인 지원이 필요하다. 강화양명학파의 광범위한 인물들과 그들의 문집, 그리고 아직 밝혀지지 않은 자료들에 대한 보완, 정리, 비교, 번역, 발표 등의 작업은 짧게는 수 년 혹은 수십 년의 시간이 걸릴 수 있는 엄청난 분량의 작업으로 수많은 시간과 학자들의 노력을 필요로 한다. 그러므로 이와같이 중요하고도 의미있는 연구 작업은 국가적인 차원에서 장기적이고도 지속적으로 지원함으로써 그간의 강화양명학 관련 연구 성과들이 조금이라도 斷絶없이 지속되도록 배려하여야 한다.

이제 우리는 지난 2년간 진행해왔던 '강화학파의 양명학' 연구를 일단락하면서 평생 假行과 虛學을 배척하고 實心과 實學을 견지했던 강화학파 학자들의 올곧은 정신을 교훈삼아 지금도 여전히 우리들 앞에 未完의 상태로 남아 있는 강화양명학 연구에 최선을 다할 것을 다짐하면서 이 글을 맺는다.

(이상훈)

朝鮮性理學者의 陽明學 비판
논거에 대한 비판적 고찰

—이황과 한원진 및 이정직의 양명 비판을 중심으로—

1. 들어가는 말

　필자는 『오늘의 동양사상』(「9호-2003」·「11호-2004」)에서 2002 년과 2003년 한국의 중국유가철학연구 현황을 분석한 적이 있다. 저 서와 번역서 그리고 대표적인 학술지에 실린 논문을 중심으로 시대· 학자·주제·범주·학회지별로 나누어 연구현황을 분석하였다. 분석 결과에서 뜻밖의 현상이 나타났는데, 그것은 다름 아닌 조선유학계 에서 방계, 심지어 이단으로 취급되었던 심학(陸王學)에 관한 연구 가 매우 활성화되어, 한때(2002·2003년)는 양적으로 程朱學 연구를 추월하였다는 점이다. 조선이라는 역사적 배경을 고려할 때 이는 매 우 획기적인 현상이다. 필자가 이 논문을 서술하기에 앞서 이러한 상황변화를 소개하는 것은 현재 양명학의 지위를 조선시대와 비교할 때, 그 위상 변화가 거의 桑田碧海에 가깝기 때문이다.

　양명학은 1521년 전후에 조선에 전래되었지만, 당시 정주학을 宗 으로 한 조선성리학자, 특히 퇴계 문하를 중심으로 격렬하게 비판받 아 그 학문적 가치가 표창되지 못했다. 先秦諸家들 간의 논쟁, 유가 와 도가 그리고 유가와 불가의 논쟁은 그들의 심태 근저에 깔려 있 는 세계관과 가치관의 차이에서 비롯된 것이기 때문에 상호 간의 비 평은 오히려 당연하다. 그러나 南宋시대 주자와 상산, 주자와 양명, 양명과 조선성리학자들은 동일하게 만물의 본래적 가치를 긍정하는 세계관을 가졌고, 仁義禮智를 내용으로 하는 도덕심성을 실현하여 자신의 인격뿐만 아니라 타인 그리고 만물의 본래적 가치마저도 완성하려는(成己成物) 적극적인 심태를 가졌다. 이러한 세계관과 가치관은 모두 공맹철학을 근거로 정립된 것이다. 그럼에도 불구하고 상호 간의 비평은 유가와 불가, 유가와 도가의 대립보다도 훨씬 심각하고 극단적으로 진행되었다.

주자는 상산의 학문이 太簡하다고 폄하하였고, 상산은 한발 더 나아가 주자학을 支離[1]하다고 깎아내렸다. 양명 역시 주자의 학문을 패도와 楊墨의 학문으로 비유하였고,[2] 조선성리학자들은 한술 더 떠 양명의 학술사상은 물론이고 인품까지도 소인 이하의 경지로 끌어내리기를 주저하지 않았다. 왜 그랬을까? 원인은 한두 가지가 아닐 것이다. 근본적인 원인은 상대방 학문에 대한 이해 부족이다. 주자와

---

1) "朱以陸之敎人爲太簡, 陸以朱之敎人爲支離." (『象山全集』, 卷37) '太簡' 은 상산의 心卽理와 反求諸己의 공부론에 대한 주자의 오해이다. 주자는 상산철학을 太簡이라고 하였지만, 상산은 易簡원리에 입각하여 공부론을 정립하였다. 주자철학에 대한 상산의 '支離하다'는 평은 방법론상의 번잡함과 아울러 도덕과 不相干의 의미를 갖고 있다. 이는 주자의 格物窮理에 대한 상산의 오해이다. 주자의 격물궁리는 도덕판단의 보편성과 객관성 확보함과 동시에 아울러 禪學과의 차별적인 의리체계를 정립하기 위한 이론이다.

2) "先生因謂之曰: 諸君要識得我立言宗旨. 我如今說箇心卽理是如何, 只爲世人分心與理爲二, 故便有許多病痛. ……其流至於伯道之僞而不自知. 故我說箇心卽理, 要使知心理是一箇? 便來心上做工夫, 不去英義於外, 便是王道之眞. 此我立言宗旨." (『傳習錄』 下. 黃以方錄") 이곳에서 양명은 心과 理를 둘로 나누는 주자의 심성론을 춘추시대 五覇의 尊王攘夷 정신을 예로 들어 설명하고 있다. 즉 오패의 존왕양이는 패자들의 진실한 마음에서 우러나온 것이 아닌 허위의 마음이기 때문에 이치에 맞지 않다는 것이다. 伯道는 王道 상대 개념인 覇道를 지칭한다.

상산 간의 상호 오해, 그리고 주자학에 대한 양명의 비평이 바로 이런 유형이다. 그러나 양명학에 대한 조선성리학자들의 비판은 내적인 학술사상에 대한 이해 부족과 함께 정치사회적 배경이 더 본질적인 작용을 했다고 보는 것이 정확하다.

이 연구의 제목은 "조선성리학자의 양명학 비판 논거에 대한 비판적 고찰"이다. 그러나 필자는 이 주제와 관련하여 '외부적 배경을 배제한 철학적 의리를 중심으로' 논의를 전개할 것이다. 그 이유는 조선성리학에 대한 필자의 이해 부족도 있지만, 정치사회적인 배경을 중심으로 연구를 진행하게 될 때 양명학에 대한 그들의 오해를 무비판적으로 정당화시켜줄 수 있기 때문이다. 물론 양명학에 대한 퇴계와 그 계승자들의 비평을 당시의 정치사회적 배경을 근거로 고려하면 어느 정도의 당위성을 부여할 수도 있을 것이다. 필자는 그 점을 결코 부정하지 않는다. 그러나 그것은 제2차적인 문제로서 필자의 다음 연구 과제이다. 필자는 1차적으로 양명학에 대한 조선성리학자 비판의 適否性을 연구하겠다.

필자는 2004년도 학술진흥재단의 기초학문 연구 분야인 강화학파 연구팀에서 수집한 조선시대 양명학 비판 자료를 중심으로 분석하였다. 연구팀에서는 총 18인의 자료를 제공하였지만, 그중 중심인물은 퇴계 이후의 학자들이다. 퇴계의 「傳習錄論辯」은 비록 장문은 아니지만 이후 양명학 비판의 근거 자료로서의 위상을 갖고 있기 때문에 1차적인 자료로 참고하였다. 다음으로 柳成龍과 朴世采 그리고 李瀷의 비평이 비교적 체계성을 갖추고 있다. 그러나 필자가 보기에 주자학을 宗으로 삼아 가장 철저하고도 체계적3)으로 양명학을 비판한 학자는 南塘 韓元震과 조선 말기의 石亭 李定稷이다.4) 따라서

필자는 퇴계와 한원진 그리고 이정직을 중심으로 양명학 비판의 적부성을 논하겠다.[5]

먼저 조선시대 반양명학자의 육왕학에 대한 일반적인 평가를 소개하고, 다음 양명학 비판의 주요 논거로서 '心卽理'와 '良知' 그리고 '知行合一'과 '親民說과 新民說'을 소개하고서, 선진유학과 양명학의 입장에서 비평의 적부를 논할 것이다. 또한 필자는 양명학에 대한 조선성리학자들의 오해와 함께 주자와 상산 간의 오해, 그리고 주자학에 대한 양명의 오해도 함께 소개하여 현자들의 공통적인 한계를 드러낼 것이다.

---

3) '철저하고 체계적이다'는 필자의 표현은 결코 양명학에 대한 그들의 이해가 정당함을 의미하지 않는다. 단지 비평의 외형적인 체계가 기타 비평자들에 비해 종합적이고, 계통적이라는 의미에 불과하다.

4) 박종홍은 우리나라에 서양철학을 처음 도입한 학자로서 石亭 李定稷(1841~1910)을 든다. 석정은 칸트와 베이컨 철학사상을 국내에 최초로 소개하였을 뿐만 아니라 어학·천문·지리·의학·서화 등에 대해서도 일가견을 이루었고, 文論과 詩論에 관해서도 체계적인 이론을 제시한 학자이다. 그러나 그의 학문적 성과에 비해 우리에게 잘 알려져 있지 않다. 석정이 성리학자인가에 대해서는 이견이 있을 수 있다. 혹자는 석정이 실학파적 성격을 띠고 있다고 하지만, 석정의 문집과 문고의 저서들은 한결같이 주자학을 立論의 근거로 삼고 있다. 「論王陽明」도 주자의 학설로 변칙한 것이다. 필자는 기본적으로 석정을 성리학자로 생각한다. 왜냐하면 「論王陽明」에서 비록 석정이 양명학에 대해서는 많은 오해를 하고 있지만, 주자철학에 대한 이해는 매우 정확하고 빼어나기 때문이다(이 부분에 관한 내용은 이 연구 3-1의 '心卽理에 대한 오해'와 필자의 연구 「석정 이정직의 '論王陽明'에 대한 비판적 고찰」(『정신문화연구』제29권 제2호. 2006)을 참고하기 바람).

5) 필자는 이곳에서 양명학에 관한 조선성리학자들의 논변은 소개하지 않았다. 예를 들어 한국 양명학의 중심인물인 정제두와 박세채를 중심으로 한 정주학자들 사이의 논쟁은 소개하지 못했다. 필자는 양명학에 관한 조선유학자들 간의 논쟁을 다음 연구의 주제로 삼아 연구할 것이다.

2. 조선성리학자의 육왕학에 대한 일반적인 평가

   육왕학이 조선에 언제 전래되었는가에 관해서는 아직 정설이 없다. 유명종은 심학의 전래와 양명학의 전래 시기를 다르게 본다. 유명종에 의하면,[6] 조선조 중종 재위 11년(1516년)에 이미 심학을 장려하는 문장들이 보이고, 1517년에는 韓效元이 元子를 교양하는 글에서 스승을 높일 것을 권한 呂東萊와 陸象山의 글을 인용하였다. 그러나 왕양명이 「陸象山文集序」에서 언급한 '心學'은 1520년이기 때문에 1520년 이전의 심학은 양명학을 지칭하지 않는다고 한다. 오종일은 양명의 전습록 전래 시기를 매우 자세하게 분석하였는데, 필자가 살펴본 자료 중에서 논거가 가장 세밀하고 분석 또한 엄격하다. 오종일은 「陽明 傳習錄 傳來考」[7]에서 양명학 전래에 관하여 다음과 같은 결론을 내린다. 양명학 전래는 1521년 이전 전습록 초간본 간행과 평행하여 전래되었다. 또 당시에는 양명학을 이단시하거

---

6) 유명종, 「한국양명학의 제 문제」, 『陽明學』「제2호」, 5~6쪽 참고.
7) 오종일, 「陽明傳習錄傳來考」, 『철학연구』「제5집」(고려대 철학과, 1978).

나 배척하지 않았으며, 조선에 자연스럽게 수용되어 적어도 퇴계 만년까지는 성행되었다. 뿐만 아니라 양명학은 주자학 추종자들에게도 어느 정도의 영향을 주었으며, 특히 퇴계가 心經을 수용한 것과도 무관하지 않다.

조선시대 성리학자들의 양명학에 대한 가장 일반적이고 개괄적인 평은 양명학을 禪學으로 보는 것이고, 또 '生之謂性'의 性論을 견지하는 告子의 학문 혹은 老莊의 학문으로 보는 것이다. 간혹 楊朱와 墨翟의 학문이라고 평하는 학자도 있지만, 이는 양명학의 이단성에 대한 강조일 뿐이기 때문에 이에 대한 특별한 변론은 필요치 않다. 필자는 이곳에서 양명학과 禪學 그리고 고자의 '生之謂性'과 관련된 부분만을 논의하고자 한다.

육왕학과 禪學은 세계관과 가치관 그리고 인성관이 분명히 이질적이지만, 주자학의 관점에서 보면 양명학의 외형적인 체계가 禪學과 유사한 부분이 있기 때문에 조선성리학자들의 눈에는 양명학이 禪學으로 비춰질 수도 있었을 것이다. 이 점은 주자도 예외가 아니다. 상산학에 대해서 주자는 고자의 학문과 노장 그리고 禪學으로 비평한 적이 있다.

양명학을 불교의 禪學으로 이해하는 것은 반양명학자 거의 모두에 해당되는 주장이다. 十淸軒과 朴祥이 먼저 육왕학을 禪學이라고 규정하였다.[8] 퇴계도 수차례 육왕학을 禪學으로 규정하였고, 심지어 柳希春은 "양묵의 학문에도 미치지 못한다."[9]고 하였으며, 柳成龍·尹

---

8) 『十淸先生集』, 卷4. 부록」. 『韓國文集叢刊』 18, 267쪽 上(민족문화추진회 1989), 「訥齋先生集附錄」, 卷2. 『韓國文集叢刊』 19, 106쪽 下.
9) "爲不及於楊墨." (『眉巖先生集』, 卷16. 「經筵日記」. 『韓國文集叢刊』 34,

根壽・洪汝河・朴世采・李敏敍・李萬敷・李瀷・韓元震・安鼎福・丁若鏞・李定稷까지 모두 양명학을 禪學으로 규정하였다. 이들이 양명학을 禪學으로 규정한 근거는 다음 몇 가지로 종합할 수 있다.

첫째, 心卽理를 긍정한다.

둘째, 理를 宗으로 삼지 않고, 心을 宗으로 삼는다.

셋째, 格物窮理를 중시하지 않고 頓悟의 방법을 본으로 삼는다.

넷째, 형이하자인 氣를 理로 인식한다.

이상의 논점에 대한 올바른 변론을 전개하기 위해서는 먼저 주자학과 양명학의 심성론과 공부론의 대강을 소개할 필요가 있다. 즉 심성론을 근거로 수양공부론의 차이가 발생할 수밖에 없는 근거를 제시해야 한다. 주자철학에서 心은 가치의 근원인 理와 동격의 실체가 아니다. 心은 형이하자로서 주요 기능은 性理에 대한 인식이다. 주자철학에서 心과 理의 관계는 '존재물과 존재원리', '인식의 주체와 인식 대상' 그리고 '가치 실현의 當體와 가치의 표준'으로 나누어 설명할 수 있다. 먼저 존재물과 존재원리 측면에서 보면, 心은 理氣의 합성으로 이루어진 현상계의 구체적인 존재물이다. 모든 현상계의 존재물에는 반드시 존재의 원리인 소이연지리가 있다. 주자철학에서 心과 理는 바로 존재물과 존재원리의 관계이다. 다음 지각활동의 측면에서 보면, 心은 能知의 주체이고, 理는 所知의 객체이다. 心은 理에 대한 지각작용을 갖춘 인식주체이고, 理는 心의 인식대상이다. 마지막으로 도덕실천 측면에서 보면, 心은 도덕적으로 선

452쪽) 상. 유희춘은 明의 謝廷傑이 양명을 孔廟에 배향하기를 청하자 왕에게 '오상이 있어도 좋고, 없어도 좋다'고 한 사람이라고 하면서 반대하였다(유명종, 「한국양명학의 제 문제」, 『陽明學』「2호」 15쪽 재인용).

한 정감을 발현하는 當體이고, 理는 心 활동의 표준이다.

주자철학에서 가치의 최후 근거는 性理이지 心이 아니다. 그러나 性理에는 자발성이 없기 때문에 반드시 지각 기능을 갖춘 心에 인식된 후에 비로소 현현될 수 있다. 다시 말하면 心은 가치의 소재가 아니기 때문에 스스로 反求諸己하여 자율적으로 자신의 활동방향을 선으로 결정할 수 없고, 반드시 向外로 격물궁리하여 理를 인식한 후에 情의 활동에 선의 방향을 제시할 수 있다. 전자의 활동이 격물궁리이고, 후자의 활동이 心統性情이다.

반면 육왕철학에서 心·性·理는 등가관계로서의 一者이다. 따라서 心卽理와 性卽理가 동시에 성립한다. 牟宗三에 의하면, 心은 선의지로서 본체의 活動義를 표시하고, 性은 본체의 선험적 存在義를 표시하며, 理는 본체의 法則義 혹은 규범의를 표시한다.10) 心 자신이 법칙의 소재이기 때문에 격물궁리를 통하여 理를 인식하지 않고 직접 反求諸己하여 자신의 활동 방향을 向善으로 결정한다. 즉 理는 도덕의지인 心에 의하여 자율적으로 결정되는 것이지 인식의 대상으로 주어진 것이 아니다. 육왕철학에서 心은 도덕규범에 대하여 입법의 작용을 갖춘 선의지이다.

이상의 대강을 이해하고 있으면, 조선성리학자들의 양명학 비판 근거를 그리 어렵지 않게 찾을 수 있다.

첫째, 한원진은 "心卽理 세 글자는 양명 논리의 종지이다. 이른바 心卽理와 心卽佛은 모두 이 구절로부터 전개된 것이다."11)라고 하였

---

10) 牟宗三의 대표적인 저작인 『心體與性體』·『從陸象山到劉蕺山』·『中國哲學十九講』·『中國哲學的特質』에 매우 자세하게 소개되어 있다.
11) "心卽理三字, 卽陽明論理宗旨, 所謂心卽理者, 所謂心卽佛, 皆依此一句

다. '心卽理'를 '心卽佛'로 이해한 것은 양명학에 대한 주자학 계통 학자들의 가장 근본적이고도 일반적인 오해이다. 그렇다면 양명의 心과 理, 그리고 불교에서의 心과 理는 동일한 성격의 주체이며 법칙인가?

理라는 관념은 유학과 불교에서 매우 다양한 의미로 사용된다. 그러나 양자 사이에는 엄격한 분별이 있다. 유학에서 理는 인의예지와 天理를 내용으로 하는 實理 혹은 도덕가치의 원리를 지칭한다. 반면 비록 도덕과 무관하다고 할 수는 없지만, 불교에서 理는 인의예지와 천리를 내용으로 하는 實理的 혹은 규범적 성격의 원리가 아니라 空觀에 기초한 空理를 지칭한다. 소승과 대승 그리고 중국불교의 三宗인 천태와 화엄 및 선종에서도 理는 無自性[12]의 空을 내용으로 한다. 무엇으로도 제한당하지 않고, 분별도 없는 空의 세계가 바로 理의 본래 모습이다. 불교에서 理는 결코 시비선악의 분별 근거로서의 실체가 아니다. 반면 양명의 理는 일상적인 활동에서 시비선악을 판별하는 도덕실체이다. 그러나 理의 성격이 다름에도 불구하고 양명과 불교 모두 理를 외재의 사물이 아닌 마음에서 찾는다. 이 점이 바로 조선 성리학자들이 양명학을 禪學으로 규정한 근거이다. 만일 조선의 성리학자들이 육왕의 心卽理에서 理의 성격을 올바르게 이해하였다면, 心卽理를 宗으로 한 육왕학을 주자학과 다른 하나의 유학계통으로 긍정할 수도 있었을 것이다. 그러나 그들에게 있어 心은

推演說去." (『南塘先生集』, 卷27, 「雜著」. 『韓國文集叢刊』202, 86쪽 下.)
12) 선종에서는 自性을 긍정하지만, 선종의 自性은 '直指人心, 見性成佛'에 서 性이 心의 本來面目이라는 의미이다. 이것과 時空의 영원성과 무한 성 그리고 독립성을 부정하는 無自性은 서로 다른 차원의 개념이다.

단지 형이하자인 氣의 영역에 속한 識心일 뿐이었다. 이러한 識心은 唯識宗의 제 8識인 阿賴耶識에 해당한다. 설령 이 心으로부터 가치를 설명할 수 있다고 할지라도 조선성리학자에 있어 心은 大乘起信論의 一心開二門에서의 一心 이상은 아니었을 것이다. 一心으로부터 眞如門과 生滅門이 분화된다. 비록 自性淸淨心을 긍정한다고 할지라도 生滅門 역시 이 一心으로부터 生出 되기 때문에 心卽理의 心을 眞如와 生滅의 근원인 一心으로 이해할 수밖에 없었을 것이다. 혹자는 육왕학의 心外無事와 心外無物을 불교의 一切唯心造와 같은 것으로 이해하기도 하는데, 이 역시 眞如와 生滅의 근원인 一心을 근거로 육왕학의 心을 이해하기 때문이다.

그러나 우리가 한 가지 주의해야 할 점은 불교의 心과 유가철학자들의 눈에 비친 불교의 心은 다를 수 있다는 점이다. 송명이학자(육상산과 왕양명을 포함해서)뿐만 아니라 조선의 성리학자들은 대체로 成佛의 근거인 自性淸淨心의 존재를 적극으로 긍정하지 않는다. 다시 말하면 眞如門보다는 生滅門의 근원으로서 心을 이해하기 때문에 心은 識心, 즉 허망의 존재로 본다. 그러나 중국의 眞常心 계통의 天台와 華嚴 그리고 禪宗에서는 自性淸淨心을 心의 본래면목으로 이해하고, 이 自性淸淨心을 근거로 成佛의 가능성을 적극적으로 제시한다.

육왕의 心을 외형적으로만 보면, 『大乘起信論』의 一心과 유사하고, 禪宗의 卽心卽佛과도 유사하다. 그러나 분명히 다른 점은 육왕의 心은 인의예지를 내용으로 하는 도덕심이고, 가치의 근원이며, 선험적인 존재이다. 때문에 양명은 "이 순수한 천리의 마음이 부모를 섬기는 곳에 발하면 孝이고, 군주를 섬기는 곳에 발하면 忠이며,

친구를 사귀고 백성을 다스리는 곳에 발하면 信과 仁이다."13)고 하
였다. 이는 양명이 理를 단순히 心에서 추구하는 것에만 그치지 않
고 心에서 추구한 理를 구체적인 도덕실천에서 실현하고 있음을 보
여준다. 반면 불교의 自性淸淨心은 成佛의 근거이지만, 인의예지라
는 객관적인 규범을 내용으로 하는 도덕심은 아니다. 즉 구체적인
일상생활에서 시비선악의 판단 근거로서 작용하는 선의지도 아니고,
행위에 가치를 부여하는 천리 혹은 實理로서의 心도 아니다. 불교의
心은 佛과 衆生, 眞如와 生滅, 그리고 차별적인 법계를 드러내는 주
체이다. 心의 覺이 곧 佛이고, 迷는 衆生이다. 眞如와 生滅이 모두
一心의 현현이고, 理法界와 事法界 그리고 理事無碍法界와 事事無
碍法界가 모두 一心의 서로 다른 현현이다. 비록 양명이 心外無事
와 心外無物을 긍정하였지만, 이때의 事와 物은 천리가 貫注된 도
덕행위와 그 대상으로서의 존재를 지칭할 뿐이다. 또 불교의 心은
선험적인 固有14)의 실체라고 하기 어렵다. 불교에서는 모든 중생이
佛性을 갖추고 있다는 보편성을 강조하지만, 이는 어디까지나 成佛
의 가능성에 대한 긍정을 표현한 것일 뿐, 佛性의 固有性, 즉 선험
성에 대한 적극적인 긍정은 아닌 것 같다. 왜냐하면 佛性의 선험성
(固有)을 긍정하게 되면 自性淸靜心의 독립성을 긍정하는 것과 같게
되기 때문이다.15) 혹자는 自性淸淨心의 독립성을 긍정하기도 하지만
불교학계의 중론은 아닌 것 같다. 즉 成佛의 보편성은 적극적으로

---

13) "以此純乎天理之心, 發之事父, 便是孝. 發之事君, 便是忠. 發之交友治
　　民, 便是信與仁." (『傳習錄』「上」.)
14) 맹자는 본성의 선험성을 '固有'로, 보편성을 '皆有'로, 절대성을 '天所
　　與我者'로 표현하였다.
15) 불교의 三法印 중 諸法無我와 논리적 모순이다.

긍정하지만, 佛性의 固有性(선험성)에 대해서는 말을 아끼는 편이다. 육왕학의 心卽理 체계를 외형적으로만 보면 불교와 유사하다. 그러나 외형적인 유사성만 보자면 주자학도 예외가 아니다.[16]

　둘째, 퇴계는 "진백사와 양명의 학문은 모두 육상산의 학문으로부터 나왔으며, 心을 종으로 삼으니 禪學이다."[17]라고 비판하였다. 퇴계의 이 비판은 양명이 오로지 心만을 말하고 理를 강조하지 않았다는 의미가 아니라, 양명이 오로지 心에서만 理를 추구할 뿐 사사물물의 理를 중시하지 않았다는 것을 의미한다. 퇴계의 이러한 비판은 그르지 않다. 그러나 理를 心의 자율성에서 찾는 것과 禪學은 내용적으로도 무관하고, 그 근원 역시 다르다. 양명의 反求於心(양지)은 사실 공맹이 강조하는 도덕의지의 자율성에 대한 또 다른 표현에 불과하다. 공자는 "仁이 먼 곳에 떨어져 있는가? 내가 仁을 실현하고자 하면 그 仁은 바로 다가오는 것이다."[18]고 하였고, 맹자는 "군자가 性이라고 생각하는 인의예지는 心을 근본으로 한다."[19]고 하였다. 또한 고자와의 변론에서 仁義의 내재성을 긍정하였는데, 인의의

---

16) 주자학과 불교의 유사성에서 가장 많이 논의되는 것이 바로 주자의 理氣論과 華嚴의 法界觀이다. 화엄에서 理와 事는 相卽不離의 無碍관계(理事無碍)이다. 이론의 구조적인 측면만을 보면, 이것과 주자의 理氣不離不雜說은 매우 유사하다. 또 정이천의 體用一源과 顯微無間도 불교의 理事無碍와 卽體卽用과 유사하고, 理一分殊 역시 불교의 理遍於事와 一多相卽과 유사하다. 뿐만 아니라 송명이학의 道統도 불교의 祖統과 유사하다.

17) "陳白沙, 王陽明之學, 皆出於象山, 而以本心爲宗, 蓋皆禪學也(『退溪先生文集』, 卷41, 「雜著」. 『韓國文集叢刊』30, 419쪽 上)

18) "仁遠乎哉? 我欲仁, 斯仁至矣." (『論語』「述而」)

19) "君子所性, 仁義禮智根於心." (『孟子』「盡心上」)

내재는 '仁義內在於心(性)'을 의미한다. 도덕규범은 인의의 도덕심에 의하여 결정되고, 또 실현된다. 心은 도덕규범에 대한 立法의 기능을 가진 실체이다. 따라서 공맹을 宗으로 한 심학계통에서 도덕가치의 실현은 一心의 순선성 여부에 의해 결정된다. 復其本心과 發明本心 혹은 致良知를 강조한 이유가 바로 여기에 있다.

셋째, 퇴계는 "격물궁리 공부를 싫어하니 석씨의 학문과 다를 바 없다."[20]고 하였다. 사실 퇴계뿐만 아니라 양명과 변론한 顧東橋 역시 양명학에 대하여 "이론이 너무나 높고 공부가 너무 빨라 후생들이 서로 전함에 있어 오류를 범할 수 있을 것 같아 불교의 明心見性과 定慧頓悟에 빠짐을 면하기 어려울 것 같다."[21]고 한 것을 보면 양명의 학문을 禪學으로 본 것은 주자학 계통의 학자뿐만 아니라 당시 유학자의 일반적인 견해였던 것 같다. 양명은 "사사물물에서 至善을 추구하는 것은 義를 밖에서 찾는 것이다."·"밖에서 (理를) 추구할 필요가 없다."[22]고 하였고, 六祖慧能 역시 "佛은 자성으로 하는 것이지 몸 밖에서 추구하는 것이 아니다."·"보리는 단지 마음에서 찾는 것이지 어찌 힘들게 밖에서 현묘함을 찾는가."[23]라고 하였으며, 馬祖도 "모든 것은 다 (마음에) 갖추어져 있고, 부족한 것이 없다. 사용이 자재로운데, 어찌 밖에서 찾는가."[24]라고 하였다. 心과

---

20) 「傳習錄論辯」 "其深厭窮格之功, 不假存養之實, 要歸於一超頓悟之法則無不脗合. 決是仙佛家脈絡作用眞實明白." (『南溪先生集』, 卷32, 書. 『韓國文集叢刊』139, 131쪽 下)

21) "但恐立說太高, 用功太捷, 後生師傳, 影響謬誤, 未免墮於佛氏明心見性, 定慧頓悟之機." (『傳習錄』「中. 答顧東橋書」)

22) "於事事物物上求至善, 覺是義外也." 『傳習錄』上·不假外求(『傳習錄』上)

23) "佛自性作, 莫向身外求."·"菩提只向心覓, 何勞向外求玄?"宗寶本 (『壇經』「疑問第三」)

理, 그리고 理를 추구하는 외형적인 틀만 보면 양명학과 禪學은 서로 유사함을 넘어서 완전히 일치한다. 그러나 앞에서 설명한 바와 같이 육왕과 禪學의 心과 理는 내용과 성격이 전혀 다르다. 또 육왕이 격물궁리를 중시하지 않는 것은 心의 자율성을 긍정하기 때문이다. 따라서 육왕철학에서 보면 주자식의 격물궁리는 부차적인 공부임이 당연하다. 만일 퇴계가 주자식의 격물궁리를 경시한 육왕 도덕론의 객관성 결여를 문제 삼아 비판한다면 이는 당연히 수용해야 한다. 그러나 격물궁리를 중시하지 않는 것과 禪學은 본질적으로 무관하다.

넷째, 한원진은 "양명의 양지가 곧 천리라는 설은 禪學에 빠진 것으로, 이는 氣를 理로서 인식한 것이다."[25]라고 하였고, 또 "석 씨의 학술은 오로지 그 영각의 마음만을 존양하는 것으로, 이는 의리가 있음을 모르는 것이다. 영각의 마음도 기질이다. 氣에는 선악이 있기 때문에 心이 하고자 하는 것을 따르면 기질의 치우침을 따르는 것에 불과하다."[26]고 하였다. 주자철학 계통에서 心은 형이하자로서 氣에 속한다. 이 心의 인식 기능이 바로 양지이기 때문에 양지 역시 氣의 작용이다. 양명은 이러한 양지를 천리로 인식하였으니 주자학 계통에서 보면 양지가 곧 천리라는 양명의 학설은 당연히 氣를 理로 인식한 것이다. 한원진은 육왕의 心을 불교의 識心으로 인식하

---

24) "一切具足, 更無欠少. 使用自在, 何假外求?" (『五燈會元』「卷三」)
25) "王陽明良知卽天理之說. 陷於禪學者, 以其認氣爲理也."(『南塘先生文集』, 卷22, 書. 韓國文集叢刊』201, 528쪽 上)
26) "釋氏之學, 惟務存養其靈覺之心, 而不知有義理. 靈覺之心, 亦氣質也. 氣便有善惡, 故從其心之所欲者, 不過循其氣質之偏矣."(『南塘先生文集』, 卷6.「筵說」.『韓國文集叢刊』201, 150쪽 上)

고, 허망의 근원을 이 識心에서 찾으니, 氣를 理로 인식한 양명학은 바로 禪學인 것이다. 그러나 이는 양명학에 대한 한원진의 오해일 뿐이다.

또한 육왕학을 고자의 학문이라고 비평한 것도 心卽理의 心을 인의예지를 내용으로 하는 도덕심으로 인식하지 않고 識心으로 이해한 것으로부터 발생된 오해이다. 왜냐하면 고자가 말한 '生之謂性'의 性은 '無善無惡' 혹은 '可爲善而可爲惡'의 가치중립자로서 주자학의 氣心과 지위가 유사하기 때문이다. 양명도 주자학을 고자의 학설이라고 비판한 적이 있다. 양명은 『傳習錄』「中.答顧東橋書」에서 "무릇 心과 理를 둘로 나누는 것은 고자의 義外說이다."라고 하였다. 양명은 주자가 理를 內(心)에서 찾지 않고, 外(物)에서 찾는다고 생각하여 격물궁리를 수양론의 宗으로 삼은 주자학을 고자의 義外說이라고 비판하였다. 이는 주자철학에 대한 양명의 오해이다. 비록 주자가 心卽理는 긍정하지 않았지만, 性卽理를 긍정하였기 때문에 주자철학의 도덕론을 고자의 義外說로 비판한 것은 정도를 잃은 것이다. 한원진도 주자의 心과 양명의 心을 동일시하여, 양명의 心을 識心으로 이해하였고, 이러한 識心을 본체(性)로 삼은 양명의 학문을 고자의 학설이라고 비평한 것이다.

이상의 논거 외에도 양명학을 禪學으로 규정한 근거는 다양하다. 혹자는 敎法을 근거로 양명학을 禪學으로 규정하였고,27) 혹자는 거울을 비유로 삼은 것을 근거로 禪學이라고 비평하였으며,28) 혹자는

---

27) 이 점에 관해서는 결론에서 이정직의 견해를 중심으로 다시 논하겠다.
28) 양명은 『傳習錄』에서 몇 차례 명경을 비유로 들어 심의 작용을 설명하였다. 이에 대하여 이정직은 "옛 유자들의 말씀에도 거울로써 마음을

육왕이 주자의 격물궁리를 支離하여 밖으로 내달리는 것[29])으로 비평하였으니 禪學임이 분명하다고 하였다. 이상의 근거는 모두 육왕의 心을 맹자학이 아닌 철저하게 주자학을 근거로 이해하였기 때문이다.

비유하는 경우가 있었다. 그렇지만 거울로써 비유하는 것은 대개 (그 마음의) 허명한 작용을 비유했을 뿐이다. 사실 성인의 마음은 안과 밖이 확 트여 통달되어 있기 때문에 거울로써 비유할 수 있는 대상이 아니다. 오직 불가에서 말하는 마음만이 거울로써 비유할 수 있을 것이다 (先儒之言, 亦有以鏡喩心者. 不過借鏡罟譬其虛明而已. 其實則聖人之心, 內外洞達, 非鏡之所可得而喩也. 惟佛氏之言心, 乃可以鏡喩之也)." (『石亭集』, 卷5, 「論王陽明」)라고 하였다.

29) "王陽明專以致良知爲學. 以反詆朱子之論爲支離外馳. 正釋氏之說也."(『西厓先生文集』, 卷15, 「雜著」. 『韓國文集叢刊』52, 294쪽 下)

3. 조선성리학자의 양명학 비판의 주요 논거와 그에 대한 비판적 고찰

양명학의 중심 의리는 致良知이다. 그러나 조선성리학자의 양명학 비판은 致良知보다는 心卽理와 良知 그리고 知行合一과 親民에 집중되어 있다. 따라서 필자도 그 주제에 따라서 이 장을 전개하겠다.

1) 心卽理에 대한 오해

心卽理는 理學과 心學 논쟁의 핵심이다. 일반적으로 '性이 곧 理이다'(性卽理)와 '心이 곧 理이다'(心卽理)라는 두 진술로써 정주학과 육왕학의 차이를 설명하지만, 心卽理와 性卽理는 정주학과 육왕학의 심성론에 대한 본질적 차이를 표현한 진술이 아니다. 왜냐하면 정주학에서는 오로지 性卽理만을 긍정하지만, 육왕학에서는 性卽理와 心卽理를 동시에 긍정하기 때문이다.[30] 심학자들은 단지 一心의 주체 자율성을 강조하기 위하여 性卽理보다는 心卽理를 즐겨 사용했을 뿐이다.

주자철학에서 性과 理는 동일자이다. 理가 천지의 만물이 준수해야 할 법칙·원리·규범으로서 인간계와 자연계에 보편적으로 적용되는 합리적인 질서 원리를 지칭한다면, 性은 보편적 질서 의미보다는 자연계를 구성하고 있는 각각의 개체에 적용되는 합리적 질서 개념이다. 性은 '나'라는 개체의 생성과 관계를 맺고 있다. 즉 '나'라는 개체 존재가 생성되면서 갖추고 있는 도리이다. 이는 각각의 개체에 선천적으로 합리적 질서가 內具되어 있다는 의미와 아울러 합리적 질서의 근원이 천지에 있음을 나타내고 있다.[31] 그러나 이는 性과 理의 형식적인 분계일 뿐이다.

주자가 發明本心 혹은 復其本心의 공부를 주로 삼지 않고 격물궁리를 채택한 근본적인 원인은 性理의 특성에 있다. 주자는 性을 설명할 때 '性은 단지 理일 뿐이다'(性只是理而已)는 점을 여러 차례 강조한다. 이 진술은 주자철학 본체론의 특성을 가장 정확히 표현하고 있다. '性은 단지 理일 뿐이다'는 말은 '性' 자에 포함되어 있는 여러 의미를 제거하고서 오로지 性의 법칙성·원리성·규범성만을 강조한 표현이다. 사실 중국철학에서 '性' 자의 쓰임은 법칙·원리·규범의 의미에 제한당하지 않는다. 맹자가 心善으로써 性善을 증명한 性과 육왕의 心卽性(理)의 性에는 자각성 혹은 자율성 등의 동태적 의미가 포함되어 있다. 그러나 주자는 性을 오로지 理로써 한정시켜 이해하였다. 이는 性卽理의 性이 동태적 존재원리가 아닌 정태적 원리임을 의미한다. 모종삼이 주자의 性理를 '단지 존재만 할 뿐

---

30) "心卽性, 性卽理." (『傳習錄』 「上」)
31) 황갑연, 「맹자의 心性情才에 대한 주자의 이해」, 『철학논총』 「제28집」, 63쪽.

활동하지 못하는 실체(只存有而不活動)'[32]로 규정한 이유가 바로 여기에 있다.[33] 性理가 불활동의 정태적 존재 혹은 원리라면 性理의

32) 牟宗三, 『心體與性體』「三冊」, 58쪽 참고.
33) 필자는 주자의 性理에 대한 모종삼의 규정에 대하여 다른 견해를 갖고 있다. 모종삼은 心體與性體「1冊」에서 유가철학에서 긍정하는 天道는 세 가지 기본적인 의미를 포함하고 있다고 한다. 하나는 '於穆不已'의 創生性이고, 다른 하나는 氣化의 流行性이며, 마지막 하나는 秩序性이다. 그중 본체의 역동성을 나타내는 것이 바로 '於穆不已'의 창생성이다. '於穆不已'는 詩經에 처음 출현한 것으로 천도의 작용에 대한 형용이다. 모종삼은 '於穆不已'를 천명에 대한 중국 고대인들의 洞見이라고 생각하였다. 만일 본체의 동태성과 정태성을 '於穆不已'한 작용을 근거로 구별한다면 주자가 긍정한 본체는 정태성의 실체 혹은 원리임이 분명하다. 그러나 필자는 비록 주자가 긍정한 본체에 '於穆不已'한 역동성은 갖추어져 있지 않다고 할지라도, 그것과 다른 성격의 동태성을 갖고 있다고 생각한다. 필자는 주자가 긍정한 본체(性理)는 아리스토텔레스의 神과 유사한 성격을 갖고 있다고 생각한다. 즉 '不動의 動者'의 성격을 갖고 있다. 역동성은 그 자체의 활동성으로도 해석할 수 있지만, 무엇을 유인하는 능력으로도 해석할 수 있다. 아리스토텔레스 철학에서 최고선인 神은 질료를 전제하지 않는 형상이기 때문에 그 자체의 변화 가능성은 없지만, 저차적인 형상과 질료로 구성된 모든 현상의 자기 변화의 모델이다. 질료를 갖는 현상은 신을 닮고자 하기 때문에 자신을 변화시킨다. 유명 연예인의 패션은 그것과 닮고자 하는 대중들의 욕구를 자극하여 그들을 움직이게 한다. 꿀과 벌의 관계를 통하여 心과 性理의 관계를 설명할 수도 있다. 벌은 꿀에 대하여 본능적으로 희열의 느낌을 갖고, 꿀은 자체적으로는 정태적이지만 꿀의 향기로써 벌을 끊임없이 유혹한다. 양자의 관계에는 주동과 피동의 구별이 없다. 이곳에서 하나의 질문을 해보자. 心은 왜 본능적으로 性理를 인식하려고 하는가? 心은 왜 性理에 대하여 감응의 매력을 느끼는가? 만일 性理가 心을 자극할 수 있는 어떤 요소도 갖추고 있지 않다면, 心은 性理를 인식할 필요도 없고, 인식하려고도 하지 않을 것이다. 朱子語類「59卷」 맹자의 '富歲子弟多賴'에서 '理義之悅我心'에 관한 질문에 대하여 주자는 "理義가 내 마음을 기쁘게 하는 것은 필연적이다."(理義)悅我心, 必矣)라고 하였다. 그렇다면 性理의 어떤 요소가 心의 인식 기능을 자

자발적 활동에 의한 가치 창출은 기대할 수 없다. 따라서 性理를 발현시킬 수 있는 타자의 도움이 필요한데, 이것이 바로 心이고, 心이 性理의 가치를 실현하는 방법이 居敬涵養과 格物窮理이다.

그러나 주자철학에서 心과 性理의 관계는 약간의 복잡한 사유를 요구한다. 앞에서 밝힌 바와 같이 性理는 心의 존재원리이다. 비록 양자의 관계가 能知者(主)와 所知者(客)의 관계로 설정되었지만, 性理는 心의 존재 원리임과 동시에 心의 활동 표준이다. 즉 心이 반드시 준수해야 하고 따라야 할 법칙이다. 또 비록 心이 向外로 격물하여 理를 인식(窮理)하지만, 사물의 理와 心의 존재 원리로서의 理는 서로 이질적인 理가 아니다. 따라서 격물궁리는 단순히 외적인 존재의 理를 인식하여 자신의 德으로 삼는 것이 아니라, 외물에 卽하여 자신에게 갖추어져 있는 理를 인증하는 과정이다. 격물궁리를 통하여 자신에 갖추어진 理를 인증하였을 때 理는 心의 德으로서의 지위를 갖는다. 이 점에 대하여 『朱子語類』에 다음과 같은 내용이 수록되어 있다.

극하는가? 그것은 다름 아닌 性理가 갖고 있는 法則性(規範性)과 至善性이다. 性理에 이 두 성격이 갖추어져 있는 이상 心을 시시각각 자극할 것이다. 心 또한 性理에 대한 지각 기능을 상실하지 않는다면 끊임없이 性理에 대하여 희열의 느낌을 가질 것이다. 모종삼은 주자의 心理爲二를 근거로 주자도덕론을 자율이 아닌 타율형태의 도덕론이라고 평하였다. 즉 도덕규범에 대한 의지의 입법성을 긍정하는 공맹의 전통과 이질적이라는 것이다. 그러나 비록 心性이 二者의 관계로 정립되어 있지만, 心에 대한 性理의 유혹과 性理에 대한 心의 무조건적 희열은 육왕철학과는 또 다른 계통의 자율도덕론으로 정립될 수 있다.

무릇 도리는 모두 내게 본래부터 갖추어진 것이지 밖으로부터 온 것이 아니다. 이른바 지각한다는 것은 단지 나의 도리를 지각한다는 것이지 나의 지각 작용으로써 저 도리를 지각한다는 것이 아니다. 도리는 본래부터 스스로 있는 것이어서 지각 작용이 발현될 때 비로소 출현된다.[34]

이 문장을 보면 주자의 격물궁리가 결코 외적인 사물의 理를 인식하여, 사물의 理를 자신의 德으로 삼는 것이 아님을 알 수 있다. 그러나 왕양명은 주자의 격물궁리를 다음과 같이 오해한다.

양명이 말하기를, 주자의 이른바 격물 운운하는 것은 사물에 接하여서 그 사물의 이치를 궁구하는 것이다. 무릇 사사물물에서 그 이치를 추구하는 것은 마치 부모에게서 효의 이치를 추구하는 것과 같음을 말함이다. 부모에게서 효의 이치를 추구한다면 효의 이치는 나의 마음에 있는가? 아니면 부모의 몸에 있는가? 만일 부모의 몸에 있다면 부모가 죽은 후에 내 마음에도 효의 이치가 없다는 말인가?[35]

이러한 표현은 『전습록』 곳곳에서 발견된다. 만일 양명이 心卽理의 자율성을 강조하기 위하여 이러한 비유를 드는 것은 반대할 수

---

34) "凡道理皆是我自有之物, 非從外得. 所謂知者, 便只是知得我底道理, 非是以我之知去知彼道理也. 道理本自有, 用知方發得出來." (『朱子語類』, 卷17)

35) "朱子所謂格物云者, 在卽物而窮其理也……夫求理於事事物物者, 如求孝之理於其親之謂也. 求孝之理於其親, 則孝之理其果在於吾之心邪? 抑果在於親之身邪? 假如果在於親之身, 則親沒之後, 吾心遂無孝之理歟? (『傳習錄』「中. 答顧東橋書」)

없지만, 주자의 心理 관계를 오해하고서 이를 자신 학설의 정당성 확보를 위한 근거로 사용해서는 안 된다. 격물궁리에 대한 양명 오해의 원인은 그가 주자철학의 心과 理의 관계를 지나치게 단선적으로 이해하였기 때문이다. 양명의 心卽理를 비판한 조선성리학자들의 불만은 바로 이곳에 집중되어 있다. 퇴계와 이정직은 다음과 같이 비판한다.

양명의 무리들은 외물이 心에 누를 끼칠까 봐 두려워하였다. 이는 사람이 지켜야 할 불변의 도리, 즉 참되고 지극한 도리는 내 마음에 본래 갖추어진 도리임을 모른 것이다. 학문을 말하고 궁리하는 것은 바로 본심의 체를 밝히고, 본심의 쓰임을 다하기 위함이다.[36]

양명은 어찌 (주자의 격물설을) 비난하면서 '사사물물에서 그 이치를 추구하는 것은 마치 부모에게서 효의 이치를 추구하는 것과 같음을 말함이다'라고 하는가? 주자가 언제 격물의 物을 부모의 몸이라고 말하였는가? 부모를 격물의 物로 삼는 것은 양명이 스스로 그렇게 한 것이니, (양명이) 말한 '부모가 죽은 후에 내 마음도 따라서 효의 이치가 없다는 말인가'는 스스로를 곤경에 빠뜨린 것이 아닌가?[37]

퇴계는 '참되고 지극한 도리는 내 마음에 본래 갖추어진 도리'임

---

36) "陽明徒患外物之爲心累. 不知民彝物則眞至之理, 卽吾心本具之理. 講學窮理, 正所以明本心之體, 達本心之用." (『退溪先生文集』, 卷41. 「雜著」. 『傳習錄論辯』. 『韓國文集叢刊』 30, 417쪽 下)
37) "彼奚以難之曰以求於事事物物者, 如求之孝理於其親之謂哉也. 朱子何嘗以卽物之物指親之身而言之邪? 夫以親爲卽物之物者, 出於陽明之自撰, 則彼爲謂親沒之後 吾心遂無孝之理云者, 非自窘也邪?"

을 강조하고서, 강학과 궁리를 통하여 본심의 體인 理를 밝혀 본심의 쓰임을 다해야 한다고 주장한다. 퇴계가 말한 '본심의 體'란 다름 아닌 '心의 德'으로서의 理이다. 이정직 역시 "만일 부모의 몸에 있다면 부모가 죽은 후에 내 마음에도 孝의 이치가 없다는 말인가."라는 양명의 의문에 대하여 격물은 무모의 몸에서 도리를 추구하는 것이 아님을 강조하고 있다. 만일 격물궁리가 외물에서 도리를 찾는 것이라면 양명의 지적처럼 부모가 죽으면 효의 도리도 함께 사라지게 될 것이다. 그러나 부모의 생사존망과 관계없이 孝의 도리는 영원이 내 마음에 간직되어 있다. 단지 부모의 존재가 없어지면 효의 도리도 드러나지 않을 뿐이다. 주자의 心과 理의 관계에 대한 이해는 양명보다 퇴계와 이정직의 이해가 더욱 정확하다. 퇴계와 이정직은 주자의 격물궁리가 단순하게 외적인 사물에서 행위의 표준을 찾는 것이 아님을 올바르게 이해하고 있다.

한원진은 書經「大禹謨」의 人心과 道心을 근거로 양명의 心卽理를 비평한다.

> 인심은 위태롭고, 도심은 은미하다. 인심은 理로 보아서는 안 된다. 도심이라는 말은 도의 마음이 아닌 것이 있다는 것이다. 心이 理라면 心이 곧 道일 텐데, 또다시 도심이라는 이름이 필요하겠는가?[38]

양명 역시 人心과 道心에 관한 설명을 한 적이 있다. 『상산전집』

---

38) "人心惟危, 道心惟微. 人心旣不可作理看. 而謂之道心, 以其有非道之心也. 心果是理, 則心卽是道, 又何更名道心耶?" (『南塘先生文集』, 卷27. 「雜著」, 「王陽明集辨」. 『韓國文集叢刊』 202, 87쪽 上)

「序」에서 다음과 같이 말하였다.

> 성인의 학문은 심학이다. 堯, 舜, 禹는 道를 전수하면서 다음과 같
> 이 말하였다. "인심은 위태롭고 도심은 은밀하니 오로지 사욕을 버리
> 고 마음을 하나로 하여 진실로 그 중용의 道를 잘 잡아 행하여야 한
> 다. 이것이 바로 심학의 근원이다. 공맹의 학문은 오로지 仁을 추구하
> 는 곳에 힘을 쓴 순수한 학문의 전통이다. ……心과 理를 이분하여 서
> 로 다른 것으로 간주하면 그 순수한 학문은 무너져 망하게 된다. 지
> 금의 儒者가 支離한 것은 밖으로 형명기수의 말(末)에서 소위 물리라
> 는 것을 추구하여 밝히려고만 할 뿐, 이 물리가 바로 나의 본심이어
> 서 처음부터 밖에서 찾을 필요가 없었음에도 불구하고 그것을 몰랐기
> 때문이다. 불로가 공허한 것은 인륜과 사물의 상리를 버리면서 소위
> 내 마음이라는 것만을 추구할 뿐, 물리가 바로 내 마음이며 이 물리
> 를 버려서는 안 된다는 것을 모르기 때문이다."[39]

한원진과 양명의 人心道心에 관한 논변을 보면, 양자 모두 자신의
입장에서 상대방 학문을 아전인수식으로 해석하고 있음을 발견할 수
있다. 먼저 한원진의 변론을 살펴보자. 한원진은 "道心이라는 말은
도의 마음이 아닌 것이 있다."는 것을 의미하기 때문에 人心이 곧
道心이 아님은 분명하다는 것이다. 그런데 양명처럼 心卽理라고 한
다면 人心이 곧 도리, 즉 道心이기 때문에 道心이라는 말이 필요

---

39) "聖人之學, 心學也. 堯舜禹之相授受曰: 人心惟危, 道心惟微, 惟精惟一,
允執厥中. 此心學之源也. 孔孟之學, 惟務求仁, 蓋精一之傳也……析心
與理而爲二, 而精一之學亡. 世儒之支離, 外索於刑名器數之末, 以求明
其所謂物理者, 而不知吾心卽物理, 初無假於外也. 佛老之空虛, 遺棄其
人倫事物之常, 以求明其所謂吾心者, 而不知物理卽吾心, 不可得而遺也."

없게 된다. 한원진이 이해한 心은 心卽理의 心보다 광의적인 의미의 心이다. 양명이 긍정한 心卽理의 心은 心의 본체로서 지선한 道心을 지칭한다. 양명학에서 人心과 道心은 서로 다른 두 마음이 아니다. 심의 본체는 지선하다. 이 지선한 心이 바로 道心이고, 기질의 욕념에 의하여 발동하면 이것이 바로 人心이다. 그러나 人心은 심의 본래 모습이 아니다. 따라서 공부는 人心을 제거하여 본심의 본래 모습을 회복하는 것에 있다. 양명이 말한 "공부는 반드시 心에서 힘을 써야 한다. 무릇 알 수 없고 행할 수 없는 것은 반드시 돌이켜 보아 자기의 마음에 합당하도록 체찰하면 곧 통달할 수 있을 것이다. 四書五經이란 다른 것이 아니라 이 心體에 대한 해설에 불과하다. 이 心體가 바로 소위 道心이란 것이며, 또 이 본체가 밝으면 도체도 역시 밝게 되므로 양자는 다른 것이 아니다. 이것이 학문을 하는 중심요점이다."40)는 바로 人心 밖에 道心이 따로 있지 않음을 말한 것이며, 致良知는 人心의 본체, 즉 道心을 드러내 밝히는 공부임을 말한 것이다.

주자의 人心道心說에 대하여 오해하기는 양명도 마찬가지다. 그는 주자의 心理 관계를 오해하여 佛老의 학설이라고 비판한다. 그러나 주자철학에서도 人心과 道心은 둘이 아니다. 心이 격물궁리를 통하여 心의 理를 자신의 德으로 삼으면 그것이 바로 道心이고, 理와 心이 합일되지 않으면 그것이 바로 人心이다. 양명학에서 허망의 人心을 걷어내고서 道心을 회복하는 공부가 바로 致良知이다. 致는

---

40) "須在心體上用功. 凡明不得・行不去, 須反在自心上體當, 卽可通. 蓋四書五經, 不過說這心體. 這心體卽所謂道心. 體明卽是道明, 更無二. 此是爲學頭腦處." (『傳習錄』「上」)

자각을 시점으로 확충하는 과정에서 人心을 살펴 道心으로 회귀시키는 공부이다. 주자철학에서는 거경함양과 격물궁리가 人心을 극복하고서 道心을 현현시키는 공부이다.

양명이 주자의 격물설을 오해한 것과 조선성리학자들이 양명의 心卽理를 불교의 심즉불로 이해한 것은 서로 다른 차원의 문제이다. 조선성리학자들이 주자철학에 대한 양명의 잘못된 이해를 규정한 것은 수용할 수 있지만, 心卽理와 心卽佛을 동일한 성격의 명제로 이해한 것은 양명철학에 대한 조선성리학자들의 또 다른 곡절이다.

2) 良知에 대한 오해

먼저 양지에 대한 맹자의 설명과 주자의 이해를 살펴보자. 맹자는 "사람이 배우지 않고서도 할 수 있는 것은 양능이 있기 때문이고, 생각하지 않고서도 알 수 있는 것은 양지가 있기 때문이다."[41]고 하였다. 이에 대하여 주자는 "良이라는 것은 본연의 선을 의미한다. 정자(이천)가 말하기를, 양지와 양능은 후천적인 학습을 통하여 이루어진 것이 아니라 天으로부터 나온 것이지, 인위적인 것과 관련이 없다."[42]고 주해하였다. 이는 주자 역시 양지와 양능을 후천적인 학습을 통하여 배양한 능력으로 이해하지 않고 도덕판단과 실천의 선천적인 능력으로 이해하고 있음을 의미한다. 그러나 주자는 性理에 대

---

41) "人之所不學而能者, 其良能也. 所不慮而知者, 其良知也."(「盡心」上)
42) "良者, 本然之善也. 程子曰, 良知良能皆無所由, 乃出於天, 不繫於人."
    (『孟子章句』「盡心上」)

한 心의 지각능력은 긍정하였지만, 양지를 들어 心의 지각 작용을 적극적으로 내세우지는 않는다. 즉 주자는 양지의 작용을 전면에 내세우지 않는다. 그 이유는 아마 도덕판단과 실천에 관한 선천적인 능력을 적극적으로 긍정하게 되었을 때 주자 공부론의 핵심인 격물궁리론의 중요성이 퇴색할 가능성이 있기 때문일 것이다. 그렇다고 양지의 지각 작용을 일괄적으로 부정하기도 어려웠을 것이다. 만일 양지의 작용을 부정한다면 性理에 대한 心의 인식 기능을 설명하기 어렵게 된다. 주자의 고민은 바로 여기에 있다. 맹자철학에서 양지는 性理에 대한 인식 능력 의미보다는 도덕규범에 대한 자율성으로서의 능력을 의미한다. 따라서 주자가 양지의 작용을 적극적으로 긍정하면 向外의 격물궁리를 필연적인 공부론으로 설정하기 어렵다. 그러나 性理에 대한 판단능력은 보장해 주어야 한다. 때문에 주자는 양지를 제한적으로 사용하였다.[43] 그러나 심학자들은 是非善惡의 판단 능력인 양지와 好善惡惡의 판단 능력인 양능을 근거로 격물궁리의 불필요성을 강조한다. 상산이 "내가 비록 문자를 한 자도 모른다고 할지라도 나는 당당하게 도덕군자의 인품을 이룰 수 있다."[44]고 한 것은 바로 양지와 양능 작용에 대한 신뢰 때문이다.

양명에 이르러 致良知를 전면으로 내세우면서 양지의 의미와 지위는 다시 새로운 면모를 갖추게 된다. 致良知의 양지는 맹자의 양지설을 근본으로 확장된 개념이다. 다시 말하면 양명은 맹자가 주장한 양지뿐만 아니라 양능의 의미, 그리고 사단지심의 의미까지도 하

---

43) 조남호, 「조선 주자학자들의 양지에 대한 논쟁」, 『陽明學』「제2호」, 1998, 76〜78 참고.
44) "若某則雖不識一字, 亦須還我堂堂地做個人." (『象山全集』, 卷35)

나의 양지 속에 포함시켜 이해하고 있다.[45] 그러나 이정직은 "지금 양명은 오로지 양지만을 들어, 거기에 '致' 자를 더하고, 대학의 치지에 붙였다. 그렇게 한 까닭에 관해서 말하기를, '양지는 맹자가 말한 시비지심으로서 모든 사람이 다 갖추고 있는 것이다. 시비지심은 사려하지 않아도 알고, 배우지 않아도 할 수 있는 것이다. 때문에 양지는 하늘이 우리에게 내린 性이다.' 그 견강부회함이 교묘하면 교묘할수록 졸렬함이 더욱 심하게 됨은 어떤 이유에서인가? 맹자는 '측은지심은 仁의 단서이고, 수오지심은 義의 단서이며, 사양지심은 禮의 단서이며, 시비지심은 智의 단서이다. 사람에게 이 사단이 있는 것은 마치 사체가 있는 것과 같다'고 하였다. 지금 양명은 그 삼단(三端―측은지심·수오지심·사양지심)은 버리고 오로지 시비지심만을 들고 있으니, 어찌 하늘이 우리에게 내린 性의 전체라고 말할 수 있겠는가? 저 양명은 오로지 시비지심만을 들어 致良知說을 꾸미려고 한다. 그러나 맹자가 말한 양지에 인의예의 의미는 없고 오직 시비지심의 의미만 있다는 말인가."[46]라고 辯斥한다. 이는 양명의 양

---

45) "良知者, 孟子所謂是非之心, 人皆有之者也. 是非之心, 不待慮而知, 不待學而能, 是故謂之良知. 是乃天命之性, 吾心之本體, 自然靈照明覺者也." (『陽明全書』, 卷26)·"良知只是個是非之心, 是非只是個好惡." (『傳習錄』「下」)·"良知只是一個天理自然明覺發見處, 只是一個眞誠惻怛, 便是他本體." (『傳習錄』「中」)

46) "若其致良知說, 其原非不出於孟子之言, 而孟子則曰人之所不學而能者其良能也, 所不慮而知者其良知也. 孩提之童無不知愛其親也, 及其長也, 無不知敬其兄也. 夫所謂良知者, 其本然之知也. 良能者, 其本然之能也.……而其知愛且敬者以有本然之知也. 其能愛且敬者以有本然之能也. 若復慮而審學而進, 則其知與能有不可勝言者矣. 而今陽明偏擧良知加一致字以附於大學之致知 其所以爲說則曰良知. 孟子所謂是非之心人皆有之者也. 是非之心不待慮而知, 不待學而能, 是故謂之良知, 是乃天命之性.

지가 맹자의 양지와 양능 그리고 사단지심을 총괄한 도덕본성임을 이해하지 못하고서 양명을 조롱한 것이다. 맹자는 양지와 양능을 분리하여 설명하였지만, 도덕실천의 과정에서 이 양자는 동시에 드러난다. 다시 말하면 시비선악에 대한 자각 판단은 好善惡惡의 정감을 반드시 수반한다. 양명이 致良知 과정에서 知行合一을 주장한 근거도 바로 知善知惡과 好善惡惡이 동시에 발생한다는 것에 있다. 또 好善惡惡은 단순한 정감이 아니라 도덕적인 내용을 포함하고 있다. 이것이 바로 眞誠惻怛이다. 때문에 양명은 "양지를 천리의 자연스러운 명각처"로 이해한 것이다.

양지에 대해 가장 적극적인 비판을 가한 학자는 한원진이다. 한원진은 양명의 '良知卽天理'說을 禪學이라고 폄하한다. 그는 '양지와 양능은 천리가 아니라 천리의 발견처라고 하였다. 따라서 천리와 인욕 측면에서 보면 양지양능은 천리 쪽에 속하고, 心性理氣에서 말하면 양지양능은 心과 氣에 속하지 性과 理에 속하지 않는다'[47]고 한다. 한원진의 '양지양능은 천리의 발견처'라는 주장을 외형적으로 보면 양명의 학설과 유사하다. 그러나 한원진이 말한 '발견처'는 천리

彼其傅會愈巧, 而破錠愈甚何者. 孟子曰惻隱之心仁之端也, 羞惡之心義之端也, 辭讓之心禮之端也, 是非之心智之端也, 人之有是四端也. 猶其有四體也. 今陽明去其三端而偏擧是非之心, 豈曰天命之性之全者邪? 彼之偏擧是非之心者, 將以文夫致良知之說也, 而孟子之所云良知者, 豈遺其仁義禮而獨指其是非之心之智者邪?"(『石亭集』, 卷5, 「論王陽明」)

47) "良知良能一也. 王陽明良知, 卽天理之說, 陷於禪學者. 以其認氣爲理也. 良知非天理, 則良能何獨爲理耶? 盖良知良能, 非天理也. 是天理之所發見處也. 故以天理人欲對言, 則良知良能, 固屬天理邊. 而以心性理氣之辨言, 則良知良能, 是心也氣也, 非性也理也."(『南塘先生文集』, 卷22, 書). 『韓國文集叢刊』 201, 528쪽 上下)

에 대한 자율성으로서의 현현이 아니라, 性理에 대한 心의 인식을
통한 발견일 것이다. 또 '양지를 통하여 천하의 도리를 알 수 있지
만, 반드시 궁리를 통해서만 양지의 작용을 확충할 수 있으며, 만일
궁리하지 않으면 良知와 非良知를 알 수 없다. 禪學의 잘못은 致良
知에 있는 것이 아니라 非良知를 致한 것에 있다'[48]고 한다. 이러한
한원진의 입장은 철저히 주자의 심성론을 대변한 것이다. 그러나 앞
에서 이미 밝힌 바와 같이 양지를 천리로 이해하는 양명의 양지설이
주자철학과는 이질적이지만, 그것을 근거로 禪學으로 폄하한 것에는
객관적인 근거가 전혀 없다. 혹자는 禪學의 佛性論을 양지와 연결시
켜 이해할 수도 있을 것이다. 그러나 앞에서 밝힌 바와 같이 禪學에
서 佛性은 成佛의 가능성이지 결코 인의예지를 내용으로 하는 가치
판단의 근거도 아니고, 선을 좋아하고 악을 싫어하는 好善惡惡의 實
情도 아니다. 또 禪學에서는 致良知를 주장하지도 않고, 설령 있다
고 하더라도 禪學의 致良知가 非良知를 致한 것도 아니며, 이것이
곧 禪學과 양명학의 동일성을 증명하는 것도 아니다.

---

48) "凡天下之理, 無不知之. 而知爲善以去惡者, 皆良知也. 故惟窮理, 爲能
有此知而能擴充之. 苟不窮理, 何以知其良知與非良知也. 此禪學之誤,
不在於致良知, 而在於所致非良知也."(『南塘先生文集』, 卷23. 「雜著」. 『韓
國文集叢刊』201, 544쪽 下)

3) 知行合一說에 대한 오해

知行合一說은 양명학의 대표적인 이론으로 알려져 있지만, 양명학에서 知行合一說의 지위는 致良知에 종속된 부차적인 이론에 불과하다. 知行合一說은 양명학의 초기 이론이다. 양명은 38세에 귀양서원에서 강의하면서 처음 知行合一을 내세워 제자들을 가르쳤다. 그러나 知行合一의 의미와 知行의 본체에 대한 불필요한 異說들이 등장하였다. 양명은 50세 이후 南昌에 거주하면서 致良知를 본격적으로 주창하였고, 이때부터 知行合一에 대해서는 거의 언급하지 않았다. 왜냐하면 知行合一에서 知와 行은 모두 致良知의 致의 과정이고, 致良知가 실현되면 知와 行은 필연적으로 合一되는 것이기 때문에 또다시 知行合一을 강조할 필요성을 느끼지 못한 것이다. 그러나 주자의 先知後行과 대비되면서 知行合一說은 致良知보다 세인들의 주목을 받게 되었다.

양명의 知行合一說에 대한 비평의 중심인물은 퇴계이다. 필자는 먼저 知行合一에 관한 양명의 본의를 주자의 先知後行論과 비교하여 간단하게 소개하고, 다음 양명의 知行論에 대한 퇴계의 비평을 소개하고서, 다시 양명학의 입장에서 그 비평의 적부성을 논하겠다.

양명 知行合一說에 대한 조선성리학자들의 비평 소재는 대부분 양명이 知와 行의 合一을 비유적으로 설명한 예화가 주를 이룬다. 비유는 단지 비유에 불과하고, 또 보는 각도에 따라서 서로 다른 의미로 해석될 수 있다. 따라서 비유를 소재로 한 공격은 그 자체가 비생산적인 논쟁이다.

知行의 合一은 유가철학자들이 공통적으로 추구하는 이상이다. 그러나 知와 行의 관계, 知를 추구하는 방법, 그리고 知와 行의 결합에 대해서는 주자와 양명이 서로 다르다. 주자철학에서 보면 知를 추구하는 방법은 격물치지이다. 구체적인 사물에 格하여 所以然之理와 所當然之則을 지각하는 것이 知이고, 心이 지각한 理의 조리에 의거하여 의념을 순화하고 善情을 발현하는 것이 行이다. 주자는 행위의 시작인 의념을 진실무망하게 하려면 반드시 性理에 대한 인식이 전제되어야 한다고 생각한다. 따라서 격물궁리의 知가 先이고, 誠意의 行이 後이다. 비록 知輕行重과 知行並進도 긍정하였지만, 의리의 기본 골격은 先知後行이다.

양명은 知行合一說을 주장하면서 먼저 知와 行이 合一되지 않은 원인을 제시한다. 첫째는 의지가 자신에 대하여 일종의 법칙이 아닌 경우이다. 즉 心卽理를 긍정하지 않는 경우이다.[49] 이는 이론에 관한 문제이다. 도덕규범에 대하여 의지가 자율성을 갖고 있지 않으면 반드시 의지(心) 밖에서 표준을 추구해야 한다. 주자철학에서 보면 致知 활동의 결과인 知至와 의념의 순일(意誠)은 이질적인 결합이다. 따라서 合一이 자연스럽지 못하다. 둘째는 양지를 확충하지 못하였을 경우이다. 양지가 드러나지 못하면 의념의 선악 여부를 판단할 수 없다. 반드시 양지의 자각을 시초로 확충되어야만 비로소 知善知惡과 동시에 好善惡惡의 정감이 실현된다.

양명의 知行論에서 知는 도덕가치 판단, 즉 도덕실천의 방향을 결정하는 것이다. 行은 의념이 발동하여 구체적인 행위로 완성되는 전

---

49) "外心以求理, 此知行之所以二也. 求理於吾心, 此聖門知行合一之敎, 吾子又何疑乎?" (『傳習錄』「中」)

과정이다. 많은 학자들이 양명의 知行合一說을 오해하는데, 그것은 바로 知와 行의 전 과정을 시간적인 '동시'의 의미로 이해하기 때문이다. 양명 知行合一에서 '合一'은 知善知惡의 판단과 好善惡惡(내부 의념의 行)의 정감이 동시에 발생한다는 것으로부터 출발한다. 知善知惡은 판단이고, 好善惡惡은 의념의 순화이다. 이 양자가 동시에 발생해야만 그 앎이 진질한 앎이라고 할 수 있다. 勞思光은 "양명이 말한 合一은 발동처에서 말한 것으로 근원 의미를 취한 것이지 효험처에서 말한 것이 아니다. 그러므로 완성 의미를 취한 것이 아니다."[50]고 하였다. 정확한 지적이다. 만일 완성처에서 合一을 찾는다면 知와 行은 당연히 시간적인 선후관계에 놓이게 된다. 知善知惡의 知와 好善惡惡의 行은 내 마음의 양지가 동시에 발현한 것이기 때문에 양자 사이에 시간적인 선후는 없고 단지 논리적인 선후만이 존재한다. 그러나 양지의 知善知惡과 실제적인 도덕행위 사이에는 시간적인 선후 관계가 성립할 수밖에 없다.

양명은 대학의 '아름다운 색을 보는 것과 좋아함, 그리고 악취를 맡는 것과 싫어함'을 비유로 知行合一을 설명하였다. 사실 자연생명의 반응에는 필연성이 없다. 타인이 '아름답다'고 판단한 것에 대하여 나 역시 반드시 '아름답다'고 판단하는 것은 아니기 때문이다. 그러나 이는 비유에 불과하다. 우리는 아름다운 색에 대하여 '아름답다'고 판단하거나 악취에 대하여 '역겹다'는 판단을 함과 동시에 아름다운 색을 좋아하고 악취를 싫어하는 마음이 든다. 이때 '아름답다'거나 '역겹다'는 판단이 바로 知行의 知이고 '아름다운 색을 좋아

---

50) 勞思光, 『中國哲學史』, 卷3, 433쪽(臺灣三民書局, 1981)

하거나 악취를 싫어하는 마음'이 바로 行이다. 아름다운 색을 좋아
하고 악취를 싫어하는 것은 일종의 긍정과 부정의 표현이다. 만일
'아름답다'와 '역겹다'는 판단을 하였는데, 이에 대하여 받아들임과
거부의 반응이 없다면, 그 판단은 진실하지 못한 것이다. 마찬가지로
시비선악에 대하여 판단을 하였는데, 好善惡惡의 정감이 즉각적으로
수반되지 않는다면, 그 판단의 진실성은 당연히 의심을 받게 된다.
이로써 보면 양명의 知行合一에서 知는 자세한 節目에 대한 앎이
아니라, 동기의 순수성과 판단의 지선성 확보임을 알 수 있다. 퇴계
의 「전습록논변」에서 知行合一說에 대한 변척 내용이 가장 길다. 퇴
계는 「전습록논변」에서 양명이 그저 도리만을 알고 실천으로 옮기지
않는 당시 유학자들의 병폐를 바로잡고자 知行合一을 주창한 것이
고, 이에 대해서는 일단 긍정한다. 그러나 見好色과 聞惡臭를 知로
비유하고, 好好色과 惡惡臭를 行으로 비유한 양명의 知行論에 관해
서는 통격을 가한다. 퇴계는 見好色과 好好色 그리고 聞惡臭와 惡
惡臭가 동시에 발생하는 것은 형기 생명의 작용에 속하는 것이지,
결코 의리 생명에 속하는 것이 아니라고 한다. 의리 생명에서는 선
을 보고도 선을 모르는 자가 있고, 선을 알고도 마음으로 선을 좋아
하지 않는 자가 있다. 그런데도 어찌 선을 보았을 때 이미 그 선을
좋아한다고 말할 수 있는가? 악의 경우도 마찬가지다. 또 퇴계는 본
래 성현의 학문은 마음에 근본을 두고서 사물의 이치를 관통하는 것
인데, 오로지 본심에만 두고서 조금이라도 사물에 연루될까 두려워
오직 본심에서만 知行이 하나라고 생각하였다고 한다.51) 퇴계의 비

---

51) "其以見好色聞惡臭屬知, 好好色惡惡臭屬行. 謂見聞時已自好惡了, 不
是見了後又立箇心去好, 不是聞了後別立箇心去惡. 以此爲知行合一之證

평은 외형상으로 보면 양명 知行論의 허구성을 간파한 것 같다.

그러나 퇴계의 지적에 대하여 필자는 세 측면에서 반박하고 싶다.

첫째는 비유에 대한 지나친 집착이다. 비유는 그저 비유에 불과하
다. 맹자 역시 "理와 義가 내 마음을 기쁘게 해 주는 것은 마치 맛
있는 고기 요리가 내 입을 즐겁게 해 주는 것과 같다."고[52] 하였다.
퇴계의 비평 논거를 따르면, 맛있는 고기 요리가 내 입을 즐겁게 해
주는 것은 형기의 작용에 속한 것으로서, 맛있는 고기를 보자마자
(見好色 - 知) 먹고 싶다는 욕구(好好色 - 行)가 든다. 그러나 理義에
대한 인식과 理義를 좋아하는 마음의 관계는 격물궁리와 성의의 관
계이기 때문에 理義를 보는 것(인식 - 知)과 理義에 대한 좋아함(行)
의 표현 사이에는 시간적인 선후가 필연적으로 있을 수밖에 없다.
그런데 왜 퇴계가 그토록 추앙한 맹자는 시간적 선후가 분명한 理

者似矣. 然而陽明信以爲人之見善而好之. 果能如見好色自能好之之誠乎?
人之見不善而惡之. 果能如聞惡臭自能惡之之實乎?……蓋人之心發於形氣
者, 則不學而自知, 不勉而自能. 好惡所在, 表裏如一, 故才見好色. 卽
知其好而心誠好之, 才聞惡臭, 卽知其惡而心實惡之. 雖曰行寓於知, 猶
之可也. 至於義理則不然也. 不學則不知, 不勉則不能. 其行於外者, 未
必誠於內, 故見善而不知善者有之. 知善而心不好者有之. 謂之見善時已
自好, 可乎? 見不善而不知惡者有之, 知惡而心不惡者有之, 謂之知惡時
已自惡, 可乎? 故大學, 借彼表裏如一之好惡, 以勸學者之毋自欺則可.
陽明乃欲引彼形氣之所爲, 以明此義理知行之說則大不可. 故義理之知
行, 合而言之. 固相須竝行而不可缺一. 分而言之, 知不可謂之行, 猶行
不可謂之知也. 豈可合而爲一乎?……且聖賢之學, 本諸心而貫事物. 故好
善則不但心好之, 必遂其善於行事. 如好好色而求必得之也. 惡惡則不但
心惡之, 必去其惡於行事. 如惡惡臭而務決去之也. 陽明之見, 專在本心,
怕有一毫外涉於事物, 故只就本心上認知行爲一."(『退溪先生文集』, 卷41,
雜著.「傳習錄論辯」.『韓國文集叢刊』「30」, 418쪽 下)
52) "故理義之悅我心, 猶芻豢之悅我口."(『孟子』「告子上」)

義에 대한 인식과 理義를 좋아하는 마음의 관계를 시간적 선후가 없는 蒭豢과 口의 반응을 예로 들어 설명하였는가? 맹자에 이와 비슷한 예화는 자주 출현한다.

둘째는 퇴계가 知行合一에서 合一에 집착하여 致良知의 致를 올바르게 이해하지 못했다는 것이다. 양명이 知行合一說은 원론적인 입장에서 말한 것이다. 현실에서 보면 見好色과 好好色의 자연스러움처럼 知와 行이 자연스럽게 合一되는 것은 아니다. 그렇기 때문에 致良知가 필요한 것이다. 致는 바로 知와 行의 부자연스러운 관계를 자연스러운 결함으로 재설정해 주는 공부이다.

셋째는 양명이 결코 사물의 이치를 소홀히 하지 않았다는 점이다. 양명의 제자인 徐愛의 의문처럼 知와 行을 분리하여 이해하기 쉽다. 즉 먼저 도리를 지각하고서, 다음 도리에 입각하여 실천이 이루어지기 때문이다. 이는 일반적인 상식이다. 그러나 앞에서 밝힌 것처럼 양명의 知行合一에서 知는 도덕실천의 가능 근거를 올바르게 세우는 根本知에 관한 것이다. 양명의 입장에서 보면 세세한 절목 등의 사물에 관한 지식은 根本知 확립 이후의 일이다. 양명은 "성인은 알지 못하는 바가 없다고 하는데 이는 단지 양지의 천리를 안다는 의미이고, 성인은 하지 못하는 것이 없다고 하는데 이는 단지 양지의 천리에 따라서 모든 것을 처리할 수 있다는 것을 의미한다. 성인은 양지의 본체를 분명하게 알고 있기 때문에 모든 일마다 그 천리의 소재(마땅히 해야 할 도리)를 알며, 또 그 천리를 다하게 되는 것이지 본체를 분명하게 인식하고 난 후에 천하의 사물들에 대해서 모두 알게 되고 할 수 있게 되는 것이 아니다. 천하의 사물이란 명칭·기물·제도·법칙·풀·나무·금수 등 종류가 복잡하기 이를 데 없다.

성인이 비록 본체를 명백하게 알고 있다 하더라도 무슨 방법으로 이러한 것들을 다 알 수 있겠는가? 알 필요가 없는 것은 성인은 스스로 알려고 하지를 않는다. 마땅히 알아야 할 것이 있다면 성인은 스스로 사람들에게 잘 묻는다. 이것은 마치 '공자가 태묘(太廟)에 들어갈 때는 매사를 물었다'는 것과 같은 것이다."[53)]라고 하였다. 이곳에서 양명은 知行合一의 知와 사물의 이치에 대한 知의 차이를 분명하게 설명하고 있다. 知行合一의 知는 양지의 천리에 대한 자각이다. 따라서 외물에서 추구할 필요 없이 본심에서 찾으면 當場에서 양지의 천리는 드러난다. 그러나 사물의 경험적 지식 측면에서 말하자면 성인도 역시 모르는 것이 있으며 또한 할 수 없는 것도 있다. 그가 모르는 것과 할 수 없는 것이 만약 도리에 비춰보아 마땅히 알아야 하고 마땅히 해야 할 것이라고 판단되면 성인은 스스로 자신의 양지 판단 결정에 따라서 다른 사람에게 가르침을 청하기도 하고 또 배움을 청하기도 한다. 이에 관한 지식이 습득되었으면 양지의 판단에 따라 그것을 구체적으로 실현한다.

필자는 양명학에 관한 퇴계를 논변을 보면서 퇴계가 양명학을 심도 있게 살펴보지 않았음을 어렵지 않게 살필 수 있었다. 퇴계가 양명의 전습록을 상세하게 살펴보지 않는 이유는 여러 가지가 있을 수 있다. 필자는 대표적인 이유로서 퇴계의 심태를 들고 싶다. 鶴峯(金誠一)의 기록에 의하면, 퇴계는 이단을 음탕한 노래나 예쁜 계집처

---

53) "聖人無所不知, 只是知個天理; 無所不能, 只是能個天理. 聖人本體明白, 故事事知個天理所在, 便去盡個天理; 不是本體明後, 却於天下事物, 都便知得,便做得來也. 天下事物, 如名物度數, 草木禽獸之類, 不勝其煩; 聖人須是本體明了, 亦何緣盡知得? 但不必知的, 自不消去知; 其所當知的, 聖人自能問人. 如子入太廟, 每事問之類." (『傳習錄』「下」)

럼 엄격하게 끊기가 어려울까 봐 두려워하면서 항상 말하기를, "내가 불교서적을 읽고 그 잘못된 점을 비판하고자 하나 물을 건너는 자가 처음에는 얕고 깊은지를 시험해 보고자 하다가 마침내 물에 빠지는 일이 있는 것처럼 될까 두려워 그렇게 하지 못할 뿐이니 학자는 마땅히 성현의 글만 읽고 그것을 이해하기만 하면 되므로 이단의 문자는 전혀 몰라도 방해가 되지 않는다."[54]고 하였다. 퇴계의 이러한 심태는 양명학에도 동일하게 적용되었을 것이다. 양명이 주자를 오해한 것처럼 주자학을 종지로 한 퇴계가 양명의 知行合一說을 비평할 수는 있다. 만일 의리상 문제가 있고 혹 비현실성이 발견되면 마땅히 수용해야 한다. 그러나 그 비평이 정당성을 확보하려면 知行合一說에 대한 곡해가 없어야 한다.

4) 親民과 新民에 관한 논쟁

조선시대 반양명학자들의 양명학 비판의 핵심 주제는 心卽理와 양지 그리고 知行合一說, 마지막으로 親民과 新民에 관한 논쟁이 있다. 필자가 보기에 양명학과 조선성리학자의 논의 중에서 객관적인 논거를 중심으로 전개된 유일한 주제가 바로 親民과 新民說인 것 같다.

대학의 강령인 明明德과 親民(新民) 그리고 止於至善 중의 두 번

---

54) 신귀현, 「이퇴계의 전습록논변과 육왕학에 관한 비판」 『퇴계학연구』 「제8집」, 단국대학교 『퇴계학연구소』. 5쪽 재인용.

째 강령의 在親民(新民)에 대한 주자와 양명의 입장은 서로 대립된다. 이 논쟁의 원인 제공자는 주자이지 양명이 아니다. 왜냐하면 古本大學의 親民을 新民으로 수정한 것이 주자이기 때문이다. 주자는 「대학장구서」에서 "그 책(『대학』)을 되돌아보니 잘못된 부분이 상당히 있는 것 같아 그 고루함을 잊고 가려내 모았다. 그 사이에 나의 의견을 붙이고 빠진 부분을 보충하여 후세의 군자를 기다리고자 한다."[55]고 하면서 『古本大學』의 在親民을 在新民으로 고쳤다. 그러나 양명은 주자의 新民說에 반대하면서 『古本大學』의 親民을 고수하였다. 주자와 양명은 자신의 주장을 합리화하기 위하여 『대학』의 전문에서 그 근거를 확보하였다. 주자 新民說의 전문 근거는 "苟日新, 日日新, 又日新."과 "作新民" 그리고 "周雖舊邦, 其命維新."이고, 양명 親民說의 전문 근거는 "君子賢其賢, 而親其親."과 "如保赤子, 民之所好."이다. 이후 다시 조선에서 퇴계와 한원진이 양명의 親民說을 비판하면서 이학과 심학 논쟁의 중심 주제로 부각되었다. 필자는 新民說과 親民說에 관한 중국과 국내의 연구 논문을 살펴보았다. 그러나 연구자가 立足點을 주자학에 두고 있으면 대부분 新民說을 지지하고, 입족점을 양명하게 두고 있으면 親民說을 지지하고 있었다.

필자는 新民說과 親民說의 논쟁은 이미 주자학과 양명학의 성격에 의하여 결정되었기 때문에 주자학과 양명학을 통한 논쟁은 별다른 의미를 갖지 못한다고 생각한다. 『대학』은 주자철학과 양명철학 체계 구성에 절대적인 영향을 끼쳤다. 주자의 격물치지가 『대학』에서 온 것이고, 양명의 致良知는 『대학』의 치지가 기본 틀이다. 그러

---

55) "顧其爲書, 猶頗放失, 是以忘其固陋, 采而輯之. 間亦竊附己意, 補其闕略, 以俟後之君子."

나 주자의 격물궁리는 사물의 이치를 파악하는 경로를 통하여 자신에게 갖추어진 도리를 인식하는 것이기 때문에 후천적인 배움, 즉 학습과 積習이 주를 이룬다. 주자는 『대학장구』에서 "신은 옛것을 고침을 말한 것이다. 이미 스스로 그 明德을 밝혔으면, 또 마땅히 미루어 남에게 미치어 그로 하여금 옛날에 물든 더러움을 제거하도록 하는 것이다."[56]라고 하였다. 明明德을 개인의 학습으로, 親民을 明明德을 통한 백성들의 교화로 인식하여 親民을 新民으로 고쳤다. 그렇다면 止於至善은 개인뿐만 아니라 전 백성이 교화되어 자신의 明德을 충분히 실현하는 경계라고 할 수 있을 것이다. 백성의 교화에도 사랑의 '親' 의미가 포함되어 있지만, 주는 교육을 통한 학습이기 때문에 親보다는 新이 적절하다고 생각한 것이다.

그러나 양명은 양지의 특성을 근거로 親民說을 견지한다. 양명은 大學問에서 "明德을 밝히는 것은 천지만물과 일체를 이루는 體를 세우는 것이고, 민중을 사랑한다는 것은 천지만물과 일체를 이루는 用을 달성하는 것이다."[57]라고 하면서, "천지만물과 일체를 이루려고 하는 것은 의도적으로 그렇게 한 것이 아니라 원래 그 마음의 仁이 천지만물과 일체이기 때문이다."[58]라고 한다. 양명은 천지만물의 일체를 양지, 즉 心의 특성에서 찾는다. 心卽良知의 특성은 바로 感通無隔과 覺潤無方이다. 따라서 무한의 영역으로 자신의 감응 작용을

---

56) "新者, 革其舊之謂也. 言旣自明其明德, 又當推以及人, 使之亦有以去其舊染之汚也."
57) "明明德者, 立其天地萬物一體也. 親民者, 達其天地萬物一體之用也."
58) "大人者, 以天地萬物爲一體者也. 其視天下猶一家, 中國猶一人. 若夫間形骸而分爾我者, 小人矣. 大人之能以天地萬物爲一體也, 非意之也. 其心之仁, 本若是其與天地萬物而爲一也."

실현해간다. 양지의 감응은 다름 아닌 타자와의 일체, 즉 사랑의 실현이다. 따라서 양명철학에서 明明德은 양지인 明德을 자각하여 실현하는 것이고, 親民은 민중과 감응하고, 더 나아가 천지만물과 감응하는 확충의 과정이며, 止於至善은 천지만물과 일체를 이루는 지극의 경지이다. 다시 말하면 明德인 양지를 실현하여 타자와 일체를 이루는 것이 곧 親民이고, 이 親民의 완전실현, 즉 天地萬物一體가 바로 止於至善이 된다. 한원진은 양명이 古本大學을 쫓아 親民說을 내세우는 것을 "오로지 주자와 다른 이론을 내세우는 데 만 힘을 썼으니 그 마음이 참으로 나쁘다[可惡]."[59]고 하였는데, 이것이야말로 양명학의 양지 특성에 대한 무지에서 비롯된 可惡스러운 견해이다.

양명의 親民說에 대한 조선성리학의 대표자는 퇴계와 한원진이다. 이 양자의 논거는 주자학이기 때문에 실제로 양명의 주자 新民說 비판에 대한 주자의 재반론이라고 할 수 있다. 퇴계는 「전습록논변」에서 양명의 親民說에 대하여 다음과 같이 비판한다.

이 장 구절에서 말하기를, '『대학』의 도는 明德을 밝힘에 있다'고 하는 것은 자기의 배움으로 말미암아 그 덕을 밝힘을 말하는 것이다. 이어 말하기를, '新民에 있다'는 것은 자기의 배움을 미루어 백성들에게 미치게 하여 백성들로 하여금 그 덕을 얻게 하는 것이다. 明明德과 新民은 모두 배움의 의미를 띠고 있어, 그 양자가 일관되게 연결되어 있다. 따라서 백성을 기르고 사랑하는 의미와는 처음부터 관련이 없다.[60]

---

59) "惟以立異朱子爲務, 其心誠可惡也." (『經義記聞錄』, 卷1. 「大學. 二王 說辨」)
60) "此章首曰, 大學之道在明明德者, 言己之由學以明其德也. 繼之曰, 在新

이는 양명이 서애와의 문답에서 "『대학』 전문 중의 作新民의 '新'
은 스스로 새로워지는 백성이니, 新民의 新과는 다르다. 그 아래에
나오는 治國平天下에서도 모두 '新' 자에 관한 설명이 없다."[61]는
말에 대한 반론이다. 양명에 의하면 주자가 新民說의 근거로 사용하
였던 作新民의 '新'은 교화를 통하여 새로워진다는 의미가 아니라
스스로 새로워지는 백성을 지칭한다. 따라서 이를 新民의 근거로 사
용해서는 안 된다는 것이다. 퇴계는 明明德으로부터 新民 그리고 止
於至善의 전개 과정을 學의 관점에서 해석한다. 자기의 배움을 통하
여 자신을 새롭게 하는 것이 明明德이고, 나아가 그것이 타인에게
미쳐 타인을 새롭게 하는 것이 新民이며, 그 경계가 바로 止於至善
이다. 퇴계의 이러한 해석은 철저하게 주자학의 격물궁리를 근본으
로 한 점교적 학습론을 근거로 한 것이다. 반면 양명의 親民說은 사
랑이라는 도덕적 정감을 바탕으로 타자와의 정감적 교류를 중심으로
한 것이며, 학습보다는 실천에 치우친 대학 강령 해석이다.

『대학』을 治者의 관점에서 이해하더라도 주자와 양명의 입장은
확연하게 대비된다. 주자의 대학 강령에 대한 이해의 중심은 敎이다.
이를 치자의 입장에서 보면 맹자의 敎民說과 일치한다. 반면 양명의
대학 강령에 대한 이해의 중심은 사랑, 즉 養이다. 이는 맹자의 養
民說과 일치한다. 그러나 치자의 입장에서 敎와 養의 관계를 선후본

民者, 言推己學以及民, 使之亦新其德也. 二者皆帶學字意, 作一串說, 與
養之親之之意, 初不相涉." (『退溪先生文集』, 卷41. 「傳習錄論辯」. 『韓國
文集叢刊』「30」, 416쪽 下)

61) "愛問在親民. 先生以爲宜從舊本. 何? 先生曰, 傳中作新民之新, 是自新
之民與在新之新不同. 下面治國平天下處, 皆於新字無發明." 『退溪先
生文集』, 卷41. (「傳習錄論辯」. 『韓國文集叢刊』 30, 416쪽 上)

말로서 정립할 수는 있지만, 어느 한 면만을 취하고 다른 한 면을 버릴 수는 없다. 따라서 양명은 "親民이라고 말하면 거기에는 敎와 養의 의미를 兼有되어 있지만, 新民이라고 말하면 한쪽으로 치우친 것 같다."62)고 하였다. 그러나 주자학 계통의 학자 견해는 다르다. 한원진은 "新이라는 것은 敎를 말한 것이고, 親이라는 것은 養을 말한 것이다. 군자가 백성에 임하는 도는 본래 敎와 養의 두 가지 일을 벗어나지 않는 것으로, 이 두 가지 일에서 경중을 논하자면, 敎는 養을 수반할 수 있지만, 養은 敎를 반드시 수반하는 것은 아니다."63)라고 하였다. 유가의 정치론에서 敎民과 養民은 두 축이다. 敎民을 배제한 養民은 愚民정치일 것이고, 養民을 배제한 敎民은 민생을 도외시한 도덕정치에 불과할 것이다. 이 점에서 본다면 주자의 新民說과 양명의 親民說은 대립보다는 주종 혹은 본말의 관계로서 兼具의 방향으로 재정립되어야 할 것 같다.

　　『대학』의 親民과 新民은 대학 전체의 의리를 근거로 판단해야 한다. 만일 대학 在親民에 대하여 주자학과 양명학의 成心이 자리잡고 있다면, 주자나 양명처럼 『대학』의 전문에서 新民과 親民에 부합하는 근거만을 찾아 자의적인 해석을 할 것이다. 퇴계와 한원진이 양명의 親民說에 대해 비판한 것도 바로 그런 경우이다.

---

62) "說親民, 便是兼有敎養意. 說新民, 便覺偏了." (『傳習錄』「上」)
63) "新者敎之謂也, 親者養之謂也. 君子臨民之道, 固不出敎養二事, 而就二事論輕重, 則敎者必能養, 而養者未必敎也." (『經義記聞錄』, 卷1. 「大學. 二王說辨」)

4. 나오는 말―조선성리학자의 양명학 비판에 대한 정리 및 평가

　양명학에 대한 조선성리학자들의 비판 논거는 이상의 4가지에 그치지 않는다. 상당히 다양한 편이다. 이정직은 石亭集 卷5. 論王陽明」 첫머리에서부터 敎法을 문제 삼아 양명의 학문은 유학이 아니라고 하였다. 그는 양명의 학문을 '본원으로부터 직접 깨우쳐 들어간다(從本源悟入)'로 규정하고서, 이는 '본체를 공부로 삼는 것'으로서 上根者에게는 적용될 수 있을지라도 中根者 이하에게는 적용될수 없기 때문에 일반적인 교법으로 삼을 수 없다고 비판한다. 그러나 이러한 비판은 양명의 교법에 대한 이정직의 무지에서 비롯된 것이다. 양명은 용계가 긍정한 四無敎가 上根者에게는 해당될 수 있지만, 中根者 이하에게는 해당될 수 없기 때문에 徹上徹下의 공부가될 수 없음을 『전습록』「하」에 명확히 밝히고 있다. 그럼에도 불구하고, 이정직은 '본원으로부터 직접 깨우쳐 들어간다'가 양명이 긍정한일반적인 敎法이라고 우기면서 "성인의 언설과 合一되지 않는 하나같이 미친 사람의 소리이니 논변해서 무엇하겠는가."[64]라고 한다. 또 퇴계와 그 후학들은 靜坐의 수양 방법을 예로 들어 양명학을 禪學이라고 비평한다. 年譜「39세」의 기록을 보면 양명이 龍場에서 悟道한 후에 知行合一說을 내세우자 학자들이 知行의 본체를 발견하지 못하고 헤매는 모습을 보였다. 그러자 양명이 知行의 본체를 체득하기 위한 수단으로서 靜坐를 제시하였다. 靜坐는 안으로 收斂하고 涵養하기 위한 공부이다. 그러나 양명은 정좌의 공부에 대하여 경계심을 갖고 있었다. 양명은 39세에 "단지 쉬운 것만을 좋아하고 어려운 것을 싫어하게 되어 禪學으로 흐를까 봐 걱정이 된다."[65]고 하였다. 양명의 이러한 걱정은 현실화되었다. 靜坐의 대표적인 병폐가 수렴만을 선호하고 실천을 기피하는 喜靜厭動이었다. 연보「43세」에는 양명이 喜靜厭動의 병폐를 보인 靜坐의 공부를 다시는 강조하지 않고 오로지 存天理去人欲만을 강조하였음이 기록되어 있다. 이때부터 양명의 학술이 실천을 중시하는 致良知로 나아가게 된 것이다. 따라서 퇴계의 문인들이 양명의 靜坐 방법을 들어 禪學이라고 비평한 것이 전적으로 그르다고는 할 수 없지만, 이는 초년기의 모습을 지적한 것일 뿐 양명학술 전체에 대한 올바른 평가라고 할 수 없다.

조선성리학자의 양명 비판은 학술사상에만 그치지 않는다. 그들은 매우 자극적인 용어를 사용하여 양명 심술의 부정직성을 문제 삼는다. 양명 역시 주자학을 불가·노장·양묵과 병론하기도 하였지만, 주자의 인품에 영향을 미치는 발언은 삼갔다.

필자는 이곳에서 양명학의 주요 주제와 이에 대한 조선성리학자의 반대 논거를 비판적 입장에서 고찰해 보았다. 양명학 비판은 대부분

---

64) "果不與聖人合, 則一妄人也已矣, 何足論哉?" (『石亭集』, 卷5. 「論王陽明」)
65) "恐好易惡難, 便流入禪釋去也."

양명학 의리에 대한 이해 부족에서 비롯된 오해이지만, 오해할 수밖에 없는 외연적 조건이 이미 정립되어 있었기 때문에 그들의 비평은 필연적인 결과였는지도 모르겠다. 정덕희 교수에 의하면,[66] 16세기 중국에서도 양명학에 대한 관학(주자학)의 비토가 조직적으로 전개되어 3차례에 걸쳐 '陽明學傳習禁止令'을 공표되었고, 羅欽順의 困知記와 陳建의 學蔀通辨 그리고 詹陵의 異端辨正을 중심으로 양명학 비판 서적이 등장하였다. 16세기 중국의 양명학 비판의 사회적 배경은 조선의 그것과 상당히 유사하다. 양명 심학 부흥의 궤적과 함께 禪學도 부흥할 조짐을 보여 주자학 중심의 관학파들이 당시 학술계의 상황을 상당히 우려하였다고 한다. 퇴계가 활동하였던 조선은 기묘사화와 을사사화로 정치사회적으로 혼란한 시기였고, 이때를 즈음하여 불교 중흥의 움직임이 있었기 때문에 정주학자들의 위기감이 고조되었다.[67]

이러한 학술계의 변화 외에도 심학이 제도권의 비판을 받을 수밖에 없는 원인이 있는데, 그것은 바로 심학의 특성 때문이다. 이학에서 규범은 心의 활동과 관계없이 주어진 것이다. 규범은 心에 의하여 결정되지 않고, 인식될 뿐이고, 반드시 준수해야 할 불변의 원칙이다. 천리의 실현이 心과 관련을 맺고 있지만, 천리의 존재성은 心으로부터 독립적이다. 반면 심학의 최대 특성은 바로 규범(禮)에 대한 의지의 자율성이다. 물론 천리의 선험성을 긍정하지만, 이 천리는 心과 독립적이지 않다. 즉 心外無理이다. 천리에 대한 자율성뿐만 아니라, 천리 실현의 방법론에까지 자율성을 적극적으로 부여한다.

---

66) 정덕희, 「16세기 明의 陽明學批判書籍 評釋」, 『陽明學』「제2호」.
67) 김용재, 「퇴계의 양명학 비판에 대한 고찰」, 『陽明學』「제3호」, 26쪽 참고.

이러한 윤리학체계는 민중의 입장에서는 크게 환영받을 수 있지만, 통치자의 입장에서 보면 매우 위협적이다. 통치자 계급은 天命 혹은 禮 등의 비교적 변화의 틀이 좁은 원칙을 가지고 민중을 지배해왔고, 상당히 유효한 결과를 가져다주었다. 반면 규범에 대한 입법성을 적극적으로 내세우는 심학은 변화의 틀이 다양하고 클 수밖에 없다.

그러나 정치적인 요소와 학문 체계의 특성 외에 근본적인 원인이 있는데, 그것은 바로 지식에 대한 현자들의 집착과 심태의 편협함이다. 이는 조선 성리 학자에게만 적용되지 않고 동서고금 거의 대부분의 학자들에게 적용된다. 필자는 주자와 상산 간의 비생산적인 논쟁, 주자학에 대한 양명의 오해 그리고 양명학에 대한 중국과 조선 성리학자들의 비판을 분석하면서, 지식인들의 편협함을 간파하여 지적한 맹자의 말이 생각한다. 맹자는 "입이 맛있는 음식을 좋아하고, 눈이 아름다운 색을 좋아하고, 귀가 아름다운 소리를 좋아하고, 코가 향기로운 냄새를 좋아하고, 사지가 편안함을 추구하는 것은 본성이기는 하나, 그곳에는 운명적인 요소가 있기 때문에 군자는 性이라고 하지 않는다. 仁이 부자간에 실현되고, 義는 군신 간에 있어야 하며, 禮가 손님과 주인 간에 지켜져야 하고, 지혜로움은 현자가 밝히고, 성인이 천도를 실현하는 것은 운명이기는 하지만, 그곳에는 인간의 본성이 내재되어 있기 때문에 군자는 운명이라고 하지 않는다."[68]고 하였다. 맹자는 '口之於味'·'目之於色'·'耳之於聲'·'鼻之於臭'·'四

---

68) "口之於味也, 目之於色也, 耳之於聲也, 鼻之於臭也, 四肢於安佚也, 性也, 有命焉, 君子不謂性也. 仁之於父子也, 義之於君臣也, 禮之於賓主也, 智之於賢者也, 聖人之於天道也, 命也, 有性焉, 君子不謂命也." (『孟子』「盡心下」)

肢於安佚'은 자율성이 결여되었기 때문에 性이 아닌 命이라고 하였다. 그러나 '仁之於父子'·'義之於君臣'·'禮之於賓主'·'智之於賢者'·'聖人之於天道'에 대해서도 일단 命이라고 하였다. 물론 '군자는 이를 운명이라고 여기지 않는다.'라고 하였기 때문에 의지로써 극복할 수 없는 객관적인 제한은 아니다. 그러나 맹자가 먼저 命이라고 한 것은 그곳에도 어느 정도의 객관적인 제한성이 작용하고 있음을 긍정했기 때문이다. 육체생명의 유한성, 그리고 감관작용의 차별성은 물론이고, 부자와 군신 및 빈주관계에도 어느 정도의 운명적인 제한 요소가 작용한다. 효자와 자애로운 부모 간의 결합에는 필연성이 없다. 순임금과 고수의 경우가 그렇다. 충신과 어진 군주의 결합도 필연성이 없기는 마찬가지다. 수많은 충신이 출현한 것을 역으로 보면 충신과 어진 군주의 결합이 매우 드물었기 때문이다. 유비와 제갈공명, 당 태종과 위징의 만남은 극히 예외적인 상황이다. 주자와 육상산은 모두 성품이 고매하고 학문이 탁월하였지만 서로 상대방의 학술적 가치를 이해하지 못했다. 이 또한 운명이 아니겠는가? 모종삼은 心體與性體에서 無極과 太極에 관한 朱陸之辨을 서술하면서, 상산의 고집에 대하여 "無極은 언급해도 되고, 언급하지 않아도 된다. 변론이 이곳에까지 이르렀으면 (상산은) 마땅히 웃으면서 마음속으로 그 의미를 터득하려고 해야 할 것이다. 그러나 현자일지라도 주관적인 고집을 면할 수 없었기 때문에 본래 의도와는 관계없이 옆길로 나아갔고, 변론을 하면 할수록 서로 외면하게 되었다."[69]고 하였다. 성인이 비록 유한적인 생명으로써 무한가치의 천도

---

69) 牟宗三, 『心體與性體』「1책」, 407쪽(臺灣 正中書局, 1968).

를 실현하였다고 할지라도 유한성을 벗어나기는 어렵다. 공자와 석가모니 그리고 예수도 모두 성인의 圓滿無碍한 인격을 드러냈지만, 민족의 습성과 문화 전통 그리고 기질적인 심리의 차이로 말미암아 천도를 실현하는 통로가 서로 달랐다. 따라서 그들이 실현한 천도에는 서로 다른 특수한 형상이 없을 수 없었던 것이다. 이것이 그들의 命이다. 현자에게서 극복하기 어려운 命은 가치관과 세계관에 대한 지나친 집착이다. 조선성리학자들의 양명학에 대한 오해와 비판에 대해서도 이러한 운명적인 요소를 가미시켜 이해하면 양명학에 대한 그들의 태도를 어느 정도는 포용할 수 있을 것 같다.

그러나 이학과 심학의 의리를 보면, 양자는 상호대립보다는 보완적인 관계를 맺고 있다. 필자는 心卽理를 주로 하는 양명의 도덕론과 性卽理를 주로 하는 주자의 도덕론에는 장단점이 있다고 생각한다. 心卽理의 최대 특성이 비록 규범에 대한 의지의 자율성 긍정이지만, 心卽理는 도덕판단의 객관성과 보편성 확보에 문제가 있을 수 있다. 다시 말하면 心이 비록 자발적으로 선을 지향하지만, 특수한 機緣 차이로 말미암아 선의 표상이 얼마든지 다르게 드러날 수 있다. 극단적인 표상의 차이는 합리성과 객관성에 대한 회의를 수반한다. 心卽理가 갖고 있는 단점은 주자철학에서는 오히려 장점으로 부각될 수 있다. 주자철학에서 격물과 치지의 과정은 도덕판단의 객관성 확보 과정이다. 주자는 일시적인 깨달음보다는 점진적인 학습을 통하여 누적된 지식을 근거로 시비선악에 대한 객관성을 확보해나간다. 주자는 오늘 一分 누적하고, 내일 또 一分 적습함으로써 객관성과 보편성을 갖춘 眞知에 이를 수 있음을 강조한다. 이것이 격물궁리를 방법론으로 삼은 性卽理 철학의 장점이다. 그러나 규범에 대한 의지의 자율성을 확보할 수 없다는 난제를 갖고 있다.

양명학 연구자 상당수가 조선에서 양명학이 유행하지 못한 원인을 퇴계에서 찾고, 혹자는 더 나아가 퇴계는 마땅히 한국이 근대화 과정에서 뒤쳐지게 된 책임을 느껴야 한다고 비판하기도 하였지만,[70] 이 또한 퇴계의 양명학 비판에 대한 과도한 비판인 것 같다. 금장태 교수는 "퇴계의 심학 비판은 그만큼 퇴계가 그 시대에서 도학의 정통이념을 확립하고자 하는 사명의식을 발휘하였던 것으로 보아야 한다."[71]고 주장한다. 퇴계의 양명학 비판에는 심태 그리고 진리관(가치관)과 아울러 시대의 사명의식이 작용하였을 것이다. 따라서 양명학이 소개되어야 할 당위성이 충분히 있었다면 그것을 유행시키지 못한 1차적인 책임은 양명학자에게서 찾아야 할 것이다. 또 근대화에 관한 비판도 마찬가지다. 만일 퇴계가 후과를 충분히 예견하고서 비판하였다면 모르겠지만, 퇴계가 학문적 의리에 비추어 양명학을 비판하였고, 비판할 수밖에 없는 상황적 요소가 충분하였다면 근대화와 퇴계는 무관하다. 다시 말하면 한국의 근대화와 퇴계의 양명학 비판은 충분관계가 아니다.

필자는 이 연구에서 외연적인 요소를 배제하고서 순수한 의리적 측면에서 조선시대 반양명학자의 양명학 비판의 적부성을 살펴보았다. 이는 제1차적인 연구 작업이다. 이것을 기초로 제2차적인 연구가 개진되어야 할 것이다. 즉 외연적인 요소와 의리를 결부시켜 양명학 비판의 정당성 有無 문제를 좀 더 심각하게 논의할 필요가 있다. (황갑연)

---

70) 황병태, 儒學與現代文化, 중국사회과학문헌출판사, 387쪽. 김용재, 「퇴계의 양명학 비판에 대한 고찰」『陽明學』「제3호」 21쪽 재인용.
71) 금장태, 「퇴계문하의 양명학 이해와 비판」『陽明學』「제2호」, 51쪽.

강화 양명학 연구 총서 3

강화학자의 양명학

• 초판 인쇄	2008년 7월 21일
• 초판 발행	2008년 7월 21일
• 지 은 이	강화 양명학 연구팀
• 펴 낸 이	채종준
• 펴 낸 곳	한국학술정보㈜
	경기도 파주시 교하읍 문발리 513-5
	파주출판문화정보산업단지
	전화 031) 908-3181(대표)·팩스 031) 908-3189
	홈페이지 http://www.kstudy.com
	e-mail(출판사업부) publish@kstudy.com
• 등 록	제일산-115호(2000. 6. 19)
• 가 격	35,000원

ISBN 978- 94150 (Paper Book)
978-89-534-9656-9 98150 (e-Book)
978-89-534-9649-1 94150 (Paper Book Set)
978-89-534-9650-7 98150 (e-Book Set)